中华传世藏书

【图文珍藏版】

# 孔子家语

[春秋]孔子⊙原著 马博⊙主编

通 解

线装书局

**图书在版编目（ＣＩＰ）数据**

孔子家语通解：全6册 / (春秋) 孔子原著；马博
主编. -- 北京：线装书局, 2014.6
ISBN 978-7-5120-1372-8

Ⅰ.①孔… Ⅱ.①孔… ②马… Ⅲ.①孔丘（前551～
前479）–生平事迹②《孔子家语》–研究 Ⅳ.①B222.25

中国版本图书馆CIP数据核字(2014)第088155号

## 孔子家语通解

原　　著：［春秋］孔　子
主　　编：马　博
责任编辑：杜　语　高晓彬
装帧设计：博雅圣轩藏书馆 Boyashengxuan Cangshuguan
出版发行：线装书局
　　　　　地　址：北京市西城区鼓楼西大街41号（100009）
　　　　　电　话：010-64045283　64041012
　　　　　网　址：www.xzhbc.com
经　　销：新华书店
印　　制：北京彩虹伟业印刷有限公司
开　　本：787mm×1092mm　1/16
印　　张：168
彩　　插：8
字　　数：2040千字
版　　次：2014年6月第1版第1次印刷
印　　数：0001－3000套

定　　价：1580.00元（全六册）

## "至圣先师" 孔子

　　孔子是春秋末期的思想家和教育家，儒家思想的创始人。孔子集华夏上古文化之大成，被后世统治者尊为至圣先师、万世师表。《孔子家语》是一部记录孔子及孔门弟子思想言行的著作。这部著作再现了孔子与弟子、孔子与时人谈论问题的许多场景，此外，还有经过整理的孔子的家世、生平、事迹以及孔子弟子的材料，具有相当重要的学术价值，被称为"孔子研究第一书"。

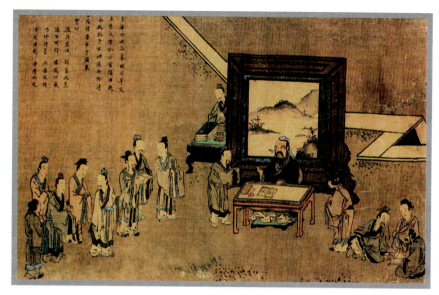

**孔子讲学图**

　　鲁哀公十一年，孔子返鲁。孔子虽满怀改良时政、复兴周礼的政治抱负，然而终不获见用。孔子眼见自己的政治理想无以施展，于是转而致力于讲学与著述，以求得自己的理想、思想、学识流播于后世。同时，孔子开办私学，弟子先后达 3000 多人，身通六艺者七十余人。

**孔子行教图**

　　孔子是我国古代著名的教育家，是中国历史上教师的光辉典范，他所体现的"学而不厌，诲人不倦"的教学精神，已成为中国教师的优良传统。孔子的思想学说和他的事迹，弟子们各有记录，后来汇编成一本书，名为《论语》，这是研究孔丘教育思想最重要的材料。

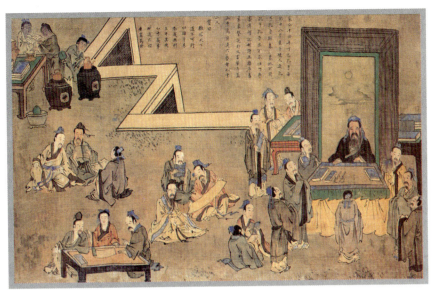

## 孔门七十二贤

　　孔子是中国古代著名的思想家和教育家，也是儒家学派的创始人。《史记·孔子世家》记载："孔子以诗、书、礼、乐教，弟子盖三千焉，身通六艺者七十有二人。""孔门七十二贤"即孔子思想和学说的坚定追随者和实践者，也是儒学的积极传播者。

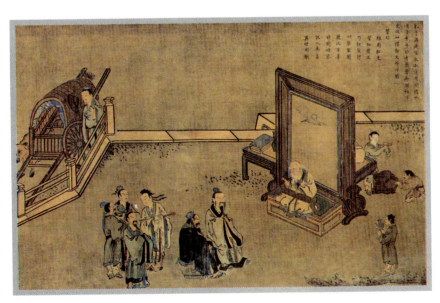

## 孔子问礼老聃

　　春秋时，大学问家孔子曾问礼于老聃。老子见孔子千里迢迢而来，非常高兴，彻夜长谈之后，带孔子访大夫苌弘。苌弘善乐，授孔子乐律、乐理，引孔丘观看祭神之典，考查周国的教育基地和祭祀礼仪，使孔丘感叹不已，获益匪浅。

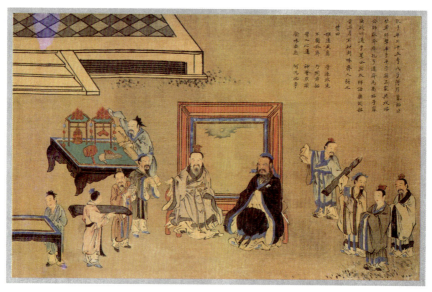

## 孔子周游列国

孔子热心政治活动，希望君主能施以仁政，不要战争。他周游列国历时十余年，先后到过卫、曹、宋、郑、陈、楚等国，希望有机会推行他的政治主张。可是，那个时候大国忙着争霸的战争，孔子却要先行礼仪，感化他人，是无法行得通的，最后又回到鲁国。

## 孔子除暴遂良

孔子一生仕途不顺，但一直不乏从政的热情，而且也做过几任官，所任最高职位是鲁国的司寇。不管什么样的官职，孔子都勤勉自励，力争做出一些政绩，而且勤于思考，善于总结，不断提出一些治国平天下的良策，特别是对从政者的为政之道，提出了许多中肯的意见与建议。

## 孔子闻韶处

孔子闻韶处相传是孔子在齐国听韶乐的地方，现位于今山东省淄博市齐都镇韶院村北，门内北墙正中镶嵌着"孔子闻韶处"石碑，是清朝宣统三年(1911年)所立。1982年，市、区政府拨款将"孔子闻韶处"碑嵌于韶院村学校内墙壁上，并增置"乐舞图"和简述孔子在齐闻韶石刻。

## 曲阜孔林

孔林属全国重点文物保护单位，又称至圣林，孔林是孔子及其后裔的墓地。坐落于曲阜城北，占地3000余亩。它是我国规模最大、持续年代最长、保存最完整的氏族墓葬群和人工园林。1994年12月孔林被联合国教科文组织列入《世界遗产名录》。

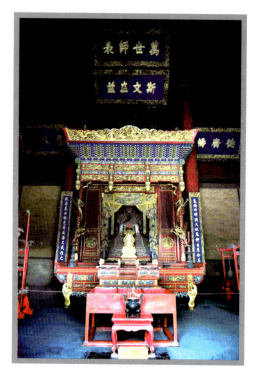

—— 曲阜孔庙内孔子像 ——

—— 曲阜孔庙内"杏坛" ——

### 曲阜孔庙

　　曲阜孔庙，是祭祀中国春秋时期的著名思想家和教育家孔子的本庙，位于孔子故里、山东曲阜城内，又称"阙里至圣庙"，始建于鲁哀公十七年（西元前478年），历代增修扩建，经两千四百余年而祭祀不绝，是中国渊源最古、历史最长的一组建筑物，也是海内外数千座孔庙的先河与范本，和相邻的孔府、城北的孔林合称"三孔"。

# 前　言

　　《孔子家语》又名《孔氏家语》是一部记录孔子及孔门弟子思想言行的著作。今传本《孔子家语》为孔子第十一代孙孔安国写定,共十卷四十四篇,另外还有三篇序,即"孔安国序",疑为孔安国后人所写的"后孔安国序",以及"王肃序"。

　　《孔子家语》究竟成于何人之手,成于何时,千百年来,聚讼纷纭,莫衷一是。古人一般认为《孔子家语》是魏人王肃伪作,特别是经历了近代疑古思潮,《孔子家语》的可靠性受到了更多的怀疑,使王肃伪作《孔子家语》几为定案。虽然受到了如此的冷落,但是《孔子家语》却一直流传至今,正说明了此书的价值。实际上,历代学者虽然常以此书为伪书,但是却不能摆脱"知其伪而不能废"的尴尬境地。因此正确认识《孔子家语》的成书是极有必要的。

　　《孔子家语》最早为《汉书·艺文志》所著录,列在《六艺略》之论语类,共二十七卷,《隋书·经籍志》也记有"《孔子家语》二十一卷"。唐代颜师古为《汉书》作注,却提出《艺文志》所著录的《孔子家语》并非当时所流传的《孔子家语》,于是《孔子家语》的成书及可靠性就成了困扰学术界的一大公案。

　　孔安国在序言中说:

　　《孔子家语》者,皆当时公卿士大夫及七十二弟子之所咨访交相对问言语也。既而诸弟子各自记其所问焉,与《论语》《孝经》并时,弟子取其正实而切事者,别出为《论语》,其余则都集录之,名之曰《孔子家语》。

　　孔安国认为《孔子家语》的材料来源与《论语》相同,皆为七十二弟子所记之孔子言行,只不过在选择编撰的时候,将"正实而切事者"汇编为《论语》,而其余的材料则另成一书,此即为《孔子家语》的最初成书状态。

　　但是我们在阅读《孔子家语》的时候就会发现,《孔子家语》的语言及体例与《论语》是有所不同的,似乎《论语》的语言较为古朴。但是这并不足以作为"《家语》伪书说"的证据。但是我们并不能因此就怀疑《孔子家语》为伪作,因为先秦古书在流传过程中受到后人的增益和润色是在所难免的,即《后序》所言:"好事者或各以其意增损其言,故使同是一事而辄异辞。"因此我们认为,从材料来源上说,《孔子家语》是可靠的。

　　秦始皇焚书坑儒,"而《孔子家语》于诸子同列,故不见灭"(孔安国《孔子家语后序》)。因此《孔子家语》得以流传至汉代。汉景帝末年,募求天下礼书,曾有人进献《孔子家语》于官府,这说明当时官府中已有《孔子家语》一书,只是其内容混乱驳杂,不成体系。又因为其书藏于秘府,得不到有效的利用。

　　汉武帝罢黜百家,独尊儒术,这为儒学的发展提供了契机,也为《孔子家语》的整理厘定提供了机会。其时,孔子第十一代孙孔安国曾在京为官,他担心先人之典籍泯灭于后世,于是他在序中指出:

因诸公卿大夫，私以人事，募求其副，悉得之，乃以事类相次，撰集为四十四篇。又有《曾子问礼》一篇，自别于《曾子问》，故不复录。其诸弟子书所称引孔子之言者，本不存乎《家语》，亦以其已自有所传也，是以皆不取也，将来君子不可不鉴。

孔安国求得了《孔子家语》的完整材料，并且以"事类"为编次的依据，将原本错乱无序的原始材料厘定为四十四篇。我们现在阅读《孔子家语》可以发现：各篇之间都存在着一定的逻辑关系，比如将《相鲁》与《始诛》排在最前面而且两篇相邻，还有以《五刑》与《刑政》相接，而且同一篇之中的不同章节在内容上也是有联系的。这些都说明《孔子家语》是经过了细致而且较有条理的编次的。但是孔安国在编次的过程中，并没有损害到材料的真实性，而且他还发现在之前的流传过程中这些材料经过了增益的痕迹，这也说明了孔安国在编订的过程中是一直在刻意地保护原始材料的真实性的。

所以，孔安国编次《孔子家语》当属不诬，而其所编成的《孔子家语》也应该是可靠的。

孔安国编订《孔子家语》之后，曾欲将其进献于汉武帝，但是受到当时的"巫蛊之祸"影响，未能实现。因此，终两汉之世，《孔子家语》始终是以家学的形式流传的，及至三国王肃之时，《孔子家语》才得以公开传世。

王肃在其所做的《孔子家语序》中说：

孔子二十二世孙有孔猛者，家有其先人之书。昔相从学，顷还家，方取以来。与予所论，有若重规叠矩。

孔子的二十二代孙孔猛是王肃的学生，因此将其家传的《孔子家语》献于王肃，王肃发现其中很多的记载与其观点不谋而合，因此他对此书非常重视，故为其作注。王肃注《孔子家语》对于《孔子家语》的研究与流传有着极其重要的作用。

王肃在为《孔子家语》作注的过程中指出了其中的很多错误，这表明王肃之于《孔子家语》也是秉持着保存和弘扬圣人之学的审慎态度，因此，认为王肃伪作《孔子家语》是过于武断的。

综上所述，我们认为从《孔子家语》的材料来源，到孔安国的编定，再到王肃为其作注，虽然在此过程中难免有增益和润色，但是总体来说，《孔子家语》的记载是真实的，是可信的。特别是近年来大批出土文献的出现，尤其是河北定州八角廊汉墓竹简、安徽阜阳双古堆汉墓木牍和上海博物馆藏战国楚竹书的出土对于我们重新认识《孔子家语》的真实性提供了可靠而且客观的证据。《孔子家语》正在被越来越多的人重视，这对早期儒学研究特别是对孔子思想的认识和理解正发挥着越来越大的作用。

出于以上的原因，我们编撰了这套《孔子家语通解》一书。本书以商务印书馆《四部丛刊》影印明黄鲁曾覆宋本为底本，以中华书局据明毛氏汲古阁本排印《四部备要》本为参校本。在整个编写过程中，由于时间紧、任务重，加上编者水平有限，书中错漏在所难免，恳请广大读者批评指正！

# 目　录

中华传世藏书

孔子家语

通解

目录

三

# 第一章　仰望孔子

## 一、家世渊源

　　孔子所处的春秋末期,虽然由周天子、各国诸侯、卿大夫和士组成的贵族领主等级制度还基本保留着,但是已经到了"礼崩乐坏"的地步,各阶层之间的力量对比也处于一个急剧变化的时代。首先是周天子早已形同虚设,完全丧失了号令诸侯的权力,各诸侯国随着自己领土的扩张与军事的强大,纷纷向天子闹独立,有的甚至还要号令胁迫天子。其次是各诸侯国内的卿大夫,也随着自己的力量增强而占据采邑领地起而叛卫,晋赵鞅"入于晋阳以叛"以及鲁国"三桓"各自占据采邑领地费、郈、成向鲁君闹独立等。卿大夫所属的家臣,也在利用自己经济与军事实力的增长,将替卿大夫管理的采邑据为己有而向卿大夫闹独立,如晋范氏家臣佛肸以中牟对抗晋国权臣赵简子,鲁国季孙氏家臣阳虎甚至到

堪称万世师表的孔子

了"陪臣执国命"、也就是执掌国家大权的地步。这种各自独立的状况,也就必然导致诸侯间和各国内部卿大夫间及卿大夫与家臣间频繁的兼并战,"春秋无义战"说的就是这样一种形势。而鲁国作为一个经济、政治、军事相对弱小的国家,处于大国晋、齐、楚之间,附于楚则晋怒,依于晋则楚来伐,而如果不防备齐的话,又会遭到齐的侵略。

孔子,名丘,字仲尼,是我国春秋时代的鲁国人(今山东曲阜)。"子"是当时一般的表示尊敬的称谓,而"仲尼"之"仲",则是表示兄弟排行中老二的位置。那时兄弟排行是用"伯仲叔季"来表示的,因为孔子有一个同父异母的哥哥叫孟皮、字伯尼,所以孔子便字仲尼。孔子生于公元前 551 年夏历八月二十七日,死于公元前 479 年夏历二月十一日,享年七十三岁。

说孔子出生于一个破落的贵族家庭是确切的。他的先祖经历了从王室到诸侯,由诸侯到公卿,再由公卿到大夫、士族之家的破落过程。

关于孔子的先祖,有一条清晰的脉络,可以一直追溯到我国商朝王室的微子启。微子启被封为宋国国君,他传位于弟弟微仲。这个宋国国君微仲,就是孔子的直系先祖,传十四代而到孔子的父亲叔梁纥。从微仲至叔梁纥,在历史上留下故事的人物只有几位,他们是孔子的第十代祖先弗父何、第七代祖先正考父、第六代祖先孔父嘉和孔子的父亲叔梁纥。

不过还是得先说说微子启。微子启在司马迁的《史记·宋微子世家》中却叫微子开,这是因为司马迁写作《史记》时的汉朝,汉景帝的名字叫刘启。皇帝叫什么就把什么字霸占了,现在他叫了"启",别人就不能再用这个"启"字,哪怕微子启比他早生了好多个世纪。这个规定,在专制制度的古代称之为"避讳"。

微子启当然不会想到,多少世纪之后会有个叫司马迁的人给他改"启"为"开"。其实这个微子启是很有点自己想法的人,他是非分明,富有正义感,而且还敢作敢为。他本来是商纣王的同母庶兄。庶出一般是指妾所生,以区别于正妻所生,既然同母,怎么还会兄庶弟嫡?原来是纣王辛的母亲在生微子启的时候还是妾的身份,等到生纣王辛的时候,已经是妃了。身份就是命运,这也是专制社会的一个最重要的特征之一。

微子启对于商纣王的荒淫无耻、残暴害民早就深恶痛绝。他一次次地谏诤,期望着这个当着国王的弟弟能够改邪归正,也好使商的天下不至于不可收拾。瞧瞧商纣王对于不同意见的态度吧。当时的大臣九侯有一个美丽的女儿,本来已经献给了商纣王,就因为她看不惯商纣王的荒淫无耻,稍稍表示了不满,就被商纣王杀了。杀了这个美丽的女人还不解气,又把九侯也杀了,再剁成肉酱,分赏给诸侯们吃。大臣鄂侯来劝阻,商纣王又把鄂侯也做成了肉干。与微子启同时向这个暴君谏净的还有太师箕子和少师比干,都是商纣的叔叔。丧心病狂的纣岂能听谏,不仅听不进不同意见,还变本加厉地作恶。箕子只好装疯当了奴隶,而比干糊涂地死谏,竟然落了个被纣剖心的下场。对于比干的死谏,商纣王戏弄地说:"你这样做是想当圣人吧?我听说圣人的心脏有七个孔穴,那就让我看看你有没有。"说罢就下令剖开比干的胸膛,取出他的心脏来观看。微子启知道跟着这样的暴君必然是国破家亡死路一条。于是他毅然走了一条截然不同的道路,那就是弃暗投明,投降了商的敌人周。

身为王室嫡系成员,投降了敌国,也同时是背叛了家族,按说这应当被当作"叛徒"的。有想法的微子启却有着自己的主见。他觉得对于这样一个暴虐无道的坏蛋,是应当人人得而诛之的,跟着他走,那可是实实在在的"助纣为虐"了。什么叫做忠于国家?像商纣这样一个残暴无耻之徒根本不能代表国家——尽管他打着天命与国家的招牌。箕子那样装疯为奴有点窝囊,比干那样以死相谏的忠贞,则是愚得可怜。于是微子启毅然为后世树立起一个另类的榜样:脱离被纣王统治的自己的国家商,投向仁义的周文王西伯昌。

等到周武王打败了众叛亲离的商纣,微子启更公然表示降服。

《尚书·微子》这样记载了微子投降的场景:"周武王伐纣克殷,微子乃持其祭器造于军门,肉袒面缚。左牵羊,右把茅,膝行而前,以告。"不仅犒劳获胜的周师,还要跪着交出祭祀的权利。

对于先祖微子这种弃暗投明之举,同样有理想的孔子以"仁"赞扬之。在《论语·微子》中,孔子这样说:"微子去之,箕子为之奴,比干谏而死","殷有三仁焉"。

国破家亡之后,身为殷商王室的微子启被周封于宋。周公代幼小的周成王作了

三

一篇名为《微子之命》的任命书，虽然真伪难辨，但其意思却是与历史事实相符的。这篇任命书相当有味道，有说教又有知心话，有警示也有劝慰和鼓励。

成王如此说："喂，殷王的儿子，考察古代，能尊崇有德之人，向贤者学习，完全继承先王，修先王的礼法，为王朝做事，才能与国家一样吉庆，永世无穷。唉！你的先祖成汤，能够和圣人一样伟大，上天保佑他，让他做天子。他对百姓宽厚，革除邪虐。他是当时功劳最大的，其德行也一直传到他的后裔，你应当像他那样去做。你过去的名声很好，做事谨慎，孝顺父母，对人与神都很恭敬。我嘉许你的德行与你的行为，永远不会忘记你做的好事。上天按时享受你的祭祀，百姓也很和谐，因此封你为上公之位，到东方的宋去做国君，你要谨慎哎呀！到那里去传布你的教化，当好你的国君。一切按照过去的规定去办，卫护周王室，发扬你祖先的事业，把百姓管理好。永远保持君位，辅助我一个。你的后世，代代受你保护，万国以你为榜样，使我周朝永远不讨厌你。啊，高兴地去吧，不要违背我的任命。"

孔子的第十四代祖先微仲，按照弟承兄位的规矩从兄长微子启手中接过宋国国君的位置的时候，孔子先世的地位已经从商朝的王室下降为周朝的诸侯。而再由诸侯下降为公卿，则要等到孔子的第十代祖先弗父何。弗父何还有一个弟弟鲋祀，故事就出在父亲宋缗公的传位上。宋缗公死时仍然按照自己祖先殷商的制度，将宋国国君的位置传给了弟弟熙，也就是历史上的宋炀公。但是从西周开始，早已改了商的规矩，变弟承兄位为父死子传。在专制制度的土壤里，权力之争总是最为残酷最为血腥的，规矩也好，习惯也罢，都不过是掩饰其血腥的幌子罢了。

弗父何的弟弟鲋祀早已觊觎着国君的位置，并为获得这个位置而积蓄力量、等待机会。叔父熙的继承国君，也就为自己带来了杀身之祸。当鲋祀弑杀叔父熙之时，就公然宣布："我当立！"既然叔父已死，国君的位置当然应当落在长子弗父何的头上。可是国君的位置却让身为宋缗公次子的鲋祀占得，也就是历史上的宋厉公。历史的记载中，大都记述为哥哥弗父何发扬风格让位给了弟弟鲋祀。其实仔细想想，弟弟那一句"我当立"，早已透露出了历史的真相：他有力量弑杀叔父，当然也绝对不会允许别人夺得他的"胜利果实"。

从这个事件，我们不是也可以看出弗父何的德行与聪明吗？作为最有资格与叔父争夺国君之位的长子，不仅没有为争夺宋国国君权位处心积虑——这是他的淡泊之心，而当叔父被杀之时，他当然更不会为了这个位置而自蹈死地了——这是他能够审时度势的聪明。于是，有德行而又聪明的弗父何，也就当定了宋国的上卿。地位是由诸侯降为了卿，但是也因此而为自己的后代谋下了一个相对安全的环境。

弗父何的曾孙也是孔子的第七代祖先的正考父，更是把乃祖弗父何的德行与聪明发扬光大了。他虽然连续辅佐了宋国的三届国君——戴公、武公和宣公，却越来越谦恭俭朴。他在自己家庙中的鼎上为后世留下了这样的铭文："一命而偻，再命而伛，三命而俯，循墙而走，亦莫余敢侮。饘于是，粥于是，以糊余口。"

先不说这篇三十一个字的铭文记下了正考父当年处世与生活的真实模样，光是从文章的角度，这就是一篇精妙的散文。区区三十一个字，竟然惟妙惟肖地刻画出了一个人的内心世界与外在做派，并将那个时候权力中心的险恶暴露无遗。这篇铭文主要的意思就是说每逢接受提升职位的任命时，都是越来越恭谨，一副如履薄冰的样子。我们不妨将这段铭文变作现代语再品品其中的滋味：始而低头，再而曲背（是故意曲背，而不是背驼），三而弯腰，连走路也要小心翼翼地专捡墙根走。末了还不忘以这个家鼎说说自己的生活的俭朴：我用这个鼎煮饭和稀粥，勉强糊口充饥而已。这真是个有知识的人，也是我见到过的中国历史上最早的知识分子之一了。中国知识分子的心态与脾性，在正考父身上就有着活灵活现的体现。恭敬谨慎，儒雅谦让，但是内心里却有着一个硬的核，那就是骨气与自立。他的这篇三十一个字的铭文中间，有一句就透露出了这个"核"——"亦莫余敢侮"——也就是虽然我谦逊恭谨，但是谁也不敢欺负与侮慢我（绝对不是侮辱）。不仅葆有着这个核，还敢于将自己的见解与追求大大方方地铸在鼎上。

谦恭而又有着硬核的正考父，还是个文献的爱好者与整理者，据说《诗经》中的《商颂》，就是经过他的手整理的。其中"温恭朝夕，执事有恪"，不也能够看见他的形象吗？他当然想不到中国知识分子境遇与地位的每况愈下，因为专制制度越是要"加强"和"稳固"，越是不允许独立的思考与个人的自由意志。他当然更加想不到自己的七世孙——比自己学问更大的孔子，甚至会落到个如丧家之犬的地步。

孔子的祖先里，只是上溯到第六代才有了第一个"孔"姓的人，他就是孔子第六代祖先孔父嘉。他的命运，就不如其父正考父了。

他不仅以大司马的身份辅佐宋穆公和宋殇公十九年，组织策划了一系列的战争，还深深地卷入了宋国内部的矛盾与斗争。他也是以"贤"著称，但是却与以柔见长的父亲相反，显示着一种刚性。他对与国君殇公有着矛盾的宋国太宰华父督，没有任何妥协，并因此种下了杀身的祸根。在宋国有着强大势力的华父督，借着宋国与郑国交战战败之机，公然"使人宣言国中曰：'殇公即位十年耳，而十一战，民苦不堪，皆孔父为之。我且杀孔父以宁民'"（《史记·宋微子世家》）。面对威胁，孔父嘉毫不畏惧，"孔父正色立于朝，则人莫敢过而致难于其君者"（《公羊传》）。

公元前710年，也就是宋殇公十年，郑国宣布将联合其他诸侯国再次大举进攻宋国。已经饱受战争之苦的宋国民众，骤然一片惊慌。太宰华父督感到时机成熟，煽动朝野对孔父嘉和殇公的不满情绪，并迅速发动宫廷政变，杀死了孔父嘉与宋殇公，并从郑国迎来公子冯立为宋国国君，是为庄公。自立为庄公宰相的华父督，立刻废除了孔氏卿大夫的世袭之位，将孔父嘉的儿子木金父降为士。从此由孔父嘉开始的"孔"姓家族，在宋国再也不被重用，走上衰落之途。而宋庄公在位期间各诸侯国更是屡次伐宋，宋国再也走不出内忧外患的混乱局面。在国破家衰的背景下，孔父嘉的曾孙孔防叔——也是孔子的曾祖父——"为避宋乱"（《孔子故里志》），而迁居鲁国，并被封为大夫。这个大夫，受禄只能糊口，并没有可以世袭的封地，爵位也不能世袭，其实也就是介于贵族与平民之间，并为贵族当差服务的一种特殊阶层"士"了。

在孔子的先祖里，以"士"的身份，而在历史上留下业绩的，要算孔子的父亲叔梁纥了。他是孔父嘉的五代孙，虽然只是一个为大贵族服务的武士的身份，却也有着孔父嘉的勇敢与献身精神。

叔梁纥有两件战功，虽然时间过去了两千多年，至今还在被人津津乐道。

公元前563年（鲁襄公十年），叔梁纥以一名武士的身份却成了偪阳之战的主角。以晋国为首的几个诸侯国，攻打一个叫偪阳的小国（今山东省枣庄市南面），叔梁纥只是作为鲁国贵族孟献子的部属参加作战。一个小国，受到如此的侵犯，当然只能防守，而且还只能智守。攻城的喧哗与守城的静谧，似乎在预示着一种出人意料的结果。想不到会如此容易，想不到守城的偪阳人会如此大胆，他们竟然让城门向着入侵者洞开。

这个小国太小了，攻城者似乎根本就没有把它放在眼里，甚至不用去考虑其中是否有陷阱。就在攻城者踊跃冲进城门的时候，另一道悬门突然从天而落。原来那道城门的打开，是在诱敌入城，而隐蔽的悬门的突然放下，当然既可以立即阻止攻城人的进入又可以将进入者堵在两门之间从容歼灭。

但是，就在悬门落下的那个瞬间，机警而又雄健的叔梁纥突然赶到，举起双臂一下子托住正在下落的悬门，使得几乎就要陷入绝境的攻入者得以迅速撤出。守城者与攻城者，都被惊呆了，他们都在问：那个比一般将士都要高大魁梧、能够以一己之力托住重达千斤悬门的勇士是谁？《左传》襄公十年这样记载这个战斗场景："晋人围偪阳。偪阳人启门，诸侯之士门焉。县门发，耶人纥抉之以出门者。"

七年之后，公元前556年（鲁襄公十七年），已经六十多岁的叔梁纥做出了另一个更大的壮举。

这一年，强大的齐国侵入鲁国的北部，齐军高厚带领部队围困了鲁国的防邑。被围困的有鲁国大夫臧纥、孔子的父亲叔梁纥和臧纥的弟弟臧畴、臧贾。臧纥的职位最高，鲁国派出军队要救出臧纥。鲁国求援的军队从现今泰安东部一个叫阳关的地方出击,但是到了接近防邑的旅松时却停了下来,再也不敢前进了。他们害怕齐国的军队过于强大。这时,以勇敢著称的叔梁纥成了大家的主心骨。他说我们不能等死,到了夜间跟着我突围好了。果然,他挑选了三百名精悍的甲兵,在夜色的掩护下,带着臧畴、臧贾,一起保护着臧纥突围而出,将臧纥安全送到了鲁军的旅松防地。能够突出重围救出大夫臧纥,本来已经完成了任务,可以撤退了。可是叔梁纥不走,他不能让自己的土地落入敌人之手。出乎所有人的意料,叔梁纥竟然扭头杀入重围,固守防邑,与如狼似虎的齐军公然对峙。慑于叔梁纥的勇猛果敢,久攻不下的齐军只好撤退。

屡立战功的叔梁纥,虽然"以勇力闻于诸侯"(宋胡仔《孔子编年》),却也终身没有超拔于武士的身份,只有一个不能传之后代的鄹邑大夫的职位。鄹邑大夫与臧纥的鲁国大夫是有着天壤之别的。当时鲁国分上大夫、中大夫和下大夫,臧纥是上大夫,而叔梁纥只是一个乡邑大夫,也就是下大夫。鄹邑的辖区很小,也就是相当于现在的一个乡镇,而鄹邑大夫的职位,与现在的乡镇长是不相上下的。

# 二、圣人出世

司马迁在《史记》中说叔梁纥与颜氏女(颜征在)祷于尼山,野合而生孔子。"野合"二字,从此让孔子的出生,平添了一种神秘与浪漫的味道。自司马迁以来,对于"野合"大致有三种理解:

一种理解认为叔梁纥与颜征在年龄悬殊太大,一个六十多岁,一个不满二十岁,不符合当时的"壮室初笄之礼"。这里的"野"字,是粗野不合礼仪的意思。如《论语·雍也》篇中的"质胜文则野"、《先进》篇中的"先进于礼乐,野人也"、《子路》篇中的"野哉,由也"等,其"野"字都是粗野朴鄙之意。第二种理解则把"野"视为野地之野,认为孔子是私生子，是父母在没有婚姻关系的情况下于野外交媾后所生。第三理解则视"野合"专为圣人所造的神话，如钱穆先生就认为："此因古人谓圣人皆感天而生，犹商代先祖契，周代先祖后稷，皆有感天而生之神话……所云野合，亦犹如此。欲神其事，乃诬其父母以非礼，不足信。"

三种理解，都没有确凿的佐证。我们不妨抛开各种假设的桎梏，以已知的事实和一个常人正常的生活逻辑，去尽可能复原历史的真实。

有一点是肯定的，那就是叔梁纥娶颜氏女颜征在，纯粹是为了传宗接代，没有爱情可言。而一个不足二十岁的少女，能够心甘情愿地嫁给一个六十多岁的男子，却往往会有某种浪漫的憧憬。

战场上英武难敌的叔梁纥，在生活中却愁事连连。先娶的鲁国施姓平民女子，谁知一连生了九个闺女。按照那时的规矩，女孩家是不能继承祖业的。鄹邑大夫虽然是个很小的官职，可毕竟还在大夫之列，况且又是商王与宋国国君之后，加之自己又以英雄著称于各诸侯国——如果没有一个男孩接续香火，可说是人生最大的遗憾。施氏也是贤惠，更因只生闺女而自责，也就积极地张罗着让丈夫娶一个妾回家。让叔梁纥想不到的情况又发生了，妾竟然生下了一个脚有残疾的男孩。从"孟皮"这个名字，就可以体察出叔梁纥当时的失望与无奈。"皮"就是古时的"跛"字，说白了就是为他生了一个瘸子。鲁国是周公的后代，实行的当然全是周朝的礼仪。而周礼中最为讲究，也是世人最为看重的，就是祭神祭祖的祭祀活动，可周礼又明确规定，不仅女人，就是瘸子也是不准进庙的。

没有一个健全的儿子，也成了叔梁纥最大的心病。

战场立功的喜悦迅速被这块心病消解得无影无踪。而年龄的日益迟暮，更是让他有了一种火烧火燎的急迫。

他想到了同住在尼山之麓的颜家的女儿，而且是颜家的三女儿。

这是一个健康而又活泼的女子。她还与自己的女儿们有过交往。其实她与女儿们的交往，与其说是同龄人之间的友谊，倒不如说是一个少女对于一位英雄的好奇与向往。这样一位能够双手托住快速下落的千斤悬门、救同伴于危难之中的人，这样一位仅带三百兵士冲出敌人的重重包围，将鲁国上大夫臧纥护送至安全地带，并能够再次杀进重围、守卫住国土的人，不是英雄是什么？ 这样一位大英雄，竟然就在自己身边，而且仪表非凡，怎能不让浪漫的少女动心？ 在动了心的女人的心上，是没有年龄界限的。

她只看到了一个可以依托的英勇盖世的男人。她虽然没有明确地向他许诺过什么，但是叔梁纥一定感觉到了她对他的好感与崇拜。

于是年迈但却仍然英气逼人的叔梁纥，无须媒人的三寸不烂之舌，径自走进颜氏的大门，直截了当地求婚了。他知道颜家有三个女儿，他知道那第三个女儿会出乎父母的意料"挺身而出"的。

在《孔子家语》中，对于这个登门求婚的场面有着逼真而又生动的描述："颜氏有三女，其小曰征在。颜氏问三女曰：'鄹邑大夫虽父祖为士，然其先圣王之裔也。今其人身长九尺，武力绝伦。吾甚贪之。虽年长性严，不足为疑。三子孰能为之妻？' 二女莫对，征在曰：'从父所制，将何问焉？' 父曰：'即尔能矣。'遂以妻子。"

至于老夫少妻同去尼山神庙为生一个健康的儿子而祈祷，肯定不会只有一次两次，而应当是多次。到底多少次，恐怕连他们自己也记不清的。尼山不高，却草木茂盛，风景幽静而秀丽。站在山的东崖远眺，有蜿蜒的泗水在日光里闪烁。而山的西南，则有五老峰错落排开，缠雾带云，呈着凉阴阴的青黛。年纪轻轻的颜征在，就如眼前的花儿一样鲜亮芬芳，而久经战阵的叔梁纥，则如尼山的苍柏一样，挺拔遒劲。他们是去祈祷，也是去享受生命里美好的时光。如花的颜征在也许还会有一点儿任性吧？ 只是她的任性里，会掺着些许的娇憨与对于未来的期冀，一个妻子与母亲独有的期冀。

相牵于天地之间，还有一个美好的期冀催着，他们肯定会有男女间的冲动时刻吧？家中是忙乱而又略嫌狭窄，九个女儿，跛足的儿子，还有妻与妾，真的是连亲热的时间与空间都难得寻觅了。那么，这清静而又生机盎然的尼山，真的就是他们最好的"家"了。不要将两千多年前的春秋时期想得过于禁锢，列国的竞争，早已让"礼崩乐坏"了，何况人性的原生的力量，是会冲破任何阻碍的。

怀孕的喜悦与恐惧肯定要折磨着这对老夫少妻的。怎能不喜悦，那个老夫，几乎将这次怀孕当作他最后的希望；那个少妻，更是第一次体味着母性的温柔与甜蜜。当然，还会有恐惧伴随：会不会还是个女孩，会不会又生下个残疾？

他们来尼山的祷告更勤了。

终于，公元前551年夏历八月二十七日到来了。这一天，在鲁国的昌平乡鄹邑的尼山，颜征在生下了她与叔梁纥的儿子，那个将要对中国与世界产生深刻而又深远影响的孔子。

是在一次祈祷的跪拜中扰动了胎儿，还是因为"野合"不被世俗接受而不得不外出生产？尼山东山坡下的一个不大的山洞，真的就成了孔子诞生的地方。孔子因尼山而得名，尼山更会因孔子而流芳千代万载。只是原来的尼丘山，却因为要避孔子"丘"字的讳，而叫尼山了。

千百年来，关于孔子的降生，流传着许多的传说与神话。什么孔子未生的时候，就有叫麟的祥兽衔吐玉书，上面写着：水精之子，继衰周而为素王。什么孔子降生时，有二龙绕室，五老降庭，颜征在的房间里有钧天之乐。什么圣人生，黄河清，什么生在山洞中之后，老虎来喂养，老鹰用翅膀来打扇……

其实，就是一个六十岁的武士与一个不满二十岁的普通女人，在尼山的山洞中生下了一个后来叫作孔子的儿子，这个原本十分普通的小山洞，也由此被命名为坤灵洞，或曰夫子洞。这个男婴是与其他的婴儿没有什么两样的，至于后世流传的孔子长相的"七陋""四十九表"之说，纯粹是想人为地把圣人与普通人区别开来，是没有任何依据的。司马迁在《孔子世家》的开头，有一段关于孔子出生的简捷明了的概述：

"孔子生鲁昌平乡陬邑。其先宋人也，曰孔防叔。防叔生伯夏，伯夏生叔梁纥。纥与颜氏女野合而生孔子，祷于尼丘得孔子。鲁襄公二十二年而孔子生。生而首上圩顶，故因名曰丘云。字仲尼，姓孔姓。"其中"生而首上圩顶，故因名曰丘云"，是说他刚出生时头顶是凹陷的，所以就给他取名叫丘。头顶的凹陷，不是神奇，只是一种缺钙的表现。

## 三、三岁丧父

在刀光剑影中厮杀出来的英雄孔纥看到自己的希望得到了实现，不胜欢喜。夫妇俩自然是对孔子疼爱异常。而襁褓中的小孔子也慢慢长大。大概是遗传了他父亲的高大威猛，与同龄的孩子相比，他总是高出许多，显得那么健壮可爱。而且小孔子又是那么的聪明伶俐，父母教给他的东西，他总是记得牢牢的；其他同龄的孩子还在牙牙学语的时候，他就已经把想要说的话表达的思路清晰，口齿伶俐，更是让叔梁纥对孔子是爱在了心坎里。可是这种平淡而幸福的生活总是太过短暂，在小孔子三岁的时候，叔梁纥在一场秋雨之后偶感风寒，卧床不起。颜征在望着年迈的丈夫和年幼的孩子，心中酸楚不已。她心里暗暗期盼，丈夫能尽快病愈，能像过去一样用山一般伟岸的身躯继续守护着自己和孩子。她衣不解带地在床前侍奉着丈夫，几天几夜都不曾合眼，把草药熬成的汤汁一点一点灌入丈夫的嘴里，看叔梁纥的病却没有任何起色。而叔梁纥的原配施氏还总是在旁边吐露着刻薄的言语，诸如"克夫、克父"的字眼听得颜征在是不寒而栗。

叔梁纥终于还是撒手人寰了。"人生七十古来稀"，对于叔梁纥来说，在那个生存条件艰难、战乱频繁的年代，能活到七十多岁就已经算高寿了。而又作为一个逃难来到鲁国的移民后代，凭借自己的努力做到了地方的行政长官，可谓德高望重；并凭借自己的英雄行为赢得了世人的尊重敬仰，成就非凡。最后他老来得子，老孔家的血脉能够得以延续，他的愿望都一一实现，所以也没有什么好遗憾的。但是对于整个孔家来说却是个灭顶之灾。叔梁纥的去世意味着这没落贵族世家如日薄西山，它的最后一道余晖也完全消失了。叔梁纥生前尽管官不大，但也是有工资的人，养活一家人还是没问题的。现在他一去世，家里的顶梁柱轰然倒塌，只剩下一堆女人和残废的孟皮、年幼的孔子。他们既不能继承父亲的职位，又没有能力养家糊口，一家人陷入了饥寒交迫之中。如果仅仅是这样，孔子和母亲还不会离开这个家。问题是除了贫困，母子俩还要面对性格怪僻、脾气暴躁的施氏和她的一大堆女儿、女婿，她们成天冷嘲热讽，辱骂母子俩克死了叔梁纥，甚至叔梁纥出殡的时候，她们都不让这母子俩参加。而颜征在的娘家在曲阜尽管不是望族，也是书香门第，她从小也是识文断字，知书达理，对教育子女更是有独到的看法。深爱的丈夫已经去世，她的全部希望都寄托在了年幼的孔子身上。她是多么的渴望，能有一个适合孔丘成长的地方啊！如果儿子在不好的环境中长大，就如同将幼苗插在盐碱地中一般，肯定会过早地枯萎死去。而这样的一个环境，充斥了嫉妒、辱骂，没有一丝亲人之间应该拥有的互敬互爱、温馨的感觉，她深知对孔子的成长太为不利，所以她毅然决然地带着孔子离开了这里。这个时候孔子的残废哥哥孟皮的亲生母亲也已经去世，没有丝毫依仗的孟皮更是为施氏所不容，善良的颜征在咬了咬牙，带着孔子和孟皮回到了自己娘家的所在地:曲阜。《论语》里曾经提及孔子母子三人住在曲阜市一个叫阙里的社区下辖的胡同里。我们今天看到的孔子故宅，就是在这原址上多次翻修重建的。

## 四、憨母育子

话说颜征在母子三人在阙里安了家，主要靠颜征在一双灵巧的手给人家缝缝补

补、打打零工度日，日子过得很是清贫，甚至有时还要靠娘家的亲友救济才能渡过难关，可他们却过得温馨而快乐。这主要归功于这位伟大的母亲颜征在。颜征在自幼饱读诗书，在文化上，她是孔子的第一任老师。她手把手地教会了孔子识文断字。尤其在孟皮上学之后，总是因为自身的残疾受到同学们的嘲笑和侮辱，后来他就干脆在家中由征在教授知识，小孔子学的比哥哥还认真，掌握的比哥哥还快。最重要的是，在孔子性格和个人品德的塑造上，颜征在对孔子产生了重要的积极的影响。颜征在为人善良，自尊自强。幼时颜征在生活很是富裕，而现在，她却用自己柔弱的身躯支撑起了这个家，甘于清贫，从不抱怨。她对孔子要求极为严格，在学习上不能有任何懈怠。在生活中，她又给予了孩子无尽的爱，使孔子也能善良宽容的对待他人。她还为孔子经常讲述孔子的先世们显赫的历史，讲述孔子父亲一生的辉煌。她的殷切希望为孔子的未来指明了方向：她希望孔子多才多艺，尽学礼仪，能重新创造孔门的辉煌，跻身上层贵族之流。母亲的言传身教使孔子多才多艺，爱好广泛，待人宽容，做事执着坚持。对幼小的孔子来说，颜征在不仅是一位善良慈爱的好妈妈，也是一位身教胜过言传的好老师，更是一位充满人生智慧的引路人。正是这位平凡而又伟大的母亲给我们的中华民族培养了一位尊为万世师表的圣人。

颜征在对孔子一生的影响是巨大的，孔子对母亲也是由衷地尊敬和孝顺。后来，成年后的孔子在教育弟子的时候，也是把孝顺，尊敬父母作为衡量人才的第一标准。《论语》中有这样的记录：有一次，孔子和弟子们讨论为什么父母死后要守孝三年的问题，其中一名弟子叫宰我，他说："三年之丧，期已久矣！君子三年不为礼，礼必坏，三年不为乐，乐必崩，旧谷既没，新谷既升，钻燧改火，期可已矣。"他却认为三年的时间太长了，一年就足够了。按照当时的习俗，守孝的时候要穿缌袍敝衣，吃粗茶淡饭，住在父母墓边的草棚里，不能有任何的娱乐活动。宰我说三年都过这种苦行僧似的生活，太痛苦了。老祖宗的东西也该改一改了。孔子就问他，那剩下的那两年你离开父母的墓地，穿新衣，吃香喝辣，你能心安吗？宰我说我当然心安。孔子深深地看了看宰我说道："女安！则为之！夫君子之居丧,食旨不甘,闻乐不乐,居处不安,故不为也。今女安,则为之!"君子守孝三年不是给别人看的,好搏个孝顺的名声。父母死了居丧,内心思念的悲愁,吃饭都没有味道,听到音乐也不快乐,睡觉都睡不好,主要是为了自己的心安啊。宰我离开以后,孔子对其他弟子说:"予之不仁也。子生三年然后免于父母之怀,夫三年之丧,天下之通丧也,予也有三年之爱于父母乎!"意思是说:宰予这个人一点良心都没有,小孩子三岁才能离开父母的怀抱。所以三年之丧,就是对于父母怀抱了我们三年,把我们抚养长大了的一点点还报。这是天下人类都一样的。宰予没有三年怀念父母的心情! 言语之中流露着对宰我的不满和失望。

## 五、学习周礼

颜征在带着孔子生长在曲阜,不能不说是一个明智之举。当时的曲阜不但是鲁国的政治和文化中心,更是整个东周王朝的文化圣地。这样一个礼仪之邦,非常重视学习和礼仪。"克己复礼"是后来孔子提出的最重要的政治理想,这里说的"礼"就是周礼。当时周礼在孔子生活的年代,保存和遵守最完备的地方就是鲁国的国都曲阜。少年孔子经常观看都城的各种祭祀活动,浸润于其中,这一天正是麦收之时,阙里大街上乐声悠扬,热闹非凡。原来是祭祀的队伍路过这里。小孔子和其他老百姓一起跟着祭祀的队伍后面,来到了曲阜的城郊。祭祀开始了,小孔子钻到最前面,目不转睛地看着祭祀活动的进行。他先看到了供桌上摆放着猪、牛、羊和玉帛等祭品,旁边还摆放着一些祭器。紧接着主祭官和贵族们登上了祭坛,他们身穿白衣,头戴玉笏,神情肃穆。在小孔子的眼中他们好像在做一件最严肃、最重要的事情。这时主祭官郑重宣布:"郊祭大典开始! 依规程敬祭天神、地神。"刹那间钟鼓齐鸣,埙声呜咽,贵族们按照程序时而仰首叩天,时而俯首拜地。小小的孔子完全被这种庄严肃穆的气到家里，他找来一些瓶瓶罐罐，仿照刚才看到的祭祀的过程有模有样地模仿起来，他时而当"主祭官"，时而又当"参祭者"，学的是不亦乐乎。《史记·孔子世家》就有这样的记载，说孔子在幼时"为儿嬉戏，常陈俎豆，设礼容"。其他小孩子玩的游戏，小孔子并不感兴趣，他的游戏就是模仿祭祀，学习周礼。这在现在是不可思议的，但在当时贵族社会十分重视祭祀礼仪的情况下是很自然的。这除了周围环境耳濡目染的影响外，和颜征在的教育也是分不开的。颜征在希望孔丘能学好这些东西，将来能够回到贵族行列中去。

## 六、年少好学

小孔子就在母亲的悉心教导下和曲阜这个礼仪之邦的熏陶下，慢慢长大了，变得更加懂事了，他经常帮母亲做一些力所能及的事情，来分担妈妈身上的担子。而且他也长得越发的高大结实。小伙伴们去放牛，其他人总愿意和他在一起。

孔庙

因为他对礼仪很感兴趣，所以看到祭祀、嫁娶的场面，回家后总是去演示。后来求去做礼仪主持的助手，挣些钱来补贴家用。

后来吴国的太宰问孔子的弟子子贡："孔子是圣人吧？怎么会这么多的才艺呢？"

子贡自豪地说:"我的老师是'天纵之圣',而且多才多艺啊。"孔子对子贡说:"太宰了解我吗？我少年时贫贱,所以会许多卑贱的技艺。君子会有这么多的技艺吗？不会吧。"

孔子说这些话,肯定是想起了自己的少年时期,正是那段时光的磨炼,才培养了他坚韧的品格和执着的精神,还有许多贫民谋生的手艺,这些都是孔子一生的财富。

曲阜的平民教育还是不错的。为了让孔子接受正规的教育,母亲把孔子送到了离家不远的小学堂去学习。孔子不但是个好孩子,还是个好学生。他深深地知道母亲一个人带他不容易,再送他上学就更艰难了,所以他非常珍惜这来之不易的学习机会。

当时学堂里传授的就是传统的六艺:礼、乐、射、御、书、数。孔子在知识的海洋里快乐遨游,很快成了其中的佼佼者。对于既聪明又懂事的孔子,老师也是打心眼里喜欢,经常让他当自己的小助手来辅导其他的学生。孔子在帮助其他人的时候,对自己所学的知识也进行了巩固和复习。谁能不承认,孔子后来成为万世师表和当小助教没有关系呢?

幼年的教育为孔子进一步求学打下了较好的基础,到十五岁的时候,他对老师教授的这些内容也是烂熟于心了。有一次,曲阜西郊举行了一次射箭活动,孔子上场的时候,举止潇洒,风度翩翩,一副君子模样。而且动作标准,技艺高超,箭箭射中靶心。大家都称赞他:"真不错啊,年纪轻轻就这么优秀。"孔子能获得大家的称赞,完全是他平时刻苦学习的结果。可是孔子却没有办法进入专为贵族子弟所设的大学里继续学习,不得不走上自学之路。孔子以《诗》《书》等为学习的主要内容,而尤其关注礼、乐等当时重要的礼仪制度。为了学好礼、乐,孔子广泛调查,处处留心并向他人请教。因为自己的刻苦努力,年纪轻轻的孔子成了远近闻名的小贤人。

正当孔子大踏步地向着更为广阔的人生迈进时,人生的打击接踵而来。

# 七、十七丧母

颜征在二十岁左右正当青春年华之时,就死了丈夫,带着三岁的孤儿,离开了复杂矛盾的叔梁纥家(陬邑),来到鲁都曲阜定居。颜征在在嫁到孔家的前几年,生活无忧无虑,不愁吃穿。可现在既要操心维持母子生活,教育孤儿,生活是怎样的艰辛,可想而知。她不可避免地带着年轻寡妇凄凉的沉重心情,终于在三十多岁就与世长辞了。这对孔丘当然是一个很大的打击,子欲养而亲不待,树欲静而风不止。面对母亲的离去,可以想象他是多么的悲伤。

颜征在带着遗憾离开了这个世界,她是多么舍不得啊,她还没有亲眼看见自己一生的希望孔子娶妻生子,她还没有看见孔子重新跻身贵族,光耀门楣呢。孔子扑到了母亲的身上,哭的是肝胆俱裂,声嘶力竭。母亲含辛茹苦抚养他们兄弟俩的画面一幕幕地在眼前浮现:施氏面前,母亲冲上去护住兄弟俩,以免受到责打;如豆的灯下,母亲一笔一画地教自己写字;寒风中,母亲用柔弱的身躯扛着一大捆木柴蹒跚而行;烈日下,母亲吃力地洗着大户人家的一大堆衣服,汗如雨下;吃饭时,母亲总是把饭摆在兄弟俩的面前,自己随便地吃上几口;读书时,母亲望着自己那满足的微笑……孔子握着母亲满是茧子的手,一声声地呼喊着,想把母亲喊醒,想让母亲再像以前一样温柔的答应着自己。哥哥孟皮也在一旁泣不成声。周围的邻居们闻声赶来,看到兄弟俩实在是可怜,敬佩孔母平时的善良宽容,又欣赏孔子的多才多艺,于是纷纷前来帮忙料理丧事。一位老者把孔子扶起来,说道:"孩子,只在这里悲伤哭泣是解决不了问题的,还是赶快让你母亲入土为安吧。"孔子点点头,强打起精神为母亲料理丧事,他暗下决心,一定要竭尽全力为母亲办一个体面又隆重的丧事。多亏了周围邻里朋友的帮忙,大家你一点我一点地为孔子凑了点钱,置办了一口还说得过去的棺木,还按照习俗为孔母穿上寿衣,让孔子兄弟俩披麻戴孝,在棺木前守灵三日。

第三天早上,出殡的仪式就要开始了,孔子却还在暗暗心焦,母亲究竟应该葬在哪里啊? 周围的邻居亲友已经自发地聚在门口,等待送葬。随着一声高喊"起灵",一队浩浩荡荡的殡葬队伍在曲阜的大街上踽踽而行。孔子披麻戴孝,走在前面,边走边嚎啕大哭,周围送行的人也禁不住落下眼泪。行到一个十字路口,送葬的队伍就停下来,一些闻讯赶来的乡亲就上前来祭奠一番,就是"路祭"。送葬的队伍就这样走走停停,悲痛的哭声直让阳光无色,孔子的心中更是悲怆异常,他想到母亲才三十多岁就离开人世,自嫁到孔家真是没有享过几天福,母亲对父亲是那样的崇拜,肯定最希望和父亲葬在一起。可父亲去世时他才三岁,连父亲葬在何地都不知道,更不必说让父母合葬了。他突然想起了母亲多次给自己描绘的父亲的英雄事迹,诉说父亲这位在刀光剑影中厮杀出来的英雄当时是如何赢得世人的赞叹,如何家喻户晓,应该会有人记得他的墓地。正在这时,送葬的队伍来到了五父之衢这条街上,来祭拜的人都已经祭拜完毕,该起灵继续前行了,孔子却长跪不起,一边哭泣一边向周围围观的路人叩首:"父母合葬是古之常理,而孔丘不孝,却不知父亲葬在何处。想我父亲乃盖世英雄,一生威武,过往的君子有没有听过我父亲的英名,停驻的路人又有谁知道我父亲葬于何处? 孔丘乞求大家指示于我,自当没齿难忘。"众人听了,议论纷纷,有人说原来这就是孔丘啊,听说他特别有才华,多才多艺。也有人听说过他的父亲,是个大英雄。还有人说,孔丘真孝顺啊,看来孔母把他教育的真好,孔母真了不起。更有善良的老妇感慨孔子坎坷的身世,撩起衣襟擦起了眼泪。颜征在的棺木停在了十字路口,街上熙熙攘攘的行人驻足观看着,议论着,孔子直直地跪着,心中祈祷着,直跪到夕阳西下,暮霭已起。寒风萧瑟,树叶飘零,呜咽的风声也似在替孔子表达心中的悲怆。突然,远处一个老妇人哭泣着向这边跑来,跑到近前,抱着孔子就嚎啕大哭。原来这名老妇人是以前孔子居住在陬邑的邻居,辗转听到了孔母去世的消息,就急匆匆地赶到了这里,想来祭拜一下故人。当得知孔子长跪不起的原委之后,她抹抹眼泪,暂时抑制住悲哀,引着孔子和送葬的队伍往防山走去,孔子的父母终于合葬在了一起。后人在歌颂孔子的同时,对颜征在也推崇备至。现在曲阜孔庙大成殿后边有一座"启圣王寝殿"就是专门供后人祭祀孔母的地方。在孔子的出生地尼山的孔庙之东还设有一座孔母祠。的确,她为中华民族培养了第一位伟大的教育家、思想家。这位伟大的母亲若是知道孔子后来的成就和后人对孔子的景仰,相信一定会心满意足的。

## 八、学琴师襄

在通往政治舞台的道路上,孔子更加如饥似渴地学习。可主要应该学什么呢?

首先,孔子想到了母亲在世时一直督促自己苦学"六艺"。作为出身于书香门第的颜征在知道,只有学好了六艺,才能得到上层社会的认可,才能走上仕途。孔子深深地认识到了,仅仅掌握"六艺"是远远不够的,只有成为其中的佼佼者,才能获得别人的尊重,获得贵族、君主的青睐,从而谋得一官半职,完成母亲的遗愿,重新跻身于上流社会。

其次,他清醒地意识到了一个人的智慧是有限的,只有善于向他人学习,抓住一切学习的机会,才能更加完善自己。就像大树一样,汲取的阳光雨露越多,就越能枝繁叶茂,屹立不倒。因此他学无常师,把社会当作课堂,随时随地向一切人学习。他说:"三人行,必有我师焉。""见贤思齐焉,见不贤而内自省也。"和自己一起相处的人,看到他们的优点,就赶快加以学习;看到他们的不足,就暗暗告诫自己要避免犯类似的错误。甚至遇到不认识的人,孔子也非常热情地和陌生人交谈,看陌生人的身上有没有值得自己学习的地方。更别说一些有名气的有学识的人,只要有机会,孔子想尽办法也要向人家学习。

正是这一颗向学之心促使孔子不断地完善自己,超越自己,使自己真正地成了一个博学多才之人。孔子自己曾经这样评价自己："十室之邑，必有忠信如丘者焉，不如丘之好学也。"意思是说，孔子认为自己的忠信并不是最突出的，因为在只有 10 户人家的小村子里，就有像他那样讲求忠信的人。但他认为自己非常好学，他承认自己的德性和才能都是学来的，并不是"生而知之"。史书中有很多这样的例子证明了孔子的学无常师，学而不厌。

师襄子是鲁国的乐官，对音乐的造诣非常高。孔子听说了师襄子的大名，就赶快跑到师襄子那里，请求他教自己弹琴。而师襄子早就听说了孔子是一个博学多才的年轻人，也非常愿意和他交朋友，就高兴地答应了下来。师襄子先教他一些乐理知识和演奏的技巧，孔子的演奏技艺和欣赏水平都有些基础，学得很快。可是在学习完整的曲子的时候，他一遍一遍地练习着，就这样过了十天，还在弹奏着一首曲子。师襄子说："这首曲子弹成这样就可以了，我还是教你新的曲子吧。"孔子说："我只是熟悉这首曲子的曲谱，对于演奏技巧我还是不熟练啊。"过了些时候，师襄子感觉到孔子的演奏已经非常娴熟，甚至和专业的乐师比也毫不逊色了，就说："你的演奏技巧已经很熟练了，可以学新的了。"孔子说："还不行啊，老师。演奏技巧我确实很熟悉了，但这首曲子的意境我还不了解啊。"又过了一段时间，师襄子听到他的琴声大为惊叹，说道："你的弹奏水平太高了，已经和我不相上下了。你已经完全领悟了曲子的意境，现在可以学习新的了吧。"孔子还是摇摇头说："不行啊，老师。我还没有深刻地理解作者呢，我觉得这首曲子似乎另有深意。"再过了些时候，师襄子听孔子弹琴，眼前好像浮现出一位统领天下的君主站在吞吐日月的大海之滨，目光深邃地眺望远方。师襄子把自己的感受说给孔子听，孔子激动地说："我现在已体察到作者的过人风采了，这是个思想深邃、性情乐观而又眼光远大的人，像一位傲视群雄的君主，除了周文王，谁还能做这样的歌曲呢。"师襄子听了，由衷地佩服，恭恭敬敬地挺起身来说："你说的一点没错。当初我的老师教我这首曲子的时候，就说是文王所做的《文王操》啊！"孔子把《文王操》学到这种程度，才肯换学新的曲子。由此看来，孔子在学习上的确是学无止境,学而不厌。这种执着的精神使得孔子的音乐造诣极高,这才有了后来的孔子听韶乐,三月不知肉味的典故,这是后话了。

## 九、太庙问礼

孔子曾在鲁国祀奉周公的太庙做助祭,年轻的孔子终于获得了进入太庙的机会。这对于孔子来说,又是一个增长知识、掌握周礼的机会。以前对周礼的学习和了解都是揣摩和远远的观看,如今终于可以亲自参与了,孔子很是激动。所以只要有机会进入鲁国祭祀周公的太庙,他就本着严谨学习的精神,不停地问这问那。活动一结束,他总是快步走到主祭官那寻根问底:"请问大人,鲁国为什么不行天子祭天地的郊礼?"主祭官不耐烦地回答:"鲁国是周公后裔,郊社礼是周公修订的,专属天子的祭礼。鲁国奉周公遗制,所以按照先例冬至不举行郊祭礼。"孔子又看见神庙的神位前斜放着一件木器,便又问主祭官:"这是什么祭器?"主祭官答:"是宥坐,也就是帝王的劝诫器。"孔子说:"我曾经听说过。这种祭器空的时候是歪斜的,如果往里面倒水倒到一半的时候就成了平的。可是如果注水过多的话,就又会倾侧,里面就不会剩下多少水了。所以君主常常用它来警示自己,不要骄傲自满啊。"主祭官没好气地说:"你知道了还问什么?"孔子也不恼怒,一有机会,还是问个不停。

后来孔子听到有人在议论:"谁说陬邑叔梁纥的儿子博学多才,懂得礼仪啊,他进了太庙,什么都问,真是一副什么都不懂的样子啊。"孔子听说后并不生气,说道:"知之为知之,不知为不知,是知也。询问本身就是有礼的表现呀。"其实孔子自小就熟学周礼,很多知识早已熟记于心,他怎么会不知道呢?他只是把自己掌握的知识在实践中进行验证罢了。正是孔子这种严谨的学习态度,才是他后来成为圣人的原因啊。

# 十、问制郯子

郯子为鲁国东南小国郯国的国君。当时的郯国,虽是区区小国却颇有名气,主要原因是国君郯子的政绩、才华和仁孝之德,赢得了人心。郯子的仁孝之德,我国历史上传颂不衰的"二十四孝"中有所记载,郯子"鹿乳奉亲"的美德一直被视为楷模。《二十四孝图》中第五幅记载:"周郯子,性至孝。父母年老,俱患双眼,思食鹿乳。郯子顺承亲意,乃衣鹿皮,去深山,入鹿群之中,取鹿乳以供亲。猎者见欲射之,郯子具以情告,乃免。"郯子更是一个有才华的人。郯子曾经访问鲁国,昭公盛宴款待。席间,鲁国的大夫叔孙昭子问起远古帝王少昊氏以鸟名官之事。郯子引经据典,侃侃而谈。他说:少昊是我们的祖先,当初少昊在继承王位时,正好有一只美丽的凤凰飞来,这当然是吉祥的象征了,所以少昊氏就用鸟名来称呼各种官职。郯子进一步解释说:我们的祖先这样做当然是有渊源的。从前黄帝轩辕氏登位时以云来记事,因此他的百官都以云命名;炎帝神农氏建立国家的时候以火来记事,因此他的百官都以火命名;共工氏成为君主时以水记事,他的百官都以水命名;太昊氏在建立国家时出现了一条龙,他的百官都以龙命名。我的高祖少昊氏这样做,大概和那些贤明的君主是一样的吧。满座人无不佩服郯子的学识渊博。

孔子听说了这件事,非常的感兴趣,就想方设法地赶到郯子居住的地方向他请教,"见于郯子而学之"。郯子看到孔子如此诚心诚意,觉得他是个虚心好学的人,于是就和孔子高兴地谈论起来,没有一丝君主的架子,也没有嫌弃孔子的平民身份。孔子继续向他求教他们国家以鸟命名的方法。郯子也非常详细地回答了他。他说:我们的祖先少昊在继承王位时,正好有美丽的凤凰飞来,这是吉祥的象征,凤凰是吉祥的神鸟,它一出现天下就和平安定,它是知道天时的。所以主管历数正天时的官,叫凤鸟氏；玄鸟就是燕子，它们春分飞来，秋分离去，所以掌管春分和秋分的官叫作玄鸟氏；伯赵就是伯劳鸟，它夏至开始鸣叫，冬至就停止了，所以伯赵氏是掌管夏至、冬至的官；青鸟就是鸧鹕，它在立春开始鸣叫，立夏停止，所以这个官职以青鸟氏命名；丹鸟氏掌管立秋、立冬。丹鸟即雉，它立秋来，立冬离去，所以以丹鸟氏命名。这四种官职都是凤鸟氏的属官。祝鸠氏就是司徒。因为祝鸠非常孝顺，所以以它命名主管教育……

孔子"问官"这个历史典故流传了下来，二千五百多年来一直为人们所珍视，至今仍是研究古代官制形成和远古民族演变的重要资料。至今保存在曲阜孔庙内的《圣述图》内有一幅插图叫《学于郯子》，讲的就是"孔子师郯子"的故事。而且，郯子对孔子的影响也是十分巨大的，他惜才爱才，对虚心学习的孔子是倾囊而授，不仅传授给孔子许多新的知识，而且对当时人们不重视学习表达了自己的深深的担忧。好学不倦的孔子，凭借其过人的虚心和韧性，不耻下问，越发的博学多才，自身的修养也日益提高，终于成为一位百科全书式的学者。

# 十一、职司乘田

功夫不负有心人，不到二十岁的孔子在他的家乡就已经小有名气。他博学多才，见多识广，这和他勤学好问，不放过任何一个求知的机会是分不开的。在他阙里住宅附近有一条街叫达巷，那里的人称赞道："孔子这么渊博，他会的东西实在不少。"孔子听到了，却谦虚地说："我能懂什么呀？我只是会驾车而已。"驾车是当时成年男子必须会的技能，孔子之所以这样说，是因为他觉得自己掌握知识是他学习的结果，任何人只要爱好学习都可以做到，并没有什么神奇的地方。

这时的孔子已经十九岁了，替母亲守孝三年的期限也已经满了，按照当时的习俗，已经到了娶妻生子的年纪了。尽管他现在已是父母双亡，可是他的哥哥和邻居们都在为孔子的终身大事暗暗着急。孔子作为殷商后裔的孔氏家族的传人，尽管在鲁国已下降为一介平民，在婚姻上的讲究，还是得遵循先祖的规矩，应该尽量找同族的女子成婚。孟皮和邻居们终于打听到宋国亓官氏是一名才女，德、言、容、功四德兼备，亓官氏是宋国负责掌握祭祀、祭祖亓官的女儿。后来因为宋国战乱，一家迁到了鲁国，和孔子家的遭遇非常类似。他们觉得两人很合适，因为孔子本就是宋国贵族之后，如果能娶到亓官氏，那简直是天作之合。而之前恰巧有一次，亓官氏的父亲亓官来鲁国办事，碰巧遇上了人们在称赞孔子的博学多才，所以就记住了这个见多识广的年轻人的名字。不久孟皮和乡亲们就托人向亓官提亲，希望亓官能把女儿嫁给孔子。亓官早对孔子有了喜爱之心。所谓千里姻缘一线牵，亓官没怎么犹豫就答应了这门亲事。孟皮打心眼里高兴，又托媒人交换过庚帖，恰巧和孔子八字相和，便行文定礼，快速地做好了一切准备，选定了个好日子，准备成婚。

到了成亲的那一天，孔子早早地前去迎娶新娘，乡亲们就在孔子简陋的家中翘首等待。日上三竿了，迎亲的队伍终于被人们簇拥着缓缓地回到了阙里街，孟皮看着自己相依为命的弟弟也成家立业了，心中感慨不已，眼泪也悄悄地流了下来，他想起了待自己如亲生的颜征在，现在终于可以告慰养母的在天之灵了。他的泪水流的更肆意了，但流到嘴里的泪水，他却觉得是甜的。

身材高大的孔子穿着吉服，加上他的谦谦君子的风貌，真是一表人才。周围的老邻居看着新郎挺拔的身姿，新娘婀娜的体态，纷纷感慨："真是郎才女貌啊。""颜征在要是还在肯定会高兴的。""这下孔丘的父母泉下有知，也会欣慰的。"孔子听着乡亲们的议论，看着哥哥喜极而泣的泪水，心中默默地念道："父亲母亲啊，你们看到了吗？今天是孩儿的大喜之日，今后我就是孔家的顶梁柱了，我一定会上祭祖先，下继子孙，传承后代，光耀门楣的。"他又看看今天才第一次见面的新娘，那贤淑的风度，端庄的仪态让孔子都不敢相信这样美丽的女子就是将要和自己休戚与共、共度一生的人，想想自己的好福气，一种幸福的感觉充斥于心。此时，孔子的眼前仿佛出现了母亲那苍老的面容在朝自己微笑，他想起母亲不幸而又短暂的一生，想起母亲日夜操劳的身影，想起母亲背着自己哭泣的泪水，想起母亲未老先衰的面容，孔子暗暗发誓：他一定不会让自己的妻子重蹈母亲的覆辙，他一定要靠自己的力量支撑起这个家，让自己的妻子和将来的孩子衣食无忧，生活幸福。

话说孔子的名气越来越大了，许多人都跑来向他请教问题，孔子都是知无不言，言无不尽。甚至有许多远道而来的人也向他来请教问题。孔子的名气也由市井之中传到了宫廷和贵族们的耳中。当年曾大摆筵席广纳贤士的季平子也早就听说了孔子的名声，其实当年孔子曾去季府受辱的事情，季平子也听说了，但当时季平子只当孔子是一个平凡的书生，并没有把这件事情放在心上。没想到后来孔子的名气越来越大，就想把孔子拉拢过来，为己所用。他就把孔子叫去，纳为了自己的家臣，并给孔子安排了一个做委吏的小官。委吏是个什么官职呢？其实就是管理仓库的一个小差役。看来，凭借自己的名气并没有给孔子带来一个鲤鱼跃龙门的机会，孔子平民的身份，决定了提供给孔子第一次施展治国才干的机会，只能是一个相当低矮的台阶。可是孔子却并不嫌弃这个职位的低贱，而是努力把自己的工作做到最好。因为他深深地了解，他不仅要充分利用这个机会锻炼自己的能力，还要借助这个平台，展现自己的能力，干出优异的成绩，才能得到别人的赏识，否则，再有能力也是纸上谈兵。

孔子到任之后，发现账目混乱，漏洞百出。原来过去的委吏和其他的人员串通一气，勾结起来克扣百姓交纳的粮食，中饱私囊，正是由于贪污和账目混乱才被季平子撤职的。而留下的一些工作人员欺负孔子年轻，觉得他只是一介书生，管账收租的事并不在行，明里暗里并不听孔子的。

这天孔子和其他人去老百姓的田收租，孔子手下的差头拿出收租的斗桶，吆喝着人们来交租，老百姓们看着斗桶，气愤异常，却是敢怒不敢言。孔子看着斗桶看出了一些端倪，他命人再拿个斗桶来，差头马上又拿了个一模一样的，孔子还是觉得斗桶有问题,亲自从老乡家里拿来一个斗桶,一比较,老乡家的斗桶竟然小了许多。孔子立刻板起面孔,严厉地惩治了那些坑骗百姓的恶人。农民们看到新来的委吏秉公办事,施法严明,又确确实实是为农民办了实事,都非常信赖他,所以当年的租子交的是又快又齐。孔子又凭借自己学习的六艺中的"数",就是自己的数学知识,极有效率地清点物资,理清账目,收入支出一笔笔地记录清晰。很快季平子仓库里的粮食就堆地满满的,账目也记得一清二楚,过去的烂摊子很快就被孔子治理得井井有条。季平子没想到年轻的孔子不仅是知识渊博,在这些低级的管理当中,也能干得如此出色,很是满意,就又让他当了乘田。乘田是管理牛羊的小吏,这份工作看起来比委吏还低贱,孔子的哥哥孟皮很是不高兴,他气愤地对孔子说:"你的知识那样渊博,才华那么出众,他们却让你做这么低贱的事,我们不干了。"孔子却信心满满地说:"叫我管牛羊,我就要把牛羊养得肥肥大大的。叫我管仓库,我就要把仓库进出的账目计算得清清楚楚的。只要我用心,没有办不到的事。"

当时大户人家对牲畜是非常重视的,牲畜不仅仅是人们的食物,而且在那个时候,祭祀就需要肥壮的牛羊。最重要的是,到了孔子那个时代,已经出现的生铁铸成的农具,那么牛就成了重要的耕种的工具。所以牲畜的饲养是非常重要的。孔子小时候家境贫寒,为了给母亲减轻负担,他曾经给富人家放过牛,因此很是了解牲畜的习性,也掌握了饲养的技术。所以他踌躇满志地就上任了。上任第一天,孔子并没有声张,自己一个人来到了猪圈等饲养牲畜的地方,看到猪圈、羊圈是残破不堪,遍地屎尿,臭不可闻。里面的牲畜也是瘦得皮包骨头。孔子紧紧地皱着眉头,把手下人找来,下令让他们三天之内清扫卫生,修补猪圈、羊圈。并且,根据牧场里的实际情况,迅速制定了一系列的管理措施:首先清理干净畜舍,保证环境干燥,防止疾病的发生。其次在放牧的基础上让手下人加喂庄稼收割后的秸秆,保证营养。另外专门挑选出祭祀用的猪牛羊等特殊喂养,夜间加喂一顿,所谓马无夜草不肥,这样就保证了祭祀用的祭品的质量。孔子利用自己小时的经验和自己所学的知识,合理地安排了放牧

孔林

的时间和地点,对人员的安排也是统筹规划,人尽其才。手下人一看,新来的这个乘田是个内行,管理又很严格,不得不服。所以种种好的措施得到实施之后,不到一年的时间,牧场里牛羊成群,而且个个是膘肥体壮。手下人也对孔子是言听计从,唯马首是瞻。季平子听闻这个情况,在没有通知孔子的情况下,在畜舍里转了一圈,然后对孔子是大加赞叹。在这一年的祭祀活动中,季平子所用的牺牲祭品是最上乘的好牲畜,朝野上下,无不赞叹,都说孔子做什么事情都能做得如此出色,不像有的贵族青年,眼高手低,大事干不了,小事又不愿意干。季平子听了也觉得脸上有光,于是就大力地赞扬了孔子,孔子出仕生涯的第二份工作又一次受到了表彰。经过这两件事情,孔子的名声被越来越多的人传播,对博学多才的孔子,人们是越发的敬重了。对于从事当时人们认为的是鄙贱之事的经历,孔子并不觉得丢人,甚至在后来和弟子们谈论的时候,也是很以此为荣的。

季平子是国家的上卿,在当时其实就是鲁国国家政权实际的掌权者,季平子手下有这么一个聪明能干的年轻人的消息,甚至传到了鲁昭公的耳里。孔子结婚的第二年,他的妻子亓官氏为孔子生下了一个儿子。孔子和哥哥孟皮都欣喜异常,孔家终于有后了。在孩子满月那天,邻居们都来祝贺,有的大娘看孔子没有母亲帮忙,就给做了几身小衣裳送来。正在招呼客人的孔子突然听到外面传来了奏乐之声,孔子的哥哥急急忙忙地走进来喊道:"二弟,二弟,快快迎接,国君派人送礼来了。"孔子听了又惊又喜,赶快出门迎接,只见一位官人模样的手里拿着一条活蹦乱跳的大鲤鱼朝自己走来。孔子赶快上前施礼,那人很客气地说:"国君听说夫子喜得贵子,特地命令我送来鲤鱼,向你表示祝贺。"孔子诚惶诚恐地说:"孔丘乃一介平民,承蒙国君关照,大恩大德没齿难忘,请一定代我感谢国君。再次拜谢国恩。"

恭送官人走后,大家都替孔子感到高兴,感到自豪。当时又有哪个平民能有此殊荣,获得国君的贺礼呢。国君的赏赐,孔子也深以为荣,他仿佛看到了希望的曙光,凭借自己的力量重新跻身贵族,光耀门楣的愿望可能会实现了。为了感谢鲁昭公赐鱼的厚爱,就在当天,孔子给自己的儿子命名为鲤,字伯鱼(伯是老大的意思)。不言而喻,这里寄托着鲤鱼跳龙门的希望。

昭公送鱼的故事迅速地传遍了鲁国,孔子的名声更大了。

## 十二、创办私学

公元前530年初夏,孔子为父母扫墓之后下山回家。刚走到山脚下,一位迎面而来的少年突然抱拳施礼道:"仲尼大哥,您好!"

"你是?"

"您不认识我了? 我们还在一块儿放过羊呢! 那时,我十岁,您十六岁,您今年二十二岁了,对吗?"

"我想起来了,你是子晰,长这么高了!"

"仲尼大哥,我父亲让我拜您为师,向您学习。"

孔子第一次被别人称为"师",感到有点儿难为情,他忙说:"我自己知识很有限,怎能为人之师？"

"您是怕我笨，还是嫌我穷？"

"不！我怕教不好，耽误你的前程。"

"我都不怕，您怕什么？"

"我确有将来设坛讲学的想法，到那时，可以先收你做学生。不过，目前我还得当乘田吏。"

"老师，请受弟子一拜！"曾点当场来了一个五体投地。

孔子无奈，只好答应了。

一天，曾点约颜路一起去见孔子。见到孔子，颜路、曾点一起施礼道："老师好！"

曾点说："他叫颜路，与我同岁，今年十七岁，人品好，很聪明，是我的好朋友。他诚心拜您为师，您一定不要推辞呀！"

孔子把客人让进堂屋，说："曾点，我不是对你说过吗，这几年，我要多学习，不能收徒。日后设坛讲学时，才能考虑收徒之事。"

颜路忙说："我愿留在您身旁，听取教诲。待您设坛时，正式拜师，恳请恩准。我和曾点商议好了，我们俩做您最早的弟子，不仅如此，将来还要让儿子也做您的学生呢！"

孔子拉起颜路，高兴地说："你和曾点一样，可以先留在我身边，先当个非正式学生吧！"

公元前522年的大年初一上午，曾点、颜路一同前来给孔子夫妇拜年。曾点说："夫子现在三十岁了吧？您在治学、做人、为政等方面已奠定了坚实的德业基础。您平时所说'三十而立'，可以说已经实现了。"

颜路接过话茬说："办学校吧！把知识传授给青年人，光宗耀祖，为国效力，这不比做官更好吗？"

孔子告诉他们："我曾经向上卿大夫孟僖子说过办私学的想法。"

话音未落，一位官差进门通报："上卿大夫孟僖子的长子孟孙何和孟懿子带着弟弟南宫敬叔来给夫子拜年！"

孔子连忙请兄弟两人上坐，说："两位光临寒舍，蓬荜生辉呀！"

孟懿子说："我父亲让我们兄弟拜夫子为师，请夫子快办学吧！"

"对，对！请夫子快办学吧！"曾点、颜路也一致提出要求。

孔子问道："历来的学校都是官办的，官方能允许私人办学吗？"

孟懿子说："我父亲重病前看得明白，鲁都的官学死气沉沉，不出人才。他已面奏国君批准，允许夫子办私学，传道授业。我会遵从父命，尽力帮助夫子办学。"

说着，孟懿子从怀中取出了国君诏书。这是一份具有深远意义的诏书，它标志着中国从此便开启了私人办学的大门。

在中国，从夏朝、商朝、西周到春秋长达一千五百年左右的奴隶社会里，实行的是"学在王宫"的教育制度。这种教育制度在长期的奴隶社会里培养了奴隶主贵族专政所需要的各类人才，传播了文化科学知识，对社会的发展起到了促进作用。

然而，这种教育制度的弊病也是十分明显的。它具有鲜明的等级性，规定只有贵族子弟享有充分受教育的权利，平民子弟享有受初级教育的权利，完全剥夺了广大奴隶受教育的权利。

同时，它传授的知识也仅仅局限于贵族管理国家和统治百姓的方法、手段与经验。

随着历史的发展，这种封闭的、由少数人垄断的教育制度越来越不适应社会各阶层日益增长的文化需要，也不利于劳动者素质的提高。

到了春秋后期，随着王室的衰微和地方诸侯国力量的增强，特别是农业、手工业、商业的发展和各地经济文化交流的日趋频繁，社会对各级各类人才的需求大量增加，再加上王室的礼乐官员流散民间，打破原有教育制度的条件已经日渐成熟。

鲁国国君同意办私学，就是在这样的背景下实施起来的。公元前522年，鲁都的百姓增加了新的话题，人们纷纷议论起孔子决定办私学这件事。

有的说："仲尼讲仁重德，能够取信学子，凝聚人心！"

有的说："仲尼熟知周礼，注重仁义，为人师表，堪称师范！"

不久，十多个前来求学的青少年带着行李衣物和学费搬进了孔门。孔子把学堂暂时设在家里，他要求弟子们"近者走读，远者投亲靠友、找同学帮忙，就近分散食宿"。

"一年交多少学费呀？"有的弟子问。

孔子回答："现在是试着办学，暂不收取学费。"

"老师不能白教我们呀！还是规定一个收徒条件吧！"

孔子说："等到筑坛建堂完毕之日，就正式开学，那时再收学费吧！"

这年夏天，孔子在阙里的街西边筑起了杏坛，建成了民间的第一所学堂。这一天，孔子穿着一身崭新的儒服，缓步走到杏坛中间，郑重地注视着大家。

司仪郑重地宣布："今天是开学典礼，隆重举行孔门弟子的拜师仪式。

"弟子们在坛下排队，按序逐一登坛报名登记、交学费，通报简况、行拜师礼，聆听老师教诲。现在，拜师仪式开始，鸣炮奏乐。"

孔子当时的办学基本方针是"有教无类"，即招生对象不分贫富贵贱和民族国别，一律同等对待。

这个方针适应了春秋时期文化下移的潮流，突破了以前贵族教育体制在出身、国别、族别等诸多方面的限制，迎合了广大平民和被解放奴隶渴求受教育的愿望，因而受到了上至达官贵族、下至平民百姓的普遍欢迎。

孔子在办学的同时，不忘加强自身修养和学识，广泛吸取他人思想中的精华，孜孜以求，孜孜不倦。

孔子幼年曾受老子的教导，人到中年仍是一心想向老子学习。于是，他带着颜回、子路等几个弟子到了洛阳。他们等了数日，终于见到了老子。

一大早，老子便把孔子一行几人引入大堂。待入座之后，孔子开始说明来意："丘曾受先生指点，又极仰慕先生的学问，这次特带愚徒几人前来拜谒。请问先生近来修道进展得怎么样了？"

孔子几人正准备洗耳恭听，不料，老子却张嘴大笑道："你们看我这些牙齿怎么样？"

孔子师徒莫名其妙地看了看老子的牙齿——七零八落，早已参差不全了。于是，他们摇了摇头，谁也不明白老子的意图。

老子又伸出了自己的舌头问："那么，我这舌头呢？"

孔子师徒又仔细看了看老子的舌头，这时孔子眼前灵光乍现，微笑着答道："先生学识渊博，果然是名不虚传！"

这时老子才说："想必你已经清楚我修道达到什么程度了吧？"

孔子会心地点了点头说："如醍醐灌顶，方才大悟呀！"

午后，师徒几人便辞别老子，起身返回鲁国。途中，孔子如获至宝，喜悦极了。弟子子路却疑云重重，不得释然。

颜回问其何故，子路说："我们大老远跑到洛阳，原本想求学于老子，没想到他什么也不肯教给我们，只让看了看他的嘴巴，这也太无礼了吧？"

孔子听后拊髯大笑。

颜回答道："我们这次来不枉此行，老子先生传授了我们别处学不来的大智慧。"

"什么大智慧？"子路问。

"他张开嘴让我们看他牙齿，意在告诉我们：牙齿虽硬，但是上下碰磨久了，也难免残缺不全；他又让我们看他舌头，意思是说：舌头虽软，但能以柔克刚，所以至今完整无缺。"

子路听后恍然大悟。

颜回继续道："这恰如征途中的流水虽然柔软，但面对当道的山石，它却能穿山破石,最终把山石都抛在身后;穿行的风虽然虚无,但它发起脾气来,也能撼倒大树,把它连根拔起……"

孔子听后大加赞许:"颜回果然能窥一斑而知全豹,闻一言而通万理呀!"

孔子的一生从事教育事业达四十多年之久,学生众多。据史料记载,他有弟子三千多人,其中才华出众、品德优良者七十二人。他的学生遍布当时的许多个诸侯国,多数来自鲁国、卫国、齐国、秦国、陈国、宋国、晋国、楚国、吴国、蔡国、燕国等。

孔子开办私学,特别注意在教学内容方面进行大胆改革和开拓创新,除了继续传授贵族和平民学校规定的礼、乐、射、御、书、数"六艺"的内容外,还增加了许多新的教学内容。孔子将这些内容概括为文、行、忠、信四个方面。

孔子所说的文,就是指文化课。孔子初期办学开设的主要课程是《诗》《书》《礼》、《乐》等,加上晚年增开的《易》和《春秋》等课程。他的文化课教学的内容已发展为以后汉朝人概括的新"六艺",即《诗》《书》《礼》《易》《乐》《春秋》。

孔子特别提高《诗》在各科课程中所占有的地位。诗歌是一门文学课程,孔子第一次比较全面地论述了它的社会功能。

《书》又称《尚书》,分《夏书》《商书》《周书》等,是春秋以前的政治文献和历史传说。这些文献虽然在孔子以前的官学中已在传授,但仅仅是作为文字课。

孔子首次将这些散乱的文字合成一部书,把它作为系统的历史教材向学生传授,要求学生通过对以往历史的学习和研究,鉴古知今,总结社会经验,吸取思想营养,提高自己的政治智慧和从政能力。

《礼》和《乐》虽然是孔子以前学校教育的传统课程,但是,以前对《礼》《乐》的传授,重视的是典礼仪规和与诗结合在一起的具体乐曲。

孔子承袭《礼》《乐》,并作为教学内容,除了继续重视其固定的有形内容外,更着力开拓和丰富《礼》《乐》的内涵。

孔子挖掘蕴藏在《礼》中的亲亲、尊尊以及人与人之间互敬互让的伦理道德内容,弘扬《乐》中陶冶性情的审美作用,从而把《礼》《乐》教育提高到一个更高的教育层次。

公元前522年夏,孔子的私学正办得热火朝天,几十名学生热情地学习"六艺"。杏坛的声望在鲁国也越来越高。这一切,无形之中对季武子形成了强烈的冲击和挑战。

一天,季武子对身边的亲信少正卯说:"国君和孟僖子都支持仲尼办私学,我担心有一天,一旦孔门弟子形成了政治势力,会有损于我的前程。"

听了季武子的一番话,少正卯心领神会,也开始设坛讲学。这个消息传开后,孔子明知道少正卯有意与自己竞争,却泰然处之。他一如既往地给学生讲授"六艺"的知识,同时不忘经常强调做学问的态度。

他认为:学习要从人生的经验中去体会,不能死读书或者读死书;学习,要经常实习;学习与做人是一回事,人不可能没有毛病,发现过错及时改正,才是真学问、真道德;我把学生叫作弟子,敬称为弟,爱称为子,咱们互相尊重,教学相长。

少正卯故意在杏坛南边不太远的地方开建学堂设教坛,工程完毕,取名为卯坛。少正卯对着杏坛,大声宣称:"我少正卯是鲁国大夫,办的是官学,所有的学生一律免交学费。"

少正卯的规定一宣布,卯坛里很快就涌进了不少学生,孔门弟子中也有一些转移到卯坛去学习。

然而,这些事情的发生,对孔子没有造成任何心理影响。他并不因为自己学生数量的减少而失望,继续按部就班地教学。同时,他反复地给学生讲解做人的道理。

他曾经这样对学生说:"作为学生,学习的目的是为了做事。要把事做好,必须认识到做人的关键是培养君子之德,重视现实人生中的为人处世;能安贫乐道,生活不奢侈,不贪图安逸;培养高尚的道德,追求人格、精神纯正;敏于事,讷于言,慎于行;时刻注意向修养高的人请教。这样做,就可以说是从主要方面学会了做人,也是学习好学业的重要方面。"

孔子的教导，使弟子们更加安心地读书学习了。而卯坛的弟子们则互争高低、攀比家境，乱哄哄一团糟。

后来，杏坛原来离去的学生陆续返回来继续学习，不仅如此，也有一些卯坛的学生被陆续吸引过来。

少正卯看到此种情形，气愤至极，便利用自己是季武子手下的地位和影响，施展开游说的能力，居然亲自登门去拉拢孟懿子。

他对孟懿子说："恭请您到我学堂就读并担当第一弟子，这有利于密切你与季孙相国的关系。您投在一个布衣门下，有何好处？"

孟懿子答道："我们孟氏兄弟做孔门弟子是父亲的心愿。少正大夫虽然文才冠国，我兄弟也不能做你的弟子了，还请您多多见谅！"

吃了闭门羹的少正卯哪里咽得下这口气，他又派了几个得力的弟子到孔门弟子的住处去游说拉拢。结果，第二天开课的时候，杏坛又少了一些学生。

对于此事，孔子的情绪并没有波动，反而坦然地说："人各有志，择师随意，来去自便。思辨自主，去返不责。"

孔子仍然按照既定计划传授"六艺"。

孔子一边教学一边针对期间发现的问题，给学生以及时的指点。有一次，他针对某些学生存在的做官的念头，加强了官德教育。

他说："学习好的可以做官，做官很重要的一条，是必须要具备官德，用良好的官德来处理政治，就像天上的北极星一样有吸引力，满天星星都会围绕它来运行。"

"做官，必须思想不走邪路，温柔敦厚、轻松愉快地为政，首先自己公正，才能政令畅通，其身正不令而行，其身不正虽令不从。"

弟子们赞扬道："老师讲的为政之道真是透彻，以后如果步入仕途，弟子一定按照老师的教导去做。"

少正卯在难以稳定卯坛的情况下，又去找季武子的另一个重要家臣阳货商议对策。

少正卯忧心忡忡地说："如今杏坛日渐兴盛，而我卯坛却日渐衰微。长此下去，该怎么办啊？不知阳货兄你有没有好办法？"

阳货说："孔丘早就是我的眼中钉肉中刺了，我一定帮助少正大夫挤垮杏坛。"

"那可太好了，我真是感激涕零啊！"少正卯说完，辞别了阳货，高高兴兴地回到了卯坛等候消息。

第二天，傲慢粗鲁的阳货径直来到了杏坛，对着杏坛里面正在学习的学生们高声喊叫："杏坛上的弟子们听着，我阳货现在正式做了少正大夫的第一弟子！少正大夫的文才在鲁国当数第一，他既做官又做老师，他办的是官学，隶属季孙相国。

"你们要知道，这样的官学培训的学生做官容易！想入仕途的，都来做少正大夫的学生吧！季孙相国能赐给你们官做！我也会推荐你们做官！"

由于阳货的鼓动非常具有诱惑力，一些动机不纯的学生听到阳货此番说辞，就又回到卯坛去了。

孔门的弟子们开始愤怒地议论开来。

孔子示意学生不要生气，他心平气和地对学生说："学生跟谁学习都一样，我不在乎弟子多少。但是，我主张学生自觉提高辨别能力，端正治学态度，就能成为国家的有用人才。"

有一次，楚国的某县尹问孔子弟子，请他谈谈对孔子的看法。弟子木讷小心，一言不发，县尹只得怏怏而回。

孔子得知此事后，很不高兴。他埋怨道："你为什么不说，'我的老师是个发愤忘食、乐而忘忧的好学之人'啊！"

弟子一听马上明白，遂感惭愧，道："老师圣明，请原谅学生一时糊涂。现在我终于明白了：今后如果有人再问我，我必遵从老师的教诲回答他。"

孔子一听,心里感到格外快慰,欣然笑道:"好,好,好!"

俗话说,酒香不怕巷子深,可是有时候,适当的宣传则更能达到理想的效果。

后来,孔子的杏坛得到了巩固发展,卯坛以散伙而告终。这些无不与孔子教法得当,并适时地宣传自己有着密切关系。

孔子从十七岁参加缙士宴被阳货无理拒绝,到三十四岁时受到鲁国贵族的瞩目,十七年的奋斗,终于使上流社会承认了他的价值。

在当时鲁国的法律中,有这样一条规定:如果有人将在其他诸侯国做女奴的鲁国女子赎回本国,那么,这个人就可以到官府去领取赏金。

有一次,子贡在一个诸侯国赎回了一个鲁国人,却辞谢了官府的赏金。孔子听说了这件事,就对子贡说:"端木赐(字子贡)呀! 你这件事就做错了。圣人做事可以移风易俗,可以让人效法,可以影响后代,而不会只是为了适合自己的兴致。"

孔子沉吟片刻,接着说道:"现在鲁国富裕的人少,贫穷的人多。如果赎人回去领赏金被认为是不廉洁,那没有赏金的刺激,愿去赎人的人就会减少。所以,你这种仅仅只考虑自己德行修养的行为,将会造成今后鲁国人不再愿到其他诸侯国去赎人。"

子路在一边听了老师此番教导,深受启发。后来,当他救了一位落水者时,别人要送他一头牛来答谢,子路就很恭敬地接受了。孔子知道了此事,欣喜地说:"今后愿救人于危难之中的鲁国人,会更多了。"

不久,子路被任命为蒲城的官长。为了防备水灾,官府调集民工,整修各处沟渠。

子路见大家工作劳苦,带的饭菜也不充足,就用自己的部分薪水,接济每人一份饭菜、一份汤水。

孔子闻知此事,连忙派子贡去掀了那些饭菜,毁了那些做饮食的器具。子路发现了,非常气愤。

他气哼哼地跑到孔子那里叫道:"老师难道会嫉妒我行仁义之事吗? 子路在老师这里所学的,不过'仁义'二字而已。仁义之人,与天下共享所有,共取所利。如今,仲由将自己多余的粮食与大家分享,行仁义之道,老师为何禁止不许呢? 我想不通!"

孔子听完子路的诉说,摇着头道:"仲由(字子路)呀! 你还是那么粗野,那么处事单纯。你如果觉得民工们饮食不足,为什么不去告诉国君呢? 让国君开粮仓去接济他们呀?"

见子路一言不发,孔子接着说道:"你用私人的俸禄行公义,这种行为,是在障蔽国君的恩泽,显示你自己的德义。现在停止,或许还不算晚,否则,降罪你的日子,马上就会来到。"

子路闻此,无语而退。

果然,不久相府派人来找孔子说:"先生派弟子救济民工,是不是要跟国君争夺百姓呀?"

孔子见此情形,知道解释已没什么用了。于是,便带着弟子离开了鲁国。

## 十三、因材施教

由于孔子注重因材施教,鼓励学生自由发展,所以孔门弟子中一开始就有不少甘于寂寞,安于贫贱,不慕仕途,一生拒绝从政,专心一意从事文化教育事业的人物,如颜回、漆雕开、闵子骞等。

作为老师,即使到年老体衰之时,孔子也没有丝毫的懈怠。

在孔子众多的弟子中有一个人名字叫卜商,字子夏。他是一个勤于思考、刻苦好学的人。

有一天,他又虚心地请教孔子有关他的一些同学们的修养情况。他恭敬地向老师深施一礼,然后问道:"老师,您认为颜回同学的为人怎么样?"

孔子沉吟片刻,答道:"颜回的仁爱之心比我要好。"

"那么,子贡同学呢?"子夏接着问。

"他呀!他的辩才比我好。"孔子笑着说。

"那子路,子路同学呢?"子夏又接着问。

孔子开心地笑着说:"要单说勇武精神,我们可是都不如他。"

"那么,子张同学呢? 子张难道也有超过老师的地方吗?"子夏满脸狐疑,感觉自己是越问越糊涂了。

孔子停顿了一下,耐心地回答:"颛孙师(字子张)啊,他为人处世庄重而严谨的作风,比我这个做老师的要强。"

子夏听到了这里,禁不住站起身来。他鞠躬作揖地问道:"老师,这我就不明白了。既然那四名同学都有超过老师的地方,那么为什么他们还要师从于老师您,前来学习呢?"

孔子看见眼前的子夏如此心急地起身询问,和蔼地说:"卜商! 你先别着急,先坐下,听我慢慢跟你说。"

孔子边说边用手向下按了按子夏:"颜回虽然很仁慈,但是有时候,他却表现出过分的仁慈来,这样就导致他产生了不忍之心,使他变得一味地迁就于别人,从而影响了自己对整个事态做出正确的决断,如果是这样,这份仁慈之心反而是害了别人。所以说,他虽能仁,却不能忍。"

子夏

子夏虚心地听着。

孔子接着说:"至于端木赐,在你的同学当中,他的口才的确是很好的,可以说是辩才无碍,比其他的同学更能精通语言的巧妙运用。但他没有认识到,语言也有它的局限,也就不懂得沉默的力量了。所以,他是能辩却不能讷。"

"关于子路呢?"

孔子继续说:"仲由他这人英勇过人,凡事敢想敢做,敢作敢为,敢为敢当,的确是个不可多得的将才。但是有时却不懂得谦虚退让,适时妥协,持弱守雌,蓄势而动。以这样的性格处世,难免会因一时的意气而误了大事。所以说,他能勇,而不能怯。"

"而颛孙师呢,"孔子说到这里略微停了停,接着说,"他为人处世显得过于庄重和严谨,以至于清不容物。不能和煦接众,不能容纳有污行的人,让人见之生畏,敬而远之。正所谓'水至清则无鱼,人至察则无徒'。所以,他能庄,却不能谐。"

"因此,"孔子最后总结道,"如果将这四名同学的长处全都加起来,来对换我的修养的话,我也是不愿意的。这就是为什么他们要一心一意地投奔于我,跟我学习的原因。"

孔子看到在自己创办的学校里,旧的弟子不断走出去,新的弟子不断走进来,人类的知识就在这种推陈出新中得到丰富、更新、发展,一种崇高的责任感使他更加认真地向弟子们传授知识和人生经验。

同时,他也从弟子们的身上受到启发和鼓舞,体会到教学相长是不可移易的真理。

一天早晨,子贡正在打扫庭院。不知什么时候,来了一个陌生人。此人一副自以为是的样子,上前便问道:"你是孔子的学生吗?"

子贡答道:"是的。有何见教?"

"我听说孔子是一位名师,你一定是他的高徒吧?"

"惭愧!"子贡答道,"有话请你直说吧!"

"我想请教你一个问题,可以吗?"那人问。

"当然可以了。"子贡不解地问,心里琢磨,这个人是不是专门来找麻烦的?

"但是,我可有一个条件。假如我问你的问题你回答得对,我就冲你磕三个响头;

假如你回答得不对,你就应该向我磕三个响头。你觉得怎么样啊?"

子贡闻听此言,知此人来者不善,但仍痛快地答应了。

"其实嘛,我的问题一点儿不难。就是想请教你一下,一年之中有几个季节?"

"四个季节。"子贡不假思索地答道。

"不对! 一年之中只有三个季节。"

"四个季节。"

"三个季节。"

两个人都毫无退让的意思,就开始争辩起来。正在这时,孔子听见外面的争吵声,走了出来。子贡见老师来了,上前说明事情的原委,想让老师评判一下。

岂料,孔子对子贡说道:"一年中的确只有三个季节,你输了。给人家磕响头去吧!"

那人听孔子说完后,拍掌大笑道:"快磕三个响头来!"

子贡是丈二和尚摸不着头脑。但既然老师都这么说了,只能认输了。没办法,他只好给陌生人磕了三个响头。

来人喜不自胜,大笑着离开了。那人走后,子贡赶紧请教师父:"老师,这跟你教我的不一样啊,一年之中的确有四个季节啊!"

"我平日里说你愚钝,你还不服气。你看此人一身绿衣,和你争论时一口咬定一年只有三个季节。他分明就是个蚱蜢。只有蚱蜢是春生秋亡,一生之中只经历春夏秋三个季节,从未见过冬天。所以呀,在他的思维里,根本就没有冬季这一概念。

"你跟这个人就是争上一年半载也不会有结果的。你要是不顺着他说,他能这么快就走吗?你虽然上了个小当,但却学到了莫大的一个乖。"

孔子说完,挥袖而去,留下年轻的子贡茫然地站在那里。

一次,赵国国君赵襄子,率领十万多人,在中山国一带打猎。所到之处,草木践踏,山林焚烧;方圆百里,人声鼎沸,烟火飞扬。

这时,忽见一人从石壁中走出,并随着烟火,徐徐上下。众人见了,都以为遇到鬼怪。火蔓延到别处,见他又从火中慢慢走出,所经过的地方,好像对他没有任何阻碍。

赵襄子见了,觉得很奇怪,便遣人邀他来交谈片刻。

那人悄然来到襄子近旁,如入无人之境。

襄子细细观察,发现他形色七窍像人,气息声音也像人。于是,襄子很恭敬地问道:"请问先生,用什么道术,使自己住在石中? 用什么道术,让自己站在火中而不被烧?"

只见那人目视远方,漠然答道:"什么东西是石? 什么东西是火?"

"噫!"襄子有点诧异,"刚才,您出来的地方就是石,您进入的地方就是火呀!"

那人听了,微微低头,看了一下襄子,然后,又抬头继续漠视远方,过了一会儿,回道:"不知道!"随后飘然而去。

魏文侯听说了这件事,便问孔子的弟子子夏说:"那是一个怎么样的人呀?"

子夏回文侯道:"我从老师那里听来的言教来分析,那个人,大概是一个已经心物融通的仙者。这样的人,外物不能伤,游于金石,蹈于水火,也都无所阻碍。"

"哦! 那你为什么不这样呢?"文侯笑着问。

子夏摇头,说:"这要净心欲、绝智思才可以呢! 我哪里能做得到? 不过说说道理而已。"

"那你们的老师,为什么也不这样呢?"文侯好奇地问。

"我们的老师啊,他是属于能做得到而不去做的人。"子夏欣悦地答道。

"这又是为什么呢?"文侯不禁追问。

看着有点急切的文侯,子夏笑着说:"老师是为了我们呀。想想看,如果老师也像那位仙者一样,一问三不知,那么,一旦我们有什么疑问,有什么危难,要怎么办呢?"

文侯听到这里,非常高兴。

又有一次,子夏问孔子:"《诗》中讲甜蜜的笑容清俊可爱,美丽的双目透彻明亮,孔子说:"这说明作画要在打好白底之后。"

子夏由此联想到仁与礼的关系,又问:"那么礼也在仁之后吗?"因为子夏理解了外表的礼仪与内在的仁德的统一。

孔子听了十分高兴地说:"能启发我的思想的人就是卜商啊!现在可以和你谈论《诗》了。"

孔子相信年轻人可以超过老年人,相信将来胜过现在。

他感叹道:"年轻人是值得敬畏的,怎么能断定他们将来不如现在的人呢!如果到了四五十岁仍未成名,也就不足畏惧了。"

另一方面,他也不忽视年轻人的幼稚、欠成熟,想问题、办事情简单草率等缺点,针对每个人的具体情况,给予劝诫、指导。

有一次,子贡问孔子:"颛孙师和卜商,哪一个强些?"

仲尼说:"颛孙师有些过分,卜商却有些不够。"

子贡又问:"那么是不是颛孙师强一些呢?"

孔子说:"过分了就像不够一样。"孔子显然认为两者都不够成熟,做事情还不能掌握恰到好处的火候。

子夏做了莒父地方的行政长官后,仍向孔子请教管理行政的方法。

冉有曾告诉过孔子:"不是不喜欢你讲的道理,就是实行起来力量够不上呢!"

孔子说:"力量够不上的,走一半路,歇下来,也还罢了;可是你现在根本没想走!"

这就是冉有的情形。子路则不是像他这样,子路是个痛快之人,孔子曾说子路三言两语就能断明一个案子。

有一次,孔子开玩笑地说:"我的理想在鲁国不能实现的话,我只好坐上车到其他国家去,大概首先愿意跟着我的准是仲由了。"

子路当了真,便欢喜起来。孔子却申斥道:"仲由比我勇敢,可是再也没有什么可取的了!"这就是针对子路的脾气。

孔子对他们所说的话,都是对症下药。在鲁国,另有一位君子,名叫漆雕马人。他曾侍奉臧文仲、武仲、孺子容这一家三代鲁国大夫。

孔子问漆雕马人道:"先生曾侍奉过臧氏一家三位做大夫的。您可不可以说说,他们当中哪个更贤明一些呢?"

漆雕马人回道:"臧氏家族有一块很名贵的龟壳叫'蔡'。每当他们遇有什么大事无法定夺的时候,就会用'蔡'来占卜决疑。在文仲主事时期,三年之内,只用'蔡'占卜过一次。而在武仲主事时期,三年之内,用'蔡'占卜过两次。孺子容主事时期,三年之内,用'蔡'占卜过三次。这些都是我亲眼看到的。至于这三位大夫,他们之中谁最贤明,马人我就不知道了。"

孔子听完笑着说:"先生可真会说话!"

孔子回到家里后,闲聊时跟弟子们谈及此事时,赞叹不已地说:"马人先生可真是一位君子呀!"

弟子们忙问:"从哪里看出来的呢?"

孔子说:"他不愿在别人面前议论主人的贤愚,但却很巧妙地举了一个实例,将事情的真相表露无遗。他的意思是说:一个人,因智识无力察远,德慧无足见机,所以才要一而再、再而三地去问卜。"

孔子喝了一口茶,接着说:"而古人云:善易者不卜。也就是说,一个真通易道,真有智慧的人,不用卜卦,也能直觉洞悉事物变化的规律。"

孔子北游农山时,随从的弟子有子路、子贡、子渊(颜回字子渊)三人。

当他们来到山顶时,孔子极目远眺,喟然感叹道:"登高望远,见天地之悠悠,难免会引发千古之幽思。此情此景,同学们,为什么不在此说一说各自的志向,让我听听呢?"

子路见老师说得如此感慨,便率先回答道:"仲由不才,诚愿有那么一天,遇到这样的场景:战场上,旌旗飞扬,席卷大地;战鼓钟声,响彻云天。白羽箭,如月光倾洒;赤羽箭,如日光飞动。此时,唯有我仲由,能率领千军万马,驰骋沙场,英勇驱敌,一鼓作气,夺回千里失地。而子贡与子渊这两位同学,届时可作为我的随从高参。"

听了子路的一番豪言壮语后,孔子点评道:"壮哉!勇士,一个奋不顾身的雄杰。"

子贡望了望踌躇满志的子路,只是笑了笑,然后他轻步上前,哂然说道:"赐不才,但愿有一天,见齐国与楚国合战于苍莽原野,正当两军对垒,实力相当,旌旗相望,战尘相接,千钧一发之际,我挺身而出,身着白袍白冠,从容游说于铁骑白刃之间,不费一兵一卒,顿解两国纷争。此时,子路与子渊两位同学,可为我临阵助势。"

"俊哉!辩士,一个神貌若仙的英才。"孔子点头称赞。

子渊听完子路、子贡的述说,站在后面,继续静默无语。孔子见此,便对他说:"颜回!过来。你难道就没有理想可说吗?"

子渊这才走近老师,回道:"文事、武功,两位同学都已说得很好了。我哪里够资格参与其中?"

"不是吧?"孔子笑着道,"你似乎对他们不敢恭维。但说无妨!"

子渊沉吟了一会儿,说道:"我听说,咸鱼与兰花是不能放在同一个筐子里收藏的。尧舜与桀纣,也是不可能在同一个国家里共理政事的。两位同学的志愿,与回的理想是有差异的。"

子渊接着说:"我只是希望:自己能在一个小国家,辅佐一位圣明的君主。使君主在上,可道应天下;使臣子们在下,能德化群生。百姓讲信修睦,人民安居乐业;兵器铸为农具,城池复为良田;怀恩近邻,柔接远方;周边各国,无不感召德义,寝兵休战;天下从此无斗战之患。如果能有这么一天,那么,又有什么苦难,需要子路同学,去冒死拯救?那么,又有什么战难需要子贡同学去劳思化解呢?"子渊说话时一副信心十足的样子。

"美哉!大士。"颜回的一番话,令孔子嗟叹不已。

大家听子渊说完自己的宏伟目标，子路急忙举手问道："请问先生，您的志愿，又是如何呢?"

孔子回道："唯愿颜回得志! 那时，我将背着行李典籍，跟从颜回这孩子。"

循循善诱的孔子，使弟子们在潜移默化中不断地增长了知识，提高了素养，增强了才干。

孔子无论是在鲁国专门执教的岁月，还是在官府政务繁忙的时期，或是在周游列国的日子里，都没有中断过教学活动。来自天南海北，不同出身、不同年龄层次的弟子，一批批地出入他的门下。

孔子从教四十年，培养出大批政治、外交和军事方面的人才以及许多学识渊博、才华出众的学者，学生们在继承和发展儒家学说方面发挥了承前启后的重要作用。

孔子曾经按品行和专长对他的学生进行分类，举出每一类的佼佼者。其中品行高洁者以颜回、闵子骞、冉伯牛、仲弓为代表;表达力强以宰予、子贡为代表;擅长政事者以冉有、子路为代表;在学问研究方面以子游、子夏为代表。这就是一般人所说的"孔门十哲"。

他的学生大都受他的思想理论、德行和爱好的熏陶，与孔子的政治倾向基本一致。

早年的孔子，热衷仕途，强烈渴望通过仕进实践自己的政治理想。他这一时期的学生也大都热衷做官从政，并出了一批行政干才，如子路任职卫国，冉有任季氏宰，子贡任鲁国外交官，宓子贱任单父宰，冉雍任季氏宰等。

孔子回到鲁国后，对仕途已经淡漠。他把主要精力用于整理古代文献。他这一时期的学生绝大部分成了学者。

如子游虽曾任武城宰，子夏曾任莒父宰，但他们更重视对孔子学说的研究与阐发。子夏精通乐理，后来在西河聚徒讲学，被魏文侯聘为老师，为传播"六艺"做出了重要贡献。

这年夏天,子夏被派到一个叫莒父,即现在的山东省莒县境内的地方去任父宰。临行之前,他专门去拜望了恩师孔子,孔子十分热情地接待了子夏。

子夏请教道:"请问老师,怎样才能治理好一个地方呢?"孔子说道:"治理一个地方,是一件十分复杂的事。可是,只要抓住了根本,也就自然很简单了。"

孔子向子夏交代了应注意的一些事项后,又再三嘱咐说:"无欲速,无见小利。欲速,则不达国;见小利,则大事不成。"

这段话的意思是说:做事不要单纯地追求速度,不要贪图小利。假如只是单纯地追求速度,而不讲求实际效果,反而会达不到目的;假如只顾着眼前的小小利益,而不讲长远利益,那就什么大事也做不成。

子夏说:"老师的教导,弟子一定会铭记在心,不辜负老师的期望!"

然后,子夏就告别孔子到地方上任去了。后来,"欲速则不达"就作为一则谚语被广泛流传下来,直至今天,仍经常被人们用来说明做事过于性急图快,反而适得其反,不能达到目的。

弟子子游熟悉文献,对传播孔子"礼"的理论贡献较多。有若对孔子的仁、礼思想有新的阐述与发展,曾参对孔子的"忠恕"观念加以发展。

年龄最小的子张更是后来居上,在孔子之后成为儒家八派的领袖之一。

相貌丑陋的澹台灭明开始时被孔子看不起。后来,孔子发现他是一位行为端正、讲究原则、深沉内秀的人物。澹台灭明南游楚国,讲学汉江,有弟子三百人,为儒学向南方的发展立下了不世之功。

在教育上,孔子顺应了当时文化下移的时代潮流,掌握了教学的规律,形成一套行之有效的教学方法,更因为他以高度的社会责任感,对教育倾注了自己的全部力量和感情,因而取得了辉煌的成功。

子路比孔子小 8 岁,在孔门的弟子中,他是老大哥。子路年轻时是个游手好闲之徒。他起初去见孔子,并不是想修道求学,而是存心跟孔子开玩笑。

当初子路见到孔子后，很不谦虚地说："我天生就像一根笔直的竹竿，完全可以做一支好箭。还要读书干什么！"

孔子耐心地开导他说："只有读书，才会有学问。这就好比在竹箭尾部装上漂亮的羽毛，在前面又装上锋利的金属头，这样的话，箭就更加实用了。"

子路听了孔子的话，仔细思考，觉得的确有几分道理，就拜了孔子为老师。在学识方面，子路的成绩并不算很好，但在行动方面，他是孔子的弟子中表现较为良好的一个。

子路曾问孔子："怎样才能被称为君子？"

孔子说："待人亲切、谈吐和悦，就可以称为君子。"

子路问："君子最重视的是勇吗？"

孔子说："君子首先应该重视义。君子如果有勇无义，必定会坏了大事；小人如果有勇无义，必定沦为盗贼。"这是针对子路品性上的缺点而言的。

一天，子路坐在屋内弹琴。他的性格本来就是刚正不阿，出奇的勇敢，他弹出的曲调也像在战场上厮杀打仗一样充满着杀气。孔子在另一个房间里听到了这琴声，猜测说："那弹琴的是仲由吧？"

冉求答道："是的，老师怎么知道是他？"

孔子说："听琴声就能知道。这琴声含有暴躁的音调，正代表着仲由的个性。"

孔子是主张"仁"和"中庸之道"的，自然觉得这声音不和谐，便不满意地对冉求说："他为什么要在我家里弹琴呢？"

弟子们听了老师这样一说，琢磨出这是老师对子路弹琴作的不好的评论，对子路的看法顿时有了改变，言语中就有些不尊敬。

孔子得知此事后，就对大家解释说："仲由弹琴的本领已经登上厅堂了，但尚未进入内室。他已经有了一定的成就，只是没有达到高深的境地。"

这也是后来"登堂入室"这一成语的由来。

关于"仁"的问题,有人拿一件事前来请教孔子。那是早在孔子时代之前发生的事了。从前陈灵公和臣下的妻子发生了不正当的关系,有一位名叫泄冶的人向陈灵公进谏,结果被杀。

有人问孔子:"泄冶进谏灵公被杀的故事,和殷朝名臣比干进谏纣王被杀的事是一样的,这就是仁吧?"

孔子却摇摇头说:"不,不是仁,是白死。"

那人问为什么,孔子说:"比干是纣王的亲戚,地位显要,所以其身虽死,仍具有使纣王改邪归正的力量。"

"而泄冶呢?他既不是灵公的亲戚,地位又不显要,人微言轻,他的谏言不能生效,这是很明显的事。在这种情况下,最好是干脆退身求去,免得招来杀身之祸。"孔子接着说。

在一旁的子路觉得孔子这种说法很勉强,就插嘴说:"老师,就算泄冶之死不是仁,但能不顾自己的生命以求正国乱,这是值得赞赏的行为,怎么能说是白死呢?"

孔子说道:"你只注意到那种小义,忽略了深远的大义。从前的君子是在国家有道时就为国尽力,如果无道就干脆罢官引退。盲目地干下去,是不对的;应该看情形而定,该进则进,不该进则退。"

子路还是不解,又问:"那么,老师,天下最重要的事,难道就是谋一己的安全吗?个人的安全比天下的安泰还重要吗?泄冶如果只顾自己的安危而退下来,这样对泄冶或许是好的,但对陈国的人民则毫无益处。他进谏而被杀,虽然对灵公没有发生效用,但对于人民的精神则有很大的鼓动。"

孔子说:"我并不是说保全个人的生命最为重要,如果是的话,我就不会说比干的行为是仁了。我是说,要牺牲生命,也要看地方、看情形、看时候。盲目地去送死,是不值得的。"

子路又说:"我还不太了解,我再想想看。"说完,走了出去。

孔子望着子路的背影,感叹地说:"好一个刚直的人!照他的性格看,将来一定不会平凡地死去的。"

说起"仁"字,其实是孔子毕生都在追求的目标。也是他人生价值观的最直接体现。孔子无论对待任何人都一视同仁,上至王侯百官,下至普通平民,他都以一颗仁爱之心对待。

有一个双目失明的音乐师,名字叫冕。一天,他前往孔府,拜见孔子。

孔子见其两眼看不见东西,生怕他因此而跌倒,又担心他不熟悉这里的环境,而走错路,乱了方寸。于是,那个音乐师每走一步,孔子都站在旁边耐心地给予指点。毫无半点藐视之意。

当他快要走到台阶的时候。孔子就提前告诉他:"这是台阶。"

当他走到屋子里时的席子上时,孔子就提前告诉他:"这是席子。"

等到他安安稳稳地坐下了,孔子又按照礼节,给他介绍屋内的其他人:"某某坐在这里,某某坐在那里。"

音乐师冕向孔子拱手作揖道:"老夫承蒙孔圣人一视同仁,对在下如此厚爱,如此礼遇,幸甚,幸甚!您不愧是当今人人称赞的大圣人,果然名不虚传啊!"

孔府

等到那个盲人音乐师起身告辞后,弟子子张便问道:"老师,您这样做不是显得太琐碎了吗?"

孔子说:"接待双目失明的人,就是应该这样子的。你不告诉他走到哪里,面前是什么,他怎么向前行走呢?"

又有一天夜里,孔府的马棚不知为何燃起了熊熊大火。正在熟睡中的弟子被马匹的惊叫声惊醒,起来时,他们看到火光冲天,"糟了！着火了！""快救火啊！"弟子们一个个来不及穿上衣服,就操着各种能盛水的工具去救火了。

马棚里人声喧闹,受惊的马匹发出惊恐的嘶叫。泼水声、马叫声、来回奔跑的脚步声、被烟呛得咳嗽声,一时间响成一片。

过了一会儿,火终于被扑灭了。马棚里还不时地向四周散发着刚被燃烧的灰烬的气息。一个弟子在第一时间报告了孔子马棚失火的事。

孔子听后焦急地问："伤着人没有？"

"人员并没有大事。"弟子答道。

"那就好,那就好！"孔子如释重负地说。

弟子不解地问："可是老师,您为什么不问伤着马没有呢？这可是马棚失火啊！"

"马与人哪个重要？"孔子说,"人为要,马为次。"

由此可见,在孔子的内心世界里,是怀着无比的仁慈与大爱的。孔子不仅对人类怀有无比的仁爱,对待动物也是一样仁心满怀。

一个晚上,孔子家养的爱犬不知何故而死,孔子知道后伤心不已。他叫来子贡："陪伴多年的爱犬死了,你去帮我把它埋了吧！"

"老师何必神伤,以后再养一只便是。"子贡宽解道。

孔子说："我听说,破帐子别扔,留着埋马；破车盖儿别扔,留着埋狗。我现在是穷得连车盖儿也没有啊,你就拿我的破席子去把咱们家的狗盖上吧,别叫它露着脑袋！"

孔子就是这样对待人和动物的。他的这种仁德之心,是我们中华民族千百年来一直推崇的。

当孔子第四次到卫国时,卫君和宰相孔叔圉请孔子让子路留下来在卫国做事。子路在卫国的职位是蒲镇的镇长。这个地方的百姓经常反抗政府。子路赴任前,曾向孔子请教,自己也预先作了周详的计划。

三年之后,孔子偶然经过蒲镇,一踏进蒲镇的领土内,就说:"仲由很好,态度谨慎又具有诚意。"

走进蒲镇内,孔子又说,"仲由很好,很宽容。"

到了子路的家里时,孔子又说,"仲由很好,明了事理,有决断能力。"

子贡觉得奇怪,便问:"请问老师,您还没见到子路,怎么就知道子路有那么多的优点呢?"

孔子说:"首先,看到农田欣欣向荣的样子,就知道统治者谨慎而真诚。其次,看到镇上家家繁荣的情况,就知道统治者的宽大,没有忽略人民的生活。最后,看到仲由家里整洁而佣人都很勤劳,可见统治者明白事理,具有决断力。所以虽没见到仲由,也能推想得出来。"

卫国宰相孔叔圉死后,他的儿子孔悝担任宰相,不过实权却握在孔悝的母亲伯姬手里。伯姬是卫君出公的伯母,她打算让逃亡在国外的弟弟复位,所以企图暗中阴谋篡位,把出公赶走。

有一天,有个孔家的要臣急急忙忙跑到子路的家里,报告说:"刚才出公的父亲由国外潜回,和伯姬联合起来威胁孔悝老爷,要孔悝老爷拥戴他复位,这事使老爷左右为难。您看有什么办法可以帮助老爷?情况紧急,我想先保护出公离开这里,以后的事情您想想办法,好吗?"

这人说完就匆匆离开了,保护出公逃出卫国。

子路急忙赶到孔悝家中。正要走进孔家的门口时,他看到子羔由里面出来。子羔也是孔子的弟子,是子路介绍他来卫国做大夫的。子羔说:"内门已经关了。"

子路说:"关了,我也要进去看看。"

子羔说:"看到也没有用,里面乱哄哄的,不要惹麻烦了。"

子路大声责骂说:"你也是孔家的人,为什么见到主人遇难而不救,只顾自己逃走呢?"

子羔说："现在还是保护自身要紧，我劝你不要闯进去的好。"

大厅里挤满了人，台上站着的是出公的父亲和孔悝，另外还有几个剑客。出公的父亲和伯姬威胁孔悝向大家发表拥戴新国君的宣言，孔悝进退两难。

子路在人群后大声叫道："抓住了孔悝老爷也没有用，赶快把他放开！就是杀了他，还有我们这些正义的人在！"人们转过头来一看是子路，都心里暗喜。

子路又叫道："那些阴谋篡夺出公君位的家伙是些胆小鬼，从下面放火把台子烧了，一定会把孔悝老爷救出来的。大家赶快放火吧！"庭院里正在生火，子路大喊着。

这时，由台上跳下来两个剑客。他们嚷道："你这老家伙，让你看看厉害。"喊着便拔剑朝子路刺了过来。

双方交战了几十个回合，因子路一个人对付两个人，而且年事已高，渐渐感到难以招架。剑客的剑尖砍断了子路帽子上的带子，帽子几乎要掉下来了，子路连忙用手把帽子扶好。就在这时，对方乘他不备，一剑刺在子路的肩上。

瞬间，子路鲜血飞溅，倒在地上，但是，一只手还扶着帽子，用最后的气力想把断了的帽缨结好。"看吧！君子是如何死的！"子路叫了一声后，才断气而亡。

"君子正冠而死。"这是孔子的教训，子路在临终时还遵守着这句话。

颜回的父亲颜路非常疼爱儿子，颜回病死后，颜路想用套棺安葬。但是，颜路这种想法却遭到了孔子的反对。

颜回和子路不同，如果说子路是个有勇之人，那么颜回可以说是个有德之人。

他们两人相同的地方是都很贫穷。孔子曾赞赏子路说："穿着粗布衣裳，和那些穿着锦绣衣服的人们相处，而不感到自卑的，只有仲由了。"

孔子观察颜回的一言一行，正合乎他的教导，而且还能进一步地把所学的道理加以发挥。

于是，孔子说："我同颜回讲一天的话，他像个愚人似的，没有什么反应。不过，看他事后的言行，不但没有一样不合乎道，而且还能有更深刻的体会，才知道颜回不是愚人。"

有一次,颜回和子路随同孔子坐着马车出门,孔子说:"你们两人,各把志愿说来听听。"

子路说:"不论坐马车、穿轻裘,都愿意和朋友们共享。就是车、裘都因此而损坏了,我也不觉得遗憾。"

颜回说:"不宣扬自己的善行,也不夸张自己的劳苦。"

又有一次,孔子要颜回、子路、子贡三个人,各自说出他们在政治上的志愿。颜回是最后说的。

颜回说:"我愿意帮助贤明的君主和德高望重的宰相,以礼和乐去教导人民,使他们不必用围墙和深壕去武装市镇;放弃刀枪,代以农具,使他们的羊群能很安心地放到野外去。维持每个家庭的团结,避免妻离子散,为我们的后代消除祸根。如果能做到这种地步,子路兄的勇猛和子贡兄的雄辩也就用不着了。"

颜回不但道德修养高,理解力也强过一般人。孔子曾问子贡说:"在理解方面,你和颜回谁强?"

子贡说:"我哪能跟子渊兄比呢,他能够一通百通,而我却做不到这样。"

"说得很对。我也认为你比不上他。"

可惜的是,这么受孔子赞许的颜回,却在他年仅三十二岁的时候英年早逝了。

当时,孔子正在周游列国,知道了这个消息后,仰天叹道:"唉! 天要亡我,天要亡我啊!"

孔子一直觉得颜回是最适合继承自己衣钵的好弟子,对于失去这样好的传道人选,怎能不感慨天要亡他呢!

后来,孔子回到鲁国后,哀公曾问道:"你的弟子中谁最好学?"

孔子说:"有个叫颜回的弟子最为好学,他从不迁怒于人,不犯同样的过失,只可惜他却先我而去了。除了颜回以外,再也没有像他那样好学的人了。"

据说,得知儿子颜回去世的消息,颜路急忙由鲁国赶来料理儿子的丧事。颜路小孔子6岁,也是孔子的学生。

颜回生前非常注重孝道,孝顺父母,他的父亲颜路非常疼爱他。颜路听说颜回在旅途中病死,非常悲痛,他想要厚葬爱子。但是,颜路的家境并不好,一直很贫穷。虽然儿子的棺材准备好了,却买不起棺材外面的套棺。

颜路只好前去求见孔子,说:"老师,弟子颜路有件事想求您,希望老师能够帮忙。"

孔子说:"有什么事情,你尽管说吧!"

颜路说:"老师能不能把您的座车送给我?"

孔子说:"你要坐车,做什么用呢?"

颜路说:"我想把车子卖掉,用那笔钱给颜回买一个套棺。因为我现在很穷,实在买不起。"

孔子说:"颜路,我很同情你,天下做父母的,没有不爱自己子女的。"

颜路说:"谢谢老师。"

但是,孔子又说:"不过,我要告诉你的是,我儿子死的时候,也只有棺材而没有套棺。那时我正在周游各国,所以,就没给买套棺。"

颜路说:"原来老师也是这样啊!我实在不应该向老师提出这种要求。"颜路想到孔子的儿子死的时候,也没有用套棺,自己又处在同样情况下,也就不必非要不可了,于是很失望地退出去了。

孔子望着颜路的背影,自语道:"我也同他一样喜爱颜回,我何尝不如此想呢?套棺有也罢,没有也罢,这不过是个形式。"

也有些弟子想集资厚葬颜回,把这意思报告了孔子。孔子不赞成地说:"丧葬的厚薄,要看自家的经济情形来处理,大可不必铺张。"

但是,颜路爱子的心太过深切,仍希望厚葬。于是,弟子们也就隆重地葬了颜回。

孔子知道这事后，很不高兴，责备弟子们说：颜回在生前，视我如同父亲一样，在他死后，我却不能把他视同自己的儿子一样去埋葬。我儿的丧葬合乎礼；颜回的丧葬，却不合乎礼。这不是我不对，是你们错了。

子贡小颜回一岁，原籍卫国。颜回是正人君子，而子贡是略带轻率性格的聪明人。

孔子曾说："即使不出来做官也能赚钱，所计划的事都能兑现。赐就是这种人。"

有一次，子贡问孔子："我像什么呢？"

孔子答："你是个器。"意思是有用的成材。

子贡问："哪种器呢？"

孔子答："瑚琏。"

瑚琏是在宗庙里祭祀祖先的时候盛黍稷的器具，上面装饰有贵重的宝玉，外观华美。仲尼用瑚琏譬喻子贡，意思是说不是君子，但是，属于器具中的贵重者。

子路向孔子学得一个道理后，如果还没来得及实践，便不敢再去学新的道理；可是，子贡完全相反，他是在某一个道理还未能实践前，就想学新的东西。

子贡曾向孔子请教说："我想要做到，不希望别人加在我身上的事，我也不加给别人。"

孔子听了说："很好，很好。不过这是仁者之事，不要太勉强，这似乎不是你轻易可以做到的。"

孔子在卫国的时候曾听到一个消息说，齐国田常想要作乱，后来，因为遭到齐国卿大夫鲍氏、晏氏的压制没敢发动，可是，他却把军队移向鲁国，准备侵犯鲁国。

孔子马上召集弟子们说："鲁国是我们的祖国，不能坐视国难而不救，现在，我想派人去和田常交涉，诸位的意思怎么样？"

子路马上挺身出来说："老师，请让我去交涉吧！"

孔子没有答应。接着，子张、子石也来请求，但孔子都没有允许。

最后子贡说:"让我去试试看好吗?"

孔子允许了。因为孔子想:以子贡的口才,成功的希望比较大。

子贡到了齐国,向田常说:"你想出兵攻打鲁国来立功,这想法错了,鲁国并不是那么容易攻打的。依我看来,不如移兵去攻打吴国倒来得容易。"

田常说:"你所说难的,正是我认为容易的;你所说的容易的,正是我认为难的。请不要再胡说八道了。"

子贡开始发挥他的辩才:"有句话说:'忧在内者攻强,忧在外者攻弱。'现在,你所要忧虑的是国内的事。听说你曾被封过三次,都没有成功,这是国内大臣们暗地反对的结果。如今,你准备攻打鲁国,去扩大齐国的领土来建功,你却没想到,即使齐国真的战胜了,受益的是君主和那些大臣们,更助长了他们的骄矜自大,对你并没有什么好处。大臣们只顾自己,是不会封赏你的。日子一久,你必然和大臣们相争,这么一来,你的情形可就有了危险,地位也就保不住了,所以,我说放弃攻打鲁国而去攻打吴国,也就是这个道理。

"另外,攻打吴国,是不容易取胜的,也必定会有很多人要丧命在沙场上,国内的大臣们也就被迫不得不引咎辞职。这样一来,在齐国国内就没有人能和你争权了。"

田常听了子贡滔滔不绝的分析,觉得很有道理,便说:"我明白你的意思。不过,军队已经开往鲁国去了,中途要是改变方向,转往吴国去的话,大臣们可能要怀疑我,你说,这可怎么办?"

"不要紧,"子贡说,"你下令暂缓前进,让我先到吴国去,叫吴国的军队为救鲁国而迎击贵国的军队,那么,你们就可以顺理成章地去打吴国了。"

田常同意了子贡的计划。于是,子贡便赶往江南的吴国去了。

到了吴国,他向吴王夫差说:"'王者不灭国,霸者无强敌。'现在齐国要侵占我们弱小的鲁国,想跟贵国争强,这对贵国是很危险的事。发兵救鲁,可以显示大王的威名;假如战胜了齐国的话,还可以慑服晋国,这对于贵国是很有利的,名义上是救鲁国,请大王速下英明的裁决吧!"

吴王夫差说:"好的。不过,目前我们也有困难。不久以前,我们打败了越国,把越王击退到会稽。听说越王现在还专心致志地卧薪尝胆,想要重整旗鼓卷土重来呢!所以,为了自己的安全着想,还是先把越国解决了。你的计策等一些时候再说吧!"

子贡继续游说:"越国弱小,和鲁国差不多,而贵国强大,和齐国也差不多。如果大王不攻打齐国,那么,用不了多久,齐国必然把鲁国给吞灭了。贵国如果只顾存亡的名义,弃齐国而伐小越,就不是勇,勇者不避艰难,仁者不弃受困的人,智者不错失时机,义者不绝世。现在不伐小越,是向天下宣扬仁;救鲁国而伐强齐,是向西方的晋国示威。这么一来,各国的诸侯必然相率来朝,大王的霸业就会更盛了。如果大王还担心越国为患,那么,请让我到越国去见越王,要求他们也出兵帮助贵国去攻打齐国。这样对于越国,名义上是加入伐齐阵容,实际上等于削减了越国的兵力,越国更不足以为患了。"

吴王很高兴地说道:"那么,就请你到越国跑一趟吧!"

越国方面听到子贡要来,预备热情地招待他。越王还亲自到郊外去迎接,并且用自己的马车,恭迎子贡到宾馆去。

越王是个小国的君主,所以态度很客气,到了宾馆就跟子贡说:"我们是蛮夷之国,一切都不大开化,大夫有何贵干,劳驾来到我们这里?"

子贡说:"有件关系重大的事,所以特地来拜访。"

"请指教。"

"事情是这样:最近我请求吴王伐齐救鲁,吴王虽然也有这个意思,但心里总是挂虑着越国。他说:'让我先收拾越国后再说。'这么一来,他一定要先来攻打贵国。"

子贡接着说:"我的意思是贵国如果没有报仇的意思,却被人怀疑,那是很冤枉的事;有报仇的意思,而被人先察觉,也是很糟糕的事。事情还没做而先被人家知道,是很危险的事。"

越王点头说:"我过去曾经不自量力,和吴国打了一仗,受困在会稽,痛苦达于骨髓,整天整夜只因仇恨未报而舌干唇焦。我勉励国人只有跟吴王拼命才能复仇,就是战死,也是我心甘情愿的。"

子贡说:"吴王为人残暴,群臣也不堪其忧。由于多年的战事,国家疲惫,老百姓都怨恨朝廷,大臣们又不诚心为国效力。所以,不久的将来,吴国国势一定会衰退的。大王如能出兵帮助吴国,激发吴王的斗志;再送重宝,讨吴王的欢心,并且用柔词来迎合他的意思,吴王必然会攻伐齐国。

"如果吴王战败了,那是大王的福气;如果吴国战胜了,一定会乘胜进攻晋国。我还准备到晋国去见晋王,说服他们和贵国一起去攻打吴国。吴国大部分的精锐军队将在跟齐国作战的时候损失掉,到那时候一定不堪贵国一击。"

越王立刻赞成子贡的意见,并且准备送子贡许多金子和两支锐矛,但都被子贡谢绝了。

子贡赶回吴国,向吴王报告说:"我把大王的意思转告给越王知道,越王态度很恭敬,他说是因为小时候失去父亲,不知道自己国家的实力,贸然跟贵国作战以致一败涂地,实在很惭愧。今蒙吴王宽谅,谢恩犹恐不及,根本不敢别有用心。"

吴王当然得意极了。又过了五天,越王派遣大臣文种来吴国晋见吴王,说:"听说大王将为正义而伐齐国,敝国计划动员兵力三千人,以追随大王。另外,由贱臣文种经手,将已故先王所持用的武器、二十套铁甲衣和矛剑等赠给贵国的将领,以示敬贺之意。"

吴王等越臣离去后,召子贡来说:"越王自动表示要追随我去讨伐齐国,并且准备了兵力三千人前来助阵,可不可以接受?"

"不要接受。把别国的兵力调走,让别国的老百姓受苦,并且使别国的君主来服侍自己,这都是不义的行为。我的意思是:大王可以接受越国送来的礼物,但不必让越国出兵。"吴王便拒绝越王出兵助阵,以显示大国风度。于是,吴国派出大批兵马攻打齐国。

子贡就赶往晋国，对晋王说："凡事都应该事前有所准备，以防止突发事件。现在齐国、吴国会战，如果吴国输了，越国可能把握时机攻击吴国；如果吴国赢了，可能乘胜转攻贵国。"

晋王听了很着急，问道："该怎么办呢？"

子贡说，"让兵马充分休息，养精蓄锐，等待好机会。"

晋王同意子贡的建议。子贡完成任务后，赶回卫国孔子的所在地。孔子看到子贡回来，就说："辛苦了，辛苦了！这次的任务很重，你一定很辛苦。"

子贡把自己在各国活动的状况，逐一向孔子报告。孔子对子贡甚为嘉许。

此时，吴国的大军正秘密地向齐国前进。而齐国的军队，在前往鲁国的途中，临时接到停止前进的命令，士气立刻涣散了。吴国和鲁国的联军突然来袭，齐军不堪一击，溃不成军。

吴军大胜，准备凯旋，但吴王想乘机进攻西方的强晋。所以在中途突然下令，但士兵们都着急回乡去见亲人，所以士气低落，怨声载道。

晋国拥有强大的军力，加上子贡的来访，事前已有准备。结果，吴军大败。越王听说吴军在晋国溃败，认为报仇的良机已到，马上率军渡过钱塘江攻打吴国，逼近离吴王王宫几里地的地方。

吴王慌忙离开晋国，赶回吴国，迎战越军。但吴国大势已去，三战三败，王宫被攻陷。越王杀掉了吴王夫差和吴国的一些大臣。

子贡以一己之力使鲁国免于灭亡，乱齐破吴，强晋助越，左右了当时五个国家的命运。子贡很有才气，但对孔子则非常恭敬。有人曾对子贡说："你很谦虚，我看孔子也不一定比你贤明多少。"

子贡说："君子要慎于言，不要乱说话。我是远不及我们老师的。我不及他，就好像不能挂个梯子爬上天一样，我们相差得太远了。假如老师愿意参与国家的政事，很快就能够看到功绩。老师在世,世人莫不向往;老师逝世,世人莫不同声哀悼。我哪里比得上他呢?"

孔子逝世后,一般弟子都服三年丧,子贡却留守在墓旁,达六年之久。

## 十四、重德知恩

在"孔门十哲"中,仲弓是长于德行的。

有一天,仲弓向孔子请教政治。孔子说:"出门的时候,要如同参见大宾一样地恭恭敬敬;差遣人民的时候,要如同承受大祭一样地谨慎。"

仲弓就一直遵守这个教训。

孔子说:"雍也,可使南面。"

冉雍就是仲弓的姓名。"可使南面"的意思是说,可以让他就任诸侯的地位。因为古时候诸侯接见臣下,都是面向南方而坐。

因为仲弓常蒙孔子嘉许,嫉妒者在暗地里故意诽谤他说:"仲弓也许是仁者,但是口才不好,没有什么了不起。"

这类恶意的话语传到孔子的耳中,孔子说:"什么口才? 要口才做什么用?"

嫉妒者说:"跟人家说明道理,不是需要口才吗?"

孔子说:"不,口才是无关紧要的,善弄口舌的人,有时爱信口胡说,容易惹来麻烦,不管仲弓是不是仁者,至少他说话是很谨慎的。说话谨慎才重要,口才还在其次。"

由于仲弓的父亲出身微贱,又有人拿这一点来贬低他。孔子想找个机会和那些说闲话的人谈谈。

有一天,孔子和几个弟子到郊外去散步,正是春耕时节,有很多牛在耕田。牛群里大多数是杂种牛，其中有一头红色的大牛，毛色好看，犄角也很美丽。孔子自言自语地说："这头牛壮美啊！"

弟子们也说："真是，这么好的牛让它做耕牛，太可惜了。"

孔子问道："你们认为那头大红牛是不是很适合做祭坛上的牺牲？"

弟子们异口同声地表示赞同。

孔子再问："假如那头大红牛是出身于杂种的犁牛呢？"

弟子们说："出身有什么关系呢！只要本身是好的，不就可以了吗？"

孔子说："对，只要本身是好的就行了。只要本身是好的，山川诸神都不会舍弃它的。"

在归途中，弟子们才恍然大悟，老师是借犁牛的例子，来替仲弓说话啊！

宰予的字叫子我，也是"孔门十哲"中的一位。他开始给孔子的印象还不错，但后来渐渐地露出了本相：既无仁德又十分懒惰；大白天不读书听讲，躺在床上睡大觉。为此他常受到孔子的斥责。

有一次，孔子正在讲课，宰予因贪恋午睡，迟到了。孔子就斥责他道："朽木不可雕也，粪土之墙不可圬也。"

意思是说，宰予这种人，就好像是腐朽了的木头，不能加以雕刻；又好像是污秽的墙壁，无法加以粉刷。

孔子还说过："以前，我对于人是听其言而信其行；现在，我对于人是听其言以后，还要观其行，才能相信。这是因为看到有宰予这种只能言而不敏于行的人，才转变了我的态度。"

因为宰予时常嘴巴上说得很好听，行动则总是不及他人。宰予爱说俏皮话，对于仁道、信道不笃行。

有一次，宰予故意问孔子："有仁的人，如果知道井里有人掉下去的话，为了救人是不是自己也要随着跳下井去呢？"

孔子答道："何必非这样做不可呢？君子可以用计策使人得救，但不能使自己也陷入井里。要救掉在井里的人，应该在井上设法施救。如果自己跟着跳进井里去，那等于是自杀，不但救不了他人，连自己也要遭灭顶之灾，这种道理很明显。仁者听到他人遇难时，应急切地去施救；然而不顾自己的安全，这也不是好的办法。"

又有一次，宰予问孔子："服三年之丧，好像时间太久了。君子居丧三年不习礼，礼必坏；三年不习乐，乐必崩。吃完旧谷，新谷上市也只需一年；在一年里，天运一周，时物皆变。所以，服丧是不是一年就足够了？"

孔子答道："服父母之丧未过三年，就开始吃米饭，穿锦缎华衣，你心里不觉得不安吗？"

宰予却面不改色地说："不会。"

孔子不高兴宰予这种无仁于亲的态度，就斥责他道："你心里不觉得不安的话，那你就那么做好了。事实上，要是君子的话，在服丧的时候，就是吃了什么美味的东西，也不会觉得有什么味道；就是听到美妙的音乐，也不会觉得快乐的。但是，如果你能心安的话，你就那么做好了。"

宰予自知不对，退了出去。

孔子叹息着向旁边的弟子们说："宰予没有仁心。婴孩出生，至少得经过三年才能离开父母的怀抱。所以说，反哺三年之丧是天下的通义，绝不算久。宰予这个人，对于父母竟连三年的恩情也没有啊！"

孔子的另一个弟子，叫澹台灭明，字子羽，是鲁国人，比孔子小三十九岁。子羽的体态和相貌很丑陋，想要跟随孔子。

孔子开始认为他资质低下，不会成才。但他从师学习后，回去就致力于修身实践，处事光明正大，不走邪路；不是为了公事，从不去会见公卿大夫。

后来，子羽游历到长江，跟随他的弟子有三百人，声誉很高，各诸侯国都传诵他的名字。

孔子听说了这件事,感慨地说:"我只凭言辞来判断一个人品质能力的好坏,结果对宰予的判断就错了;我只凭相貌判断人品质能力的好坏,结果对子羽的判断又错了。"

在杏坛开办私学后,整个教学活动丰富多彩,教学方法灵活多样。用弟子的故事教育弟子,便是孔子的生动教学法之一。他的得意弟子闵子骞,有时便成了孔子教学的助手。

闵子骞(名损,字子骞)是鲁国人,平民出身,是第一批登上杏坛拜师的孔门弟子,比孔子小十五岁,文武双全。

一天拂晓,闵子骞挎箭提刀和颜路去蘷相圃习射练武。刚走出阙里街不远,路遇一位胖汉用土车推着一具尸体。胖汉子看到有人同行,便暗自急着赶路。闵子骞看出了蹊跷,大喝停车。

胖汉子假装没听见,继续急走。

闵子骞快跑几步,赶在小土车前面,挡住了去路。

胖汉子认为闵子骞多管闲事,仗着有些武功,便拉开了架势猛扑过去。文武双全的闵子骞一拳就将他打倒在地,又踏上一只脚。

胖汉子立刻求饶道:"大爷饶命,小人张成有眼无珠,一见面就该向大爷说明。这位老人是个老乞丐,她死在了街旁,我把她推到郊外。"

车上的老太太听到自己要被推出城活埋,急忙挣扎哀求:"张成,儿啊!我是你亲娘啊!我还没死,你不能活埋我呀!"

闵子骞和颜路上前解开绳子,掀开草苫子,扶起了老人。

老人说:"他是我的儿子。我生病卧床三天,他没给饭吃,也没给水喝,想饿死我。他说推我去看病,却原来趁我昏迷,想推出去活埋我!孽子呀!"

闵子骞猛一把抓住张成,怒不可遏地说:"张成!你娘有病,你不但不给她治病,还想饿死她。三天没饿死,又推出去活埋!你这个狼心狗肺的东西,我问你,你出生时,是你娘身上掉下的几斤什么?"

张成点点头说:"我出生时,就是娘身上掉下的几斤肉。"

闵子骞说:"既然如此,我就从你身上割几斤肉,煮熟了,让老人吃顿饱饭,我再带她老人家到官府告你,官府不杀你的头才怪呢!"

颜路和围观的人也高声怒骂起来。

张成跪地求饶道:"请各位大爷放心,今后我一定孝敬好母亲!孝敬好母亲。"

闵子骞正告张成:"快把你娘推回家去,立即给老人请医生治病,好好地伺候老人,如若故技重演,定让你不得好死!"

"是,是!"张成应诺着,推着母亲回家了。

习射练武归来后,颜路向正在吃早饭的老师汇报了这件事。孔子说:"太好了!也太巧了!我正考虑今天上午上课时,让闵子骞主讲呢!"

开始上课了。孔子说:"今天上'孝道'课。先由颜路讲一讲今天早晨发生的故事。"

颜路激动地站起来,绘声绘色地将闵子骞惩治不孝之人张成的经过讲完了。

孔子说:"闵损之所以容不得虐待父母的人,并当即予以严惩,根本原因在于他德行卓著,孝行突出。'孝'是指尽心尽力地尊重、爱护、奉养父母等长辈。要知道,'仁'是德行的核心,'孝'是仁的基础。换句话说,'孝'是人的道德的基础,也是做人、做事、为政的根本。如果一个人对父母都不孝,他的道德就恶劣到了极点!对父母不孝的人,对他人不可能讲'仁',对朋友不可能讲'义',更不可能忠于国家和黎民。所以,忠、孝、仁、义是密切关联的,是一致的。闵损是个德行很好的人。对于他孝顺继母的故事,我五年前就知道了。他十二岁时,就是闻名鲁国的大孝子了。闵损真是孝顺呀!人们对他父母兄弟称赞他孝顺的话完全同意。我可以用一句话评价:'孝哉闵损!'现在,让闵损给大家讲一讲他孝敬老人的故事。"

闵子骞一向不愿谈自己,但对于老师的安排还是听从了。闵子骞庄重地站在老师和同学们面前,讲述了自己孝敬父母的经历。

闵子骞六岁时,母亲病故。年幼的子骞虽劝父亲节哀,而自己却哭得死去活来。他为母亲披麻戴孝,守孝百日。

不久,闵子骞的父亲闵德仁又娶了一个妻子,叫李秀英。李秀英一进门,就看子骞不顺眼。但迫于丈夫的威严,还能顾全面子,家中暂时相安无事。后来,李秀英一连生了两个男孩,她便开始厚待亲生儿子,虐待子骞。

一次,闵子骞给他的父亲驾马,抓不住马缰绳,他的父亲握着他的手,发觉他的手很冷,穿的衣服也很单薄。父亲回去后,把后母生的儿子叫来,握住他的手,手是温暖的,穿的衣也很厚。就对妻子说:"我娶你的原因,是为了我的儿子,现在你欺骗我,让我的儿子受冷,你走吧,不要再留在我家。"

子骞立即跪在地上,为继母求情:"父亲,你消消气。母在一子单,母去三子寒,留下高堂母,全家得团圆。孩儿宁可一人受苦,不能让两个弟弟受饥寒!"

李秀英自知理亏,也立即双膝跪地:"夫君息怒,贱妻虐待长子,对不起您!今后,一定善待损儿,望夫君宽恕。"

父亲这才原谅了妻子。

子骞上前扶起仍跪在地上的继母。继母满面羞愧,不由得流下了忏悔的眼泪。她拉着子骞的双手,泣不成声地说:"儿啊!继母对不起你。从今以后,你就是我的亲生儿子啊!"

继母回到屋里,一口气给子骞做好了新棉袄、新棉裤。

子骞换上一身新棉衣,来到继母面前说:"给母亲请安,多谢母亲疼爱孩儿。"

继母流着泪说:"儿啊!我丧了良心啊!对不起你啊!你心眼好,不与我一般见识,是你成全了咱们这个家啊!天下哪有你这样的好孩子啊!"

继母因忏悔、痛心,变得精神恍惚。子骞一边安慰父亲,一边护理继母,给她请医生、煎药。一连七天,继母的病才好转,但身体虚弱,卧床难起。

子骞对父亲说:"母亲体弱,我去武棠亭买些鲜鱼来,给母亲补身体。"

闵子骞来到台子上,没看到一个卖鱼的。放眼水面,坚冰锁湖,连个打鱼的人影也没见。他低着头,在台子上走着走着,突然,紧皱的双眉舒展开了。

他来到附近一户农民家里,借了一把鱼叉、一个榔头,使尽平生力气,连砸几榔头,坚冰被砸开了一片。

一会儿,那群鲤鱼移至冰窟处吸气。子骞趁机猛下一叉,叉出一条鲤鱼。在叉第二叉时,因用力过猛,把冰踩塌了,一下子把棉裤浸湿了大半。他索性脱下棉袄,往旁边的冰上一放,蹲下身去,一连抓上来五条鱼。

父亲、继母看到子骞扛着鲜鱼回来,立即给他换衣服。问明原委之后,夫妻俩都感动得哭了。从此,继母变成了一位慈母。

她向丈夫提出:"损儿这孩子聪明、德行好,光让他在干活之余跟你学识字不行,应该送他去上学,才能把他培养成才。现在,无非家里困难一点,我早起晚睡,多纺棉、多织布,家里再苦,也不能苦了损儿这样的好孩子!"

她亲自送子骞进入"观鱼台学堂"就读。在学校里,子骞夜以继日,如饥似渴地学习知识。子骞在"观鱼台学堂"就读三年,连年荣膺第一名。

一天,一位姓赵的先生来到子骞家里,向其父母恭贺:"您夫妇真乃教子有方,闵损连年品学兼优,才智超群,可喜可贺。"

赵先生喝下一口茶,继续说:"借此机会,我还要告诉您夫妇一个好消息,昨天,我表哥从曲阜来我家,他说:'国君下诏,批准当代圣人孔夫子开办私学,孔子已在曲阜贴出告示,五月末举行拜师仪式,只交十条干肉作为学费,就可以入学了。'我看,您夫妇还是送孩子投孔门吧!以免误其前程。这孩子才十五岁,将来一定能成为高才大贤!"

于是,夫妇俩用马车为儿子装上竹简、衣物、粮食,并带上银两和十条干肉等,亲自送子骞赴曲阜,拜仲尼为师,投孔门就读。

孔子对待他的朋友们，总是保持着浓厚而长远的友情。即使是和自己作风不同的人，他也不肯轻易中断交往。他希望弟子们也能做到这一点。

他曾有一位老朋友叫作原壤，原壤是个做事不拘小节的人。平日里总是随随便便的，给人的印象非常不好。

孔子曾经挖苦他说："年轻时就不规矩，长大了也没有出息，你这老不死的，真是一个贼啊！"说着便用拐杖朝原壤的大腿敲了几下。

后来，有一天，原壤的母亲不幸去世了。

孔子闻听这一消息，便赶紧去原壤的家里，帮助他前前后后地忙活着，料理后事，还帮助他收拾老人的棺材。而原壤却疯疯癫癫似的跳到了棺材上，坐在了棺材板儿上，冲着孔子笑嘻嘻地唱起来。

孔子就当没有听见一样，不理睬他。跟随孔子的弟子却忍不住了，说："这样的朋友，还不该绝交吗？"

孔子微笑着说；"不是说，原是亲近的还应该亲近，本来是老朋友的也还是老朋友吗？"

弟子们听了孔子的话，深受教育。交朋待友，无不具有其师风范。

办学的第三年，有一天上午，孔子给学生上舞乐课。

孔子说："我已经接到诏书，国君急令我们排练八佾乐舞。再过八天，咱们一起去太庙，也就是周公庙，参加国祭之日的八佾乐舞表演。

"八佾，是天子的专用舞列。国君派宫廷内的优秀舞师、乐师，下午来杏坛指导排练。这是国君给我们的殊荣，也是大家学习舞乐的好机会。"

接着，孔子讲一些有关的知识。他先讲舞列。佾，是指行列。西周制定的礼乐制度有严格的等级，歌舞人排成八队，每队八人，配上韶乐，边歌边舞。诸侯国的国君用六佾，大夫用四佾，士用两佾。

作为诸侯国的鲁国国君也可破例使用八佾，因为鲁国是周公的封地，周公帮助周武王、辅佐周成王平定天下有功,周成王特批鲁国国君可以破例使用八佾。

孔子又讲了舞乐。首先,有乐器才有音乐,乐器的统称叫八音,即金、石、土、革、丝、木、匏、竹八类。

现在,国家祭祀用的舞乐是韶舞、韶乐。歌颂舜继承尧的盛德而表现天下太平的舞乐称之为韶舞、韶乐。韶乐完美无缺,而歌颂武王伐纣功绩的音乐武乐也很好,但较之韶乐则略有不足。

讲完之后,在杏坛前边的场地上,八佾乐舞的排练开始了。孔子时而操琴,时而辅导舞步。宫廷的乐师、舞师精心指导,一丝不苟,学生排八佾,还有一些学生组成乐队,用宫廷乐队的乐器奏乐。全体参练人员,只用了六天时间,就把八佾舞乐排练好了。

祭祀大典那天,台上只有鲁昭公、孟懿子和几位不出名的大夫。大权在握的相国季武子和叔孙氏没有到场,祭品也很寻常,太庙内冷冷清清。

孔子及其弟子的到来,弥补了宫廷音乐歌舞队的缺席。孔子亲自弹琴并带领学生乐队演奏韶乐,弟子们兴致勃勃,边唱歌边跳八佾舞。祭典结束后,鲁昭公对孔子及其弟子们进行了奖励。

在回杏坛的途中,孔子低声对弟子说:"季武子是大夫,论规格,其家祭只能使用四佾。他把自己置于国君的位置,调用宫廷音乐歌舞队,违规使用只有天子和鲁君才能使用的八佾,竟然干出如此无礼之事,真是无法无天呀!八佾舞于庭,是可忍,孰不可忍也!"

季武子的一个爪牙躲在孔子后边,窃听后,转身去到季氏面前报告。季武子听后气得咬牙切齿。

坐在季武子身边的阳货说:"相国息怒!这孔丘也太自不量力了,一个小小的教书匠,竟敢私下谩骂评说相国,我去把他扣起来,听任大人发落!"

季武子瞪了阳货一眼说:"胡闹!在鲁国有两个最大,我的权力最大;孔丘的名声影响最大,连齐景公、晏婴都来鲁国拜访他。

"孔丘已成为出了名的大贤,又有一批文武双全的弟子。对孔丘只能利诱,不能伤害!你懂吗?"

阳货点了点头,似乎领会了主子的意图。他说:"要不,我去把孔丘留下,您利用他来观光之机,请他做客。"

季武子说:"这倒是个好主意,快去,要诚心诚意地请他来,言必由衷!"

午宴上,一向傲慢无理的阳货一反常态地为孔子敬酒。季武子说:"夫子开办私学,功德无量啊!"

季武子继续说:"我听说夫子常教导弟子,'以礼乐兴国',对此,老夫直言一句,不合时宜呀!去年,周天子,即周景王驾崩,连各国诸侯都不去奔丧,并且,由此天下大乱起来,还讲什么八佾、四佾呀?"

孔子说:"相国有句名言:'没有规矩,成何体统!没有规矩,政事必乱!'这话说得太好了!正是由于天下大乱,才造成礼崩乐坏呀!而按礼乐制度行事,天下就太平。周成王以来的历史,不正说明了这个道理吗?相国大人,你说呢?"

季武子被孔子一句话问得乱了方寸,不由自主地将心机和盘托出:"只要夫子顺从我,我让你升官发财,尽享荣华富贵!"

孔子说:"丘吃醉酒了,言不由己,还是告退为好。"

于是,孔子站起身,想找理由告辞,还故意带着几分醉意问:"只要'顺从'就能赐官?"

季武子趁机说:"我的意思是说,夫子是满腹经纶的贤人,我想请夫子入仕,做我的家臣,你与阳货一文一武,并驾齐驱,这对安邦定国多么有利呀!我想,夫子不会推辞吧?"

孔子意识到季武子拉他做家臣是为了装点门面,并非让他施展仁政礼治等方面的才能。

于是,孔子说:"感谢相国厚爱、器重。不过,我的私学才办了三年,丘不能抛下弟子不管呀!'教书育人,为国效力',这是我多年思考的事。丘以施教为己任,还望相国谅解。"

## 十五、名传海外

在孔林里,有千万棵各种各样的树木:柏树、橘树、松树等,许多都是千年的古木,树高云天。雏离、女贞、五味、樱花等名贵树种,在孔林里都可见到。

相传孔子去世以后,弟子们都四面八方去寻找奇树,栽到孔子墓的周围。单说这樱花,就数日本三岛最多,它又是怎么栽到了孔林里了呢?每年一到三月,那樱花便开得一树树,一片片,花光照眼的那么新鲜。

说起来,不光孔林里有从日本传来的樱花,孔子当年还有过日本弟子哪!

当今的日本,一些地方,仍然建有孔子庙:长崎的孔子庙,是明代的建筑,庙前面也和中国的孔庙一样,有着一条泮水;福岛县有日新馆孔子庙;岗山县有显谷孔子庙;汤岛也建有孔子庙。

由此可见,儒家的学说和思想在很早以前就已经传到了日本。

当年孔子三千弟子里,有个弟子想用仁义治国,在各国实行不了,他就去了齐国,可是齐国的国君也不肯采纳他的主张,他只好又离开了齐国。但他一点儿没有灰心丧气。

孔子塑像

他背着竹简,走了一国又一国,过了一城又一城,后来到了东海边,去了日本国。

当时的日本社会,要比中国落后很多,文化更没有中国发达。孔子的这个弟子,不光背去了写在竹简上的经书,还有一肚子才学。他凭着聪明好学,很快便学会了日本话,也跟孔子那样收徒弟讲学。越来越多的日本人都来向他拜师求学。

那时候日本还有一种和当时中国不同的风俗,弟子们常常和媳妇一起去听讲。尤其是有一个叫银杏的弟子,每次都是这样,小两口总是一块儿来,一块儿去;两人打心里感激老师,觉得要不是老师从中国带来了经书和学问,怎么能得到这许多的学识。

有一天,银杏禁不住问道:"老师,你这么多的学问都是从哪里学来的?"

他说:"在中国,我有个老师叫孔子。孔子的学问,好比是万丈高的宫墙,要是抬头仰望,就越看越高;只要能找到宫墙门进去,便能看到墙里的宫殿有多好,屋宅内又是怎样的多种多样。我虽说跟老师学了多年,但老师的才学是无边无沿的,我学到的还只是皮毛!"

夫妻俩听了,不觉惊讶地问道:"天下竟然有这么个大学问家! 他在中华大国的什么地方?"

于是,他便把孔子怎么在尼山出生,怎样立志刻苦学习知识,后来又办私学教书育人的事迹,给他们从头至尾说了一遍。从此后,小两口心中想得最多的事就是有一天能到中国去,跟这个大学问家孔子多学习几年才好。

夫妻俩求知心切,没过多久,就踏上了前往中国的旅途。他们在海上不知过了多少个风雨飘摇的日子,也不知行了多少路程,终于到达中国的港口。他们风餐露宿,不几天就赶到了尼山。

尼山的景致果然不同寻常,群山环绕,青松翠柏间,他们终于看到了孔子在一棵大树底下弹琴,若干弟子坐在旁边读书。

听说他俩是从日本漂洋过海,特地来中国求学的,孔子及其弟子都异常高兴。孔子说："我从小好学,也愿游学四方,你们夫妻俩能不远万里到中国来学习,实属难得啊!"

本来,孔子收徒弟,不管贵族、平民百姓,都是要十条干肉作为学费的。可是,跟这对日本夫妻他却什么也没要,选了个黄道吉日,行了拜师大礼,就正式收下了银杏夫妇为孔门弟子。

这银杏夫妻俩刻苦好学,加之天资聪颖,深得孔门师生的喜爱。

转眼间,三年过去了。孔子教学生的"六艺":礼、乐、射、御、书、数,银杏夫妻俩全都学遍。特别是射箭,更是百发百中。

有一天,夫妻仍双双来到了孔子跟前,拱手行礼道:"老师,你的学问比大海还深,我们一辈子也学不完。可是,我们离开日本已经三年了,不知家乡变化如何。此次返回,也要像恩师一样,设坛讲学,将恩师的学识发扬光大。"

孔子说道:"是啊,是该回去了!"

银杏两人临行那天,孔子及弟子们都出来相送。

夫妻两人又历经千辛万苦,从中国返回到日本。他们把从中国学到的各项知识和技艺都传授给本国的学生。对于中国儒家文化的传播起了重要的作用。至今的日本很多礼仪和习俗都能在中国古代文化里找到渊源。

# 十六、孔子仕鲁

孔子真正在鲁国出仕为官,只有四年的时间,是在他五十一岁至五十五岁上,即公元前501年(鲁定公九年)到公元前497年(鲁定公十三年)。按国力与地区的面积,鲁国在诸侯国中算是中等偏下的,也就相当于现在地、市一级所辖区域的大小。这四年间,孔子前后共担任过三种职务:一是中都宰,也就是中都县长,地点在现在的山东省汶上县;二是鲁国的小司空,大致相当于现在地市级建委副主任或主任助理;三是担任鲁国大司寇,与当今地市级公检法首长相当。

为了出仕,孔子做了长期的准备,包括知识储备、技能训练、思想的成熟与精神的磨砺,以及社会声望、社会影响的日益扩大等。

毋庸讳言,孔子有着强烈的出仕情结,说白了,就是孔子特别想当官。至于他为中国的知识分子是带了个好头还是带了个坏头,我们不必纠缠于此,只应将一个真实的孔子凸显在历史的舞台上。

青年时代连管理仓库、牧管牛羊的委吏、乘田一类不能入于"仕"之行列的小官,他都积极地承担并尽心尽力地做好,这既有他敢于面对艰难困苦、性格坚毅的一面,也有他想方设法摆脱穷苦处境和改变卑贱身份的现实想法。他不是不食人间烟火的神,甚至也不是一切都超脱的圣,他就是一个活生生的人,一个仅仅比常人多了一点治世理想、治世理念,多了一些知识与胆识的普通知识分子罢了。"性相近,习相远",孔子只是在不断地"学而不厌,诲人不倦"的不停顿的积累之中,完成了多次人生飞跃,从而靠后天努力走到了一种堪为后世楷模的崇高境界。

关于公元前517年孔子的仕齐,司马迁在《史记·孔子世家》中还有这样的记载:"为高阳子家臣,欲以通乎景公。"高阳子是一个名声不好的齐国贵族,但是为了能够得到齐景公的重用以达"出仕"治世的目标,孔子可以做一个名声不好的贵族的家臣。后世儒者多认为这不可能,至圣先师怎么会做这种事情呢,并把这种记载视为对于孔子的诬蔑。

千百年来我们对孔子的认识往往走入两个死胡同,一个是对孔子完全的崇仰赞颂,不许任何人表示哪怕一点不满与怀疑;另一个则是对于孔子完全的贬损,认为他是保守倒退的鼻祖,一无是处。两个死胡同,尤以第一个死胡同的人最多,是社会关于孔子认识的主流。幸好还有忠实的孔门弟子整理出记录老师言与行的《论语》,让我们得以从零碎的记录中窥见孔子的原貌。其实抛开了这两条死胡同的束缚,静下心来想想,就会看到一个真实的孔子,一个"食色性也"的孔子,一个性情的孔子,一个讲究实际的孔子,一个灵活幽默的孔子。其实有时历史并没有那么复杂,只是被后世人想复杂搞复杂了。司马迁毕竟了不得,他对孔子那样的"高山仰止",却并不被高山仰止蒙住了双眼,依然如实地记载孔子为高阳子家臣之事,并不像后世的儒者们只知闭上眼睛去崇拜。还有那个对孔子佩服得五体投地的台湾学者钱穆,也有着清醒的头脑。我同意他这样的观点:"孔子弟子为家臣者多矣,孔子不之禁,则孔子不耻为家臣也。且委吏乘田,独非家臣乎?"(《先秦诸子系年考辨》)是的,委吏、乘田,不是更小的家臣吗?

我们当然记得前面提到的那个阳虎,那次他是见到了孔子的。他多次求见都被婉拒,这次他用了个计策,想不到孔子也还了个其人之道。但是冤家总是路窄,想不到在孔子趁他不在家去致谢后回家的路上,偏偏正好碰上了从外面回来的阳虎。看到孔子待答不理的样子,阳虎也就顾不上客套了,就直奔主题、急切地劝说孔子赶快出仕。《论语·阳货》里有一段相当精彩的场景与对话的描写:"遇诸涂。谓孔子曰:'来!予与尔言。'曰:'怀其宝而迷其邦,可谓仁乎?'曰:'不可。好从事而亟失时,可谓知乎?'曰:'不可。日月逝矣,岁不我与。'孔子曰:'诺!吾将仕矣。'"真是如见其人如闻其声。阳货喜不自禁地说:"来吧老兄,别躲我了,我有话对你说呢。"孔子不答,只是礼节性地走过去。见孔子不搭腔,阳货又接着说:"自己有德有才,而听任国事一塌糊涂,这样的人能算是仁人吗?"其实阳货话中还藏着话,意思是你孔子不是整天地讲仁爱吗?国家都这样了你怎么还装作没事人似的视而不见?孔子还是不搭腔,其实沉默里也有潜台词:国家的这种局面还不是你这样的家臣与你家的主子季氏闹腾的,还有脸与我谈仁爱!见孔子还是一言不发,阳货索性一口气把心里的意思讲完了:"这样的人怕不能算仁人吧!自己很想出仕做事,而又屡失时机,这样的人能算聪明人吗?怕不能算是聪明人吧!时光一天天过去,岁月是不会等待你的啊!"别说,阳货真还有点把准了孔子的脉搏。此时,不卑不亢的孔子,只不冷不热地回答了一句话:"是的,我是打算出来做官的。"这里,孔子还是有着潜台词的,那就是:我是打算出来做官,却不见得非是你阳货当权时的官。

这个阳货就是《左传》《史记》中的阳虎,虎是他的名字。他与孔子的这次邂逅,当在公元前505年(鲁定公五年),孔子四十七岁时。

当时鲁国国内政局确实是一塌糊涂,鲁定公几乎只是一个摆设,季孙氏、叔孙氏、孟孙氏三家贵族已成"三桓"专权之势。而尤以季氏为三家之首,权力最大,几乎就是他在代理鲁定公执掌鲁国的大权。而阳虎是季氏家臣,却又利用控制了季氏从而控制了鲁国的大权。也在这一年,阳虎曾经囚禁了他的主子季桓子。季桓子有个宠臣叫仲梁怀,与阳虎结下了怨仇。在季氏家说了算的阳虎想驱逐仲梁怀,也是季氏家臣的公山不狃阻止了他。但是这年秋天,仲梁怀更加骄横了,阳虎就把他捉了起来。季桓子当然对此很恼怒,可是阳虎竟然连季桓子也囚禁了起来,直到季桓子认输并与阳虎订立了盟约才把他放了出来。阳虎从此就更不把季氏放在眼里了。

他当然期待着以孔子这样列国皆闻的名人为他撑撑门面。而且他也清楚孔子对于鲁国三家专权,尤其是季氏独揽鲁政的不满。他认为这将是一拍即合的事,孔子想当官、讨厌季氏,而阳虎能够让他当官也与季氏有着矛盾。

孔子的政治态度,也许是他仕鲁的关键所在,从这里,我们也能够更深刻更真实地了解孔子的全貌。孔子曾经对周以来至列国争雄的政局发表过如下的看法——天下太平,制礼作乐以及出兵打仗都决定于天子;天下昏乱,制礼作乐以及出兵作战便决定于诸侯。决定于诸侯,其政权大概能传到十代,很少还能继续的;决定于大夫的政权,只能传达到五代,很少还能继续的;若是大夫的家臣把持国政的政权,传到三代就很少有能够再继续的。天下太平,国家的最高政治权力就不会掌握在大夫手中,天下的老百姓就不会议论纷纷。接着,孔子就对鲁国的政局进行了明确的判断:"国这政权到了鲁君(从鲁君来说),已经五代了,政权到了大夫之手(从季氏来说),已经四代了,所以桓公的三房子孙也到了衰微的时候了(《论语·季氏》)。"

这是一个站在高处的犀利的目光，将二百四十多年的春秋时代，看得一清二楚。你甚至不能感到其中的好恶，只是让人触目惊心地感觉到一种历史的规律，铁一般摆在那里。但是，回味这些话，却又能让人触摸到一副热的心肠。特别是对自己桑梓之地的鲁国，那种潜于言辞背后的痛惜与爱惜，那种行道救世却无门的一种无奈，都昭昭在目。除此，我们于表面的冷静之下，还感受到了一种对于造成鲁国这种混乱局面的季氏的谴责。

其实，孔子一直在等待能够出仕的机会。他向阳虎说的"我是打算出来做官"的这句话，是真心话。与阳虎"邂逅"之后，孔子与他的大弟子子贡有一次很有意思的对话。子贡问自己的老师："这里有一块美玉，是把它放在柜子里藏起来呢，还是找一个识货的商人卖掉呢？"老师毫不迟疑、立刻回答："卖掉它！我正在等待那个识货的买主呢。"其出仕之情，溢于言表。

有两次出仕的机会，孔子都曾跃跃欲试，虽然都被他好提意见的学生子路所阻止，却也反映了孔子急于出仕的心情，尤其是当他年届五十、有了雄厚的出仕资本而又时不我待的时候。

一次是鲁国季氏家臣公山弗扰（即前面提到的公山不狃）盘踞费邑背叛季氏，请孔子去参加，孔子准备去。这时直率的子路很不高兴，带点质问地说："老师你没地方去就算了，为什么一定去公山氏那里呢？"孔子肯定有难言之处无法向自己的学生全讲出来，但是这毕竟是一个原则问题，不回答是不行的。他向子路解释说："那个叫我去的人，难道是白白召我去吗？假如有人真能用我，我就会将周文王、周武王和周公的事业在东方复兴起来。"（"如有用我者，吾其为东周乎？"《论语·阳货》）这一次大约是在公元前502年（鲁定公八年），其时孔子五十岁。

在孔子流亡列国的途中，还发生过类似的事情。那是晋国的佛肸在中牟（在今河北邢台与邯郸之间）抗拒赵简子，请孔子去参加，孔了仍然准备去，还是子路表示反对，并阻止了他。别看子路鲁直，却总能一语中的。他单刀直入地问老师："从前我听老师说过，'君子绝不到做坏事的人那里去'。如今佛肸盘踞中牟谋反，您却要去，这怎么能说得过去呢？"孔子是从心里喜欢好提意见的子路的，他不仅没有恼怒的意思，还认真地向子路说："对，我是说过这样的话。但是，你不知道吗？最坚固的东西是磨不薄的，最洁白的东西是染不黑的。我难道是匏瓜吗？哪能只是被悬挂着而不给人吃呢？"这些都反映了孔子对于出仕的渴望。

终于，机会来了。由阳虎反叛季氏而引发的鲁国内乱被平息，鲁国期待着一个能够将这种稳定局面保持并发展的人。鲁定公与季桓子，同时想到了已经有着很高威望的孔子。公元前501年（鲁定公九年），五十一岁的孔子被任命为中都宰。

有人说孔子的被任用，主要得力于其学生、也是鲁国三家之一的孟孙氏（孟懿子）的推荐。其实，孔子的出仕，与鲁定公、孟懿子都没有决定性的关系。真正想到任用孔子的，还是实际执掌鲁国大权的季桓子。季氏家臣阳虎的作乱一直延续了多年。直至公元前502年（鲁定公八年），他又想杀死季氏篡夺全部权力，被打败而逃奔齐国，后又被齐国所弃而奔晋。表面上看阳虎之乱已平，但是鲁国的政局并没有真正安定下来，费邑的公山不狃、郈邑的公若藐等家臣仍有很大的实力，对于鲁国，公、卿都存在着大的威胁。在周边关系上，又与大国齐不断发生摩擦并日趋紧张。此时，继任国卿不久的季桓子，面对这样的局面不免有力不从心之感。先不要说孔子少见的博学多识与巨大的社会声望，单是他坚定的维护公室权威、渴望安定和平的政治态度，就引起了季氏的重视。尤其是孔子反对"陪臣执国政"的立场以及孔子对阳虎与公山不狃的拒绝，才是季氏最终选中孔子的根本原因。

钱穆在说到孔子仕鲁的时候，有这样一句准确的概括：在鲁君臣既有起用孔子之意，孔子亦翩然而出。虽然开始只是一个中都宰，一个不大的县长，但是孔子的喜悦心情是真实的，"翩然"正是五十一岁的孔子出仕时心情的写照。但是一个中都宰就让五十一岁的孔子如此"翩然"，也从另一个侧面透出了孔子抑郁不得志的悲凉。从三十而立到五十而知天命，二十年的时间里，孔子没有遇到一次真正能够出仕的机会。他的设教授徒,既是一种积极的进取,也有一种面对乱世的无奈。终于可以有一个地方,可以去具体实施自己的理想了,他怎能不"翩然而出"呢?

在中都宰的位上,到底做了什么事情,很少有历史记载,司马迁也只是说:"孔子为中都宰,一年,四方皆则之。"才不过一年的工夫,中都县周围的地方都在效法中都的做法。《孔子家语》倒是说了几条孔子定的规矩,如"长幼异食,强弱异任,男女别涂,路无拾遗,器不雕伪。为四寸之棺,五寸之椁。因丘陵为坟,不封不树。"虽然其中不乏进步之处,如按照年龄大小来分配食物,按照体力强弱分配劳动任务等,但是若仅只限于此,恐怕还不到"四方皆则之"的地步。孔子与他的弟子们,在中都肯定还做了更多的事情,这从鲁定公的一次接见里就可以体会出来。鲁定公问他:"学子此法,以治鲁国,何如?"就是用治理中都的办法治理鲁国可以吗?孔子回答得相当有信心:"虽天下可以乎!何但鲁国而已哉?"意思是,用我的方法治理天下都可以,何况只是一个鲁国呢?

于是,一年之后,他便被另任为司空,再任为大司寇。

鲁国国卿为上大夫,季氏为司徒,叔孙氏为司马,孟孙氏为司空。既然孟孙氏为司空,孔子的司空只能是小司空,即孟孙氏的助手,属于下大夫之职。好在在此职位时间很短,便被任命为司寇。司马迁之所以在"司寇"之前加一个大字,是区别前面所担任的小司空之职。这个大司寇,则已经是与三卿并列的上大夫了。能以一贫贱出身而跻身于上大夫之列,在统治者是相当郑重其事的,我们不妨读一下孔子的任命书:"宋公之子,弗甫何孙,鲁孔丘,命尔为司寇。"(《韩诗外传》)

孔子真正以自己的理想与政治抱负来实施的,是在大司寇的职位上。

说到孔子在大司寇任上的作为,这里需要首先弄清楚一件历来纠缠不清的公案,即孔子是否诛杀大夫少正卯一事。记载孔子诛杀少正卯一案,其源头是《荀子·宥坐篇》,后来在《吕氏春秋》《说苑》《孔子家语》《史记·孔子世家》等书中均有记载,说孔子为政七天就杀了"鲁之闻人"少正卯。为了将孔子诛杀少正卯事做实,便找出了孔子诛杀少正卯的深层理由，即少正卯与孔子素来有隙，在孔子讲学的时候，少正卯也授徒讲学，而且学生很多，曾使孔子的讲课处"三盈三虚"，好多次没人听孔子的课了。

但是自清人阎若璩、崔述、梁玉绳、江永等人以来，以至当代杨景凡、俞荣根、匡亚明等专家学者，均对孔子诛少正卯一案，持否认态度。他们的观点已经相当有力，即：孔子诛少正卯事仅见以上所列书籍，而不见《论语》《左传》《春秋》等经传，以为像孔子诛少正卯如此大事，竟不留一点记载痕迹是说不过去的。二是孔子秉政七日，就以一大夫（孔子）而杀另一大夫（少正卯），这样的事情发生在春秋时代的孔子身上，是不可设想的。因为孔子的核心思想就是"仁"，并且他坚决反对轻易杀人。如季康子提出"杀无道以就有道"的问题时，就遭到了孔子的反对，说"子为政，焉用杀"。因此，他们得出了一致的结论："七日而诛少正卯"，"非孔子所能为，非孔子时所需为"。

细心想来，这一结论，也许更接近历史真实。

他任司寇时，倒是强调教化作用，反对滥施刑罚。比如，有一次在处理父子诉讼案时，面对父亲告儿子不孝、儿子告父亲打人的控告，问清情况的孔子并没有立即判谁的罪，而是把他们监管起来让他们各自反省。等到都想通了并且各自找到了自己的不对之处，孔子竟然把他们全部释放，结果是自此父慈子孝、连个口角也不再发生。但是当政者季桓子对此提出批评，认为孔子是背离以孝治民的道路。但是孔子仍然坚持自己的做法，认为"上失之，下杀之，其可乎？不教其民，而听其颂，杀不辜也。"其中心意思就是强调为政者要做表率，反对不教而诛，主张不杀无辜、不滥施刑罚。还是在孔子的司寇任上，有一次从衙署下班回家，路上听到了马厩失火的消息。他首先关心和问及的是人有没有受伤，而没有问及马匹及财产的损失情况。虽然只是一件不大被人注意的小事，却也反映着孔子内心深处对于人的重视，而且越是这种应急的时候，越是能够看出人的根底的善恶。

我们从《论语·颜渊》中，还可以听到孔子与弟子子贡讨论为政道理的记载。孔子说，如果有充足的粮食，又有充足的军队和武器，政府就可以得到百姓的信任。子贡问得很特别，他说："如果迫不得已必须要从粮食、军队与武器、百姓的信任三项中去掉一项，那么去掉哪项合适呢？"孔子说去掉军队与武器。子贡说如果还是迫不得已，必须从这剩下的两项中再去掉一项，那该怎样取舍？这时孔子回答得很坚决，也很经典，以至于成为政府共同标榜的原则"去食，自古皆有死，民无信不立。"就是说，去掉粮食，没有粮食不过饿死，自古以来谁都免不了死亡。但是如果人民对政府失去了信心，国家是立不起来的，也就会完了。

在为官上，孔子为中国的知识分子带了一个好头，那就是有原则有思想，真做官做好官，而且是认真做官。

作为全权负责公检法的官员，处理案件，审判官司，当然是他的首要任务。在完成这一任务的时候，他一改以往由贵族官吏根据惯例专断判决的习惯，而是从仁的精神出发，将民主的东西引进诉讼。将凡与案件有关人员找来谈话，一一问询他们的意见，然后他再根据大家的意见做出分析，做出正确的判断。"孔子为鲁司寇，断狱讼，皆进众议者而问之曰：'子以为奚若？某以为何若？'皆曰云云。如是，然后夫子曰：'当从某子几是'。"（《孔子家语·好生》）

在孔子司寇任上，办得最为漂亮的一件事，要算夹谷会盟的胜利。

夹谷会盟发生在公元前500年的夏天（鲁定公十年），是鲁国国君鲁定公与齐国国君齐景公在夹谷的会盟，相当于现在两国签订和平友好条约。此时，身为司寇的孔子出任鲁君相礼，也就是相当现在的司仪，辅助鲁定公做好盟会期间的一切礼仪之事。那时两国或多国国君相会的相礼，一般都要选上卿担任，如当年鲁昭公至楚国，就是当时鲁国的上卿孟僖子担任相礼。显然此时孔子所担任司寇一职已是上卿之尊。后来有不少人将孔子这次的担任相礼，误以为是"摄相事"，即以为孔子曾经担任过代理宰相一类的职务，其实不是。

自从鲁定公七年之后，齐景公就与晋争夺霸权。鲁国与齐国国界相接，更是齐争霸时争夺的对象。但因为两国关系长时间处于紧张状态,是孔子看到晋国已经衰弱,与强大的齐国结怨对鲁国的安定没有任何好处,这才建议鲁国与齐国签订友好盟约。

夹谷在现在山东省莱芜境内。会盟之前,孔子就建议鲁定公做好一切准备,包括带着相当数量的军队。尤其是在齐强鲁弱的形势下,没有军事做坚强的后盾,也许什么事情都会发生。

果然,盟会上险情迭出。

齐国前来会盟的意思当然十分清楚,那就是显示力量,压服鲁国(当然也包括拉拢),使鲁国无条件成为自己的附庸国。来会盟之前,齐国的大夫犁弥知道了孔子为鲁定公相礼之后,就向齐景公建议说:"孔丘知礼而无勇,如果让莱芜的兵士武装劫持鲁定公,就能轻易达到我们的目的。"

先是齐国以奏四方之乐为名,让莱芜当地的兵士全副武装突然登场,刀枪剑戟、鼓噪而至,想在大家惊慌之中劫持鲁国国君。形势骤然紧张,鲁定公更是不知所措。

就在大家慌乱之中,想不到被犁弥称作"知礼而无勇"的孔子突然站起,从容不迫沿着新筑的盟坛台阶昂然而上。登于坛上,长袖向着打扮狰狞、正在乱舞的莱兵一甩,两眼直视着齐景公,声若洪钟,怒斥道:"这些人是干什么的?我们两国国君在此做友好会盟,却让这些你们当年征服此地时的夷狄之俘来捣乱,你齐君怎么还能号令诸侯?裔不谋夏,夷不乱华,俘不干盟,兵不逼好,这是大家应当遵守的礼数,不然就是对神的亵渎,就是对德行的罪过,就是对人的失礼。我想你齐景公肯定不会这样做的吧?"大义凛然,又有理有据,尴尬的齐景公已被孔子说得面红耳赤,心知失礼,便挥手把乱舞的兵士斥退,并当场认错:"这是寡人之过啊。"据说这次盟会之后,齐景公想想那个身高威武的孔子,还恼怒地训斥随从人员说:"孔子引导他的国君遵循古人礼仪,你们却引导我学夷狄的陋俗,真是丢人!"

难题并没有结束。就在盟会最后就要缔结盟约的时候,齐国人突然宣布要在盟约中增加一条,意思就是将来齐国出兵作战的时候,鲁国必须出动三百乘兵车助战,否则就是破坏此盟。很明显,这就是要鲁国无条件承认自己是齐国的附庸国。

面对新的僵局,勇而智慧的孔子紧张地进行着权衡。他知道,鲁国与齐国力量对比是那样的悬殊,来订盟约,就是来向齐国求得和平与安全的。但是,如果屈服,不仅会使鲁国失去实际利益,更会使鲁国的声誉受到大的伤害。孔子当机立断,立即提出新的条款,即如果齐国不把前一年阳虎奔齐时侵占的鲁国汶阳地区的郓、讙、龟阴三地归还鲁国,而要让鲁国出兵车,也是破坏此盟。

此时的孔子,温文尔雅,就事论事,不见了刚才坛上的愤怒激昂,却又在柔中透着刚硬。这既是牵涉着称霸大事,而且作为因对方叛臣所侵占的地盘,也没有理由不予归还。于是盟约中便增加了这两条新的款项,齐国也于盟会之后归还了所侵占的汶阳之田。

《左传》定公十年,有关夹谷会盟的记述相当精彩,也通俗,不妨录记于下:

夏,公会齐侯于祝其,实夹谷,孔丘相。犁弥言于齐侯曰:"孔丘知礼而无勇,若使莱人以兵劫鲁侯,必得志焉。"齐侯从之。孔丘以公退,曰:"士兵之!两君合好,而裔夷之俘以兵乱之,非齐侯所以命诸侯也。裔不谋夏,夷不乱华,俘不干盟,兵不逼好。于神为不祥,于德为愆义,于人为失礼。君必不然。"齐侯闻之,遽辟之。将盟,齐人加于载书,曰:"齐师出竟,而不以甲车三百乘从我者,有如此盟。"孔子使兹无还揖对,曰:"而不返我汶阳之田,吾以共命者,亦如之。"齐人来归郓讙龟阴之田。

以弱胜强,以礼胜兵,原则性与灵活性高度结合,伟大教育家的孔子于此又充分显示出了一个了不起的政治家的风貌。

孔子仕鲁期间,要说他最为重大、也最能体现他的政治理想与人生追求的行动,当是"堕三都"。

"三都"即实际控制着鲁国政权的"三桓"各自割据领地的城堡。前面已经提到,"三桓"是当年鲁桓公三个儿子的后裔,其中孟孙氏为司空、叔孙氏为司马、季孙氏为司徒,是为鲁国三卿,分享着鲁国政权。其中又以季孙氏势力最大,掌握着鲁国国政。

这"三都"有季孙氏费邑领地城堡,叔孙氏郈邑领地城堡,孟孙氏成邑领地城堡,其中又以季孙氏费邑领地城堡最大最坚固。

这三大领地城堡,都曾经是鲁国"三桓"向鲁国国君闹独立、争权力、搞割据的据点和资本,当然也是他们明目张胆搞分裂的证据,也反映着春秋末期列国的基本状况。

到了孔子仕鲁的时候,"三都"发生了复杂的变化。曾经是"三桓"向鲁君索要或夺取权力与土地的三大城堡,又成为"三桓"的家臣向三桓闹独立的据点与资本,并一度给"三桓"造成了极大的威胁。当时的"三桓"全都住在鲁国国都曲阜,这三大城堡实际上全被他们的家臣所盘踞,有地有兵有粮。家臣利用所控制的这三大城堡,不仅一次次地侵犯欺凌自己的主人"三桓",甚至于越过"三桓"而直接干预甚至操纵鲁国国政,也就是为孔子痛心疾首的"陪臣执国命"的状态。如鲁昭公十四年,季孙氏的家臣以费邑领地城堡反叛季孙氏;鲁定公五年,阳虎利用领地城堡囚禁季桓子;鲁定公八年又挟汶阳之田叛鲁奔齐;鲁定公十年,侯犯又以郈邑领地城堡反叛等。可说是家臣们以领地城堡屡屡闹独立、搞反叛的行动,已经严重地威胁着"三桓",尤其是季孙氏、叔孙氏的集团利益,甚至已经成为他们寝食难安的一块心病。

面对当时鲁定公虚位无权、"三桓"擅权(特别是季氏)、"三桓"之家又是家臣垄断的混乱局面,孔子审时度势,认为正是他实现政治理想与人生追求的难逢的好时机。用雄心勃勃来形容当时孔子的心情一点也不过。我们不妨来体会一下孔子心中的治国平天下的蓝图:

加强鲁国公室,在当时当然就是加强鲁定公的实际统治权力,削弱、抑制"三桓"特别是季氏的领地与权力的扩张,贬斥、剥夺"三桓"家臣膨胀的私欲,从而使鲁国君臣父子按周礼及贵族等级制,各复其位、各守其职,用仁政德治将鲁国治理得国富民安。这也仅是孔子蓝图的一半甚至还不是最为重要的一半。他更要以鲁国为基础、为蓝本,扩大影响,最终达到尊天子、服诸侯、以仁政德治统一天下的大同世界。

孔子这次"堕三都"的主张与计划,核心的东西是剥夺季孙氏以及孟孙氏、叔孙氏所获得的非法政权,并以此重归于鲁国国君。

这无异于与虎谋皮。

虽然有着极大的风险甚至危险,但是孔子经过仔细地分析"三桓"的具体情况,他也从中看到了成功的可能。首先要考虑实际掌管着鲁国国政的季孙氏的态度与支持的可能性。经历了鲁昭公时家臣南蒯的反叛、鲁定公时家臣阳虎的屡屡作恶,全都是以费邑领地城堡为据点、为后盾、为资本。虽然阳虎之乱已经平息,他出奔已经三年,但是与阳虎曾经有过勾结的公山不狃(就是那个曾经召请孔子前去帮忙的人),现今仍然占着费宰的位置,并凭借着费邑领地城堡使季孙氏有些无可奈何。而叔孙氏的郈邑领地城堡,在前一年就曾因为侯犯的叛乱而归齐,现在虽然齐国已经归还郈邑,却还空着邑宰的职位。孔子甚至分析得更为细致,他还看到了叔孙氏不仅有家臣叛于外,还有同父异母的儿子叛于内。这个同父异母的庶子叫叔孙辄,因与叔孙氏有矛盾,曾经借助阳虎的力量想夺取叔孙氏的权力。

唯一不能确定的是孟孙氏孟懿子的态度。他虽然没有季孙氏与叔孙氏那样的外叛内乱、惶惶不可终日的忧患。他的家臣,也是守着成邑领地城堡的邑宰的公敛处父,对主人十分忠诚。但是孔子也认真分析了孟孙氏赞成"堕三都"的可能性,如孟懿子毕竟是自己的学生,应当更能从高层次领会老师的理想与追求。况且阳虎之乱的时候,阳虎曾经有过杀孟懿子而自代之的企图,不是也会给孟懿子敲响警钟吗?

同时,孔子想,我的那个最终以鲁国大治国富民安为基础、从而达到尊天子服诸侯统一天下的蓝图,不也是在为"三桓"子孙们的最终利益着想的吗? 如果任其这种无礼无序的争斗战乱愈演愈烈,你"三桓"不是时刻都有被倾覆的危险吗?

当然,智慧的孔子也知道他正处于一个最为有利的时刻,那就是夹谷会盟的胜利,已经大大提高了自己的威望。而夹谷会盟之后,齐国所归还的汶阳之田,正是季孙氏的领地。这也就更加加重了鲁定公,尤其是季孙氏对于自己的信任与倚重。

终于，经过缜密思考与计划的孔子，于公元前498年（鲁定公十二年），大胆地向鲁定公与季孙氏提出了"堕三都"的行动计划："家不藏甲，邑无百雉之城，今三家（三桓）过制，请皆损之。"（《孔子家语·相鲁》）

果然如孔子所料，这一计划迅速得到了鲁定公与"三桓"的赞成与响应。

第一步就顺利地拆除了叔孙氏的郈邑领地城堡（今山东省东平县）。如前所述，从齐国归还不久的郈邑，还没有任命邑宰，只要得到叔孙氏的赞同，拆除起来当然就十分顺当。

第二步拆除季孙氏费邑领地城堡时（今山东省费县），却遇到了激烈的反抗。费邑宰公山不狃，当然知道"堕都"的厉害，而且是双重的厉害。一重是季孙氏肯定知道了自己的叛乱之意，一旦费邑领地城堡被堕被拆，自己也就失去了所有的自卫自保的屏障。另一重厉害当然来自孔子。他知道孔子"忠君尊王"的坚决，那年孔子的拒绝就曾让他领教过孔子的态度。如果不能抵抗住这双重的厉害，结果也许只有死路一条。于是公山不狃不遗余力地进行猛烈地反击，并趁鲁国国都曲阜空虚之时，率费人突袭曲阜。情急之下，鲁定公与季孙氏、叔孙氏、孟孙氏匆匆躲入季孙氏住宅。此时的孔子没有慌乱，人们似乎又见到了那个鄹邑大夫叔梁纥的英勇身姿。他迅即命令大夫申句须、乐颀率兵反击，并于姑蔑（今山东泗水县东）打败公山不狃。没有退路的公山不狃只好逃向齐国。随之，最大也最坚固的季孙氏费邑领地城堡也被拆除。

一切似乎都在向着成功的方向发展。但是，孔子在拆除孟孙氏成邑领地城堡的时候（今山东省宁阳县东北），却遇到了无法逾越的障碍。这个障碍，看似来自"三桓"之一的孟孙氏孟懿子，实则来自整个"三桓"。

起因于孟孙氏家臣、成邑邑宰公敛处父对于孟懿子的忠诚和远见（孟孙氏一家利益的远见）。公敛处父将堕毁成邑领地城堡对于孟孙氏的不利看得清清楚楚。他紧急地对孟懿子说："堕成，齐人必至于北门。且成，孟氏之保障也。无成，无孟氏也。子伪不知，我将不堕。"（《左传·定公十二年》）公敛处父是个智慧的人，他看到了孔子"堕三都"的实质,并为孟孙氏孟懿子想好了计策:你不是孔子的学生吗? 你又同意过"堕三都"的计划,总不能轮到自己就出尔反尔吧? 那好,不要紧,你就装作不知道,我来抵抗好了。孟懿子不仅对于公敛处父的忠诚坚信不疑,而且他还对于公敛处父的救命之恩永铭在心。那是在阳虎准备杀孟懿子以取代其位置的时候,是警觉的公敛处父发现了他的阴谋,并及时采取措施,才使孟懿子幸免于难。

果然,孟懿子照计行事,表面没有任何反对堕城的言行,暗中却全力支持公敛处父的反抗。从夏天一直拖到冬天,成邑领地城堡安然无恙、毫发未损。眼看着"堕三都"的计划就要毁于一旦,着急并感到危险的鲁定公于这年的十二月,亲自出马带领军队围困成邑城堡。让孔子想不到的是,就连季孙氏、叔孙氏也采取了观望消极的态度。鲁定公的出马,终因"三桓"的消极而告失败。

堕成失败,意味着孔子"堕三都"计划的失败。这对孔子仕鲁,几乎是一个致命的打击。孔子更从"三桓"的态度由积极转为消极,清楚地感到了自己的对立面正是强大的、决定着自己政治前途的"三桓",尤其是当政的季孙氏。

不仅是公敛处父的想法与孟懿子的态度的改变,让季孙氏警醒过来。而且,"三桓"甚至会有一起的沟通与商议。他们彻底明白过来,孔子的"堕三都"看似帮助他们削弱甚至是剪除家臣的力量与威胁,而实质却是最终削弱"三桓",强大鲁国公室。他们清楚地看到,这个在夹谷会盟中大智大勇的孔子,在"堕三都"的时候,已经成为他们的对立面,甚至将来还有可能成为水火不容的敌人。季孙氏当然还记得孔子的一系列对于自己不满的言论,最为大家传播的,当然是那句"孔子谓季氏:'八佾舞于庭,是可忍也,孰不可忍也!'"(《论语·八佾》)八佾其实是一种舞蹈,是当时的中央政府的周天子举行国家大典时,用作典礼开始时的礼乐,八佾便是八个人一排,共有八排,诸侯之邦只能用六佾,也就是六个人一排的舞蹈,大夫只能用四佾,即四人一排的舞蹈。对于"是可忍也,孰不可忍也",我们一般的解释都是:假如这件事情我们都能忍耐下去,那么还有什么事不能忍耐他季氏去做呢? 而学者南怀瑾先生则认为应当作如是解释:像这样的事情季家都忍心做了,还有什么事情他不忍心去做呢?言外之意是要告诉大家季家的野心大着呢,叛变、造反,取代鲁君甚至周天子,他是都敢干的。

仕鲁的孔子面临着不可回避的抉择:要么放弃自己的主张(也即放弃自己的理想与追求),屈从苟安;要么坚守自己的主张,辞职离鲁。

孔子并不是一个固执己见的人。仕鲁不过四年的孔子,当然还记得自己与鲁国的主政者季孙氏的"蜜月期",虽然短暂,却还是让人难忘的。"孔子行乎季孙,三月不违"(《公羊传·定公十二年》),不正是说的他们俩相互尊重对方的意见、有着很好的配合吗?

心里装着天下的孔子,当然也有委曲求全的时候。身为大司寇,是与鲁国的世袭三卿同列为上卿的。但他心里明白,要想办成事情,必须要与掌握着鲁国实际大权的季孙氏搞好关系,他表面上是要向鲁定公负责,而实际上必须要向季孙氏负责。以"克己复礼"为己任,讲究"君君臣臣父父子子"的孔子,却要向一个乱礼的权势者让步,这对孔子是十分痛苦的。但是孔子曾经掩埋心上的痛苦,做出过让步。有一次,孔子去见季孙氏季桓子,或许是意见相左,或许是正好碰到季桓子不悦的时候,孔子想办的事情就没能办成。但是孔子没有赌气,紧接着又去登门求见。连自己的弟子都看不下去了,对老师表示不满。如弟子宰予不高兴地提意见说:"从前我曾听老师说过:'王公不邀请我,我不去见他。'现在老师做了大司寇,日子不长,而委屈自己去求见季桓子的事已经发生多次了。难道不可以不去吗?"这个时候,内心痛苦的老师,不能不向自己的弟子剖白深藏于心的想法了。他说:"不错,我是讲过这样的话。但是鲁国'以众相陵,以兵相暴'的不安定局面,由来已久,而负责当局不去治理,必将大乱。危乱的时局需要我负责办事,这岂不比任何邀请都更郑重和紧迫吗?"

一个为了国家的利益、为了天下人而将自己的利益甚至屈辱置之度外的孔子,就这样站在了我们的面前。

如今,他又面临着一个更大的考验与一个更难的抉择。孔子会怎样办呢?

如果对于上级的指示或者意图,要么盲目地执行,要么不惜任何代价也要主动迎合上级的意图——不管如何,反正要将领导侍候得舒舒服服、高高兴兴,这样自己的仕途当然也就会一帆风顺,也就会各自获得相应的利益。

本来孔子也有第二条道路可走,那就是放弃自己的理想与追求,向鲁国当政者季孙氏妥协,或者干脆迎合季孙氏的意思。这样,孔子肯定会做稳了自己的高官,甚至说不定还真的能够"摄相事",代理宰相的职务,"风光"无限。况且孔子曾经说过这样的话"富而可求也,虽执鞭之士,吾亦为之"(《论语·述而》),为了求得财富,就是做市场上的守门卒都愿意,何况是上卿之位(率真、性情、本色)?

但是孔子就是孔子。枝节问题上可以妥协的孔子,在关系着自己理想与追求的大是大非问题上,他毫不退让,挺直了身子,宁可不干这个官也不能在原则问题上向季孙氏为首的"三桓"妥协。

季孙氏当然等待着孔子的妥协。他也需要孔子这块金字招牌为自己装扮门面,况且孔子处理国务的能力也是鲁国所需要的。只要孔子不再坚持削弱"三桓"而强公室的主意,其他都好商量。他等待着曾经屡次主动上门的孔子再次找上门来,那时,他会和颜悦色地与其话旧碰盏。

但是孔子没有再去登门。

笔者终于明白了孔子另外的话。"道不行,乘桴浮于海"(《论语·公冶长》),我的主张不能实行,那我就乘个筏子漂于海上好了,但是想让我同流合污绝对不行。还有,"饭疏食饮水,曲肱枕之,乐亦在其中矣。不义而富且贵,于我如浮云"(《论语·述而》),为了正直、道义、原则,吃粗粮喝冷水,弯着胳膊当枕头,都没什么,我照样乐在其中。但是违背原则与道义取来的富裕与尊贵,我却看得与浮云一样轻。再有,"宪问耻。子曰:'邦有道,谷;邦无道,谷,耻也"(《论语·宪问》),国家政治清明,做官领俸禄;国家政治黑暗,还去当官领俸禄,这就是耻辱。

这就是孔子，两千五百多年前的孔子。他真是为中国的为官者做出了一个好的榜样，一个让人向而往之的榜样。我们应当常常想起他来，努力像他那样做。

这时候，鲁国又发生了一件让孔子气愤不已的事。齐景公依大夫犁钮的计策，挑选了八十个盛装美女，外加一百二十匹披挂彩衣的文马，送给鲁国国君。齐国的美女与文马到了鲁国国都曲阜城南门外，不敢贸然进城，而是先派人谒见季孙氏季桓子。季桓子心有所动，穿上老百姓的服装前去观看，看后又去汇报给鲁定公，鲁定公又以察看民情为借口前去观看，然后就全部收下。收下之后不要紧，鲁定公是"往观终日，怠于政事"，疏远孔子。季桓子也是"三日不听政"，连祭天这样的国事都不去参加。急性的子路忍不住了，对老师说："我们还是离开鲁国吧。"早生退意的孔子似乎还对治理鲁国抱有着难以割舍的留恋，并对季孙氏存有一丝幻想，希望他的悔悟，甚至重新出现"三月不违"的和谐局面。他在做着最后的等待，对子路说："再等等吧，鲁国就要举行郊祭了，如果季孙氏仍按礼将祭祀的烤肉（燔）送我一份，我们还是可以留下来的。"

但是，一心要让孔子离开的季孙氏，没有把他应得的一份烤肉送来。

仕鲁已经四年的孔子终于弃官离鲁。

这是在公元前 497 年（鲁定公十三年），孔子五十五岁。

## 十七、离鲁入卫

孔子愤而辞职，结束了他在鲁国四年的政治生涯，带领着弟子们离开了让他伤心的鲁国，我们可以体会到孔子此时内心应该是多么的郁闷和无奈。在鲁国的边境上，他们徘徊许久，今后他们究竟该何去何从呢？

孔子离开鲁国，去周游的目的就是希望能有一个地方可以让他实现他的政治理

想——克己复礼和仁政治理天下，那在哪里可以实现呢？孔子和弟子们在边境上讨论良久，决定去卫国。

为什么要选择卫国呢？首先是卫国和鲁国边境相连，距离比较近。其次鲁国和卫国政治文化都非常相似，又都是文王的后代。还有卫灵公是个比较贤明的国君，国内还有名贤史鱼等，而子路的亲戚也在卫国担任一定官职，也可以起到引荐的作用。于是孔子带着弟子们来到了卫国。

卫国在华北平原的中部，地势平坦，土地肥沃，有着很好的自然资源。孔子一行来到卫国，发现大街上的人熙熙攘攘，到处都是做生意和买东西的市民，孔子的车在街上行进的速度都放慢了。孔子一个弟子感慨："大街上的人真多啊。"

前面驾车的冉有请教孔子："卫国的人民很多，接下来该怎么做呢？"那时候人口众多是国力安定强盛的一个标准。孔子说："接下来就是让他们富裕，有饭吃，有衣穿。"冉有又接着问："那人民富裕了之后呢？""使他们受教育。"

富而受教——让老百姓先富起来，然后对他们施行教化。这与"仓廪实而知礼节"意思是一样的，后来的孟子和荀况都发展了这一理论。这是孔子到达卫国说的第一条政见，说明孔子对自己的卫国之行还是充满信心的。

经过几天的辛苦奔波，孔子一行到了卫国的首都帝丘，来到了子路的亲戚弥子瑕的家里，弥子瑕是卫国的大夫，是个重义轻财的君子，两个人相见恨晚，一见如故。他热情地接待了孔子。

随后，弥子瑕把孔子到来的消息告诉给了卫灵公，卫灵公早就听说过孔子的大名，知道孔子学识渊博，颇有才干。而且知道鲁国是在孔子的辅佐下才日益强盛的，如今孔子和那么多能干的弟子来到卫国，肯定对卫国的发展是极有好处的。于是卫灵公很快召见了孔子，而且为了表示对孔子的尊敬，他决定给孔子优惠的待遇。他问孔子在鲁国是什么待遇，得到的俸米是多少，那时候发给官员的工资是以米为主的。孔子回答之后，卫灵公也给了孔子同样的工资待遇，把孔子当门客养起来了。这与孔子来卫国时的期望相差甚远,孔子有些失望。

到了卫国的孔子没有任何官职,孔子只好每天到卫国的图书馆翻阅经书,请教当地名士,或给弟子们讲讲学,日子倒也过得很快,孔子在这飞逝的时光中等待卫灵公再次召见。半年过去了,却没有任何消息。

这究竟是为什么呢?原来孔子一到卫国,那些嫉妒孔子才华的人生怕孔子侵犯了自己的利益,不停地在卫灵公的耳边说孔子到卫国是别有居心。卫灵公一开始不相信,后来就有些半信半疑了。这时卫国发生了公叔戍叛逃的事件,本来这个事情和孔子没有任何关系,但是公叔戍的父亲和孔子关系不错。那些居心不良的人就说孔子也参与了这件事。卫灵公听了可不敢大意,就派一些心腹整天监视着孔子和他的弟子们,孔子他们走到哪里他们就跟到哪里。孔子受到了监视,如芒在背。心想:既然得不到卫灵公的信任,我在这里待下去还有什么意义呢?

于是,孔子在卫国住了十个月后,匆匆地离开了卫国。

## 十八、匡地被围

孔子和弟子们出了卫国的都城,准备到陈国去。陈国是卫国的近邻,两地相距不远。孔子的弟子在卫国又发展了很多,走在路上浩浩荡荡的,队伍显得很是庞大。孔子一行向南方进发。当他们走到一个名叫匡(今河南长垣县境)的地方,孔子看大家都很疲劳,就准备进城休息。匡是个很小的诸侯国,这种小国往往处在几个大国之间,所以很容易成为大国们拉拢的对象。一开始,匡国依附于鲁国,可后来摆脱了鲁国投奔了卫国,所以鲁国就派人攻打匡国,而当时攻打军队的首领就是以前提过的阳虎。孔子的弟子颜刻恰恰参加过那场战争,熟悉地形的他看到城墙上的一个豁口,对孔子说:"我们就是从那里进城的。"此话一出口,想不到竟引来了大麻烦。没想到颜刻的话被当地人听见了,立刻召集人马把孔子他们围了起来。估计当年阳虎在攻打匡的时候,肯定做了很多如杀人放火之类很残暴的事情。匡人杯弓蛇影,看到同样是身材高大的孔子,竟然把他当成了当年的阳虎。

孔子和弟子们在匡地被围,弟子们都很担心,甚至有些害怕生命受到威胁。孔子十分镇定。孔子的坚定信念鼓舞了弟子们,他的从容态度感染了弟子们。他派人向匡人解释。匡人听了,并不十分相信,为了把事情弄清楚,他们继续围困着孔子。被围期间,因为匡人的实力不强,弟子们人数众多又极力保护孔子,所以没有出现什么过激的行为。匡人只是围而不攻。可是在清点人数的时候,发现颜回不见了,孔子这下着了急,为颜回的安忧很是担心。没想到走散的颜回又找到了大部队,孔子看见颜回安然回来,松了一口气:"颜回啊,你到哪里去了,我还怕你死了呢。"颜回看到老师为自己担心,十分过意不去,就开玩笑地说:"我还得和老师做一番事业呢。老师还在,我怎么敢先死呢。"大家听着师徒俩开玩笑,都笑了起来。

颜回

几天过去了,急性子的子路坐不住了,拿起武器就想杀出去,史料记载"子路怒,奋戟将与战",孔子却制止了他,对子路说:"不用兵器,你唱个歌吧。"于是,"子路弹琴而歌,孔子和之,曲三终"。匡人通过这几天的观察,发现孔子和阳虎确实不一样,他们文质彬彬,被围困了五天仍保持着君子的风度。他们坦然自若,不害怕,也不心虚,还弹琴唱歌,互相开玩笑。于是就向孔子道歉,"匡人解甲而罢"。

孔子他们继续上路,没想到途径蒲邑时又遭人拦截。孔子在卫国时赶上了一场叛乱,被卫灵公驱除的卫国大夫公孙戌正好占据了蒲邑,想在这里积蓄力量,伺机再发动战乱。公孙戌想拉孔子入伙,而且也看中了孔子的弟子人数众多,个个才华出众。可是孔子却坚决不从,孔子的弟子们也拿起武器向围攻他们的士兵发起攻击。公孙戌一看占不了什么便宜,又不想这么容易地就放他走,就对孔子说,如果你们不到卫国去,就放你们走。孔子答应了他们的条件。

出了蒲邑没多久,孔子竟然就收到了卫国大夫的信,请他们回卫国。孔子看到大家都很疲乏,带的干粮也不多了,就决定回卫国去。弟子们很疑惑,子贡问老师:"您不是刚刚答应公孙戌不去卫国吗?"孔子说:"刚才的誓盟是他们用武力强迫我们的,这种誓盟神灵是不会听的。"于是,孔子绕了一圈,又回到了卫国。

# 十九、二返卫国

孔子又带着自己的学生回到了卫国。在经历了匡、蒲两次危险之后,惊魂未定的他们也实在不宜做远行。他们来到卫国,竟受到了卫灵公的亲自迎接,如此待遇,让孔子受宠若惊。为什么卫灵公有这样的举动呢?原来孔子离开卫国之后,卫灵公也明白了孔子有阴谋是别人编造的谣言。他很后悔自己听信谗言,逼走了孔子那么有才华的人离开卫国,实在是一种遗憾。所以当他听说孔子决定重返卫国,非常高兴,特意在城外迎接,以显示自己的诚意。孔子看到卫灵公的态度,感觉就像看到了一道曙光。

可是再次返卫的孔子,想要走入仕途仍然没有门路。这时,有人向孔子伸来了橄榄枝,这个人就是南子。南子是卫灵公的夫人,年轻漂亮,头脑灵活,名声却不太好。但她深得卫灵公宠幸,无论她提什么样的要求,卫灵公都会满足她。背靠着卫灵公这棵大树,逐渐干涉起朝政来。据说当时其他国家的人来到卫国,想要和卫灵公结交,都要先拜访南子夫人。南子夫人听说孔子来到了卫国,就想见见孔子,其实是想扩大自己的影响力,于是就下令派人去请孔子。南子见孔子心情很迫切,可是孔子却实在想不出来一个素昧平生的女子和自己见面究竟想说什么，而且他对南子的名声有所耳闻，心里也是有点不情愿，所以多次拒绝了南子的邀请。可是南子很执着，孔子看实在推辞不了，只好去见南子。

南子听说孔子是一个非常讲究礼节的人，所以会面的时候，南子坐在薄纱帐里等候，孔子进门后向南子施礼。南子起身在帐中拜了两拜作为还礼。由于隔着一层薄纱，孔子没有看清南子的相貌，只是听到她答礼时佩环碰撞发出的叮当声。孔子和南子到底说了什么，孔子没有和弟子说，史书也没有任何的记载，成了一个谜。

孔子去见南子的事情，让他的弟子们非常不满，他们觉得按照礼制，男人和女人是不能单独交往的。孔子这样做，等于破坏了自己的道德标准。孔子对弟子们说："我本来也是不愿意见她的，只是没有办法拒绝啊，所以只好按照礼节来对待她。"子路尤其不满，他对自己尊敬的老师放下面子去见一个名声不好的女人非常愤怒，孔子着急发誓："予所否者，天厌之，天厌之。"意思是：如果我做错了，就让老天讨厌我吧，就让老天讨厌我吧。

南子见孔子肯放下架子来见自己，以为孔子肯帮助自己。于是和卫灵公出行的时候也把孔子叫来了，让他坐在后面的车上。卫灵公非但不反对，还觉得南子尊敬有才华的人，很是高兴。一队人马浩浩荡荡地在大街上招摇过市，孔子不明所以，以为有什么重大的事情，后来隐隐听到前面的车里传来了南子的笑声，孔子羞愤异常。一个国君整天无所事事，和夫人到处游逛，这不是不务正业吗？再说，叫上自己和他们一起出游，这叫什么事呀。孔子不由得对弟子说道："吾未见好德如好色者也。"意思是说，我还没有遇到过一个君子，能够喜欢美德胜过喜欢美女的。孔子对卫灵公和南子有些失望。

南子在卫国很是嚣张，激起了太子蒯聩的不满，就联合一些人打算杀了南子，继而发动政变，夺取政权。可是行动还没开始，就有人向卫灵公告了密，结果太子蒯聩被追杀，逃到了晋国，可南子还不依不饶，怂恿卫灵公，让他攻打晋国。卫灵公听从南子的话,想攻打晋国,可又怕取得不了胜利,就去请教孔子。

熟悉孔子的人都知道,孔子不仅博学多才,在军事方面也是很有一套的。于是就出现了这样一段对话:

卫灵公问阵于孔子。孔子对曰:"俎豆之事,则尝闻之矣。军旅之事,未之学也。"卫灵公向孔子请教军队列阵方面的学问,孔子说:"礼制礼节方面的事情我还懂一些,军事布阵方面我可没有学过啊。"

孔子在这里说了假话。他为什么要这样说呢?因为孔子认为出兵于晋是错误的,连年征战,老百姓会痛苦不堪的。卫灵公也知道并且知孔子是在告诉他,要着重于内治而不是战争。在孔子看来卫灵公说的事情,不必用战争来解决。因此,孔子表面上是回避说军旅之事,实际上是拒绝帮助战争,没有商量的余地。卫灵公看出了孔子实际上是对自己的行为不满,心里也很不高兴。

以后,卫灵公明显对孔子冷淡下来了,有一次,孔子和他说话,他也心不在焉的,看到空中飞过来一群大雁,只顾着抬头看大雁,根本不理孔子。孔子意识到卫灵公对自己一点兴趣也没有了,再也不会重用自己了。对孔子来说,既然不能发挥自己的才能,实行自己的治国安邦之道,那待下去还有什么意思呢?这样,孔子在卫国待了两年之后,他再一次决定离开。

其实孔子在周游列国之时,一次次地离开,原因大多是这样。从这里我们也可以看出孔子对理想的不懈追逐。


## 二十、离卫入宋


孔子一行的足迹,朝着卫国和宋国的交界处延伸着。他们走到卫宋边境上一个叫仪(今河南兰考县境)的地方,管理边境的人前来拜访孔子。他和孔子谈了很久,告别孔子的时候，他对孔子的弟子说："你们何必着急你们的老师没有官位呢？天下无道已经很久了，老天派他来就是让他的理想来照耀人民的。"这样的人和孔子的思想非常接近，在当时是不多见的。

尽管这地位低下的边防官并非是孔子所要依附的权势者，但是，他的话无疑是进一步增强了孔子对于自己的政治理想的自信心。

然而，这种自信心不久就遇到了一次考验。越出卫国国界，孔子他们经过曹国，进入宋国境内。对这里的山水草木，孔子怀有一种自然的亲切感，因为这里是他祖先的封地，是他光荣家世的第一页。如果能在这片土地上施展政治抱负，那九泉之下的祖先一定会感到莫大的欣慰。他的妻子也是宋国人，而且孔子在二十岁的时候就来过宋国，考察了这里的文化，学习了这里的礼制，对宋国，孔子是有着特殊的感情的。孔子也许正是抱着这样的想法来到宋国的。

经过几天的跋涉，他们马上就要到宋国的国都商丘了，可临近城门的时候，孔子听到附近的山上传来叮叮当当的敲击石头的声音。仔细一看，是一群衣衫褴褛的人们正在山腰上一点一点敲击着。孔子很纳闷，派弟子打探了半天才知道，原来宋国的司马桓魋奢侈是出了名的，他命令工匠们给他的棺材做一套石质的外棺。

结果做了三年还没有完工，反而好多工匠都累病了。看着这些被监工任意呵斥却无可奈何的百姓，孔子愤怒地说："根据《礼》上所说，丧事不预谋，既死而议谥，谥定而卜葬，既葬而立庙。这个桓魋还没死呢，就给自己准备棺材，这是逾越周礼的行为啊。况且这个人奢侈到这种程度，还让老百姓痛苦不堪，还是早点死了快快烂掉吧。"

这话很快就传到了桓魋的耳朵里。这天孔子和他的弟子们在一棵大树底下习礼，孔子回想起了在杏坛的银杏树下授徒讲学的情景，于是，他叫弟子们温习以往所学过的礼仪，弟子们演习的兴致很高。正在这时，宋国掌管军事的司马桓魋带领着一帮人赶来，砍倒了大树，还威胁着说要杀孔子。他们嘴里骂骂咧咧的，说着冠冕堂皇维护宋国利益的话,说孔子师徒待在宋国,会给宋国带来灾难,桓魋伐树之举,既是泄私愤,也是对孔子的警告:想要在宋国实现你的复兴周礼文化传统的政治理想,是行不通的。弟子们看到这一阵势,就对孔子说:"老师,我们赶快逃吧!"孔子却不慌不忙地说:"我的事业是上天赋予的,桓魋能违背上天的意思吗?"但是为了不给弟子们带来麻烦,孔子还是带弟子收拾了东西,行色匆匆地离开了宋国。孔子换成了一般老百姓的穿着,在夜色的庇护下匆匆行路。他一口气跑到郑国,却与弟子们走散了。他只得站在郑国的东门附近等候自己的弟子。弟子们找不到老师,很着急。子贡逢人便问孔子的下落,有人告诉他:"我在东门看到一个人,长相倒是不凡,两腮像尧帝,脖子像著名的法官皋陶,肩膀像政治家子产,腰以下又像治水的大禹,不过就是短了三寸。可是,他狼狈得像丧家之犬呐。"子贡顾不得和他多说,连忙赶到东门,果然看见孔子正在那里不住地张望。孔子看到子贡喜出望外,便问子贡怎么找到这里来的,子贡就把上述的话转告孔子。孔子听了,笑呵呵地说:"一个人的长相是不足为凭的。说我像条没有主人家的狗,倒是一点不错,一点不错!"也许是师生失散后重逢的喜悦,使得孔子如此开朗。不过,这确实表现出孔子虽屡遭挫折,旅途困顿,但精神还是相当乐观的。当然,在这乐观中也有着不为权势者所赏识的自嘲和感叹。

# 二十一、绝粮陈蔡

孔子经过郑国,一路南行来到了陈国。陈国是南方的小国,相传是舜的后裔,在宋国的南面,国都宛丘(今河南淮阳县)。孔子经过陈国大夫司城贞子的推荐,在陈国做了一个小官。虽然只是一个小小的职位,但是对于一直颠沛流离、四处碰壁的孔子来说,已经很知足了。但是陈国的国君陈闵公十分平庸。他虽然让孔子参加了政府工作,对孔子也相当尊重,但实际上只是把他作为一个博学之士而供养着。他经常向孔子询问的是考古博物这类的事。

有一次，孔子正和陈闵公聊天。一只小鹰被箭射中，从天上掉了下来。箭头是石头的，箭杆长一尺九寸，这是什么箭呢？陈闵公就询问孔子。孔子侃侃而言："这箭是有来历的。当年周武王平定天下之后，九夷百蛮都来进贡，肃慎国就献了这种箭。后来，周天子把一些远方的贡物分赐给同姓的国家，叫他们不要忘掉替周王朝守疆土。我听说这种箭曾分给了陈国。不信，可到保存古物的地方查一查。"陈闵公派人到国库里找，一看，果然有。陈闵公更加佩服孔子的学问了。可是看到陈闵公是这样对待周天子的恩德，孔子心里非常失望。陈闵公不可能想到这些，也没有雄心壮志。孔子在陈国住了3年，郁郁不得志。

由于陈国是小国，经常受到相邻的两大强国吴和楚的欺凌，公元前489年，吴国大举进攻陈国，楚国助陈国一臂之力，与吴国军队对垒于城父（今安徽亳县东南）。面临战乱，孔子带着弟子离开陈国。

楚国的国君楚昭王带来将士驻扎在城父，挡住了吴国的进攻，正在这个时候，楚昭王病了。很久也不见好转。这一天，天上出现了一片红云，云的形状就像一群鸟聚集在太阳下面飞行。楚昭王觉得很奇怪，就问擅长天文星象的太史，这是什么预兆？太史说：这个现象对楚王非常不利，建议他去祭祀河神。楚昭王说："我们祖先传下来的疆域一直在南方，我要是祭祀河神的话，也应该是祭祀长江，怎么会去祭祀黄河呢？"

周游途中的孔子听到了这番话，觉得楚昭王是个明理的君主，就想到楚国去见见楚王。孔子离开了陈国，中间要越过蔡国才能到达楚国。而当时蔡国这个小国为了抵抗楚国的进攻，早就依附了很强大的吴国。蔡国的大夫们听说孔子要去楚国，害怕强大的楚国再加上孔子的力量，会对蔡国更加不利，所以在负函这个地方包围了孔子一行。孔子和弟子们被乱兵围住，进退维谷。随后的几天里，他们吃光了带的干粮，甚至挖光了地上的野菜，那些人仍然不放他们走。大家又饿又累，七天以后，身体差得已经站不起来了。一种不安的情绪在弟子中蔓延。这么多年，他们跟随着老师，四处碰壁，历尽艰辛，如今死亡已经慢慢逼近，他们觉得心中的信念已经在慢慢动摇了。唯有孔子泰然处之，照常给弟子们讲课、诵诗、唱歌、弹琴。

看到老师如此镇定，学生们的心也慢慢安定下来，相信匡人的围困，他们经历了，再想想桓魋的威胁，他们也摆脱了，现在断粮的困难是不是上天也在考验我们呢？可是直肠子的子路首先气冲冲地向老师发问："有道德有学问的人也有穷困到毫无办法的时候吗？"孔子平静而坚定地说："有道德有学问的人贵在处于穷困的境地却不动摇自己的理想，而没有道德没有学问的人则一遇到穷困就不讲气节了。"

看到子路和其他弟子仍然垂头丧气，孔子知道这是一个因材施教的好时机，不妨借助这个机会让学生的学问有所增长，也可以坚定他们的信念。所以孔子把弟子召集起来，提出这样的一个问题让大家讨论："《诗》里说：既不是犀牛也不是老虎，却在旷野徘徊。难道是我的追求错了？我为什么会落到这种地步呢？"子路说："也许是我们的仁义不够博大，所以别人才不相信我们；也许是我们的谋略不够巧妙，所以别人才不重用我们吧。"

孔子说："是这样吗？仲由啊，假如只有仁德人家就会相信你，那伯夷和叔齐就不会饿死在首阳山上。如果有智慧就会被重用，比干就不会被挖心了。君子博学又智慧的人但又生不逢时的人很多啊，哪里只有我孔丘一个人呢？没有经历过清苦生活的人不会考虑未来，没有遭遇磨难的人志向就不会远大，我们还是等待时机吧。"

另外一个学生子贡说："老师的知识太渊博了，天下没有一个国家可以容纳得下啊。老师为什么不稍稍降低一下自己的道德标准呢？"

想让孔子委曲求全，当然是不可能的事了。孔子说道："赐啊，我听说好农夫善于耕地，却不一定能获得好收成；好匠人善于制造，却不一定能让所有人都满意；一个有修养的人坚持自己的理想和学说，天下不一定接受。你遇到困难不提高自己，却想着降低自己去迎合他们，你的志向令人担忧啊。"

颜回是孔子最得意的弟子,他怎么说呢?他说:"我认为,老师的知识渊博没有哪个国家容纳得下,是他们的责任;但是如果我们的学识不渊博,主张不正确,是我们的责任。正确的主张不被人采纳,但是自己仍然在坚持,才是君子的修养啊。"颜回这番话,说出了孔子的心声,他非常欣慰,善意开玩笑地说:"说的对啊,颜家的年轻人。将来你发财了,我给你当管家。"弟子们都被逗笑了。从孔子与三位弟子的讨论中,也可以看到在严重的"信仰危机"面前,孔子没有靠老师的地位去压服学生,而是继续平心静气地讲道理。正是这种既启发自觉又尊重自愿的教育,使孔子的道理为弟子们所接受。

就在孔子和弟子们在蔡国的野地里又饥又饿的时候,楚昭王得到了消息。他早听说孔子是个博学之人,而且他的弟子们也个个多才多艺,心里仰慕已久。于是楚昭王赶快派人去迎接孔子。孔子在楚军的护送下终于走出了困境。

# 二十二、三次返卫

孔子历尽艰难,终于来到了楚国,见到了楚昭王,两人谈论治国的道理,竟然是非常的默契。楚昭王非常欣赏孔子的才干,于是打算重用孔子。据史书上说,楚昭王不仅给孔子以高官厚禄,甚至说"将以书地七百里封孔子。"没想到遭到了楚国大夫们的强烈反对,令尹子西说:"孔子太厉害了,又有那么多德才兼备的弟子,如果给他那么多封地,对楚国来说,可不是什么好事啊。"楚昭王听后,也颇有些犹豫。结果没想到,就在那年秋天,楚昭王在城父病死了。继位的楚惠王根本不拿孔子当盘菜,孔子又一次陷入了进退两难的境地。

一直在楚国徘徊的孔子,正不知何去何从的时候,卫国的国君卫出公向孔子发出了邀请。所以,孔子一行人又一次回到了卫国。

卫出公为什么要邀请孔子呢？卫出公是借助孔子的声望来声援自己，为自己正名的。当年卫国太子蒯聩发动政变，结果失败，之后逃到了晋国。卫灵公去世之后，那位南子夫人想让自己的儿子来继位，但是他的儿子比较贤德，拒绝了这一决定。南子就让蒯聩的儿子卫灵公的孙子辄继位。可是在晋国的蒯聩一直不死心，在晋国的支持下企图夺位。卫出公就想到了孔子，他想把孔子笼络到自己的身边，让这位天下最讲究礼制的人来支持自己，肯定自己。

　　可是孔子是什么态度呢？孔子说："我在卫国做的事情就是要正名分啊。"孔子看到这个礼崩乐坏的世界，他一生的主要任务之一就是"正名"啊，隳三都是正名，现在面对卫出公，更应该正名。子路听了劝说孔子："老师啊，难道你吃的亏还少吗？怪不得不少人说你迂腐，名正不正和您有什么关系呢？"孔子听了子路的话非常生气："野哉！由也。君子于其所不知，盖缺如也。名不正，则言不顺；言不顺，则事不成。事不成，则礼乐不兴；礼乐不兴，则刑罚不中；刑罚不中，则民无所措手足。故君子名之必可言也，言之必可行也。君子于其言，无所苟而已矣。"这是孔子关于正名非常著名的一段论述，《论语·子路》里面有记载。翻译过来的意思是：仲由，真粗野啊。君子对于他所不知道的事情，总是抱持存疑的态度。名分不正，说起话来就不顺当合理，说话不顺当合理，事情就办不成。事情办不成，礼乐也就不能兴盛。礼乐不能兴盛，刑罚的执行就不会得当。刑罚不得当，百姓就不知怎办好。所以君子一定要定下一个名分，必须能够说得明白，说出来一定能够行得通。君子对于自己的言行，是从不马马虎虎对待的。

　　可是如果真的要在卫国正名，卫出公就得好好想想怎么对待自己的父亲蒯聩。按说蒯聩在晋国寄人篱下，居无定所，做儿子的应该把父亲接回来好好孝敬。可是如果他把父亲接回来，他父亲肯定要想夺回王位，卫出公又不想把辛苦到手的王位拱手让人。就是他让给自己的父亲，等到父亲百年之后，这王位又指不定是谁的。所以卫出公想了个好办法，他让孔子给自己当没有任何官职的顾问，用优厚的待遇把孔子供养起来,让他安享晚年,不用参与政事。这样一来,孔子的弟子也可以为己所用,自己还能落个爱才的好名声。

孔子在卫国住了五年。六十八岁的孔子回首十四年来的奔波,深知自己的政治理想在现实社会中是找不到出路了。既然如此,与其客居异乡,还不如归返鲁国继续从事教育文化事业。但是,鲁国会不会欢迎这样一位落魄的老人呢?

## 二十三、离卫返鲁

鲁国需要孔子回去。孔子更想回到鲁国。这两个条件一起具备的日子来了,公元前484年(鲁哀公十一年),孔子终于踏上了回家的路途。

还是在陈国的时候,孔子就忍不住发表过回家的"自白":"归与!归与!吾党之小子狂简,斐然成章,不知所以裁之。"(《论语·公冶长》)党在古代是乡党的意思,在这里就是指他的鲁国的弟子们。回去吧!回去吧!这是孔子内心的真实道白。回去干什么呢?重新设坛授徒,教育自己的弟子。孔子说他们是些有大志、有豪气、有见识又有文采的青年,只是还不成熟,还没有做事的经验与能力,需要锻炼与指导,犹如一块斐然成章的锦缎,还需要高超的裁缝进行精心地裁剪,方能成为合体的衣裳。

就要年届七十的孔子,当会常常回首往事的吧?他知道,已逝去的岁月里,无论哪一件高兴的、畅意的事,都是与自己的学生有关的。如果说苦乐参半的话,而这一半的乐或是幸福,不就是来自自己的教学事业之中吗?这十四年的漫漫流亡之路上,当然总有弟子相随身边,并始终没有离开教育自己的弟子。可是,这毕竟是小规模的,也只有十数个弟子,而且大部分是已经学有所成早已可以出师的了。可是在鲁国,却有着二千弟子啊,而且是三千忠诚而又青春勃发的弟子。那种滔滔不绝,那种吟咏歌唱,那种知识与实际相结合的纵横驰骋、海阔天空,以及教学相长的心灵的解放与开拓,都是那样越来越强烈地让他将眼睛一次次地转向泗水边的那块生他养他的地方。

那里当然还有他唯一的儿子伯鱼。他让家乡的人捎过信去,说自己的身体也已经大大不如从前了。不过,伯鱼也让人带过来了好的消息,说自己也可能要有自己的后代了。这些是多么地让他牵挂。只是那个伴了自己一生却又没有享了几天福的妻子亓官氏,已于上一年去世了。孔子的心里,当然会有着悲伤,甚至会有点点的歉疚泛起。一个女人,最是将自己的丈夫当作天的。可是十多年来,她的天却不能为她遮风挡雨,更不要说人之常情的夫妻生活。是的,赶紧回去吧,回去了,也好在她的墓前站站、想想,再寄托一些哀思。

孔子也观察到了一个现象,跟随自己的弟子们,是越来越频繁地来往于卫鲁之间了。他们或者在鲁出仕,或者处理一些事务,还有没有说出口的、也许是最为重要的,那就是要与自己的家人特别是自己的女人相见相晤相亲相融。比如子贡,在公元前488年的鲁哀公七年到鲁哀公十一年的四年里,就已经在鲁做到大夫,并常常来往于卫鲁之间。《左传》哀公七年就有这样的记载:公(鲁哀公)会吴于鄫,太宰嚭召季康子,康子使子贡辞。这年的夏天鲁、吴相会之时,吴国的太宰嚭要鲁国季康子前往,并向鲁国索要牛、羊、猪各一百头为祭品。是季康子让子贡作为大使前去接洽,并用周礼说服了吴,很好地完成了使命。作为老师,自己是忽略了弟子们的这些方面了,他们都是正处在风华正茂的时候啊。一群男爷们,在十四年的风雨之中,竟然与女性处于一种隔断的状态,这既是一种坚韧,当然也是一种残忍。还有那个南子,她的心与她的貌毕竟都是让人无法挑剔的,也是让人不能忘怀的。自己在卫被尊重受款待,不也是有着她的一份宽容一份功劳的吗?

还有,无法与弟子们述说明白的关于生命、关于人的生死的哲学与实际、身体与精神的问题,最近一两年来是越来越多地萦绕在自己的脑际了。头发越来越多的白了,虽然思绪更加深长而高远了,但是精力的不济却让他时时感觉到那个不出口的

"死"字,其实是这样清楚地常来打扰了。他不说,但他想到了。而自己那个庞大的文献整理计划,甚至还没有正式开始。

陈、蔡绝粮之时,师徒之间的那次对话与研讨,孔子还会一遍又一遍地回味与反思。颜回那既慷慨激昂又深思熟虑的论说,着实让老师高兴与欣慰。"老师的学说博大到极点了,所以天下没有一个国家可以容纳得下。虽然是这样,老师还是一如既往地推销推行自己的学说,不被天下接受又有什么关系呢?不被接受,这样才更能显现出君子的本色!一个人不研修完美自己的学说,那才是自己的耻辱。至于已经下了大力气甚至是毕生精力研究的学说不能够被人所用,那只能是当权者的耻辱了",孔子是这样一次又一次地在心里默诵颜回的论说。

可是这十四年的碰壁,比什么都有说服力,它的全部内容包括这十四年之旅的大量细节,都让孔子认识到自己的理想与主张,在这样时代的天下,是无法行得通了。孔子又想到了那个叫桀溺隐士的话,"礼崩乐坏,战乱不止,争权夺利,世风日下,这已经像滔滔的洪水,成了时代的潮流,谁也没有力量去变革它了",滔滔者,天下皆是也,而谁以易之?列国诸侯的权力包括他们不断变化的国土,哪一点不是从反叛周天子那里来的?而且他们还在谋划着夺取更大的国土与更大的权力,可如今却要让他们遵守周礼的秩序,施行仁政,天下归于天子,这不无异于更大范围地与虎谋皮吗?再者,就是从孔子师徒的影响与力量来说,想让各诸侯国毫无顾忌地任用孔子,确实有着相当大的难度。那时的诸侯国,多则数百万人口,少的也不过几十万人口,而孔子光是弟子就有三千之众,况且是藏龙卧虎。如果放手重用孔子,以他们的能量与影响,恐怕担心政权被颠覆的国家不会只是一个两个。

碰壁是必然的。

鲁国,也没有忘记孔子。

早在孔子在陈国发出"归与!归与!"的自白之时,鲁国就有一个人想到了孔子。这个人就是曾与孔子有过"三月不违"而后又因为"堕三都"失败而分道扬镳的季桓子。

公元前492年(鲁哀公三年)，病重的季桓子觉得不久于人世了。在儿子季康子的陪同下，父亲在大街上乘辇巡看。他要再看一遍鲁国的国都。人之将死，其心也容其言也善。病重的季桓子突然仰天长叹："从前这个国家几乎就要兴旺起来，因为我得罪了孔子，让他在外流落了多年，也使国家失去了一次兴旺的机会。"说罢，又转过头来对他的嗣子季康子说："我或许就要死了。我死之后你一定会接掌鲁国的政权辅佐国君。在你辅佐国君之后，不要忘了把走了的孔子召回来啊。"没过几天，季桓子死了，继承了权力的季康子想到了父亲的嘱咐，丧事一办完就准备将孔子召回来。此时，有个叫公子鱼的大夫出来劝阻说："从前我们的国君鲁定公曾经任用过孔子，没能有始有终，最后落了个被诸侯耻笑的结局。现在你再任用他，如果不能善终，不是还会召来诸侯的耻笑吗？"虽然没有重新启用孔子，季康子却召回了孔子的学生冉求，也间接表达了对于孔子的和解与信任。

孔子对就要离开自己回到鲁国的冉求说："这次鲁国召你回去，不会小用，该会重用的。"其高兴与欣慰里，充满着鼓励与期待。也就是在这一天，在孔子向冉求说罢鼓励之后，他又发出了"归与！归与！"的思乡之音。冉有离开老师回鲁国去了，也把老师的思乡装在了心上。

对于孔子终于返鲁，《史记·孔子世家》做了如下阐述：

冉有为季氏统率军队，在郎地同齐军作战(今山东省长清县)，并打败了齐国的军队。季康子对冉求说："您的军事才能，是学来的呢？还是天生的呢？"冉有回答说："我是从孔子那里学来的。"季康子又问："孔子是怎样的一个人呢？"冉有说："使用他要符合名分，他的学说不论是传布到百姓中，还是对质于鬼神前，都是没有遗憾的。我对于军事虽然因为有功而累计讨封到二千五百户人家，而孔子对这些却会毫不动心的。"季康子接着说："我想召请他回来，你觉得可以吗？"冉求说："您想召请他回来，只要不让小人从中作梗就可以了。"于是，季康子便派了公华、公宾、公林，带着礼物到卫国迎接孔子。

孔子就回到鲁国了。

对于孔子离卫返鲁，司马迁虽似言之凿凿，但是总还有让人不尽信服的地方。我们不妨站在客观的立场上来看一下孔子的返鲁及鲁国季氏态度的变化。

有两点足以让鲁国当政者季氏对孔子的态度发生变化。首先还是孔子的影响，孔子此前的出走流亡，已经让鲁国"落了个被诸侯耻笑的结局"。这样一个得到世人认可并有着崇高声望的孔子，却要离鲁流亡，长期以来已经对鲁国掌权者季氏形成了不小的压力。请孔子回来，可谓是亡羊补牢，可以立时就将这一压力减轻。还有，季氏通过任用孔子的学生如子贡、冉求等，已经获得了成功，收到了重大的效果，这也坚定了季氏召请孔子回家的决心。他的回国，必然会在鲁国孔子的众多学生中间产生良好的反应，也会相应增强季氏在鲁国的实际势力，并在舆论上得到大的益处。

于是，六十八岁的孔子，终于在公元前484年（鲁哀公十一年）结束流亡生涯，回到了暌违十四年的鲁国。

回到鲁国的孔子，享受着国老的待遇，也就是起着参与议政的作用。不是决策者，也不是政策与决定的执行者，但是却可以对于国家的重大问题发表自己的意见，或者受到当权者的咨询。待遇当是不低于走时的六万俸禄，或许还会高于这个数目，虽然没有具体职务，政治待遇却要高于一般的大夫。如果寻找"顾问"的源头，恐怕最终要落到孔子的头上。

晚年孔子在鲁国政坛上的地位与作用，在他刚回到鲁国不久，便因为季氏的田赋改革而得到了具体的验证。

《左传》鲁哀公十一年记载了这个事件："季孙欲用田赋，使冉有访诸仲尼。"这次季康子所实行的田赋改革，即由原来的丘赋改为田赋。那时是"方里为井，四井为邑，四邑为丘，丘出马一匹，牛三头。"（《左传·定公十一年》）鲁国与齐国战事频繁，所需各种费用相当巨大，原来的田产与家财一块计算赋税的"丘赋"已经不能适应现实的需要。在此情况下，季康子决定实行新的"田赋制"，将田产与家财各为一赋，也就是说新的田赋制要比原来的赋税增加一倍，也就是每丘要出两匹马、六头牛。

就是在这样的背景下，季康子派家臣、也是孔子的学生的冉有就田赋问题前去咨询，实际上是要孔子表态。这既是检验孔子对于当政者的支持度、顺从度，也是想利用孔子的表态，来减轻因增加百姓负担而带来的压力。但是冉有三次问询，孔子均不做明确回答，只是说"我不了解情况"。冉有见老师分明有着明确的态度，却以"我不了解情况"来搪塞，有些着急，便说："老师是国老，现在这个事情需要你表态后才实行。为什么老师就是不表态呢？"

估计冉有询问的时候，肯定不是一个人在场。只是到了只剩冉有一个人的时候，孔子才私下对冉有说："君子的行政措施，应该在合于'礼制'的范围之内，施于民的一定要宽厚，国家的事情的规模要适中，取于民的一定要少（施取其厚，事举其中，敛从其薄）。如果按照这个原则，我国原来实行的'丘赋'也就够用的了。如果不按照礼制去办，而是贪得无厌，即使实行了季氏的田赋，也会入不敷出。"虽然是私下谈话，可是在关系着鲁国政局的大事上，孔子依然毫不含糊。他接着更加严厉地对冉有说："你和季孙若要依法办事，那么有周公现成的法典可以遵守。若要任意而行，那又何必来问我的意见呢？"

对于季氏的田赋问题，《左传》上说的是"贪冒无厌"（贪得无厌的意思），《论语》则称之为"聚敛"（搜刮民财），《孟子》指为"赋粟倍他日"（赋税比以前多了一倍），如此看来，季氏的田赋之变，严重地增加了农民负担这是肯定的。从孔子严厉的回答，也可以看出这个问题的严重性和他的原则性。而"施取其厚"与"敛从其薄"的主张，更是带有着孔子一贯的"仁政"的色彩。这即是他仁心的自然反映，也是他施仁政的一贯主张。尤其是在春秋末期、贵族统治者置民众生计甚至生命于不顾、疯狂扩充各自的地盘与权力的时候，这种"仁"心与施"仁政"的主张，更显得弥足珍贵。他的贫苦出身以及几乎贯穿一生的穷困与蹉跎，更令他的这种民本思想有了深厚的根基。

至于他事必以周礼为准则、为解决问题的锁钥，而没有以向前看的姿态找到新的救世办法，这既有他保守守旧并导致一生碰壁的一面，也是时代的局限所致。

估计冉有的问询当是在鲁哀公十一年的冬天。知道了孔子的态度的季氏，并没有停止自己实行田赋制的脚步，紧接着在鲁哀公十二年的春天，就全面推行了田赋制。气愤的孔子拿季氏毫无办法，但他却对在季氏家中有着相当权力的冉有，进行了严厉的批评。《孟子·离娄上》如实记下了此事："求为季氏宰，无能改于其德，而赋粟倍他日。孔子曰：'非吾徒也！小子鸣鼓而攻之，可也！'"严厉到了不承认冉有是他的学生，并号召他的弟子们可以大张旗鼓地批评冉有。

孔子对于冉有的严厉态度，当然也是对季氏田赋制以及不尊重孔子意见的强烈不满与批评。季氏当然清楚这些，但是他的利害权衡，当然要大于尊老敬贤之心。从这一件事情可以清楚地看出晚年的孔子在鲁国政坛所处的地位：是一块显示当政者尊贤并以此招贤的牌子，又是一位当政者咨询问题的顾问，他的意见可以听也可以不听，这全以当政者的利益为取舍。

十四年的岁月，并没有改变什么，孔子还是孔子，季氏还是季氏。

这种状况，很快又被另一件事情所证实。

季氏准备攻打颛臾，还是让冉有和子路去见孔子征求意见。颛臾是鲁国的附属小国，位置在山东省费县西北八十里处，现在还有颛臾村，离季氏的费邑较近。冉有有了上次的教训，这次可能是学乖了，不是一个人去，而是与子路两个人一起去，而且他也知道老师喜欢子路。去了也不是上来就进入主题，先讲了许多别的家常，才慢慢导入主题。而且不说进攻、不说侵略，只是说"季氏将有事于颛臾"。但是孔子是谁，他早就知道了季氏将要攻打颛臾的事情，也明白两个徒弟所来的目的。孔子对于鲁国国政大事是了如指掌的，如有一次冉有回来晚了，孔子问他，怎么回来得这么晚？冉有说是政务缠身。这时孔子露点幽默地说他："别露味了，那只是事务罢了，若有政务，虽然不用我了，我还是会知道的。"

所以，孔子并不绕什么弯子，上来就向冉有表示了不满。孔子直呼着冉有的名字直率地说："冉求！这难道不应该责备你吗？要知道，这是一种要不得的侵略罪行。颛臾是五百年前周武王分封诸侯时建立的国家，那时在中国东方的边疆，是个还没有开发的民族，由季氏前去管理，并包括在中国的版图之内，也是周天子所辖天下的一个组成部分。'何以伐为？'伐是对方有错才去讨伐，现在他不过是衰落了，怎么可以去出兵占领呢？"

冉有来时就胆怯着。听了老师的批评，更有些心里发虚了，就解释说："是季氏要这么干，我和子路本来是不同意的。"这既是实情，也有着某种推卸责任的意思。

这时孔子引用了周朝曾经分管文化的周任的话"陈力就列，不能者止"。意思是说能够发挥作用就干，否则就辞职好了。还有一种解释为我国古代的战争哲学，亦即当对方失去了抵抗能力是不能再打的，犹如从前习武的人对于老人、妇女、乞丐、出家人、有病或残疾人不动手一样。但是不管怎么样，引用完周任的话，孔子还是向着负着更大责任的冉有开火了："一个当宰相辅助诸侯的人，就是要济困扶危，就像一个东西要倒了你得伸手去扶持一下。现在颛臾这个小国家正是处在这样需要扶持一下的时候。你们倒好，不仅不扶，还不能阻止季氏前去'讨伐'，你们这不是失职吗？'虎兕出于柙，龟玉毁于椟中，是谁之过与？'（老虎犀牛从栏里跑了出来，龟壳美玉却在匣子里毁掉了，这是谁的责任呢？）"其实孔子的意思很明确，他也是在把老虎犀牛比作战争，比如季氏对于颛臾的攻打，这是要吃人的，而龟玉则在古代象征着财富经济，在战争之下，鲁国的经济不是要受到大的影响吗？你们的那个增加农民负担的"田赋"不就是这种恶果之一吗？谁的责任，还不是季氏与你们这些人吗？

下面就开始了实质性的也是短兵相接式的政略论辩了。

冉有终于被老师逼出实话："老师，你不想想，颛臾这个国家紧挨着我们鲁国的边境费城（实际上是紧靠着季氏采邑费），现在不把它拿过来，将来会成为我们鲁国后世子孙的祸患。"听这口气，冉有应当是参与了季氏这次行动策划的。听了冉有的自白，孔子当然没有客气："冉求！我告诉你，一个君子最讨厌的事情，就是心里明明想要这个东西，却装模作样地说不要，好像要把这个东西丢开了，然后再用冠冕堂皇的理由把它拿过来。"不等弟子申辩，孔子又阐述起了自己的观点："我听说，无论是国还是家庭，'不患贫而患不均，不患寡（人少）而患不安'，若是财富平均，便无所谓贫穷；国内和平团结，便不会觉得人少；境内平安了，政权就不会倾危。做到这样了，如果远方的人还不归服，便再修仁义礼乐来招致他们。如果他们来了，就要让他们安居乐业。如今你们两个辅助季氏，远方的人不来归服，你们又不去做人合乎仁义礼乐的事情；鲁国这样'分

冉有

崩离析'、不团结不稳定了，你们与季氏又不能保全它、恢复它的团结与安定。不仅如此，却要向颛臾使用兵力，我恐怕季家最大的祸患将不在颛臾这个小国家，而是在于他季家的兄弟之间吧，（'吾恐季孙之忧，不在颛臾，而在萧墙之内也'）。"（《论语·季氏》）后来的发展，果然证实了孔子的论断。

反对侵略，提倡和平，其中也渗透着"仁"的精神，也是孔子四处碰壁的另一个原因。在这一场论辩中，不仅亮出了孔子的政治观点，也显示出了孔子教育子弟的严肃的态度来。当然也有一种师徒间自由交流的平等精神。并不是老师教导，弟子喏喏，而是有教导也有交锋，甚至是反复的论辩。有一次子路问怎样才叫"士"，孔子回答说"互相批评又和睦相处，就可以叫作'士'了"（"切切偲偲，怡怡如也，可谓士矣。"《论语·子路》）。

批评归批评，当季康子向他打听他的弟子子路、子贡和冉有从政能力的时候，孔子又将他们各自的优点说得准确而有力，包括他曾号召弟子们"鸣鼓而攻之"的冉有，都是言之中肯、爱护有加。他向季康子介绍说，仲由（子路）果敢决断，端木赐（子贡）

通情达理，冉求（冉有）多才多艺，从政是没有什么困难的。

季氏的一个叫季子然的子弟，以为他们季家掌着鲁国的大权，而孔子的弟子子路、冉有等又在他们季家做家臣，便自以为了不得，居高临下般地问孔子："仲由、冉求是当大臣的料吗？"孔子当然不吃他的这一套，回答得硬气而又有趣："我以为你要问什么特别的问题呢，竟是问他们俩呀。好吧，我告诉你，真正的大臣是'以道事君，不可则止'（《论语·先进》），他们有理想有主意，假使他们的理想与主意这个君主听不进、看不起、行不通，那他们宁可不干也不会委曲求全。要知道他们是为'道'而来，不是为官、为待遇、为功名富贵而来。像由与求这两个人（子路、冉有），政治、军事、经济，都很能干，又有气节，当然有做大臣的资格了。"季子然还是那副嘴脸，觉得你再有气节，还不是得听主人的，便说："他们总得绝对服从上级的吧？"孔子更不含糊，一句话就把这个骄傲的季子然噎在那里："如果这个'上级'做出了杀父亲杀君主的事，他们绝对不会服从！"

作为"国老"，鲁哀公与实权派季康子，都是免不了要向孔子问政的。对于他们的问政，已是暮年末尾的孔子，仍然在回答里坚持着自己的追求、闪烁着生命的活力。

比如，对于鲁哀公怎样才能使老百姓信服与服从的问题，孔子的回答真可谓千古不朽："把正直有才能的人提拔上来，放在缺德少才的小人之上，百姓就会信服与服从；若是把缺德少才的小人提拔出来，放在正直而又有才能的人之上，百姓就会不信服不服从。"（"举直错诸枉，则民服。举枉错诸直，则民不服。"《论语·为政》）

我们不妨回望一下孔子所处的那个时代。世卿贵族多是世袭而获。而那些有才能有德行的人，则要么如孔子一样四处碰壁、一生潦倒，要么如上面所述的那些隐者，没于草莽之间，人亡政息。果真能如孔子所言，则能乾坤扭转、人存政举。孔子所言，虽然普通，看似简单，实则是整个中国数千年社会为政的最高境界，也就是说是人治社会的最高境界。一提以往，我们就会称之为"黑暗的旧社会"。其黑暗就在于孔子所说的"举枉错诸直"，就是将缺德少才的小人提拔起来放在了正直而又有才的人之上。这又是一种恶性的循环，提拔一个小人，这个小人当然要用小人，这样下去，社会也就黑暗腐败得一塌糊涂、不可收拾了。而这一黑暗状况所产生的最根本的原因，还是因为那个没有民主、自由、平等的专制制度。

还有季康子的几次问政，既显示着孔子的风骨，也显示着孔子的诚挚之心与期待之意。孔子对季康子说："政者，正也。子帅以正，孰敢不正？"（《论语·颜渊》）这样的话，孩子都懂，政就是行正道，要端正，你作为领导人行正道、端正了，下面的谁还敢不走正道不端正呢？有一次季康子苦于鲁国盗贼太多，民怨沸腾，又向孔子请教。孔子没有教给他加强治安、实行联防、集中打治等法，而是找了一下问题的根源，说"假如你不欲望太强烈、贪求钱财太多的话，就是奖励偷盗，也没有人会干"（"苟子之不欲，虽赏之不窃"）。在孔子回答季康子的另一次问政中，孔子还阐述了同样的道理"君子之德风，小人之德草"，此处的小人是指百姓而言，意思是领导人的作风好比是风，而百姓的作风好比是草，风向哪边吹，草就向那边倒。

上梁不正下梁歪，孔子在二千五百多年前就已经看到并提出了批判。他的论断与批判，至今还显得那样新鲜，还有着强大的生命力。

孔子在鲁国最后的表达重大政见，是在他七十一岁的时候。

这一年，齐上卿大夫陈成子（即陈恒、田成子）弑杀齐简公。陈成子的祖先陈完原是陈国贵族，因惧内争之祸逃奔齐桓公，奔齐后曾改姓田，到陈成子已经是第八代了。陈成子在齐国的位置相当于季康子在鲁国，只是陈成子比季康子更会治理国家。《史记·田完世家》曾引用民歌说"妪乎采芑，归乎田成子"，意即连采芑菜的老婆子都心向着田成子（亦即陈成子）。看来陈成子还是很得齐国人心的，他的后人后来成为齐国国王，并让齐国成为战国七雄之一。但是对于"忠君尊王"的孔子来说，下弑上是一种大逆不道的行为，必须主持正义，进行讨伐。于是他郑重地沐浴一番之后，才去见鲁哀公，并请求出兵讨伐陈成子。无权的鲁哀公无能为力，只好让孔子去问三桓——季孙、孟孙、叔孙。七十一岁的孔子又去挨门分别报告"三桓"，边走还边自言自语着：

"因为我忝居大夫之位,遇到这样的大事,敢不来报告吗?可是国君却说你去告诉三桓……"三桓尤其是季孙氏,与齐国的陈成子属于一样的利益集团,他们怎么会同意孔子的讨伐主张呢。

遭到拒绝这是肯定的。

这种拒绝不仅是孔子在鲁国政治生命的完结,也预示着一个更加纷争的战国时代的到来。

## 二十四、开创儒学

早年的艰辛生活使孔子成熟起来,在他十五岁时,就立志苦学,想用个人的奋斗来改变当时自己的"小人儒"的地位。在三十岁之前他已经有了很丰富的古代典章、礼仪方面的知识,所以他说自己"三十而立"。但他的职业依然是很低贱的。

到了晚年,孔子最后回到了鲁国,他除了偶尔对现实发表一些议论外,基本是只发言,不行动,他将精力主要用在了培养弟子和整理古代文化典籍上。在这个过程中,包括此前周游列国时的收徒讲学,最终使孔子学派日益壮大。

孔子在当时适当地吸收了老子对礼制的一些见解,但又摒弃了老子思想中的消极成分。在老子思想的基础上,孔子加以吸收、改造和创新,早期的儒家学派终于诞生了。

《说文解字》对"儒"的解释是:"儒,柔也,术士之称。"中国人历来重视死的观念与丧葬礼仪,这种广泛的社会需求促成了一个特殊社会阶层——"儒"。

《汉书·艺文志》对于诸子的起源有过清楚的论述:儒家者流,盖出于司徒之官;道家者流,盖出于史官;阴阳家者流,盖出于羲和之官;法家者流,盖出于理官;名家者流,盖出于礼官;墨家者流,盖出于清庙之守;纵横家者流,盖出于行人之官;杂家者流,盖出于议官;农家者流,盖出于农稷之官;小说家者流,盖出于稗官。

不难看出,这些学派的起源都起源于官。这些官虽然各司其职,分工负责,但目的与功能都不外乎为统治阶级服务。

在当时的社会背景下,道德问题说到底就是个礼制问题。换句话说,孔子创立儒家学派的具体过程也并不简单,他的思想来源不只是老子一人。鲁国的思想文化传统对他的影响也不容忽视。

孔子的祖先是殷商的贵族,作为殷遗民在周初迁到了宋地。后来又经过了几百年的繁衍生息后,在孔子出生时,他的家族已经没落,但是因为有遗传的因素,孔子身上还存留着殷遗民中儒者的气息。

由于孔子少年丧父,家境凄凉,所以,早年不仅得到严格的生活锻炼,而且也有机会继承殷商遗民中儒者世代相传的职业,帮人主持丧葬礼仪。

儒家学派的创建是一个艰难而漫长的过程。孔子在垂暮之年总结自己的思想进程时说:"吾十五而有志于学,三十而立,四十而不惑,五十而知天命,六十而耳顺,七十而从心所欲,不逾矩。"

可见,孔子在年轻时就有了远大的志向,但他一生中的挫折也是众所周知的。所以,儒家学派的出现应该是孔子晚年的事情了。

孔子的儒学在中国存在了几千年,对于中国的政治、经济等各个方面依然存在巨大的潜在影响。儒家思想一直是汉族及中国其他民族等民众最基本的主流价值观。

"礼、义、廉、耻、仁、爱、忠、孝"的儒家思想基本价值观,它们一直是指导绝大部分中国人日常行为的基本意识规则。中华民族礼貌友善、温良忠厚和认真刻苦的气质,也是在儒家的教化下逐渐形成的。

儒家思想规定了我国文化的特质,造就了我们民族的风骨,塑造了我们民族的基本精神面貌。儒家思想对我国社会的巩固、发展和延续都起过极其重要的作用。总的来说,儒家思想是一种人类社会道德伦理规范的学说。

从公元前 515 年至公元前 502 年,这十四年间,孔子一面教导弟子,一面上下求索。从"四十而不惑"到"五十而知天命",孔子走向成熟,创立了自己的理论体系。

在这一时期,孔子在理论上的最大成就,就是用"仁"对"礼"进行改造,提出并完善了他的"仁学"理论。

对于夏、商、周三代的礼制,孔子最赞赏的是周礼,认为它综合了夏、商之礼的优点。

在孔子看来,周礼不仅继承了夏、商之礼的许多形式和"亲亲""尊尊"的核心内容,而且大大增加了夏、商之礼所缺乏的道德理性精神,把"有德""无德"作为遵礼与否的主要标准。

孔子顺此前进,进一步阐发和弘扬礼的道德性,用"仁"对礼进行改造和充实,从而把礼提到一个新的高度。

"仁"字在孔子以前的文献中已经出现,是一个从"亲亲""尊尊"引申出来的爱有等差的道德观念。孔子的仁的理论丰富了仁的内涵和外延。仅在《论语》一书中,谈仁的条目就有一百多处。

一天,子路、子贡、颜回一起向孔子请教什么是仁?什么是德?如何做仁德之人?颜回开门见山地问:"老师,什么是仁?如何做到仁?"

孔子严肃地回答:"克制自己,恢复周礼,就是仁;以周礼为标准,时时处处严格要求自己,使自己的言行符合周礼,就可以做到仁了!"

子路问:"老师,什么是德?怎样做才算是崇尚道德?"

孔子答:"思想不走邪路,对国家尽忠、对父母和长辈尽孝、对他人讲仁和义,这便是德;自己在道德的范畴内做人、做事,用道德规范自己,并用道德教育百姓、处理政治和人际关系,这样做就可以说是崇尚道德了。"

子路又问:"譬如,我若当将军带兵打仗,不妨让子贡、颜渊做我的校尉,鼓角齐鸣旌旗飘扬,攻城必克,夺地必取,百战百胜。老师,我如果能做到这样,能算个有德之人吗?"

孔子回答:"武夫,勇敢的武夫而已!"

春秋时期是奴隶社会向封建社会过渡的时期,伴随着奴隶的解放和社会各种关系的调整,人的价值和尊严越来越受到一些先进思想家的重视。孔子首先赋予仁以普遍人类之爱的形式。这个人是泛指社会上不分等级贵贱贫富的所有人,包括处于社会最底层的奴隶。

当然,对所有的人都爱,实际上是做不到的,但这一提法本身所包含的人道主义精神却是不容忽视的。这样,孔子的"仁"又成为处理人际关系的准则,即所有人都从"爱人"的原则出发,从积极方面讲,要帮助别人立起来和发达起来;从消极方面讲,是不要把自己厌恶的东西推给别人。

表面上看,孔子的"仁学"超出了"亲亲""尊尊"的旧观念,但实际上,他的"爱人"仍然是从"亲亲""尊尊"当中引申出来的。

孔子认为,尽管孝悌反映的是父子兄弟之间的亲情,但却是培养仁的土壤。很难想象,一个连父母兄长都不爱的人还能去爱别人。所以,当他的学生宰予提出改革传统的三年守孝为一年守孝时,孔子十分反感。

孔子把孝悌看成"仁"的根本,反映了他对周礼所体现的传统道德观念的继承。把"仁"运用到政治领域,就是孔子的全部政治学说,就是德政或德治。这一学说,后来被孟子表述为"仁政"。

这是孔子对周公"敬天保民"政治思想地发扬光大,包含着比较丰富的内容。

孔子德治思想的核心是重视人民,关心百姓的疾苦。他认为,统治阶级对人民的剥削是合理的,但必须限制在人民能够承受的范围内,使百姓能过上温饱的生活。

他对郑国执政子产十分赞扬,说他有君子之风。其中重要的就是"他养育百姓施行恩惠,他役使百姓合乎义理"。他主张满足人民物质生活的基本要求,对百姓以道德教化为主、以镇压刑罚为辅。

先使百姓富起来,然后加以教化,从而使国家富足,兵力强盛。孔子的重民思想被后世学者概括为"民本主义",是中国古代政治思想的精华,在历史上产生了很大影响。

"仁"就是爱人,正是孝悌亲情的延伸与逻辑推理,在他看来二者之间是不矛盾的。既把"孝悌"看成仁的根本,同时又赋予"仁"许多新的内容,几乎所有美好的德行都被"仁"涵盖无遗。

孔子的仁学对人的主观能动性、人的尊严、人格价值做了充分的肯定。

任何平凡的人通过自己不倦的追求和不懈的努力,都会成为道德高尚、通达事理的人。反之,如果人们放弃个人努力,违背理性,舍弃道德追求,就与禽兽相去不远了。

孔子还提出对统治者个人修养的要求,要求他们"率己正人",做社会的表率、百姓的榜样。

一天,弟子们就仁德方面的学问又向老师请教。子贡首先提出问题:"老师时常教导我们,要学好本领,为治理好国家出力。怎样才能治理好国家?"

孔子郑重地说:"以仁德治国,便能取得黎民百姓的信任、治理好国家。"

公冶长问:"为什么靠仁德能治理好国家?"

孔子说:"一个国家若以仁德治国,执政者自身必须是德行高的仁义之人,能用仁德教化、安抚、动员、使用百姓。相应的,就会依据周礼为国家制定出好章程,选用贤明大夫,各级官吏精心为百姓办事。这样,就会政通人和、内部安定、国富民强。"

子路问:"我所知道的是,许多国家的君侯和要员都是崇尚武力,废弃礼仪,排异害贤,三皇五帝到如今,何人以仁德治国? 提出以仁德治国,在本源上有何依据?"

孔子说:"仲由啊! 你曾多次与同学讨论重要历史人物和重大历史事件,但你没能从根本上思考我提出的以仁德治国的主张,这叫数典忘祖呀!"

孔子批评子路之后,严肃地向弟子们宣讲:"要说依据,应追溯两个方面:其一,记载尧、舜禅让事迹的《尧典》《舜典》和周公制定的典章制度，是以仁德治国的文字依据。其二，从实例上讲，也不乏以仁德治国者。据传，尧曾任用四位贤人羲仲、羲叔、和仲、和叔掌管四季农事安排，制定历法，实施利于民生的政令。他还通过询问四岳的尊长，请他们举贤。四岳尊长一致推荐舜，尧认定舜有仁德之贤，对其考察四年之后，定为继任人，命他摄位行政，帮助办事，而不让自己不贤的儿子继位。

"舜六十一岁继位后，巡行四方，依掌握的真凭实据，接连消灭了鲧、共工、驩兜和三苗四个凶恶的坏人，为民除了'四害'。他还学习尧禅让的做法，精心治理民事，考察贤人，年老时选治水有功的禹为继承人，后禅位于禹。"

"禹以勤政为民著称。在治水十三年中，三次经过家门都没回家去看看。他用自己勤政的行为为黎民百姓改善了生活的环境。尧、舜、禹皆贵为天子，但他们都节衣缩食、深居简出、不图享乐、为民着想，他们不愧为以仁德治国的先贤榜样！"

闵子骞问："既然如此，我们怎样做才能真正学好、用好仁德？"

孔子恳切地回答："要学好、用好仁德，必须讲忠恕，以宽容、善良之心处事，做到己所不欲，勿施于人！"

孔子的德治，其实质是人治。大体上包含两个层次的意义：一是首先解决治人者自身的德行修养问题，二是解决治于人者的问题。

"德治"是治理者的内在德性、人格修养在国家治理中的体现，即所谓的儒家理想人格的最终目标："内圣外王"之学。

在孔子那里，"内圣"与"外王"是相对统一着的，其原因在于远古原始传统本以源于宗教巫师的氏族首领本人的典范风仪、道德规范来进行等级统治，一切成文或不成文的客观法规比较起来是次要的。因此，就有了孔子说："其身正，不令而行；其身不正，虽令不从。"

孔子所处的时代，诸侯割据，王室衰败，礼崩乐坏，中国面临四分五裂的局面，社会关系发生激烈的动荡，因而我们不难理解孔子的"郁郁乎文哉"和"吾从周"的向往。

作为教育家的孔子,一个经常性的问题迫使他不断思索:培养自己的弟子成为什么样的人以适应社会的需要并进而从事对社会的改造?经过不断的探索,这时他终于有了自己的理想的人格楷模,那就是做一个仁人君子。

在孔子看来,仁人君子不仅要有宏远的理想和对于这种理想的执着追求,而且更要通过长期不倦的自身修养实现崇高的君子人格。这种仁人君子忠于自己的理想,相信自己的价值,在任何时候和任何地方都使自己的行动符合仁义的原则。

孔子认为,先义后利,利必须符合义是君子的价值取向。先利后义,攫取不义之财是小人的本性表现。孔子心目中的君子还必须言行一致,使自己的思想既能正确地指导道德实践和政治人生方面的活动,又能使这种活动带来预期的结果,达到动机和效果的统一。他认为君子的言论必然能够切实可行。

不过,孔子也看到,由于人的认识是有局限的,有时判断并不准确,看来是正确思想指导下的行动也不见得带来预期效果。所以君子必须谨言慎行,多做少说或光做不说。

因此,孔子既反对夸夸其谈,自吹自擂,言而无行,言过其行,要求脚踏实地,身体力行,切切实实干出成绩;又反对顽固不化,盲目蛮干,不撞南墙不回头,明知不对也硬干的作风。要求君子谨慎求实,随时准备修正自己的言行,老老实实地改正错误。

那种说了就信守不移,干起来死不回头的做法,表面上看似乎维护了自己言行一致的形象,实际上是一种不计后果的蠢行,不值得提倡。

总之,君子一定要敢于坚持真理,也必须随时修正错误。要求君子尽量与社会上的各类人建立良好的关系。他广泛论述了君子与国君、朋友、父母、兄弟以及其他人相处的关系,特别强调"礼"对这种关系的约束。

这就要求,对亲族包括父母兄弟妻子儿女要厚道,对国君和上级不僭越、不献媚,对下级不盛气凌人和威胁利诱。成全别人的好事,不去促成别人的坏事。

因此,他非常赞赏晏婴"和而不同"的见解。他说道:

君子追求和谐而不盲目附和,小人盲目附和而不追求和谐。

对自己的学生,孔子从不要求他们事事附和,亦步亦趋地跟在自己的后边做应声虫,而是希望他们对自己的学说、思想随时提出不同的看法。他对自己最钟爱的弟子颜回多次赞扬,对颜回唯一不满意的地方就是他从来未向自己提出任何不同的意见。

孔子并非要君子为了显示自己的独立性而事事与别人作对。在不与恶势力、错误观念同流合污的前提下,在"和而不同"的原则基础上,他要求君子尽量与社会上的各类人建立良好的关系。

一次,子贡请教:"君子也有所憎恶吗?"

孔子说:"有憎恶:憎恶张扬别人坏处的人,憎恶居下位而诽谤居上位的人,憎恶勇敢而无理的人,憎恶果敢而顽固的人。总之,只要在礼所约束的范围内,就采取与人为善的态度,尽最大努力建立一个和谐、亲善的人际关系。"

对于孔子的观点,卫国有个叫棘子成的大夫很不理解,他说:"君子只要有好的本质就可以了,何必讲究文采呢?"

子贡根据孔子的理论反驳他说:"你这样谈论君子,真是太遗憾了!一言既出,驷马难追,文如同质,质如同文,文和质一样重要。假如去掉了毛,虎豹的皮与犬羊的皮也就很难区别了。"

孔子以君子自居,他除了注重自己的品格修养外,也十分注意以礼来规范自己包括饮食起居在内的一切活动,使自己的一言一行、举手投足之间都符合礼的要求。

《论语·乡党》较集中地记载了孔子的举止风度:

国君召见时,孔子不等驾好马车就先步行走出去。他步入朝廷大门时,恭敬谨慎,像是没有容身之地似的。

他不在门中间站立,进门时不踏门槛,经过君主的座位时,面色矜持庄重,脚步也快。说起话来,好像气力不足似的。

他提起衣摆升堂,恭敬持重,紧屏呼吸,就像不喘息一般。由朝堂出来,走向一级台阶,脸色才舒展开来,表现出怡然自得的样子。下完台阶,快步向前走,就像鸟展翅一样。回到自己的位置上,又显得恭谨有礼了。

上朝,国君不在场,同上大夫谈话理直气壮;同下大夫谈话,和颜悦色;国君在场,他局促不安,小心谨慎。

鲁国国君召见孔子,让他接待宾客,孔子脸色变得矜持庄重,脚步也加快起来。他向站立两旁的人不停地拱手作揖,衣裳向前或向后摆动着。

宾客辞别后,他一定向君主回报说:"宾客已走远了。"国君赐给孔子熟食,他一定摆正座席先尝一尝。国君赐给生肉,他一定煮熟供奉祖先。国君赐给活物,他一定要养起来。

侍奉国君吃饭,在举行饭前祭礼时,他要先尝一尝。出使邻国,举行典礼时手执玉圭,恭敬谨慎,好像举不起来似的。向上举,像是作揖,垂下来,像是在交给别人。

面色庄严,如同作战一般。步履密小,好像沿着一条线走过。在赠献礼物时,和颜悦色。私下会见时,轻松愉快。孔子也十分注意与乡人交往的礼节,和本乡人一道饮酒,出去时先让老人,然后自己才出去。

在乡人举行迎神驱鬼仪式时,他一定身穿朝服立于东阶之上。看见穿丧服的人,即使平时关系密切的,也一定变得严肃庄重。看见当官的和盲人,即使平常彼此熟悉,也一定有礼貌。乘车时遇见穿丧服的人便把身子微向前俯,遇见背负图籍的人也是如此。

孔子对个人的饮食起居也一丝不苟。座席放得不正,他不坐。吃饭时不说话,睡觉前不聊天。在吃饭时,即使是粗食菜羹,也一定拿它祭一祭,而且一定要像斋戒时那样虔诚。孔子上车时,一定先端端正正地站好,然后拉着车绥上去。在车内,不回头看,不很快地说话,不用手指指点点。

孔子的风度举止似乎有一些刻板、迂腐之嫌,但在孔子本人却是诚心诚意,出自本心,丝毫不存在虚伪做作之态。他是要在日常生活中给别人做榜样,树立一个儒者君子之风的典范。

孔子自己身体力行,以君子自律,以培养一批具有君子人格的学生为己任,希望在春秋时期的社会政治改革潮流中,实践自己的理想,成就一番震古烁今的事业。

孔子在周游中大量接触各国政要,广泛结交各类人士,深入了解各诸侯国的政情民风,极大地丰富了自己的阅历,进一步增长了知识,完善和深化了自己的理论学说。"中庸"是孔子的重要理论之一。他说:"中庸作为一种道德,是至高无上的啊! 老百姓缺乏这种道德已经很久了。"

中庸究竟是什么意思呢?

中庸的意思就是使事物矛盾对立的双方都在一定限度内发展,从而使事物保持自己质的稳定性,永远处于一种统一和谐的境界。

孔子意识到了保持事物质的稳定性的重要性。孔子看到,在社会生活中,君臣、臣民、官民、列国、父子、夫妻、兄弟等,都是对立的一对矛盾。为了保持彼此之间统一和谐的关系,彼此的行动都要有一个"度",超过或不足都会破坏这种统一和谐的关系。

从一定意义上讲,孔子的中庸就是保持事物质的稳定性的理论和方法。中庸理论的积极意义在于,任何事物在其内部矛盾发展到改变其性质之前,都必须保持其统一和稳定,正确地把握和运用保持事物统一的理论与方法就有积极意义。

在封建社会里,地主和农民作为两大对立阶级既互相对立又互相依存,在封建社会内部的资本主义因素尚未充分发展的时候,这两个阶级的斗争无论多么激烈和残酷,都不会同归于尽,迎来一个新的社会。因此,协调两者的关系,使地主阶级进行剥削但不过量,使农民接受可以忍受的剥削而不反抗,就是社会稳定的重要条件。

不过,孔子的中庸理论过分强调维持事物稳定性的重要意义,不承认事物发展过程中有质的飞跃、旧事物的消灭和新事物的诞生,显示了其狭隘和保守的一面。他希望以中庸的理论和方法解决当时一切政治与社会的矛盾。

在君臣关系上，他一方面强调"礼乐征伐自天子出"，要求维护和加强君权，另一方面反对君主专断，要求尊重臣权，使臣子有独立的人格匡正君主过失和革除积弊的权力。

在官民关系上，他要求统治者对百姓实行宽猛相济的统治术，既考虑百姓的要求，为他们创造必要的过得去的生产和生活条件，又要对百姓反抗剥削压迫的行动进行强力镇压，决不手软，决不姑息成患。

他赞扬子产的为政方针说：

多么完善妥善啊！政治太宽老百姓就怠慢非礼，怠慢非礼就应该以苛酷的刑罚加以纠正；刑罚苛酷必然使百姓受到残害，这时就应该实行宽厚的统治方法。以宽厚缓和苛酷，以苛酷纠正宽舒，就可以达到政通人和了。

在诸侯国之间的关系上，孔子针对当时王室衰弱、诸侯争霸、夷狄交侵的现实，要求大国在"尊王攘夷"的旗号下以盟会的方式维持列国之间的平衡。他之所以对齐桓公和管仲由衷地赞扬，就是因为他们在实现齐国霸业的同时维护了周王室的地位和列国的稳定。

在个人道德修养上，他要求人们，特别是君子应把两种看起来互相矛盾的品格恰到好处地结合在一起，使之处于一种完善的标准状态。

子路问："贫穷而不去巴结人，富有而不骄傲自大，这种人怎么样呢？"

孔子说："当然可以，但是还不如贫穷而仍然快乐，富有而尚好礼节。"又说："君子矜持而不争执，就会疑惑不决。"

谈到奢侈和节俭，孔子说："奢侈就会不恭顺，节俭就会寒碜。与其不恭顺，宁可寒碜。"

孔子的学生对他的评价是："温和而严厉，威严而不凶狠，谦逊而安详。"总之，孔子在个人道德修养方面要求对每一种品格都能把握一个恰到好处的"度"，这就是一个君子的形象。

在处理人伦关系上,孔子把中庸与礼联系起来,实际上既讲等级尊卑,要求每个人充分意识到自己在社会上的地位,不僭越、不凌下,同时又调和、节制对立双方的矛盾,使不同等级的人互敬互让,和睦相处,使整个社会和谐地运行。

孔子中庸学说和礼学的真谛在于,礼的应用,以和为贵。

孔子的中庸学说是一种治国的艺术、处世的艺术和自我修养的艺术。中庸学说推进了礼学的深化,并使孔子的正名说向前发展了一步。其中心目的不外乎要求人们正视自己的等级名分,一切都在礼的框架内活动,以求得上下关系的和谐与社会的安宁。

天地鬼神的观念从原始社会时期产生以来一直伴随着人类社会发展的历史。当时的统治者认为国家最大的事情有两个,一是祭祀上帝鬼神,二是从事征战攻伐。所以,能沟通人神关系的官吏巫、祝、卜、史等就具有很高的地位。

统治者无论遇到什么事情,都要占卜一下,看看吉利不吉利。当周武王指挥的大军在牧野大败商朝军队,朝歌危在旦夕,商纣王死到临头时,他还大呼小叫地胡吹自己从天受命为王,天帝会保佑他的性命。

不过,从西周建国以后,周公从商纣王的灭亡中开始怀疑天命的可信程度,提出了"敬天保民"的主张。认为能否保住自己的政权,关键在于统治者有没有德,能不能得到老百姓的拥护。

春秋时期,随着周王室的衰败,天帝的权威也进一步没落。当时不少进步的思想家尽管还没有正面否认天命的存在,但却肯定人可以主宰自己的命运。同时,由于生产力的发展和自然科学的进步,人们对某些自然规律和人的主观能动性已有所认识。

正是在这样的时代里,孔子提出了自己进步的天道观。

一方面,孔子并不直接否认天命的存在,甚至赋予天某些人格的特征。他说:"上天赋予我圣德,如果得罪了上天,便没有祈祷的地方了。"

另一方面，他又赋予天以自然的属性，使之具有某些自然法则或事物规律性的含义。

在回答子贡的问题时，他说："天说了什么呢？四季照样运行，万物照样生长。"意思是说天不干预自然界的发展变化。这显然是受了老子"天道无为"思想的影响与启发。孔子进而认为，每一种事物都有自己的规律，而这种规律是可以认识的。

对于鬼神的问题，孔子也表述了大体与天命问题相同的见解。由于时代的制约和孔子本人对孝悌观念的重视，孔子也不从正面否定鬼神的存在，而是采取了"敬鬼神但要远离它"的态度。

在《论语》里，孔子认为：鬼神道与人道，还是有差别、有距离的。最好是各安其道，不要搅和到一起。尤其对从政的人来讲，把政治与宗教搞到一起，非得失败不可。所以，敬而远之比较好。

至于一般人，如果你连人道的事情都还没搞清楚，却要去盲目探究深层次的鬼神道的问题，只会把自己弄得更加迷乱，自找麻烦。

同样道理，如果你对当下"生"的现象不清楚，那你也没办法了解将来"死"是怎么一回事。你不能清醒、坦然、喜悦地面对"生"，那你也就无法清醒、坦然、喜悦地面对"死"。而唯有对生与死，都能做到清醒、坦然和喜悦的人，才有可能超越生死。

另外，孔子对社会上的一些怪异、暴力、昏乱、神秘的现象也多不谈论。因为它们很容易迷惑一般人的心智。所以，在《论语》里，有"子不语怪、力、乱、神"的说法。

孔子教导人们修行注重从当下的事做起，从解决现实的人生问题做起。用佛家的话讲，他教的是心地法门，走的是智慧解脱之路。你如果对人生的现象了解透彻了，其他的事，自然就会豁然贯通。

平淡是真，平常心是道，道在平常日常间。只要我们的心态，能变得日趋平常、平淡，那么，在哪里，都有令我们悟道、得真智慧的契机。

这是因为，当时的孔子还难以产生明确的无神论观念，另外，他又感到鬼神对人事的干预并不明显,事业的成功在很大程度上靠的是人的主观努力。因而,他对鬼神就采取一种似有若无的态度。

在孔子看来,那是一个未知领域,肯定其有或无都不是说得清楚的,所以倒不如采取回避态度,将人们的注意力引导到政事、教育和人自身的能力培养和道德修养上。

因此,只要别人不提出疑问,他自己从不主动谈论怪异和鬼神。即使弟子们提出鬼神问题,他也不做肯定的回答。

有一次,子路请教怎样侍奉鬼神,孔子回答说:"人还未能侍奉好,怎能谈得上侍奉鬼神呢?"

子路又问:"我还想冒昧地请教一下,死是怎么一回事?"

孔子说:"生尚且不知,何以谈死呢?"

孔子的鬼神观是儒家思想的精华之一,它不仅影响了儒家学派的非宗教化倾向,而且使以儒家思想为核心的中国传统文化始终保持着清醒的理性主义和人文主义,从而使宗教势力在我国政治生活和社会生活中始终占据不了主导地位。

孔子的天命鬼神思想也深深地影响了中国人的人生观念,积极向上,奋发努力,勇于进取,最大限度地发挥自己的主观能动性,"知其不可为而为之","尽人力而听天命",纵使达不到目的,也不给自己留下遗憾。

## 二十五、圣人离世

二月五日

公元前481年(鲁哀公十四年)的春天,鲁国的贵族们在大野(现在山东巨野)打猎,叔孙氏的管车人钼商捕获了一只奇异的野兽,载了归来。叔孙氏看到了这样一只根本叫不出名来的野兽,认为不吉祥,就把它送给了管理山林的人。博学多识的孔子听说竟然有这样大家都不认识,叫不出名字的怪兽,便前去观看。谁知孔子一见便如相识多年的老朋友一样,连连地反问:"你为什么来啊!为什么来啊!这是麟啊!"说罢,又掩面大哭,泪水连衣襟都湿透了。

叔孙氏听说七十一岁的孔子竟然为了这只叫麟的野兽哭湿了衣襟,也觉得这只兽非同小可,便从管山林人的手中要了回来。

只有学生子贡心疼着老师。他边搀扶着大哭的老师边小心而又好奇地询问:"老师为什么哭它,还哭得如此伤心?"孔子这才止住哭,对子贡说:"麟是瑞兽,含仁怀义,只有政治清明社会和平,遇到仁爱的君王它才出现。可是现在是恶人当道的乱世,物欲横流,礼崩乐坏,麟却出来了,它这是生不逢时必遭残害的呀。你不是看见了吗?它的一条腿已经被粗暴地折断了,'出非其时而见害,吾是以伤焉!'。"说罢,又是痛哭失声。

子贡最知道老师。他清楚老师哭麟也是在哭自己,哭与自己有着一样命运的知识分子,老师是在为天下众生而悲伤,是在为无力挽救的世道而难过。那就让老师痛痛快快地大哭一场吧。他知道,处在这个混账的世道下,也只有老师敢歌敢笑敢怒敢哭。老师见到麟时的那一声"吾道穷矣!"的叹息,是那样的震撼着他的肺腑。子贡后来也终于明白,老师正写着的《春秋》,为什么到了鲁哀公"十有四年,春,西狩获麟"便戛然而止。

子贡在这之后又多次经历老师的痛哭。就在老师哭麟的当年,老师最得意的学生颜回死了,死于穷困与疾病。这样一个最好的人却最终没有得到社会的任何使用。虽然他箪食瓢饮,却不改其乐,但是社会干什么去了?当政者干什么去了?为什么会忽略了他,并要让这样一个君子中的君子、贤者中的贤者受着冷遇与慢待、贫困与饥寒?子贡当然不会忘记,老师哭颜回哭得那样的伤心,他的身子就如树叶在风中颤抖。颜回走了。接着,子路又死了,死在老师七十二岁上。这个"片言可以折狱"的子路,也不是寿终正寝,而是死于春秋末年常有的内乱。

老师又哭,还是哭得那样伤心。

接连的打击,就这样降临在已经迫近生命最后时日的孔子身上。

公元前479年(鲁哀公十六年),夏历二月五日(周历四月五日),子贡前去看望已经病了的老师。孔子在心里是有着感应的,他越来越想自己的学生了。颜回走了,子路走了,闵子骞走了,仲弓等人都走了,连儿子伯鱼也走了。老师知道,那个子贡该来看他了。果然子贡来了,上午的太阳从寒风里筛下,沐着正在悠然散步的自己的老师。子贡突然感动了,几十年的岁月里,就是这个人像父亲一样用全副的心血教育着一茬又一茬的学子,没有一天的懈怠。他看着这个病了的老师,拄着拐杖,风正在飘动着他的白发与白了的胡须,仍然是那么的高大。高大之中,还更有一种飘逸与洒脱,铸于这金黄色的阳光里。一个想法就在子贡的心里萌动一如星辰升起在夜空里:这个人,眼前的这个老人,这个从百姓中来又归于百姓的人,肯定要成为有人类以来,最为不朽的人了。

子贡看到了老师那急切的眼神。他紧走几步,扑到老师的跟前,攥紧着老师的手。手是这样的冰凉,还有着微微的颤动,子贡本能的更加的攥紧了。他下意识地觉得,要通过自己的手,将自己的体温传给老师。但是他,突然在这寒风里感到有一股强烈的暖流,从这双冰凉的手上传达到自己的心上,还有袅袅的音乐在这暖流之上盘旋,泪水就在子贡的脸上悄然滑落了。

老师似乎没有看到这些。他埋怨着子贡:"早该来了,怎么来得这么晚呢?"一边埋怨,一边将昏花的眼睛从子贡的头顶望向遥远的天际。有一声叹息,从他胸膛的深处露出。随之,孔子便唱起歌来:"泰山要倒了!梁柱要断了!哲人要死了!——泰山坏乎!梁柱摧乎!哲人萎乎!(司马迁《史记·孔子世家》)"苍凉如钟,孤寂如磬,清纯如瑟,回响在寒风里。

唱着歌的老师又哭了。泪水如小溪般欢畅地流淌。子贡听到老师如歌的倾诉："天下无道久矣,没有人能够尊奉我的主张,'莫能宗予'。夏朝的人死了,要把棺材停在东厢的台阶上;周朝的人死了,要把棺材停放在西厢的台阶上;我们殷商的人死了,是将棺材停放在堂屋的两柱中间。昨天晚上我梦见自己坐在两柱中间,受人的祭奠,子贡啊,看来,我就要死了。"

子贡惊诧了。老师真的要死了吗?可是老师却像谈论四时运转一样的超然物外,虽然含着钟的苍凉,磬的孤寂,和瑟的清纯,而那颗心却像这当空的太阳在微笑着、灿烂着。

还有那阳光里闪着玉一样莹光的泪水,是老师在哭吗?

他知道,已经不用任何安慰。老师当然是在哭学生,哭自己,哭这个苦了天下苍生的无道的社会。但是这欢畅却又闪着玉的莹光的泪水,又是在欣悦地向这个仍然饱含着温情的世界和世界上的一切挥手作别,更是向着那个刻刻迫近的死亡,招手相迎。这泪水又分明是一条河流的使者,正将老师的生命导入于无际无涯的海洋。

### 二月六日

齐鲁的旷野里,北风猎猎地吹着。

病了吗?脚步怎么会如此轻盈?踏在这片生于滋养于兹并将要没于兹的土地上,孔子的心里有了一种从未有过的踏实的感觉。

七十三年的岁月,正踏出一条没有尽头的道路。他欣慰地看到,是他罄尽生命,在中国的大地上犁出了一片文化的沃野。他不能不想,走了之后,在这片沃野之上,还会因为小人的践踏而又荆棘榛榛吗?

孔子将了一下被北风吹得有些凌乱的胡子,将目光洒向空旷的田野,也洒向自己曲折斗转的一生。他经验过多少小人的行径啊,也屡屡被那些得势的小人们所伤所害所欺所骗。

我们至今翻阅《论语》，仍然能够感受到孔子对于小人的憎恶与唾弃。他们是毁坏社会的蛀虫，也是毒化社会风气的苍蝇与蛆虫。在整个《论语》里，孔子有二十四次提到小人，只有四次是指平常的普通人，而二十次全是或刻画或直斥这种缺德的小人。

孔子在《论语》第一篇《学而》的开始部分，就对这种小人进行了第一次刻画："巧言令色。"花言巧语，说的比唱的还好听，会讲大道理，会往领导心里奏事，并能装出一副伪善的面目，但是有一条，就是不真做正经人。"匿怨而友其人"（《公冶长》），这是说小人的阴险。他明明对人心里藏着仇怨、嫉妒，却装出一副公允甚至亲热的样子，与人周旋，遇到机会就会暗咬一口，甚至可以致人以死地。

孔子总好把君子当作一面镜子，用君子的光明与磊落，照出小人的卑鄙与阴险来。如孔子说"君子成人之美，不成人之恶。小人反是。"（《颜渊》篇）小人就怕别人的美、别人的好，别人一美一好他就心里难受，有时难受得百爪挠心似的，想法非要阻拦破坏。于是，"成人之美"也就成了大家欣赏的一种君子之风。"君子和而不同，小人同而不和"（《子路》篇），君子能够团结别人，却又坚持自己的意见，不会随声附和，而小人正好相反，只是根据自己的利益说话行动，哪怕明知是个谬论，只要对自己有利，也会坚决赞成。"君子泰而不骄，小人骄而不泰"（《子路》篇），君子安详舒泰，从不骄傲凌人，小人却把手中的权力（哪怕是一点点小权力）用在盛气凌人上。究其根源，君子知道尊重人、尊重人的劳动，而小人则只考虑自己的面子、自己的利益，从来就不会也不懂得尊重人、尊重人的劳动。

对于君子与小人，孔子有一句大家耳熟能详的总结："君子坦荡荡，小人常戚戚"（《述而》篇）。这里孔子是说的胸怀胸襟，也就是我们老百姓常说的心眼。君子是大胸怀大胸襟大心眼，坦荡正直，光风霁月，哪怕泰山压顶也会泰然处之；小人则是窄胸怀狭胸襟小心眼，卑鄙龌龊，为了自己的一点私利，当狗做猫都行，就是不做人。

虽然孔子不会像道家所提倡的那样"以德报怨"，但是他也早已释怀了。小人的脏总是脏了自己,将自己的丑陋显于世上,更把君子衬托得益发高大与光彩起来。孔子的嘴角间,露出了一丝别人不易觉察的微笑。他从脚下抓起一把土,轻轻地扬起,让风吹去。他的那些曾经对于小人的憎恶,也如这沙土一样随风散去,只留下怜悯在心头热着。"举枉措诸直",是这个社会、这个时代让小人得势、君子碰壁,但是这样的时代、这样的社会会长久吗?违了公理违了人心怎么可能长久呢?小人不也是受害者吗?在社会与时代的鼓励与怂恿下,他们让自己宝贵的生命酱在污秽之中,并成为对社会与他人有害的蛆与蛀虫,这是可悲可悯的呀。风中的孔子,期待着自己用数十年岁月所耕耘出的那片文化与教育的沃野,能让更多的君子长成大树,甚至期待着在中国层出不穷的小人,也能够在这片沃野里变成君子,过上几天光光明明、坦坦荡荡的日子。

风越来越大了。太阳,正在东方升起。

## 二月七日

孔子不知道,云彩是在夜间涌起的。但是他似乎对于云彩的蔽日并没有什么感觉,心头仍然晴朗着。

后世加给他的头衔他当然无从知道,但是学生们已经把他尊为"圣"了。他记得那是在与子贡的一次谈话中,子贡曾经问他"夫子圣矣乎?"当时他回答子贡说,"圣则吾不能,我学不厌诲不倦也"。子贡这时就说:"学不厌,智也;教不倦,仁也。仁且智,夫子即圣矣!"(《孟子·公孙丑上》)

其实,称号是什么、有什么意义与关系呢?在他一生里,不管穷通与否,他不过始终在以一个君子要求自己罢了。一部《论语》,竟有一百零七次说到君子。他曾经告诫过自己的学生子夏,要他们当君子儒不要当小人儒。当老师的,自然要言行如一、表里如一、做好表率了。

将天下苍生的苦难担在自己的肩上已经很久了。君子不担谁还去担?头破血流过，走投无路过，甚至还遇到过看似无法越过的绝境。但是有过一刻的忧愁与恐惧吗？没有，从来没有。"内省不疚，夫何忧何惧？"七十三岁，不能算短了，谁能知道一个无愧无悔的生命，是多么的快乐吗？

他为担着天下苍生的苦愁而快活着。那是站在人生的高处，有风雪雷电，有险峰深谷，有悬瀑深潭，有峭崖危石。有这些当然要万苦千辛，要有炼狱般的考验，但也正因为有这些，才有着常人没有、小人更是无法享受到的巨大的收获与欢欣。

"朝闻道，夕死可矣"（《里仁》篇），让死神把生命拿去好了。能够拿去他的生命，却无法拿走一个君子心头的仁爱，因为他的仁爱已经在他的"道"中载着，直奔后世而去了。这种仁爱是什么？这种仁爱就是既可以把幼小的孤儿也可以把国家的命脉都交付给他，就是在面临生死存亡的关头，他也不会有丝毫的动摇与屈服（可以托六尺之孤，可以寄百里之命，临大节而不可夺也，君子人也——《泰伯》篇）；这种仁爱就是"修己以安百姓"（《宪问》篇），修炼自己君子的德行，让天下苍生全部得到安乐的生活。

那是谁？那是他吗？一个熟悉而又陌生的孔子正从远处而来。他乘着殷朝的车子，穿着周朝的服装、戴着周朝的礼帽，奏着尽善尽美的韶乐，而所处的时间，正是在夏禹的时代（行夏之时，乘殷之辂，服周之冕，乐则韶舞——《卫灵公》篇）。

大禹的时代是那样地令人向往。大禹承接了舜的帝位之时，就接受了舜的嘱托——四海困穷，天禄永终（《尧曰》篇）——假如天下的百姓都陷于困苦贫穷，上天给你的帝位也就会永远地终止了。就是这个大禹，宁愿让自己的房子简陋得如百姓的住房一样，也要省出财力去为天下兴修水利。就是这个大禹，"三过家门而不入"，而且是新婚之后的第四天就长别家人，领导百姓治理洪水去了。就是这个大禹，"亲自操稿耜而九杂天下之川。腓无胈，胫无毛，沐甚雨，栉疾风，置万国。禹大圣也而形劳天下也如此"（《庄子·天下》）。

戴着周朝的礼帽，乘着殷商的车子，奏着韶乐的孔子，正从远处而来，走在夏朝的时空里,并高声地咏唱着:"巍巍乎,舜禹之有天下也而不与焉……"(《泰伯》篇)——舜和禹真是高大而又崇高啊,他们拥有天下、富有四海,却整年地为百姓操劳,从来不为了自己。

**二月八日**

是雪在翻飞吗?

孔子望着窗外混沌的世界,有一缕留恋的火苗就在胸中窜起着。

他最是难舍自己的学生。

一个一个,三千个学生就在这雪的翻飞中挨个从自己的面前走过。

多想让他们停留一下,好再摸摸他们的脸他们的头他们的手。就是闭上眼,光凭手,也能摸出是颜回还是子贡。多想为他们掸去身上的雪,再为他们端上一碗开水,让他们捧着慢慢地喝,既暖手又暖身还暖心。但是得提前交代那个性急的子路,水烫,要慢慢地喝。不然,肯定会烫着他。多想听听他们读书的声音,那是比天籁、比韶乐都要美妙百倍的音乐啊,那是可以忘生忘死的声音啊!不管是滴水成冰的数九寒天,还是汗流浃背的三

子贡

伏酷暑,一旦学习起来,大家总会忘掉了寒暑,出神入化于精神的妙境里。更想再与学生们来一番越磨越深、越磋越透的辩论,哪怕受更多的抢白、更多的质疑。那是心灵与心灵的碰撞,有照亮灵魂的火焰燃烧不息。颜回走过来了,我得告诉他,还是要好好保养一下身子。这不是樊须吗(即樊迟,姓樊名须字子迟,亦名迟)?不要走得这样匆忙吧,是不是还对我骂你"小人哉,樊须也"有所不满?那次你问种庄稼和种菜的事,我确实是不懂,当时也有些躁,话是说过头了。我现在想起来,学会种田与种菜有

什么不好呢？我不是说过"知之为知之，不知为不知，是知也"的话吗？老师也有不知的事情，你问得好，你不想再问问别的什么吗？问吧，问吧，老师真想听你的提问呢！

可是，谁也没有停留，还是一个一个的，从孔子的面前走过，向前走去。

但是，在这雪落大地的时刻，无限留恋的孔子，从学生那浩浩荡荡的队伍里，听到了一个嘹亮的声音，在雪野中回响：仁者爱人，仁者爱人。老师笑了，这是樊迟的声音啊。老师继而哭了，笑着哭了，因为他听到了这整支队伍共同发出的生命的大合唱：仁者爱人，仁者爱人……

"德不孤，必有邻"（《论语·里仁》），有道德的君子从此再也不会孤单了，这一列学子的队伍，还会无限地延长、延长，壮大、壮大。

一种莫大的欢乐与幸福，就这样充盈于孔子苍茫的胸际。

不远的将来，又有一个叫孟子的君子大儒，还在感叹着孔子当年的欢乐与幸福。他告诉世人："得天下英才而育之，一乐也，而王天下不与焉。"这种欢乐与幸福，给个皇帝也不换！岂止不换，简直是不可同日而语的欢乐与幸福。

雪下着。孔子笑着哭了。

## 二月九日

他知道母亲在等着他。

那个叫颜征在的女性，注定要因为儿子而流芳永世。

母亲墓前的树已经长得又大又粗了，而母亲的容颜却越来越清晰如同就在眼前。虽然学无常师，但是母亲当然是自己的第一个老师了。母亲在困境中的从容与果敢，母亲对待生活的乐观与进取，还有母亲一视同仁地照顾抚养身有残疾的哥哥以及母亲待人接物的得体与大气，都是那样潜移默化地教育着年幼的孔子。那座尼山和尼山上的那个山洞，好多年没有登临了吧？母亲生前可是常常会停下手中的针线活，朝着那个方向走神的。

尤其是母亲的笑容，美，还带着一种莫名的宽容。身体病着，可是只要一看见儿子，笑容就会自然地浮现在脸上，是那样的温馨。流亡的十四年里，母亲的笑容就常常地浮现在自己的眼前，从而给自己艰难的行旅增添起力量。

如果没有年轻时做乘田、委吏的经历，怎会有后来"弃天下如敝屣"的胸怀与气度？

在孔子内心最柔软的地方，除了母亲，还有自己的妻子亓官氏。太苦了她了，在那十四年里，她是怎样度过的"守寡"一样的时日呢？其中的艰辛当是一言难尽的。一丝愧疚就在心上浮起了，还有一声轻轻地叹息。

对了，还有那个南子。她也早已不在人世了。但是她的好心她的照顾虽然被世人、包括自己的学生所误解，但是孔子心里是有数的。一种感激总也在记忆的深处埋藏着。十四年的流亡之旅，七十多个国君与大夫，没有哪个能够真正理解孔子、重用孔子，倒是这个担着好多"风言风语"的南子，对孔子有着真正的敬重。多少年了？也不用去计算了，但是那次相见却如昨天一样。还有她在帷幔后面的回拜，和回拜时所披戴的环佩玉器首饰发出的叮当撞击的清脆声响，都历历如新。如果母亲健在并且知道南子对自己儿子好的话，肯定也会对南子有着好感与感激的吧？

雪一定会把母亲的墓盖得严严实实了。等着我母亲，儿子就要来了。

## 二月十日

黄昏。

点上那盏灯吧。多少个这样的黄昏与多少个夜晚，就是在这盏灯下，孔子让自己的整个身心，投入在这些文化典籍之中。投入其中，犹如鱼在海中鹰在云上。

双腿已经有些麻木与僵直了，只好斜靠在床头的墙上。把那断了牛皮绳子散落了的竹简重新穿好，再打上牢稳的结。手也不听使唤了，一个结就要打好久好久。但是孔子的头脑却空前的清楚，犹如雨后的春晨。

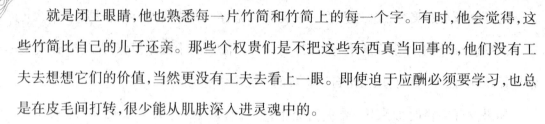

就是闭上眼睛，他也熟悉每一片竹简和竹简上的每一个字。有时，他会觉得，这些竹简比自己的儿子还亲。那些个权贵们是不把这些东西真当回事的，他们没有工夫去想想它们的价值，当然更没有工夫去看上一眼。即使迫于应酬必须要学习，也总是在皮毛间打转，很少能从肌肤深入进灵魂中的。

连睁开眼睛都觉得难了。干脆闭上眼，只用手轻轻地柔柔地摩挲。

有风从窗子的缝隙中探进来，灯光好似春天的柳条般摇曳着。孔子的身影，也便在墙壁上荡来荡去，是那样庞大，又是那样坚定。

那只一条腿受伤的麟已经死去还是回归了山林？手中的这些竹简，却是比麟更有生命力的生命啊！它们就如这盏灯吧，看似脆弱得很，轻轻地一口气就可以把它吹熄。但是，当它们已经刻在人们尤其是仁人的心上之后，那是再也熄灭不了的。人，人的情感与思想，还有烟雾缭绕的历史，都会因为它们而不朽、因为它们而再生。它们就是一盏盏的灯，再黑的夜、再长的夜，也能被它们照亮。一旦把心灵点着，就是点着了一颗颗星辰，那就更是黑夜与大风都无法扑灭的了。

后来有一个叫秦始皇的皇帝，以为把这些手持灯盏的知识分子和正在亮着的灯盏一起扑杀，他的皇帝位置就可以万岁了。但是历史早已证明，"焚书坑儒"只是宣告了一个专制王朝的短命，并将这个专制制度的罪孽永远地钉在了耻辱柱上。只是孔子后人的一面小小的鲁壁，就护下了这粒文化与文明的火种。专制统治者应当明白，多少知识分子，包括普通百姓的心灵，不都是一面永远站立的"鲁壁"？这是任何焚烧与虐杀都无济于事的。

也许孔子早已看见了这一切？摇曳的灯光里，有微笑正在孔子的胡须间游走。

这个冬日的黄昏听见，有苍凉的咏唱正从这栋屋子的门缝间逸出：天行健，君子以自强不息……

二月十一日

没有一点寒冷。

孔子真切地听见了雪花的脚步，那是尧的脚步、舜的脚步、禹的脚步、周公的脚步吧？"有朋自远方来，不亦乐乎？"（《论语·学而》）知音的接踵而至，真是让孔子喜出望外了。

携手间。已经在飞了。

轻灵的魂魄，也如这纷扬的雪花，翔舞在天地之间。是飞舞在泰山的峰巅上吗？只有醒目的松柏，在这银白的世界里吐着勃郁的绿色。这当是泰山上的君子了，"岁寒，然后知松柏之后凋也"（《论语·子罕》）。

齐鲁莽莽，世界茫茫，壁立万仞的泰山也如这轻灵雪花，在宇宙间飞翔。

从来没有过的解放，从来也没有过的自由，就这样弥漫在孔子的生命间。每一片雪花都是一个音符，共同组成了无边无际、无上无下的和鸣。这是天上的音乐吗，可分明又是在人间，而自己的每个细胞，也都成为这个和鸣中的一个不可分割的部分。

一种大安详、大欢乐降临了。

是寒冷的锐利刺痛了孔子？他从梦中醒来。

已经无力翻身了，他看到有银色的东西正侵入在床头上。是雪吗？他艰难地微微侧过脸去。一种喜悦一下子就亮起在这深夜里：雪霁了，这是月亮的吻痕。

孔子没有担心，也没有疑惑。雪花，泰山，知音，他们存在过，就不会丢失。或者，这眼前的月光，就是梦中的雪花变的？

全身也许就只剩下心口窝处还有一点温热，他清醒地意识到死亡的来临。一辈子"不语怪、力、乱、神"的孔子（《论语·述而》），就要直面死神了。

平静如水的孔子甚至有了一个大胆的念头，要用这心口窝处仅有的一点温热，去温暖那个被人误解的死神。

它是多么美好的一个精灵啊！是它给人以最终的休息与解脱，也是它给人以最终的平等与自由。这种自由，是自由得连躯壳都抛弃了的。

死亡也是这样的美丽。可以是一片树叶飘扬着从树上降下，也可以是一颗星辰燃烧着从天空陨落。可以是山溪渗入于渴念的田野,也可以是黄河跳下万丈的壶口。但是它们,都带着生命的光芒,升华于安详而又欢乐的至境。

寒冷又在慢慢地离去,那颗臻于圆融的灵魂,轻柔得如天鹅的羽毛,飘逸着似天上的白云。

就这样,灵魂飞扬在漫天的月光里。

那就是自己常常驻足的泗水吧? 它正在月光里粼粼着玉的光泽。是的,泗水在等着孔子,等得好久了。它从哪里来? 又到哪里去? 泗水笑了,无言地说着:我从来的地方来,我到去的地方去。孔子笑了,一河的月光泛着澄明也在笑呢。忍不住,孔子掬起一捧河水,啧啧地饮下。啊,连肺腑也被月光照彻了。

天与地,月与河,人与世界,植物与动物,灵与肉,生与死,过去与未来,全都处于一种无始无终、无边无际的和谐中。只是这种和谐不是静止,而是一切的生命都因为大自在大解放而处在欣欣向荣之中。

不是吗? 瞧这条泗水,它不是日夜不息地在流吗? 一切的生命,一切的时间,不是都如这泗水一样在日夜不息、一去不回地流淌向前的吗?

死亡也是一种流淌啊。

随心所欲、自在安详已经好久了。但是今夜,生命却新生出一种从来也没有过的欢乐与美妙。

好吧,那我就走了。

公元前 479 年(鲁哀公十六年)夏历二月十一日,七十三岁的孔子死了。

孔子死了吗? 他的生命正化作一条船,载着满船的明月,与泗水一起,正驶向遥远的地方。

"逝者如斯夫,不舍昼夜。逝者如斯夫,不舍昼夜……"

孔子死后就葬在鲁国国都曲阜城北面的泗水岸边。孔子死时,鲁哀公前往致祭,并为孔子作了一篇沉痛的悼词。悼词说"老天爷真不仁慈,不肯留下这位老人,让他扔下我,孤零零一个人在这个世上。我孤独而又悲伤。啊,多么悲痛!尼父啊,再没有人可以做我的楷模了!——旻天不吊,不慭遗一老,俾屏余一人以在位,茕茕余在疚。呜呼哀哉!尼父,毋自律!(《史记·孔子世家》)"

## 二十六、子贡庐墓

安葬完毕,帮忙的人陆陆续续都走了。学生们像失去了亲生父亲一样哀痛,谁也不想离开。闵损说:"如果家里的长辈去世了,儿子要守孝三年。我们的老师虽然没有给予我们生命,可是他给予我们的却是比生命还重要啊。他就是我们的父亲啊。既然大家都不想离开,我们便在这里为老师守墓三年如何?"于是学生们在孔子坟墓周围搭建起简陋的草棚,开始了艰苦漫长的守墓生涯。他们每天不是聚集在一起,读书学习、相互谈论礼仪,就是为孔子的坟墓添土,种植花草,还在孔子墓前修了一条三丈宽的墓道。还在老师坟墓周围栽种树木,孔子的弟子们从各个地方移来各色各样的树木种在老师的墓前,史书上记载:"弟子各以四方奇木来植,故多异树,鲁人世世代代无能名者。"至今日孔林内的一些树株人们仍叫不出它们的名字。子贡辛辛苦苦地从远方运来了两棵楷树苗,种在了孔子墓地的两旁。后来子贡种的楷树在明朝的时候枯死了,只剩下树桩,人们修建了一座亭子来纪念。

孔子的弟子们在孔子的墓前守孝三年,三年之后,大家挥泪作别。只有子贡对冉雍说:"可是我还不想走。"冉雍劝道:"我们已为老师守墓三年,既尽到做弟子的孝道,也符合现时的礼教了。剩下的时间我们该用老师教给我们的知识来治理这个乱世,施展自己的抱负,完成老师没有完成的事业了。"子贡说:"老师教授了我几十年,我才有了一些学问。我实在不忍心离开他老人家,想在这里再陪伴他三年。"其他弟子也劝道:"你还是和我们一起走吧,即使我们陪伴老师一辈子,他老人家也不会知道的。"子贡说:"这三年,每当我在老师的墓前,就仿佛听到了老师对我的谆谆教诲,就仿佛看到老师还是那样的谦谦有礼,我的心神就宁静下来。我愿意再守老师三年。"从此,孔子墓旁只剩下了一个草棚。子贡早起晚睡,一边守墓,一边学习。三年之后,子贡才离开了老师的墓前。而那些离开老师的弟子还有一些因为思念老师又把家搬回到了这里,在孔子的墓旁住了下来。还有一些鲁国的百姓,因为孔子的品德高尚,学识渊博,所以也把家安在了这里。这里后来形成了一个镇子。

回顾孔子的一生,他一生致力于维护周朝礼制,试图改变现实礼崩乐坏的乱世局面。虽然为此颠沛流离,历尽坎坷,被围困过,被威胁过,但是他却始终坚持自己的理想,不改其守,知其不可为而为之。

最后,我们记录司马迁在《史记》里对孔子的评价:"太史公曰:《诗》有之:'高山仰止,景行行止。'虽不能至,然心乡往之。余读孔氏书,想见其为人。适鲁,观仲尼庙堂、车服、礼器,诸生以时习礼其家,余低回留之,不能去云。更天下君王至于贤人众矣,当时则荣,没时已焉。孔子布衣,传十余世,学者宗之。自天子王侯,中国言六艺者,折中于夫子,可谓至圣矣!"

太史公说:《诗经》上有句话:"巍峨的高山可以仰望,宽广的大道可以循着前进。"我虽然不能到达那里,但是心中一直向往它。我读孔子的书,想见他的为人。到了鲁国,看到孔子的祠堂、他的车子、衣服和礼器,许多儒生在他家里按时演习礼仪,天下的君王以及贤人是很多的,当时是光荣的,死后就完了。孔子是一个平民,传到十几代,都以孔子的学说作为准则,孔子可以说是圣人了!

这应该是对孔子最好的评价了。

## 二十七、孔子与中国传统文化

根据英国历史学家汤因比的说法,人类历史上曾经存在过数十个较大的文明区域,像我们所熟知的古代四大文明古国——古埃及、古巴比伦、古印度和古中国,还有古代希腊、罗马等等,大都经历了生老病死的发展过程。然而有趣的是,只有位于东亚大陆的中国,成为世界上唯一一个未曾中断的文明体系。这在世界文明史上应该算是一个奇迹。而与这个文化奇迹联系最为紧密的人物是生活在两千五百多年前的孔子和老子。不过,综观整部中国历史,可以毫不夸张地说,是孔子而不是别人奠定了中国文化的格局,重塑了中华民族的性格。正如唐君毅先生所说:"孔子与中国之历史文化,亦以万缕千丝,密密绵绵,以相连接,如血肉之不可分,已形成一整个之中华民族之文化生命。"孔子早已化为中国文化的象征。他的教诲深入人心、融入血脉,不管是饱读诗书的士人,还是大字不识的老妪,举手投足间,你总会发现圣人的遗泽。因此,如果想了解中国,了解中国文化,自然应当从孔子这里开始。因为无论如何,你都绕不开他,不管你对孔夫子抱着一种怎样的立场和态度,是崇拜、景仰,还是厌恶、批判,抑或是嘲讽和揶揄。翻开厚重的中国历史,我们发现,孔子在生前身后,与历经沧桑的中国文化、中华民族一道升降起伏、饱受荣辱。

当历史进入 21 世纪,孔子再一次受到他的民族的瞩目。与八十多年前不同,这一次,孔子成为人们争相追逐的文化圣哲,不仅关于他的书籍纷纷出炉,而且神州大地到处可以听到朗朗的读经声,甚至连外国人也热衷于听闻《论语》中的谆谆教诲。一时间,孔夫子从被批判、被鄙夷、被妖魔化的境地一跃而为中国乃至世界的文化巨星,再次以光辉的形象而为人们所言说和诠释。人们不禁要问:"孔子为什么这么红?"人们似乎还难以厘清这巨大转变的因由,急于探明"孔子热"意味着什么。

其实,早在上个世纪 80 年代,著名哲学史家张岱年先生就断言:"盲目尊孔的时代已经过去了,盲目批孔的时代也过去了,现在应以实事求是的科学态度研究孔子和以孔子为代表的中国传统文化"。张先生的说法十分有道理。不过,今天我们除了"以实事求是的科学态度研究孔子和以孔子为代表的中国传统文化"之外,我们还培养了钱穆先生所竭力提倡的对民族历史和文化的"温情与敬意"。那么,为什么当下的人们可以抱着"温情与敬意"和"实事求是的科学态度"去研究孔子、学习孔子呢？

其实，答案还是在于孔子本身，在于他的历史贡献，在于他的思想学说的永恒的普世价值，在于他的智慧对处于困顿和迷茫中的现代人生和现代社会仍然不乏启迪和点化的意义。

## 一、孔子的三大贡献

公元前479年，孔子在他的故乡鲁国去世，以73岁的生命为自己的人生画上了句号。应该承认，孔子的一生栖栖惶惶，穷困与挫折常伴左右，怀抱理想却四处碰壁，壮志未酬，遗憾而终。从世俗的意义上可以断定，孔子的一生是失败的一生。然而，孔子却在身后两千多年赢得了无数人的赞誉与景仰，光环无数，备受尊崇。西汉的司马迁曾不无感慨地说："天下君王至于贤人众矣，当时则荣，没则已焉。孔子布衣，传十余世，学者宗之。自天子王侯，中国言'六艺'者，折中于夫子，可谓至圣矣！"他发出了"高山仰止，景行行止，虽不能至，然心乡往之"（《史记·孔子世家》）的人生感叹！自司马迁以来，又过了两千余年，他的感慨依然可以引起我们的共鸣，因为司马迁之言，代表了中国知识分子的共识，也道破了孔子之为孔子的秘密所在。那就是，孔子为中国文化所做出的历史贡献是无与伦比的，也是永恒的，是任何一个帝王将相所无法比拟的。

对于孔子的历史贡献，根据不同的角度，可以归纳出许多许多，不过，我们在此仅仅就其荦荦大端，胪列数条而已。

### 1.创立私学

孔子是中国历史上第一位真正意义上的"老师"，在后世被誉为"至圣先师""万世师表"，可以说，孔子是一位极为成功的教育家。

孔子以前，学在官府，教育由贵族阶级垄断。春秋末期，贵族教育没落，官府收藏的典籍文献开始散落民间，在官学中任教的人也流散到平民中去。作为下层的"士"，孔子适应了春秋时代学术下移的历史潮流，首先在真正意义上揭起私学旗帜，广收门徒，培养了三千弟子，推动了学术下移，打破了学在官府的传统限制，使得文化下移，平民子弟甚至贱民也可以受到教育，学习文化知识，教育得以日渐普及，对春秋战国时代士人阶层的出现起到了催化作用，也极大地促进了中国文化和思想的繁荣。不仅如此，他所创立的有教无类的教育理念和因材施教的教育方法，垂泽后世，至今仍为人们所奉行。在春秋各国中，鲁国是私学出现较早的国家。尽管孔子之前，就已经有私学的活动，如郑国的邓析、鲁国的柳下惠等可能都曾收有学生，但只有到了孔子，私学才真正得以确立。正如徐复观先生所说："中国学和教的观念当然不始于孔子，可是使'学'与'教'成为普遍的人类的东西则确系奠基于孔子。……这是改变人类命运的惊天动地的大事。"就现有资料看，孔子的私学应是中国教育史由"学在官府"到"学移民间"的标志。

鲁国根深蒂固的礼乐传统造就了孔子。孔子博学多闻，通晓《诗》《书》《礼》、《乐》等知识，受到普遍的敬重。于是他广收门徒，开门授学。据称，孔子有弟子三千人，身通六艺者七十二人（《史记·孔子世家》）。孔子的弟子主要来自鲁国，还有的来自卫、宋、晋、陈、蔡、楚、吴、秦等国。孔子的教学生涯大约是从二十多岁时开始的，颜无繇、曾点、子路、漆雕开等人是孔子较早的弟子。随着孔子名气的增大，向他请教的人越来越多。孔子的弟子中既有一般的平民子弟，也有出身较高的贵族子弟。为了复兴周代礼乐文化，他不懈地传授知识、培养人才。

在长期的实践中，孔子总结出了一套系统完整的教育理论。孔子的教育主张与他的政治思想密切相连。孔子主张仁政、德治。他虽然对君主制、等级制表示认可，但却主张以"举贤"的办法补充，以造就更多"贤臣"和"良民"，以维护或改善政治秩序和社会秩序。因此，孔子把培养"贤才"作为教育目的之一。他吸收平民子弟入学，讲述传统的"六艺"知识和"六经"所蕴含的天人之道，希望他们成为"士"或"君子"。另一方面，孔子从更高的层面提出了"成人"和"为己之学"的理念，以提升人的生命德性为鹄的,把道德教育而非客观知识作为其教学的主要内容,这尤其具有永恒意义。

孔子还创造和总结出了一套较为科学和完整的教学方法,并形成了他系统的教育思想。其中主要有以下方面:

首先,他提出"有教无类"的口号,扩大了教育范围。孔子说:"自行束修以上,吾未尝无诲焉。"(《论语·述而》)我们知道,在孔门可考的弟子之中,颇多贫贱子弟。正如钱穆先生所言:"孔子弟子,多起微贱。颜子居陋巷,死有棺无椁。曾子耘瓜,其母亲织。闵子骞着芦衣,为父推车。仲弓父贱人。子贡货殖。子路食藜藿,负米,冠雄鸡,佩豭豚。有子为卒。原思居穷阎,敝衣冠。樊迟请学稼圃。公冶长在缧绁。子张鲁之鄙家。虽不尽信,要之可见。其以贵族来学者,鲁惟南宫敬叔,宋惟司马牛,他无闻焉"。这些人在以前很难有受教育的机会。孔子创立的私学,打破了旧的教育格局,使下层人民的子弟也有了受教育的机会,对文化的下移起到了极大的促进作用。

其次,孔子的教育目的在于为社会培养"士""君子"。他主张"学而优则仕",改变了传统的"血(血统)而优则仕"的世卿世禄制局面。平民子弟上学后,也有了登上仕途的可能,这使每一个人都可以凭借自己的努力而改变自己的地位。这是非常了不起的贡献。

再次,他总结了一些符合教学规律的教育原则与方法。孔子善于根据学生在学业和性格上的特点"因材施教",对不同的学生用不同的方法进行教育。孔子还注重在教育学生时运用启发式方法,引导学生的学习动机,适时教育,以收到良好的教育效果。

复次,他具有"学而不厌,诲人不倦"的教学态度,是后人效法的榜样。孔子热爱教育事业,他把毕生的精力都倾注到了教育事业上面。孔子本人谦虚好学。他说自己"发愤忘食,乐以忘忧,不知老之将至"(《论语·述而》);又说"三人行,必有我师焉"(同上);还说"敏而好学,不耻下问"(《论语·公冶长》)。这些都值得人们学习。

最后，孔子总结了一些有价值的指导学生学习的方法。例如，要学、思结合，因为"学而不思则罔，思而不学则殆"（《论语·为政》）；要学、习结合，"温故而知新"（同上）；要学、闻结合，"多闻，择其善者而从之，多见而识之"（《论语·述而》）；要学、用结合，"耻躬之不逮"（《论语·里仁》），"耻其言过其行"（《论语·宪问》）；学习还应该有实事求是的态度，"知之为知之，不知为不知"（《论语·为政》）。总之，孔子的学习经验诚如《中庸》所概括的那样，是"博学之，审问之，慎思之，明辨之，笃行之"。

2.删定六经

儒家所尊奉的《诗》《书》《礼》《乐》《易》《春秋》等六经，是中国文化的经典，这些经典以及在此基础上逐渐衍生出的所谓"十三经""四书"等经典体系，是中华文明的大经大法，是华夏民族共同的价值体系，是文化生命的精粹、文化传统的结晶，对于中国人的民族性格、思维方式、制度建构、行为习惯、社会生活皆有既深且远的影响，在政治、经济、教育、文化、伦理、道德、法律、宗教、艺术等各个领域都打上了不可磨灭的印记，可谓"文明渊薮"。正如李澄源先生《经学通论》所云："吾国既有经学以后，经学遂为吾国人之大宪章，经学可以规定私人与天下国家之理想，圣君贤相经营天下，以经学为模范，私人生活以经学为楷式，故评论政治得失，衡量人物优劣，皆以经学为权衡，无论国家与私人之设施，皆须于经学上有其根据。"可以说，"六经"之于中华文明的影响与地位，就如《圣经》之于基督教文明、《古兰经》之于阿拉伯文明的影响与地位一样。而"六经"之形成与孔子有着莫大的干系。"六经"文本在孔子之前尽管已经存在，也逐渐有了重要典籍的地位，但六经之形成却要始于孔子。

孔子以前，学术官有，典籍文献由官府保存。春秋以来，情况发生了巨大变化，即所谓"周室微而《礼》《乐》废，《诗》《书》缺"（《史记·孔子世家》）。虽然前代的典籍也有传述，但像孔子这样的学者也已经有了"文献不足"（《论语·八佾》）的感叹。

先代典籍虽有散佚，但孔子还有不少接触，并对其社会教化功能有深刻认识。孔子说："入其国，其教可知也。其为人也，温柔敦厚，《诗》教也；疏通知远，《书》教也；

广博易良,《乐》教也;洁静精微,《易》教也;恭俭庄敬,《礼》教也;属辞比事,《春秋》教也。"(《孔子家语·问玉》,《礼记·经解》)又说:"六艺于治一也。"(《史记·滑稽列传》)孔子补救保存、整理传播了"六经"。"六经"(现存"五经")反映了夏、商、周特别是春秋时期的政治、经济、文化、思想,并融入了孔子的政治理想、思想主张,是富有学术价值和史料价值的古代文化瑰宝。孔子"述而不作",通过整理、删定、诠释,将六部古代文化典籍纳入自己的教学教化体系,从而赋予了这些典籍前所未有的新价值、新意义。孔子正是通过"整理古文献,赋予新意义",实现了对古代文化"在解构中重建,在诠释中开展"(林安梧语)。可以说,"六经"既是孔子儒学思想的文本来源,又成为反映孔子儒学思想的经典文本。

在周末"官守"散失时代,孔子是第一个保存文献的人。孔子自称"述而不作,信而好古"(《论语·述而》),并说"我非生而知之者,好古,敏以求之者也"(《论语·述而》)。他本着这种精神不断地学习、研究、整理古代文化典籍。司马迁称赞孔子说:"自天子王侯,中国言'六艺'者,折中于夫子,可谓至圣矣!"道出了孔子对继承和发扬中国古代文化的巨大贡献。

孔子与"六经"的关系,具体表现在"论次"《诗》《书》,"修起"《礼》《乐》,"赞"《易》,"作"《春秋》。

首先看"论次"《诗》《书》。

孔子整理《诗》《书》的方法,《史记·儒林列传》称之为"论次"。所谓"论次",应该是研究整理,去其冗杂,重新编排。

《诗》,后世又称为《诗经》。司马迁在《史记·孔子世家》中解释说:"古者《诗》三千余篇,及至孔子,去其重,取可施于礼义,上采契后稷,中述殷周之盛,至幽厉之缺,始于衽席,故曰《关雎》之乱以为《风》始,《鹿鸣》为《小雅》始,《文王》为《大雅》始,《清庙》为《颂》始。三百零五篇孔子皆弦歌之,以求合《韶》《武》《雅》《颂》之音。"不仅谈到《诗》在孔子以前是什么面貌,也谈到孔子为何以及怎样整理《诗》。

今本《诗经》以外有不少的逸诗,说明今本《诗经》的确经过了编订。儒家典籍所述所引基本不离今本,很能说明它经过了孔子的删定。《论语》两次提到"诗三百",又有 12 次提到"诗",除了个别句子,所引诗篇都在今本《诗经》。《孟子》引"诗"共 37 次,其中也仅有一次称引逸诗,而且只有一句。孔子删《诗》,标准之一是"取可施于礼义",由此"以备王道,成六艺"(《史记·孔子世家》),作为儒家的教科书。因此,在后世的著作中,儒家诸子所引逸诗的比率明显不及其他各家。

《诗》在孔子之前已经形成。鲁襄公二十九年(前 544 年),吴国公子季札至鲁"请观周乐",鲁国师工所歌《诗》之内容与今日所传的《诗》相近。时孔子 8 岁。鲁国乐工所演奏的《国风》和《雅》《颂》等虽然编次与今本大体相同,但毕竟二者还有差异。对于这种差异,晋朝学者杜预已经有所注意。他在《春秋左传集解》中将演奏次序与今本不同者一一注明,并说:"后仲尼删定,故不同。"《诗》经孔子而删定,这恰是很好的证明。

在长期的传授过程中,《诗》出现了错讹,曲调离谱,或有句而不能成章,或有章而不能成篇。孔子留意搜求,核对校勘,对《诗》进行整理。情况很可能是,他对《诗》的语言文字进行了统一整理,还删除重复篇章,调整了篇章编次。

孔子认为,《诗经》内容丰富、思想纯正。在教学中,他首先进行的就是《诗》的教学。他说:"《诗》三百,一言以蔽之,曰:'思无邪。'"(《论语·为政》)又说:"小子何莫学夫诗? 诗,可以兴,可以观,可以群,可以怨。迩之事父,远之事君。多识于鸟兽草木之名。"(《论语·阳货》)孔子认为《诗》可以使人"温柔敦厚",具有陶冶性情、表情达意的作用,所以非常重视"诗教"。孔子说:"人而不为《周南》《召南》,其犹正墙面而立也与!"(《论语·阳货》)他认为:"不学《诗》,无以言。"(《论语·季氏》)

《书》,又称《尚书》《书经》。在孔子之前,已经有《夏书》《商书》《周书》等散篇流行于世。《尚书纬》记曰:"孔子求《书》,得黄帝玄孙帝魁之书,迄于秦穆公,凡三千二百四十篇。断远取近,定可以为世法者百二十篇。以百二篇为《尚书》,十八篇为《中侯》."所记虽未必足信,却说明孔子整理编纂《尚书》是有资料可寻的。

孔子认识到三代时期文献档案的思想和文献价值,便广泛搜求,把零散的资料汇编成集。他"序《书传》,上纪唐虞之际,下至秦缪,编次其事"(《史记·孔子世家》)。孔子所做的工作,主要是"编次"和"纂",即对古代文献进行汇集编排。孔子不仅作了《书序》,还进行了断限和选材,"断远取近","上断于尧,下讫于秦","其文不雅驯"者不选,舍弃了尧舜以前的材料。从此,《书》就成为孔子所编订的这部文献总集的专称。

其次,再来看"修起"《礼》《乐》。

孔子曾经"修起《礼》《乐》"。《礼》是指《仪礼》。孔子应当对《礼》和《乐》进行过整编和修订。

《仪礼》现存 17 篇,记载了周代所倡导和施行的有关仪节制度和行为规范。殷商时代,礼主要表现在祭祀仪式方面。周灭殷后,承袭部分殷礼,加以改造成为周礼,并扩展到社会政治范围。

儒家强调"陈其数"而"知其义",讲求礼的本质意义,不仅要明了各种礼仪的具体规定,更要明了其中的思想内涵。孔子"追迹三代之礼",对《礼》有所阐述,所以司马迁说"故《书传》《礼记》自孔氏"《史记·孔子世家》。

《仪礼》17 篇的某些内容可能是周公"制礼作乐"时所规定的一些礼仪。《经典释文·序录》说"《周》《仪》二礼并周公所制"很有道理。礼典的实行往往先于礼书的撰作,礼书很可能是对已经施行的礼制的系统化和总结。《礼记·杂记》说:"恤由之丧,哀公使孺悲之孔子,学士丧礼。《士丧礼》于是乎书。"孺悲从孔子学习士丧礼,以后才有了著于竹帛的《士丧礼》。《仪礼》中的其他篇章也很有可能与孔子有关。《礼经》(即《仪礼》)应当经过了孔子的整理与传授。孔子对礼确有"修起"之功,所以《汉书·艺文志》说:"《礼古经》五十六卷,《经》十七篇。……《礼古经》者,出于鲁淹中及孔氏,与十七篇文相似,多三十九篇。"

现存经书没有"乐经"。"六经"中的"乐经"何指,人们看法不一。先秦秦汉时期,人们把《诗》《书》《礼》《乐》《易》《春秋》并提,历史上有名为《乐》的书籍存在应该没有问题。有人认为,《乐》本来有经,只是因为秦始皇焚书而亡佚。由于《诗》具有可以"弦歌"的特征,所以也有人认为它原来只是附于《诗经》的乐谱或者举行礼仪活动时所奏的乐曲,未必有经文存在。对于作为"六经"之一的《乐》,今天可以从《周礼·大司乐》和《礼记·乐记》等篇之中略知其中的一些精神。

孔子重视音乐,也精通音乐。孔子以仁为本,礼、乐并提。他说:"人而不仁,如礼何?人而不仁,如乐何?"(《论语·八佾》)他强调音乐对人的塑造作用,认为人应当"兴于诗,立于礼,成于乐"(《论语·泰伯》),通过"乐"方能达到"仁"的最高境界。在音乐上,孔子造诣很深,在齐闻《韶》乐,三月不知肉味;孔子曾与鲁国的太师谈论音乐,他从声调方面说明乐的发展。孔子早年就"恶郑声之乱雅乐也"(《论语·阳货》),对音乐有独到的见解,他晚年自述道:"吾自卫返鲁,然后乐正,《雅》《颂》各得其所。"(《论语·子罕》)他对乐进行了加工和整理,确有"正乐"之功。

再次,我们来考察孔子"赞"《易》。

《周易》有"经"有"传"。《周易》古经本为卜筮之书,分上经、下经两部分。"传"又称为《易传》。《易传》有七个部分,共十篇,所以叫作"十翼",意思是它们是"经"的羽翼。

《汉书·艺文志》称《周易》"人更三圣,世历三古",认为伏羲创八卦、周文王演重卦、孔子作《易传》。孔子之前,《周易》长期流传,鲁国还保存了论述卦象的《易象》。孔子晚年对《周易》有浓厚的兴趣,说:"加我数年,五十以学《易》,可以无大过矣。"(《论语·述而》)司马迁说:"孔子晚而喜易,序《彖》《系》《象》《说卦》《文言》;读《易》,韦编三绝。曰:'假我数年,若是,我于《易》则彬彬矣。'"(《史记·孔子世家》)据此,《易传》应为孔子所作。不过,自从宋代欧阳修以来,持异议者渐多。至近代以来,学者多否定孔子与《易》有关。1973年,长沙马王堆汉墓出土的帛书《易传》,说明孔子确实与《易传》密不可分。其中的《要》篇记载了孔子晚年研究《周易》的情况，说"夫子老而好《易》，居则在席，行则在橐"。孔子肯定《周易》有往圣遗教。他所要探讨的是《周易》蕴涵的义理。他说，《周易》"有古之遗言焉。予非安其用，而乐其辞"，并说他与卜筮者不同，自己是要"观其德义"，"与史巫同途而殊归"。孔子还说："后世之士疑丘焉，或以《易》乎？"其口吻与《孟子》所载孔子所说"知我者，其惟《春秋》乎！罪我者，其惟《春秋》乎"十分近似。孔子笔削了《春秋》一书，所以他才口出此言。由此推之，孔子与《易》的关系也非同一般。如果细致观察，我们可以看到，《易传》的思想与孔子思想是一致的，同《论语》一样，虽然非孔子手著，而是陆续成于孔门弟子或再传弟子等之手，但其思想应属于孔子，孔子是《易传》一定意义上的作者。

最后，我们来看孔子"作"《春秋》。

《春秋》是我国的第一部编年体史书，系孔子根据鲁国史书修编而成的。该书纪事起自鲁隐公元年（前722年），迄于鲁哀公十四年（前481年），以鲁国为主，记录了春秋242年的历史。

《春秋》是孔子基于世道衰微的社会现实而作的。其时诸侯纷争、礼坏乐崩、君臣父子名分紊乱，孔子深为忧虑，于是作《春秋》以警戒乱臣贼子。《孟子·滕文公下》云："世衰道微，邪说暴行有作，臣弑其君者有之，子弑其父者有之。孔子惧，作《春秋》。《春秋》，天子之事也。是故孔子曰：'知我者，其惟《春秋》乎！罪我者，其惟《春秋》乎！'……孔子成《春秋》而乱臣贼子惧。"

孔子在特殊历史条件下写成《春秋》，有深刻的政治寓意。《孟子·离娄下》说："王者之迹熄而诗亡，诗亡然后《春秋》作。晋之《乘》，楚之《梼杌》，鲁之《春秋》，一也。其事则齐桓、晋文，其文则史，孔子曰：'其义则丘窃取之矣。'"《春秋》是孔子所作，它与晋、楚、鲁等国史书不同，其中含蓄着孔子的"窃取"之义。司马迁也多次论及"孔子因史文次《春秋》"（《史记·三代世表》），还指出《春秋》的写作原则是"据鲁，亲周，故殷，运之三代"（《史记·孔子世家》），通过鲁国史事来表现周朝的王道之义。

杜预在《春秋左传序》中也说："仲尼因鲁史策书成文,考其真伪,而志其典礼,上以遵周公之遗制,下以明将来之法。"

不少人否认孔子作《春秋》之说。有人认为《左传》记载孔子"修"《春秋》,孟子说孔子"作"《春秋》,这与孔子自称"述而不作,信而好古"相矛盾。其实,"孔子修改鲁史,自其本于旧作而言是'修',由其终成新书而言是'作',其间实无矛盾……孔子自谦'述而不作',弟子后人尊之为圣人,则称为'作',其间也没有矛盾。如因孔子有此语,就否定孔子有所著作,便与实际不合了。"有人认为早在孔子以前鲁国已有《鲁春秋》,且文字与今之《春秋》大体相同,因此今本《春秋》其实是《鲁春秋》。其实,二者有相同之处,是由于孔子修《春秋》时参考了《鲁春秋》,因此而否认孔子作《春秋》十分牵强。

《春秋》寄寓了孔子的"微言大义",融入了孔子的思想主张,最直接地表现了孔子的观点,所以《史记·太史公自序》说"《春秋》以道义"。《春秋》本着"拨乱世,反诸正"(《公羊传》哀公十四年)、"为尊者讳,为亲者讳,为贤者讳。"(《公羊传》闵公元年)等原则进行编写,具有针砭时弊、规范世人的意义。

有学者将孔子整理"六经",与印度佛家经典之结集相提并论,誉为"世界文化史上之重大事业"。并提出:"前乎孔子者,虽有传说'始终典学'之语,然未尝有言之亲切详备如孔子者,则虽谓吾民知学,自孔子始可也。"

然而,学界还有另外一种怪异的言论,说孔子删诗书是中国文化的一大劫难,如果"不删"的话,中国文献可能会丰富许多。这简直是非诬即妄了。还是引郑先生的话来说吧:"孔子者,中国文化之中心也。……孔子者,中国纯粹之古典学家也,而老子则否。孔子主为学日益,而老子则主为道日损,故老子素不以书籍所备言语为重,尝语孔子曰:'子所言者,其人与骨皆已朽矣,独其言在耳。'然果如老子所言,使古代载籍,任其放佚,则寖衰寖微,古代之文化,复从何考见乎?故曰孔子者,中国文化之中心也。"

### 3.创立儒学

孔子在承继三代文明尤其是周代礼乐文明的基础上,集上古文化之大成,以创造性的转化的立场创立儒学体系,开百世文明之新统,承上启下,继往开来,儒学成为两千多年中国文化的主流和正统,其影响不仅波及东亚,形成了儒教文化圈,而且远播欧洲,成为人类历史上不可多得的几个大的文明形态和文明体系,至今仍发挥着不可或缺的作用。

孔子处在春秋末年,面对急剧变革的社会现实,创立了以修己安人之道为基本内容的学说。孔子熟悉夏、商、周三代文化,羡慕西周初年由周公制礼作乐而奠定的周代礼乐文化。孔子以继承和发扬礼乐文化传统为己任,不仅收徒授学,以《诗》《书》《礼》《乐》等教育学生,而且对古代文化特别是礼乐文化加以反思和总结,抽象其根本精神,从而建构了以"礼、仁、中庸"等为基本内容的儒家思想学说。

孔子思想的发展有一个历史过程。他早年关注最多的是"礼";步入社会后,他念念于怀的是怎样以周代礼乐重整社会。他到处推行"礼"的主张,却事与愿违、处处碰壁。他开始越来越多地提到"仁",议论"仁"与"礼"的关系。孔子"仁"的学说逐步得到拓展和完善。随着社会阅历的增加,孔子的人生境界逐渐提高,晚年更达至"从心所欲不逾矩"的佳境,并在《易传》中阐发了自己的哲学思想,他的"中庸"思想也臻于成熟。

我们首先来看孔子的"礼"的政治思想。

"礼"是孔子思想学说的基本范畴。孔子尊崇周礼,在他看来,周代的"礼"发展已十分完备。他认为,上自周朝天子,下至庶民百姓,都应当自觉遵守"礼",不仅践行礼的外在形式,更要领会礼的内在精神。

孔子重视政治,认真研究过君臣关系,把君臣关系置于各种社会关系的重要地位。孔子政治思想的理论基础是他的德政学说。孔子注重修身,德政乃以修身为根本。他认为,正人必先正己,在修身的基础上才可以追求齐家、治国、平天下。孔子的德政思想,用他的话说就是"为政以德"。所谓德,便是以"礼"为标准,处理好社会中的各种人际关系。

孔子生活在"天下无道"的春秋末年,一生"自东至西,自南至北,匍匐救之",来挽救"礼仪废坏,人伦不理"(《韩诗外传》卷五)的危局。孔子十分重视"礼",极力主张以"礼"为标准处理社会关系。他青少年时学礼、襄礼,仕而"齐之以礼",主张"复礼",以"礼"作为评论诸侯国政治、人事的标准,"不学礼,无以立"。

孔子重视"礼"的教化作用,希望人们通过加强修养,以"礼"为标准约束自己,达到人际关系的协调。他对"礼"的功能有深入的研究和认识。他归纳"礼"的意义,希望通过"礼",使人"敬上""弗畔",最终实现社会稳定有序。广义的"礼"包括"乐"在内,即所谓的"礼乐"。"礼"的作用在于别异,区分上下、贵贱的等级;"乐"的功能则是合同,使具有不同身份地位的人和谐共处、亲爱融洽。"礼"与"乐"相互为用,最终达到安定社会的目的。

从本质上讲,"尊尊"与"亲亲"是"礼"的两个重要原则。"尊尊"把人分为若干等级,要求低贱者尊崇尊贵者,人民服从贵族、君主。"尊尊"实际上是维护等级制。"尊尊"首先要尊君。他要求"事君尽礼","事君,能致其身","事君,敬其事而后其食"。"尊尊"是等级制原则,"亲亲"则是宗法制原则。"亲亲"即以亲为亲,包括父慈、子孝、兄友、弟恭。孝悌是"亲亲"原则最为重要的部分。

为了挽救"礼坏乐崩"的社会状态,维护尊尊、亲亲的宗法等级制,孔子十分注重"正名",即按照周礼的标准匡正混乱的等级名分,使人的言论、行动符合名分的要求,使君臣、父子各安其位。孔子"正名"的主张,主要针对大臣、贵族对君主的僭越行为。他欲变天下"无道"为"有道",用周代的礼制改变"礼坏乐崩"的现实社会。

其次,来看孔子的"仁"的伦理思想。

在孔子的思想学说中,"仁"的地位十分重要。为了达到礼治目的,孔子提出并深刻阐发了"仁"的思想主张。从文字上看,"仁"从人从二,是指人与人之间的关爱,即孔子所谓"仁者爱人"。在新出土的战国儒简中,"仁"字从身从心,上下结构,其意义在于"反求诸身",即"反省自身",加强自身修养。

孔子"仁"的思想是他思考"礼"的政治思想时逐渐阐发的。在仁爱思想之下,进而推衍出了"爱""敬"等具体原则。在孔子那里,"仁"是向内求,"礼"是向外求;"仁"靠内在的自觉性,"礼"有外在的约束性。"礼"与"仁"密不可分,以"礼"的标准求"仁",修己爱人;用"仁"的自觉复"礼",实现等级有序。"仁"是"礼"的主要内容,"礼"是"仁"的外在表现。

孔子继承并发展了西周以来重视人伦关系的传统,深入思考了做什么样的人以及如何做人的问题。他特别强调"仁"的价值和作用,逐渐形成了他以"仁"为核心的伦理道德学说。孔子抓住当时人们思想意识中已经萌发的"仁"的观念,加上自己的理解和思考,对"仁"的思想加以充实、提高,使之系统化,从而形成自己明确而又完整的"仁"的思想体系。孔子的伦理思想以道德问题为核心,是一种典型的伦理型人文主义学说。

"仁"是孔子道德理论的基本原则,是各种道德规范、道德要求的基本出发点,整个儒家的道德规范体系都是以"仁"为核心展开的。孔子提出过很多的道德规范、范畴,在具体的道德方面提出过某些特殊的要求,除了"仁",还有义、礼、智、信、忠、恕、孝、悌、温、良、恭、俭、让、宽、惠、敏等。可以说,这些都是"仁"的体现,都是从"仁"的基本原则下派生出来的。与此同时,它们反过来又可以归结为"仁",或者说贯穿着"仁"的思想和要求。

综括孔子的伦理思想,其重要内容可以大体归纳为仁爱、孝悌、忠恕三个方面。仁爱是孔子伦理思想的灵魂,它要求人与人之间相互尊重、相互关心、相互信赖、相互帮助。孝悌是仁爱的根本内容,历代儒家都十分重视孝悌之道。在孔子那里,孝悌是指孝顺父母和敬爱兄长,又由这种亲子骨肉之情出发推及宗族,从而尊敬长辈、厚待亲友,最后再推及于整个社会。孝悌在于"亲亲",可以推而"尊尊",其本质在于使长幼有序,它的外延则在于君臣上下的等级规范,要求每一个人在具体的社会行为中给自身准确合理地定位。忠恕是推行仁德的方法,也是仁爱思想的重要内容。孔子认为他有自己的一贯之道。他的弟子说,这个一贯之道就是"忠恕",即所谓"己所不欲,勿施于人"(《论语·卫灵公》),"己欲立而立人,己欲达而达人"(《论语·雍也》)。

孔子重视伦理道德的社会功能,将仁爱等思想贯穿到社会生活的各个领域。在孔子那里,个人修养的目的在于济世安民,也就是所谓"修己以安人""修己以安百姓";而为政者更需要修养自身,从而"为政以德",实行德治。围绕道德理论,儒家思考并讨论过许多社会生活中经常碰到的重大问题,如义利关系、理欲关系、智德关系、人生观问题等。

最后,我们来考察孔子的"中庸"的思想方法论。

在孔子思想中,"中庸"是一个十分重要的概念。"中庸"不仅是儒家的道德准则,还是一种思想方法,是指以不偏不倚、无过无不及的态度为人处世。"中"谓中和、中正;"庸"谓常、用。

孔子提出了"中庸"的概念,把它作为最高的道德准则进行发挥。孔子的中庸思想承认矛盾的存在,但他认为对立的双方应当采取"致中和""和而不同"的方法,以防止矛盾的激化与转化,通过把握事物各方面的联系、平衡、调和、渗透等关系,寻找出事物的最佳状况。这里的"和"是处于动态中的"中",即"时中"。中庸就是"用中",就是将客观存在的"中"付诸实践,不偏不倚,切合时宜,达到"和"的目的。

孔子的"时中""中庸"思想渊源有自。孔子十分赞赏舜,认为他是真正的大智者,因为"舜好问而好察迩言,隐恶而扬善,执其两端,用其中于民"(《中庸》)。孔子"执两用中"的"时中"思想实际上包含了两个层面的意思:一是"无可无不可",一是"无过无不及"。没有一定可行之事,也没有一定不可行之事,一切都应以合"义"与否而定。中庸作为一种行为方式,具有很强的实践性。在社会生活的各个方面,孔子的主张都包含中庸的思想方法。

孔子的中庸思想与他的政治思想相互联结。他十分重视"礼",主张以"礼""制中",用"礼"作为衡量标准。"礼"是不断发展变化的。孔子的中庸思想本身也讲究"时中"与"权变",他希望处理事情审时度势,随时势的变化而处中。

孔子的中庸思想也主导了他对世界的看法,主导了他的人生境界。在孔子看来,人应当遵循自然与社会的运行法则,应当效法先王。孔子对自己心目中的圣王尧帝在"法天道"上的成功大加赞赏:"大哉尧之为君也,巍巍乎,唯天为大,唯尧则之。"(《论语·泰伯》)天道高于人道,天道应指导人道,人道要效法天道。孔子在区别了"天""人"概念的基础上,把"人"作为万物之灵长与"天""地"并列,称为"三才",从《易》道讲到了天道、地道、人道,讲到天地自然的运行规律,讲到做人应当遵循的法则。

孔子认为,历史在不断发展,在"损益"中前进。《周易》整部书都在讲"时",讲"变化",多次说到"与时偕行"。不管进退、出处,不管自励、教学,孔子一生都体现了"时"的智慧。他决不复古倒退,也不蔑视古人。他从历史中、从生活中体悟到了"时中"的哲学。孔子说:"愚而好自用;贱而好自专;生乎今之世,反古之道。如此者,灾及其身者也。"(《中庸》)

孔子以后,历代儒生对于中庸思想进行了反复的阐释与发挥,使中庸之道成为儒家认识世界、对待社会人生的基本方法。"中庸"不仅成为儒者认识世界的基本方法以及待物处事的基本准则,而且也成为社会人的心理积淀。

2005年,我们曾应国际孔子文化节办公室之邀,撰写了《新编祭孔乐舞歌词》,共分六个篇章,分别论述了孔子的哲学、教育、政治、社会思想,并对我中华之光辉未来予以期待。后被国际孔子文化节录用为祭孔乐舞歌词。下面将其抄录出来:

第一篇章　天人合一

天地玄黄,宇宙洪荒,民胞物与,泛爱八方,生生不已，盛德无疆，天人合一，道谐阴阳。

### 第二篇章　与时偕行

乾坤不老，日月无殇，泱泱华夏，屹立东方，

元亨利贞，与时行将，继往开来，永新此邦。

### 第三篇章　万世师表

三代巨典，六经华章，金声玉振，万仞宫墙，

博文约礼，教化其张，尊师重道，斯文永昌。

### 第四篇章　为政以德

人文化成，礼乐相襄，仁义礼智，至德煌煌，

君子德风，万民慕仰，德主刑辅，纲纪有常。

### 第五篇章　九州重光

躬逢盛世，国运隆昌，海晏河清，王道弥芳，

一阳来复，九州重光，和平崛起，远迈汉唐。

### 第六篇章　天下大同

讲信修睦，贤能其当，无争无战，美善斯扬，

修齐治平，三光永光，天下大同，协和万邦。

这篇"歌词"其实完全可以阐述我们心中孔子的贡献及其思想意义。

## 二、孔子的历史地位

纵观文化发展史，孔子思想的历史地位宜放在人类的历史中去衡量。孔子思想早已超越了国界，产生了世界性的影响。孔子所开创的儒家文明，直接影响了中国和东亚、东南亚的很多地区，形成所谓的"儒教文化圈"。有学者将孔子与希腊的苏格拉底、印度的释迦牟尼、西方的耶稣并称为"人类思维范式的奠定者"（雅斯贝尔斯）、"人类文化史里的四大智慧巨星"（程石泉）。在国外，也有人将孔子与佛教的释迦牟

尼、基督教的耶稣和伊斯兰教的穆罕默德并称。可是,放眼寰球,对于孔子和儒学,倒是表现为"墙内开花墙外红"。近代以来出现的"反传统主义",无论规模还是程度,在世界范围内都可谓独一无二。其影响所及,直至今日,当孔子在世界范围内赢得尊重的时候,在他的故乡中国,人们的评价与认识还有很大分歧。

那么,应当如何看待孔子思想的历史地位呢?

1.孔子是"轴心时代"的"轴心人物"

西方存在主义哲学家雅斯贝尔斯提出了"轴心时代"的理论。他指出,"发生在公元前800至200年间的这种精神的历程似乎构成了这样一个轴心,正是在那个时代,才形成今天我们与之共同生活的这个'人'。我们就把这个时期称作'轴心时代'吧,非凡的事件都集中发生在这个时期。"(雅斯贝尔斯:《智慧之路》中译本,中国国际广播出版社1988年版,第68页。)而"轴心时代"的主要表现是:"在中国,孔子和老子非常活跃,中国所有的哲学流派,包括墨子、庄子、列子和诸子百家都出现了。和中国一样,印度出现了《奥义书》和佛陀,探究了从怀疑主义、唯物主义,到诡辩派、虚无主义的全部范围的哲学可能性。伊朗的琐罗亚斯德传授了一种挑战性的观点,认为人世生活就是一场善与恶的斗争。在巴勒斯坦,从以利亚经由以赛亚和耶利米到以赛亚第二,先知们纷纷涌现。希腊贤哲如云,其中有荷马、哲学家巴门尼德、赫拉克利特和柏拉图,许多悲剧作者,以及修昔底德和阿基米德。在这数世纪内,这些名字所包含的一切,几乎同时在中国、印度和西方这三个互不知晓的地区发展起来。"(雅斯贝尔斯:《历史的起源与目标》,华夏出版社1989年版,第5页。)从而,使得这一时期成了世界历史的"轴心",自此以后,人类有了进行历史自我理解的普遍框架。直至近代,"人类一直靠

荷马塑像

轴心时代所产生的思考和创造的一切而生存,每一次新的飞跃都回顾这一时期,并被它重燃火焰,自那以后,情况就是这样,轴心期潜力的苏醒和对轴心期潜力的回归,或者说复兴,总是提供了精神的动力"(同上书,第14页)。我们且不论雅斯贝尔斯的理论是否完完全全适用于中国,但就其对于后世的影响而言,孔子可谓中国"轴心时代"的"轴心人物"。

近代以来,孔子思想成为新学者攻击的对象。倡导新文化的思想家们为了推广新文化,着力从中国固有文化中发现可以与西方思想相契合的"素地",将墨学等诸子的地位进行重新估量,凸显诸子以贬抑孔子和儒家。自梁启超将孔子等同于诸子,尤其是胡适之先生《中国哲学史大纲》(上卷)的问世,这一被学人所艳称的所谓"诸子等量齐观"说影响日渐深远,已成为当今学人的"共识"。这种看法,虽然在近代起到了思想解放和意识形态转型的作用,但是却未必符合历史的实际。

孔子之学在汉代"独尊"之后,成为居于官方统治地位两千多年的意识形态,其他诸子与之地位悬殊,自然是有目共睹的。而"独尊"之前的孔学与其他诸子学说也不应当是"等量齐观"的。事实上,儒学与诸子学说不仅在后世地位不同,其价值也有天壤之别。

在现代很多学者心目中,儒学仅仅是产生于曲阜一地的思想学说,是鲁国地域文化的产物。蒙文通、劳思光等先生即认为儒学为鲁地之学,可以说是这一观点的代表。(参看蒙文通:《先秦诸子与理学》,广西师范大学出版社2005年版。劳思光:《新编中国哲学史》一卷,广西师范大学出版社2006年版。)即使所谓新儒家的代表人物杜维明先生也是如此认识。比如他多次谈到孔子儒学的三期发展,即从曲阜一地进而扩展到山东齐鲁大地,汉代成为全国性思想,第二期走向东亚,然后第三期就是走向世界。言下之意,儒学只不过是鲁国文化的产物而已。儒学当然有着鲁国地域文化的特点,但一种思想文化的产生,除了地域文化的影响之外,还与其创始人本身的人生阅历、知识积累、思想视野、文化气象等相关。比如孔子一生四处游学、博览群书,并具有开放性、与时俱进的特点,加之以"斯文"为己任,因之孔子儒学具有其他诸子学说所不具备的特质,也使得儒学在后世具有其他诸子学说无法企及的地位。而且即使从地域文化而论,这些学者也恰恰忽略了很重要的一点,即鲁文化除了作为一种地域文化之外,它还有一个其他地域文化所不具备的地位,这就是鲁文化乃是周代文明在东方的代表,或者说鲁文化体现的即是典型的周代文明。(关于鲁国历史与文化的具体特色及其特殊地位,可参看杨朝明:《鲁文化史》,齐鲁书社 2002 年版。)儒家文化亦不等同于鲁文化。鲁文化只是儒家文化诞生的一个母体。孔子所创立的儒学是在全面继承上古三代文明的基础上,通过因革损益、创造性转化而形成的。

根据牟宗三先生的看法,面对同样的"周文疲敝"的局面,只有儒家采取了承继和肯定的态度,其他诸子如道家、墨家和法家等都是否定的态度。(参见牟宗三:《中国哲学十九讲》,上海古籍出版社 1997 年版,第 43~65 页。)"述而不作,信而好古"的孔子"祖述尧舜,宪章文武"。以"六经"为主的中华元典,代表了早期中国文明的结晶,而只有儒家将之自觉地传承、诠释、践履。而孔子儒学之所以不同于其他诸子学说,也与其特质有关。

2.孔子思想是传统中国文化的主流和正统

在帝国时代,孔子受到中国士人和统治者的推崇。孔子生前虽几经磨难、备受艰辛,遭遇十分落寞,但其身后却被越来越多的荣耀光环所环绕。自汉高祖刘邦开始,历代王朝的帝王大都奉行尊孔政策,孔子也得到了帝制中国的追封,由先师、先圣,到文宣王、万世师表,从唐代起全国各地建孔子庙,祭祀孔子及历代先贤先儒,至 20 世纪初,全世界有孔庙 3000 座之多。

近代以来,人们在批孔时往往将孔子判定为"专制统治的帮凶"。鲁迅先生曾声称:"孔夫子之在中国,是权势者所捧起来的。"(鲁迅:《且介亭杂文·在现代中国的孔夫子》)李零先生认为,汉以来的大家所顶礼膜拜的孔子是"人造孔子",假孔子是孔子的学生、儒家以及统治者所捧起来的。(李零:《丧家狗——我读〈论语〉》,山西其实，这种说法很难说是得历史真相的"知人"之言。从历史的考察看，李零先生可能仅看到了事情的一面，而忽视了另外一个更为重要的方面。孔子之所以在身后备受荣耀和尊崇，乃是其本身的思想价值和贡献所决定的。如果没有这个作为基础，是不可能历两千多年而"独尊"的。因此，我们说，孔子和儒学的历史地位，乃是历史地形成的，并非人为的结果。

近代著名历史学家、文化史家柳诒徵先生对孔子如此评价：

孔子者，中国文化之中心也。无孔子则无中国文化。自孔子以前数千年之文化，赖孔子而传；自孔子以后数千年之文化，赖孔子而开。即使自今以后，吾国国民同化于世界各国之新文化，然过去时代之与孔子之关系，要为历史上不可磨灭之事实。故虽老子与孔子同生于春秋之时，同为中国之大哲，而其影响于全国国民，则老犹远逊于孔，其他诸子，更不可以并论。

其实，类似的评价早在元代武宗时期就有。例如他在曲阜孔庙元代封大成至圣文宣王碑中就说："先孔子而圣者，非孔子无以明；后孔子而圣者，非孔子无以法。"现代新儒家"三圣"之一的梁漱溟先生也曾说：孔子以前的中国文化，差不多都收在孔子手里；孔子以后的中国文化，又差不多都从孔子那里出来。（梁漱溟：《东西文化及其哲学》，商务印书馆 1999 年版，第 150 页。）钱穆先生也明确指出："孔子为中国历史上第一大圣人。在孔子以前，中国历史文化当已有两千五百年以上之积累，而孔子集其大成。在孔子以后，中国历史文化又复有两千五百年以上之演进，而孔子开其新统。在此五千多年，中国历史进程之指示，中国文化理想之建立，具有最深影响最大贡献者，殆无人堪与孔子相比伦。"（钱穆：《孔子传·序言》，三联书店 2002 年版。）明确表述了孔子在中国历史上、文化上的特殊重要地位。

不过，自从新文化运动以来，孔子被拉下"圣坛"，已经很少有人感受到孔子的"圣人"性。时至今日，很多研究孔子思想的学者，也对历史上的孔子"圣化"以及孔子与历代社会、政治的关系存在误解。

孔子生前，即有人将孔子比喻为"木铎"，称誉其为"大哉孔子"！孔门弟子以及孟、荀之所以将孔子推崇为"圣人"，并不仅仅是出于门户的偏见或自我标榜，乃是因为他们深切地感知到孔子的人格魅力及其思想的价值。

历代帝王对孔子的推崇，当然有"利用"孔子儒学以维护其政治统治的目的。但是，何以"利用"儒学就能够取得人心，就能够换来政治统治的稳固？这从另外一个角度反证了这种"利用"的合理性一面。如果说孔子曾经被统治者利用而今天就必须被摒弃的话，就像一个人拿刀杀人，法官不去追究杀人者的责任而斤斤计较的却是刀的责任一样"岂有此理"！孔子思想和儒家学说是真正适合中国土壤的思想学说，它给中国社会带来的益处大于其弊端。另一方面，孔子思想被"利用"，而不能真正实行于天地之间，并非孔子思想本身的过失，而是专制力量对其思想的篡改和控制。

那么，说孔子儒学是中国历史的正统和主流，是否就会否定其他诸子学说尤其是后世佛教和道教的地位与作用呢？当然不是。孔子儒学居于主流，并非说中国文化只有儒学，儒学等于传统文化；儒学是中国传统文化的主流，但显而易见的是，儒学不等于中国文化的全部。实际上，在中国历史上，孔子儒学与其他诸子学说、佛教、道教以及其他外来学说一直处于互竞互融、互为补充的合理和谐的文化生态之中。今天强调孔子和儒学的价值，是与其特殊价值和现代意义分不开的。

有人说：人天然是儒家。就儒学的人文特征和"人学"特质而言，这样的表述十分妥帖。这正说明了孔子之学是贴近人生和社会的。孔子所思所想，皆是从社会、人生出发的，是从人之常情出发的，他是以"人情"为基础而阐发"人义"的，因此才成为中国文化的底色和主流。当然，历史上儒学独尊，思想文化同样异彩纷呈。儒学本身是开放的，中国的大传统和小传统都是多元而非一元的。恰恰是这种历史的惯性，推动了近代对西学的接纳和认可，这是我们必须意识到的。也许正因为如此，有学者分析了中国历史上的思想多元主义现象，并对未来中国文化与西方文化的接榫表示了乐观的期待。(李晨阳：《道与西方的相遇》，中国人民大学出版社 2005 年版。)

孔子是圣人，这是历史的必然选择，是孔子思想的特点和价值所决定的，并非仅仅是"统治阶级"的一厢情愿。孔子不以"圣人"自居，但恰恰是因为他的谦虚成就了他的思想和人格。当然，孔子不承认自己是"圣人"，未必真的不是"圣人"。在孔子弟子心目中，孔子可谓"仰之弥高，钻之弥坚"(《论语·子罕》)。孔子弟子以孔子为"圣人"，司马迁以孔子为"至圣"(《史记·孔子世家》)，难道仅仅是这些人的"盲目尊崇"，就由此可以说孔子是"人造"的圣人？难道可以这样认为，孔子不承认自己是圣人所以孔子不是圣人，那么一个人自封为圣人那就是圣人了？

3.孔子思想为中华民族构筑了精神家园

明儒王阳明曾做过一个"三间房"的比喻，来衡量儒、释、道三教的历史地位。他认为，文化好像三间房屋，中间的堂屋是儒学，两边的厢房分别是佛教、道教。(《王阳明全集·年谱三》，上海古籍出版社 1992 年版，第 1287 页。)南怀瑾先生认为，中国传统文化主要是儒、释、道。佛教就像"百货店"，百货杂陈，样样俱全，有钱有时间就可以去逛逛。逛了买东西也可，不买东西也可，根本不去逛也可，但是社会需要它。道家则像"药店"，没有疾病可以不管不问，但有病就要进去。儒家的孔孟思想则是"粮食店"，民生日用不可或缺。(南怀瑾：《论语别裁》，复旦大学出版社 2006 年版，第 6 页。)这个比喻非常有趣，对于我们理解孔子儒学的地位和价值很有启迪。

孔子思想为中国人构筑了精致的精神家园，孔子也就成为中华民族的伟大导师。英国作家贡布里希在其《写给大家的简明世界史》一书中这样写道："他没有成为遁世修行者，而是当了官做了教师。他也不怎么在乎让单个的人不再有什么愿望不再受什么痛苦，他主要看重的是，让人们平平安安、和和气气地共同生活在一起。这就是他的目标，关于良好的共同生活的学说。这个目标他也达到了。在他的学说的影响下，伟大的中华民族比世界上别的民族更和睦和平地共同生活了几千年。""但是总的来说，不是老子，而是孔子成为他的民族的伟大导师，这应该说是一件好事。你说孔子在现实世界没有找到自己的精神家园,却以"斯文在兹"的信念为后世中国人建立了一个精神家园。失去了孔子智慧的启迪、儒学教化的润泽,中国人精神的家园会变得如何破败不堪,我们已经深有体会。

2007 年,中国共产党"十七大"高屋建瓴地提出了中国精神家园失落的问题,并将建设中华民族共有的精神家园的任务提上议事日程。这将直接推动传统文化的复兴,推动中华民族精神家园的重建,推动中华新文化的建设。

当今世界是一个多元的世界,现代社会是一个开放的社会。而作为中国传统文化主流的儒学也是开放性的。今天,我们建设中华民族共有的精神家园,复兴优秀的传统文化,自然要有轻重缓急之分,要抓住重点和关键。中华民族精神家园的建立,孔子和儒学就像房屋的架构,佛学和道教则像砖瓦,其他各种文化形态则是内部的装潢粉饰,只有各种文化齐放异彩,这个精神家园才能坚固耐用而又舒适可人。

4.孔子思想缔造了东亚儒家文化圈,成为东方文明的代表

孔子不仅形塑了中国文明的基本品格,而且远播海外、广被四海。历史上,以儒家文明为主干的中国文明在东亚大陆处于核心和主导地位,对周边地区产生了极大的辐射效应。尤其是随着中国与周边民族、国家的交流日益深入和频繁,朝鲜、日本、越南等深受中国政治和文化的影响,逐渐形成一个"儒教文化圈"。孔子和儒家的基本思想被这些国家所接受和奉行,并结合本民族的文化予以改造,形成富有本国特色的儒家儒教文明。可以说,孔子儒家思想对这些国家产生的深远影响,对东亚人的价值观、思维方式、行为模式、伦理观念、政治制度、教育体系的广泛而深入的影响,并不亚于在中国所产生的影响力。于是,在东亚各国,人们信奉孔子儒学,形成了一个有别于西方基督教和中亚伊斯兰教文明的东亚儒教文明。随着东西方文化的交流日渐频繁和深入,东亚儒教文化圈的鲜明个性和独特品格愈发突出,也愈发引起人们的关注。尤其是随着上个世纪中后期亚洲四小龙的迅速崛起,东亚儒教文化圈成为一个

不断被提及的话题和议论的焦点。而随着中国内地的后来居上,孔子和儒学更是受到世界的瞩目。

综上所述,从先秦至今的两千多年间,孔子成为影响中国最大的文化人物。孔学在历史上已经渗透在广大民众的观念、行为、习俗、思维、情感之中,自觉不自觉地成为人们处理事务、关系、生活的基本原则和方针,构成了中华民族的某种共同的心理状态和性格特征,积淀为一种"文化—心理结构"。它不完全、不直接依赖于经济的基础或政治的变革,具有相对的独立性。它作为一种比较稳定的心理结构和民族性格,具有适应不同历史阶段和阶级内容的功能与作用。因此,尽管儒学成为"游魂",但其千年影响仍在,其精神仍在,因此,孔学和儒学作为中国传统文化的主流,在中国文化的现代化过程中依然会发挥不可忽视的作用,当然这有赖于我们今人的创造性转化或转化性创造,以无愧于先哲孔子,无愧于中华民族,更无愧于时代使命。

### 三、孔子的永恒意义

孔子留下了宝贵的思想文化遗产,他站在当时历史的制高点上,深刻反思历史,思索现实,形成了他系统的思想学说。孔子心中有一片圣洁的天地,他孜孜以求的是天下为公、讲信修睦、奸谋闭而不兴、盗窃乱贼不做。为此,孔子十分关注社会与自然,也关注人心与人生。他主张从调适自我、完善人格出发,以和睦家庭、均衡社会、平治天下。孔子有克己成仁、忍辱载道的气质,有融合百家、会通兼容的气度。他希望人们明德向善、仁爱和谐、修己安人、提升境界,达至天人合一、物我共益,以位天地,以育万物。

孔子所创立的儒学,体大思精,作为一种实践之学,在两千五百多年的时间里深刻影响着中国、东亚,甚至远播海外,对全人类已经产生了广泛的影响,这种影响在可预见的将来将会越来越大。

孔子主张天人合一、民胞物与。今天我们已经尴尬地看到,随着人类对自然资源的肆意掠夺和疯狂攫取,人类也正在遭受大自然的报复。生态危机、环境污染、自然灾害、瘟疫流行、资源枯竭,长此以往,地球将何以堪?只有我们与自然和谐相处、呵护珍惜、合理利用,方能延续我们这个不堪重负的地球对人类的承载。

孔子提倡以人为本、仁者爱人。这种宝贵的理念,可以应对科学至上主义、消费主义带来的人的异化,纾解现代人的焦虑与困惑。儒学关注人的生命价值,提升人的道德境界,当我们把内心深处的爱从自己的亲人向外扩充、推广,爱心弥漫开来,让爱充满世界、洋溢全球,人类将会减少多少对抗和冲突啊!

孔子倡导和而不同、求同存异。世界本来就丰富多彩,人类的文化亦是多元共存。然而基于历史的原因,不同肤色、不同种族、不同信仰、不同国度的人们,却易于发生冲突。这种悲剧在今天的世界上依然不断上演,令人扼腕和忧虑!众所周知,单一的音符奏不出悦耳动听的音乐,单一的色彩绘不成赏心悦目的图画,单一的文化和宗教也将使这个世界变得单调和乏味,不再有魅力。经济的全球化绝不意味着文化的一体化、同质化。因此,学会尊重他人、尊重异己的文化和宗教,学会对话,放弃对抗,不同文化和宗教背景的人得以相互交流、互利共赢,这个世界才会更加美好、更加富有魅力!

孔子强调开放包容、与时俱进。如今,人类正借助科技的力量迅速地改变着这个世界,改变着我们的生活。时代发展,社会变迁,需要解决的新问题也不断涌现,挑战着当下人们的智慧。儒学绝不是僵化的,它总是随着时代的变迁而更新。全球化时代,儒学将面向人类的问题而思考。儒学绝不是封闭的,它总是不断地学习和借鉴不同文化、不同流派的思想成果。海纳百川,有容乃大。新的时代,古老的儒学也将立足于人类所面临的问题,以全球性的视野进行思考,与世界上所有的优秀思想相互学习和吸纳,以丰富和完善自我,焕发无穷的生机与活力。

回顾历史,我们发现,儒学的每一次发展,都与当时的社会变革、民族的命运休戚相关。自从孔子开始,儒家的知识分子就形成了"先天下之忧而忧,后天下之乐而乐"

的人世精神、人世传统。因此，每当社会发生变革，儒家知识分子就会勇于担负起时代赋予的神圣使命，关心社会问题，思考解决途径，构建新的适应时代的学说和理论，以求对深陷困境与危机的人生与社会指点迷津、贡献智慧。今天，地球变得越来越小，人类的命运越来越荣辱与共、风雨同舟，儒学也将再次以心系天下的胸襟迎接挑战。如今，儒学逐渐得到全世界有识之士的认可和赞誉，人们在东方文化中，在历久弥新的儒家思想中，受到缓解现代危机的启迪，获得走出人类困境的灵感。

"问渠哪得清如许，为有源头活水来。"从轴心时代走来的孔子儒学，是此后两千多年中国文化的"源头活水"。许多贤达俊彦已经意识到，只有我们放下现代人的虚骄和狂妄，平心静气并抱着一定的温情与敬意，回望遥远的古代贤哲——不管是孔子，还是苏格拉底；不管是佛陀，还是耶稣——这些人类思维范式的奠定者，总会毫不吝啬地回馈我们智慧的灵光。对于中国而言，以孔子儒学为代表的优秀传统文化，必将成为新时代的新文化、新思想的肥沃土壤和不竭源泉。对于世界而言，孔子的智慧也将提供一种不可多得的新鲜色彩和异调音符。这种不同的文化和思想，将有利于全球化时代多元文化的良性发展。

中国的发展需要儒学，世界的发展也需要儒学。

儒学属于中国，儒学也属于全世界。

# 第二章　孔子及弟子的传说

## 一、孔子的前身

　　孔子的名字叫孔丘，是中国历史上很有学问的人。他很聪明，随便啥事情都一看就懂，一学就会。他为啥这样聪明呢？有个来历。

　　要说孔子的来历先要说一说天界的鸿钧老祖和他的徒弟。鸿钧老祖有三个徒弟：大徒弟太上老君，二徒弟元始天尊，三徒弟通天教主。当初纣王无道，姜太公领了军队要消灭他。通天教主却大摆万仙阵，帮助纣王抵抗，被太上老君、元始天尊和他们的徒弟合力破掉。这一仗通天教主的徒弟十有八九都死脱了。通天教主哭到师父面前，师父说："你勿应该阻挡姜太公兴周灭纣，现在钉头碰着铁头了。这样吧，我把你的两个师兄找来，同你讲和就是了。"

　　鸿钧老祖把太上老君和元始天尊招来，叫三个徒弟通通跪下，要他们从今以后和好，勿许面和心不和。他又给三个徒弟每人一粒炸骨丹，啥人要起疑心就要炸煞。三个徒弟当场吞了炸骨丹，各自走了。

　　通天教主走到半路上想想勿对劲，师父还是在包庇两个师兄：两个师兄的徒弟都在身边，只有我的徒弟被他们杀脱了，还勿许我报仇。正当通天教主勿服气辰光，炸骨丹把他炸得粉碎，他真魂出窍，被师父招得去。师父说："你勿听我的话，才有这个下场，你下凡去吧！"

　　通天教主下凡投胎，那就是孔子。

鸿钧老祖又把太上老君和元始天尊召来说："你们的师弟炸煞了,他的魂魄已经下凡去了,你们也下凡一次吧!"两个徒弟勿敢违抗师父的命令,也只好下凡投胎。太上老君下凡就是老子李耳,元始天尊下凡就是庄子庄周。

鸿钧老祖为啥要让通天教主投胎为孔子呢?因为在万仙阵里,太上老君和元始天尊讥笑通天教主门下的徒弟都是畜生饭桶。鸿钧老祖让通天教主投胎的孔子博学多才,受到全天下人的敬仰,称他为"圣人",也算让他出一口气。

# 二、孔子拜师

孔子带了学生周游列国。

有一天,孔子离开一个国家到另一个国家去,他坐在车子上"的国的国"往前走,勿料有一个七岁的看羊小囝赶着一群羊迎面过来,将路口塞牢了。孔子叫他让路,看羊小囝勿睬他,双方弄僵了。

孔子对看羊小囝说:"我坐在车上沉沉重重,你空身赶羊轻轻松松,轻松让沉重,应该,应该。"

看羊小囝反驳说:"你坐在车上省省力力,我走路赶羊吃吃力力,省力让吃力,应该,应该。"

就这样,孔子和看羊小囝都不肯让。看羊小囝想了想,就对孔子说:"我们两个人各提三个问题,如果啥人回答不出,不但要让路,而且要拜对方做师父,你看行不?"

孔子一听,心想:我有学问,见识又广;你一个小小看羊小囝,肚皮里有多少墨水?所以一口答应。孔子想先难倒他好赶路,抢先说:"我先问你!"

看羊小囝大大方方地说:"好。"

孔子看勿起看羊小囝,就出了一个简单的题目:"你放了几只羊?"

小囝回答说:"黄廿三,黑廿三,白羊不多不少双十三,加上一只领头羊,一塌刮子七十三。勿相信,侬去数!"

孔子叫一个学生去数,果然一点勿错。孔子突然想起:我收学生三千,有才有德可以称为贤人的只有七十二人,加上我这先生,也是七十三,咳,这小囡阿是有意这样回答? 再一想,作兴是碰巧。不过,我出的题目太简单了,第二个题目一定要难一点! 又问:"侬的七十三头羊,一天吃几斤草?"

看羊小囡回答说:"黄七黑九白八斤,一天要吃五百七十六,加上领头羊要吃廿四斤,总共一天要吃六百斤。勿相信,羊空肚辰光你可以称一称。"

孔子差一点要笑出来:我赶路要紧,啥人有工夫去称羊? 当即就出了第三个更难的题目:"你每天放羊,草吃光了怎么办?"

这小囡想也不想就回答说:"东山吃短西山长,西山吃短东山长,长吃短,短长长,不愁羊群饿肚肠!"

孔子呆脱了。他想:我们师生周游列国,有辰光还要担心饿肚皮,看来还不如一群羊来得心定呀。

看羊小囡看孔子闷声不响,就开口了:"你问的三个问题我都回答了,现在轮到我问你了!"

孔子想:我知识渊博,他提的问题,我肯定像三只指头捏田螺——十拿九稳!"就请提吧。"

看羊小囡问了:"天上有多少星?"孔子一听急了,他想:天上的星哪能数得清? 所以叫起来:"太远了,太远了,地上的人哪能出天上的题目!"

看羊小囡说:"地上就地上。我问你,地上有多少山?"

孔子一听,又急得连忙说:"虽然是地上,但天下迭恁大,我虽周游列国,不过是跑了一小部分,再讲山有近的,还有远的,哪能数得清? 你应该出近一点的题目!"

看羊小囡想了想,笑嘻嘻说:"近一点就近一点,离侬最近最近的地方。你眼皮上下有几根毛?"

孔子一听,面孔涨得通红,一句话也回答不出了。他只好服服帖帖地从车上下来,对看羊小囡行了三个礼,叫了一声"师父",并且叫人把车拉到路边让路。

看羊小囡笑眯眯对孔子说:"老弟子,人家都说'活到老,学到老',你学问虽然好,但勿能卖老啊!"

孔子连忙说:"对对,我接受师父的教诲。"

## 三、孔夫子打赌

有一次,孔夫子来到一个镇上,见一家店的招牌上写着"打赌店",心里奇怪:这是啥个店,就走进店堂看个究竟。

店老板看见有顾客进来,就笑呵呵地迎上来。走近了一看,原来是大名鼎鼎的孔夫子,忙说:"老夫子来光顾小店,看来今朝生意要豁边了。请问老夫子晓得本店的规矩?"

孔夫子说:"勿晓得。"

店老板说:"凡到了本店必须打赌,十两银子一次。"

孔夫子问:"哪种赌法?"

店老板说:"我来问你三句话,或者你来问我三句话,啥人说错就算输,付十两银子。"

孔夫子想:这倒新鲜,勿晓得是啥个白相,就点头答应了,让店老板先来发问。

店老板问了:"你叫啥名字?"

孔夫子说:"姓孔名丘字仲尼。"

"你家里父母都健在吗?"

"父母都健在。"

"你现在到啥地方去?"

"云游四方。"

店老板眯着眼笑说:"老夫子输脱了。"

孔夫子问:"哪能是输脱了呢?"

店老板说:"老夫子勿是对你学生说过'父母在,不远游'吗?既然你这么说了,为啥还要去云游四方?"

孔夫子眼睛拔腾拔腾一时倒说勿出话来,只好认输摸出十两银子,垂头丧气地走了。

孔夫子走到半路,碰着八仙中的铁拐李,就将打赌的事体说了。铁拐李听完,就要孔夫子陪他到那个店里去。

店老板见顾客上门,又将打赌的规矩说了一遍。铁拐李就让店老板先来问他。

店老板问:"你叫什么名字?"

"铁拐李。"

"你背的是啥?"

"葫芦。"

"葫芦里装的是啥?"

"灵丹妙药。"

店老板说:"你输脱了。"

铁拐李问:"输在啥地方?"

店老板说:"既然你葫芦里装的是灵丹妙药,为啥你这条腿还是跷发跷发的呢?"

铁拐李一听,没有闲话,只好索索抖抖摸出十两银子认输,同孔夫子一道走出店门。

两人走了一会儿,碰着一个杀猪人。杀猪人看见他们两个垂头丧气的样子,就停下来问。孔夫子将两个人输脱廿两银子的事体说给他听。勿料杀猪人一听哈哈大笑:"稀奇稀奇真稀奇,你们一个圣人一个仙人,实头笨得勿转弯,这种小噱头也会输脱?走!我去。"

三人来到打赌店,店老板对杀猪人也讲了一遍打赌的规矩。

杀猪人说:"我来打廿两银子的赌,我问你答。"

店老板很自信地说:"可以。"

杀猪人张口就说:"你的头有七斤重。"

店老板问:"你哪能晓得的?"

杀猪人从腰里抽出一把杀猪刀放在柜台上说:"你要是不相信,把头割下来称一称就明白了。"

这一趟轮到店老板的眼睛拔腾拔腾了,只好认输,付出廿两银子。杀猪人将银子还给了孔夫子和铁拐李。

孔夫子曾经说过这样的话:"问稼,吾不如老农;问菜,吾不如老圃;问话,吾不如屠夫。"这段话就是他走出打赌店,拿回了十两银子的辰光说的。

## 四、颜回烧粥

孔子带了七十二个学生周游列国,到处讲学。七十三个人出去开销很大,讲学又没啥进账,所以他们生活很苦。有的地方对他们比较欢迎,给他们吃,给他们住,日子比较好过。有的地方对孔子不大相信,所以对他们很冷淡,吃的、住的都要他们自己想办法,那日子就难过了。

有一天,他们到了一个地方。当地人对他们不理不睬,他们只好住在一个破庙里。住还可以将就过去,吃就困难了。那天他们一天没吃东西,到了下午,孔子也饿得吃不消了。他想,再不想办法,夜里再要饿一顿怎么办呢? 就叫子路出去讨一点米来。因为子路口才好,出去没多少辰光讨了一袋米。但是这一袋米如果烧饭,七十三个人是不够吃的。孔子想,就烧一顿粥吃吧。他就叫颜回去烧粥,因为颜回老实,孔子对他很放心。

颜回照先生吩咐,到庙里一间灶间里淘米、生火、烧粥。到差不多辰光,颜回揭开锅盖想看看粥是不是稠韧了。想不到这房子已经很久没有住人了，上面都是蓬尘，锅盖一开，一股热气冲上去，把梁上的蓬尘吹下来，正好落到粥锅子里。颜回看了十分着急，他想，这一锅子粥本来就不多，七十三个人分来吃，每人只好吃大半碗。要是把弄龌龊的粥盛出来倒掉，那就更加不够吃；要是搅搅烂污只当看不见，用铲刀搅和搅和盛给大家吃，又觉着心里意勿过。那怎么办呢？后来他想出了一个办法，把弄龌龊的粥盛出来自己先吃，然后把剩下来的粥分给他们七十二个人吃，这样，他们每人都可多吃一点。他打定主意，就先把有灰尘的粥盛在碗里，走到门背后去吃。

这辰光子路正好走过，看见颜回躲在门背后吃粥，心里很光火。他想，我们大家都一天没吃东西，连先生这么大年纪也在饿肚皮，我好不容易讨来一点米，你倒先吃啦！他心里气不过，就去告诉先生。

孔子听了不大相信。他想，颜回一向老老实实，不会做这种事体的。但是子路也不会瞎讲，那是怎么一桩事体呢？他又想了一想，对子路说："你不要响，等会我来问他。"

颜回吃完一碗龌龊的粥，才把锅子里的粥分成七十二碗，然后叫大家来吃粥。

在吃粥之前，孔子对大家说："大家慢一点吃。今朝大家饿了一天，多亏子路出去讨来一点米，夜里大家可以吃一碗粥，这碗粥也真是来得不容易。大家在吃粥之前先要想一想，今朝有没有做过错事？啥人做过错事就讲出来，否则吃了这碗粥是要积食的。"

一班学生都一日没有吃过东西，看见这碗粥真有点极吼吼，听了孔子的话都在想：先生又要多花头了，所以大家都不响。

进了一会儿，颜回站起来说："先生，我有一桩事体，是不是错事我自己吃不准，我讲出来请先生判断。"接下来颜回就把刚才的事体详详细细讲给孔子听。

孔子听了心里很高兴，对颜回说："你这桩事体办得很好，不能算错事。"

子路在旁边听得难为情，也站起身来说："先生，我没把事体弄清爽就瞎猜疑，而且还到先生面前告状，是我做了错事。"

孔子说:"知过就改也是好事体,大家吃粥吧!"

师生七十二人就一道稀里哗啦吃粥了。只有颜回没有吃,因为他刚刚已经吃过了。

## 五、孔子和如来佛

相传如来佛的额头上,有一个肉疙瘩,是孔子用手指给弹的。

一天,孔子刚走进一座佛堂,就听见有人叫他:"孔仲尼,孔仲尼,你过来。"孔夫子闻声四处寻找,佛堂内没有一个人,只有泥塑木雕的如来佛坐在莲座儿上对着他笑。孔子走上前,指着他的鼻子说:"是你叫我?"如来佛哈哈大笑起来:"你是圣人,我是佛祖,今天相逢,我俩比试比试怎么样?"

孔子看着如来佛,心想,你是神,我是人,你有神法,我有人的办法,未必会输。主意已定,孔子就爽快地应道:"好哇,我们比什么?"如来佛说:"我们就念字吧,谁猜对了,就在对方的额头上弹三下,猜错了,就挨三下。"

孔子一听,挺高兴,心想,认字是我的专长,没什么怕的。孔子走到供桌前,拿起香头儿,用香灰画了一个"矮"字。如来佛一看,马上说:"这不是'矮'字吗? 这么简单,还来考我!"孔子说:"不对,这不是'矮',是'射'字,左边是个'矢'字,矢就是箭;右边一个'委'字,表示人。这个人拿着弓箭,不是'射'又是什么呢?"说得如来佛哑口无言,只好伸着脖子,让孔子弹他的额头。孔夫子心中暗暗思量,平时你神气得够呛,这下我可不会饶你。他爬到如来佛身上,使上全身力气,在如来佛额头上狠狠地弹了三下。这三下弹得如来佛眼睛直冒金星,额头上顿时起了一个肉疙瘩。如来佛心想,好哇,你孔子下手这样重,我一定要让你知道我的厉害。他忍着痛,拿起香头儿,在香炉碗里画了一个字叫孔子猜。孔子一看,说:"这是'射'字。"如来佛一把抓住孔子:"这下让你也尝尝我的三下!"孔子有点儿心慌,忙分辩:"是'射'字,怎么错呢?"如来佛用手指点着"射"字说:"左边是'身',右边是'寸',身子只有一寸长,应念作'矮',不是'射'。"说完,如来佛摸摸额头上的红疙瘩,闭上眼睛,运足一口气,准备狠狠地还孔子三下。当他睁开眼要弹时,孔子早已不知去向了。

就这样,如来佛至今额头上还有一个肉疙瘩,他那中指还弯曲着,是要弹孔子脑瓜崩儿。

## 六、孔子问礼

其一

春秋时期,孔子和老子各成一"家",孔子是儒家,老子是道家。当时,儒、道两大学派都很兴旺,但是孔子的"儒教"老是碰钉子。孔子听说老子"道教"很有威望,总是想去了解一下,但始终没有机会。

这一年,孔子下决心,借游说的机会去见老子。他带着门徒,到了亳州城内的"道德宫"前,见门关着,便上前问道:"里边有人吗?"只听门闩一响出来个少年,问:"你们是干啥的?"

"我叫孔丘,来求见老子。"

小孩到里面,一会儿出来说:"我老师不在家,明天再来吧。"说罢将门"啪"的一声关上了,把孔子和徒弟都弄得面红耳赤,无奈只好返回。

第二天,孔子仍领着门徒来到"道德宫"。上前一看大门敞着,很高兴,但进门一看,二门紧闭。孔子上前拍门,说:"里边有人吗?"门闩一响出来个少年,问:"你们是干啥的?"

"我是孔丘,求见老子。"

"你是'求见',还是'求教'?"

"我来'求见'。"

"'求见',不得闲。"说罢瞪了一眼,扭头就走。孔子一听,话音不对味,八成是说错话了,急忙说:"师弟慢走,我是来'求教'的,请你通禀!"

少年回头说:"'求教',来那么多人干啥? 又不是打架! 请你们等着,待我禀报一声。"说罢到里边去了,一会儿回来说:"老师睡觉呢,醒了再说,你们先等会儿吧。"说罢把门一关又回去了。

孔子和一群弟子就等呀,等呀,等了很久也不见来人。一些门徒就叽叽喳喳,说长道短,很不耐烦,认为老子待人无理。哪知越说越没人搭理,一直等到天黑,还无人出来接见,无奈只好扫兴而归。

到了天明,孔子对弟子们说:"今天我一人去求教老子,你们不准去了,如果再像前两天的去法,我们是见不到老子的。这是我们学礼不知礼,求见和求教都分不清,这真是'不患人之不己知,患不知人也'。"说罢,就独自一人求教老子去了。

孔子来到"道德宫",只见宫门大开,上前施礼说:"门上谁在? 我是孔丘登门求教。"

话刚落音,只见从里边小房中出来两位少年,正是前两天的答话人。二人以礼相迎,带领孔子来到后宫。只见一人白发苍苍,仪容非凡,坐在中间,面前放着许多书,孔子躬身施礼说:"我是孔丘,特来求教。"

老子起身还礼说:"久闻大名,但未晤面,请坐吧。"

二人攀谈起来。孔子谈了他求学之切,周游之苦,以及碰到的钉子等。

老子说:"良贾深藏若虚,君子盛德若愚,远离骄淫之俗,亲近道德之居,则避怨矣。"

孔子听了连连点头。

老子又问:"你现在研究什么学问吗?"

"我正读《周易》,过去古人也读这书。"

"古人读《周易》有用,你现在读它何用?"

"我在追求仁义。"

"你如此追求仁义，像击鼓追赶亡羊，你这样辛辛苦苦，可得到些什么道理吗？"

孔子听后，半天才说："我研究了二十七年，未得到一个能行得通的真正的'道理'。"

"是呀，光讲仁义不行的，还必须讲'道'。有了'道'才能有'德'，用'道德'近仁，仁则近之。你如果愿意追求道德的话，我就把我研究的'道德'给你讲一下。"

孔子听了十分佩服，当即表示虚心求教。就这样，老子给孔子讲起《道德经》来，从天明讲到天黑，孔子几乎听入迷了。从此，他每天都去"道德宫"听老子讲解"道德"之理。因孔子来往路过这里，后人就称这条街为"问礼巷"。

其二

孔子坐着马车来苦县访老子，走到城东门外的大路上，见几个小孩儿正在路上做拢土垒城的游戏，也没有下车，就叫马车从他们垒的"城围子"上碾过去了。这一下可把几个小孩儿惹恼了，一个大些的小孩儿上去拦住马车，瞪着眼说："你们不能走！得赔俺的城！"

孔子不知道是咋回事，下车问："小孩儿，你说的啥呀？"小孩儿反问他："城会走路，还是车会走路？"孔子说："车会走路，城不会走路。"小孩儿说："车到城下，是应该城躲车，还是应该车躲城？"孔子说："当然应该车躲城。"小孩儿说："那你的车来到我们的城跟前，就应该绕着过去，你没看见我们垒的城吗？你是谁，架子还不小哩，连车也不下，从俺的城上碾过去。"孔子说："我是鲁国的孔丘，来拜访老聃先生的。我的车碾了你们的城，就请你们带带路，见了老聃先生，请他给咱评评理，好吗？"小孩儿说："那中。"就和别的小孩儿一起，领孔子到城东门里去见老子。

东门里路北边有个高岗，高岗上长了棵大松树，老子正坐在松树底下讲学。孔子来到他面前，弯腰一揖："老聃先生，仲尼前来拜见，一则请教，二则道歉。"老子见孔子来了，很高兴，可不知他说的"道歉"是啥意思。小孩儿们就把刚才发生的事说了一遍,又叫孔子赔城。老子笑着对孔子说:"久仰,久仰。您远道而来,有失远迎,请原谅。几个顽童无理取闹,请不要跟他们一般见识。"说到这儿,回头对孩子们说,"这是你们的错。第一,按你们说的,城是死的,应该车躲城。可话说回来,你们的城不该修在大路上。城挡了道,马车从你们城上碾过去,也就难怪了。第二,常言说'不知不为罪',客人从很远的地方到这里来,

老子

不知道路上还有一座城。第三,你们是本地人,客人来到咱苦县就该热情相待,不该挡住道路出难题。不是客人失礼,是你们无理取闹。快玩去吧!"一番话说得孔子十分感动,对老子打心眼儿里佩服。

后来,孔子考察《周礼》碰到难题时,又向老子请教。这就是古人说的"孔子问礼于老聃"。后人在孔子向老聃两次问礼的地方修了一座碑,上刻:孔子问礼处。

## 七、鞭打芦花车牛返

萧县城西南芦花乡靠南口山脚有个村庄叫作"车牛返",千百年来,这里流传着一个动人的故事。

闵子骞,是春秋时孔子的弟子中七十二大贤人之一。他在十岁的时候,生身母亲就不幸因病去世,与父亲二人相依为命。不久,经媒人说合,父亲又娶了一位继母。他很尊重继母,像对待生身母亲一样,家中大小活计都是抢着做。继母起初对他也好,一天三茶六水,该吃做吃的,该喝做喝的;冬有棉,夏有单,从不叫闵子骞说声"要"字,村里男男女女、老老少少没有一个不夸他继母是百里挑一的贤惠女子。可是好景不长,没隔上几年,继母先后添了两个男孩,由此之后对闵子骞的态度就变了。继母

看到他吃饭,不是摔碟子就是砸碗,再不,就假惺惺地对他说:"你姑姑早想念你啦,还不去一下。"反正没有一句好言语,没有给他一丝儿好气受。有时候,她背着丈夫啥事儿都能做出来。她对于亲生的两个孩子,却是一天到晚"心肝宝贝"不住声地叫,捧在手里怕飞了,含在嘴里又怕化了;要吃啥穿啥,百说百应,哪怕是要月亮,也恨不得能搬个梯子上去摘;还经常地让闵子骞趴在地上给两个弟弟当马骑。一不小心,弟弟从他身上跌下来,继母轻则对他是一阵恶骂,重则劈头盖脸地一阵好打。乡亲们看不惯,都劝说继母,可继母一概当作耳边风,大家失望了,无可奈何地说:"怪不得古理讲,再好的篱笆不如墙,再好的继母不如娘啊!"

闵子骞并不把继母的虐待搁在心上,有时刚刚挨过一顿打,见父亲回来了,忙擦干眼泪迎上前去和他搭话,好像没有发生任何事情一样。

一年,正值寒冬腊月,父亲让闵子骞驾车,全家五口人一起到继母娘家去走亲戚。不料想,车子行到山脚下的时候,天气陡地变了,北风呼啸,飞沙走石,父亲和继母穿着皮衣,两个弟弟穿的是丝棉袄,身上当然是暖烘烘的。可是闵子骞呢?浑身抖抖索索像筛糠一样,上下牙齿叩得"嗒嗒"响,手也变得麻木,握着的缰绳使唤起来也不听话。父亲见膝前的两个孩子眉飞色舞,有说有笑,而闵子骞却缩着脖子,不住口地往手中哈热气,十分恼火,骂了声"没出息"!一把夺过鞭子朝闵子骞身上抽去。哪知道,鞭子落处,衣服开裂,芦花飞扬。此情此景,使长期在闷葫芦里蒙着的父亲,心里一下亮堂起来,当即把妻子痛斥了一顿,又断然决定:掉转车头回家。

父亲一到家,二话不说,写了封休书,执意把他继母赶回娘家。继母躲在墙拐角里抱着头凄凄哀哀地哭着,闵子骞两个弟弟搂着娘的腿吓得没有命地直着腔嚷。这时,闵子骞却出人意料地"扑通"跪在爹的面前为继母苦苦地求起情来。他眼泪汪汪地说:"爹呀,万万不能哇……母在一子寒,母去三子单……"父亲的两只眼睛里泪水直打转转,双手抱起闵子骞,哽咽地说:"孩子,我对不住你……"这时候,继母"霍"地扑了过来,一把把闵子骞拉进怀里,泣不成声:"我的儿,都怪为娘的我……"闵子骞诚心诚意地安慰继母:"娘啊,您莫放在心上……"自打这起,继母一改前非,把闵子骞真的当作亲生儿子一样的看待。

后人为了纪念闵子骞,曾经在"车牛返"的山脚下建了一座祠堂,祠堂前立了块碑,上面端端正正镂刻下五个大字:"鞭打芦花处。"

闵子祠堂古道西,

芦花满地草萋萋;

庭前几株长松在,

不是慈乌不敢栖。

# 八、夫子自责

在嘉祥城中的萌山山腰里,有一块小石碑,碑上刻着"孔子闻弦歌处"几个大字。传说那是孔子来武城的时候,听弦歌之声的地方。

春秋时期,孔子的学生子由做武城宰,把武城治理得井井有条。满城百姓,丰衣足食,安居乐业。真是到了夜不闭户、路不拾遗的境界。每到夜晚,满城灯火通明,一片弦歌之声。

有一次,孔子到武城来,看到子由把武城治理得这么好,心中十分惬意,就让子由陪着,登上萌山,去听那满城的弦歌之声。听了一会儿,孔子高兴地问子由:"你用什么方法,把武城治理得这么好呀?"

子由很会说话,不假思索地对孔子说:"我没有别的办法,就是按照老师您的教诲,以礼治城。"

孔子知道,子由是讨老师的欢心才这样说。光凭他的本事和能力,不可能把武城治理得这样好,就又问道:"在治理武城中,你是不是还得到别的贤人相助啦?"

子由看出老师的用意,不敢撒谎,就说:"有,就是子羽。他没有公事,从不到我这里来,只要他来了,就是为了公事。他常给我讲一些爱民的道理和治城的方法。"

子羽，就是澹台灭明，曾向孔子求学。可是，因为他长得丑陋，当时孔子没有收他。没办法，他就在家发奋读书，自修学业，学问大有长进。子羽跟子由虽是好朋友，但在子由做武城宰时，他从来也没因为自己的私事到武城找过子由，他只要到武城去，就是帮助子由出出主意，想想办法，告诉他如何治理好武城。

孔子听了子由的话，后悔莫及，知道子羽虽然长得丑陋，但却是个有才、懂义、知礼的人。于是就叹了口气说："我错了，我错了。我以相貌取人，失去了子羽。"后来，孔子又重新收子羽为徒，并成了他的得意门生。

## 九、孔子求师采桑女

孔子、子路、颜回师徒仨去魏国传道。路遇一棵粗大的桑树，发现一少女在树上，脚踩一细小枝条，身子一颤一颤，晃得树叶唰唰响。孔子怕她掉下来摔坏身子，冲着少女说："东枝苗苗西枝强啊。"他是提醒那少女，朝东的这一枝太苗条，不如西边的枝条粗壮。谁知那少女接口说："东枝苗苗西枝强，魏国人马难服降，九曲石孔穿不上，回来找你采桑娘。"

孔子讨了个没趣，低头继续赶路。来到魏国，魏王板着面孔："孔夫子远道而来，有何见教？"孔子就"仁"呀"礼"地讲开了。

"好了，好了！"魏王很不耐烦，"我这里有块透气的石头，你若能给我穿上一根线，就可在我国土上传道，若穿不上，就请回吧。"说罢拂袖而去。

孔子师徒随一行人指引，来到大石边。仔细一瞧，是块透明石，上有两孔，子路这边用口一吹，颜回那边觉得出气。子路笑曰："这有何难。"顺手扯下一细枝条，欲投，有人大笑："这叫：九曲回肠石，内有二十九道弯，给你们线，若能纫上这根线即可回宫见魏王；若纫不上，就此回去吧，不必告辞了。"说罢扔下一捆丝绳，扬长而去。

师徒仨望着巨石发呆。突然想起途中之事，孔子命子路赶快回去求教那采桑女子,子路领命而去。

子路返回桑树下,不见女子踪影,见不远处有一村庄,于是径直奔去。来到村口,见一少女轧碾,子路一瞧,正是采桑女子。他急忙施礼,求教穿石的办法。那女子理也不理,扫谷米,并在碾盘上堆了三堆糠,扭头就走了。子路追,那少女一拐弯不见了。

子路回来告于师父。孔子说:"此人名叫'糠三谷',你喊采桑娘,所以她不应。速去,你需叫她'糠三姑'。"

子路说:"她小小年纪,刚叫她采桑娘,又去叫她糠三姑,岂有此理,不去!"孔子说:"小不忍则乱大谋啊!欲伸必屈,你这孩子,好生无理,颜回,你去!"

颜回无奈,只好从命。他找到石碾旁,见一老伯,颜回上前施礼:"请问老伯,此处可有位糠三姑吗?"

老伯不语,朝一门户走去。颜回疑是哑人,望着老伯背影发呆。老伯刚跨进门槛,忽从门里跑出一少女,左手持一细棒,棒端拴一细丝,丝端拴一蚂蚁,右手持一冒烟香头,蚂蚁被烟一熏,滴溜溜乱转。女子咯咯发笑,玩得十分开心。颜回细看时,那女子正是采桑女。他赶忙上前施礼:"弟子颜回前来求教。"

女子仍不理睬,挑着蚂蚁就走。颜回急了,抢前一步双手一拦。那女子棒朝颜回脸上一指,杏眼一瞪:"大胆!真是个歹徒,滚开!"颜回吓了个趔趄,女子趁势挑逗着蚂蚁走了。

颜回扫兴而归,告诉给了师父。孔子说:"快谢仙姑。"随即跪下:"多谢仙姑为弟子解谜除愚。"子路、颜回莫名其妙。

孔子命子路抓来一个大蚂蚁,又命颜回从丝绳中抽出一根细丝,一端拴住蚂蚁,放入九曲石孔内。蚂蚁带丝线往里钻,不一会儿停住了。孔子便点着香,往里吹烟,那蚂蚁被烟一熏,一会儿就带着丝线爬过去了。三人拍手大笑。

颜回不解地问:"糠三姑怎么骂我歹徒?"

孔子说:"在你眼前演示,你都看不懂,不是个呆子吗?呆子徒弟不就是呆徒吗?

于是,师徒们兴冲冲地见魏王去了。

# 十、圣人借粮

传说孔圣人周游列国的时候,来到了要饭花子的头领范丹老祖居住的地方。孔圣人和徒弟刚刚住下,老天就下起雨来,一连下了七七四十九天。孔圣人一看粮草一干二净,便派他的徒弟公冶长出去借粮。

公冶长外出借了一圈没借着,回来给孔圣人说:"师父,这一带老百姓很穷,都没粮,只有那个要饭花子头领范丹老祖有点小米。可此地人都说他脾气古怪,一般人是借不来的。何况他是个要饭的,咱名声这么高,去向要饭的借粮,不是有失体面吗?所以我没去借。"孔圣人一听,想了半天,说:"在家千日好,出门一时难。事到如今,咱就顾不上体面不体面了,今只管去借,只要你一提我的名字,他准保借给你。"公冶长听了,牵马套车向范丹家赶去。

公冶长赶着大车,来到范丹老祖的门口,下车上前敲门。范丹听到有人敲门,忙迎上前问道:"来者何人? 有何贵干?"公冶长忙上前行礼,道:"我是孔圣人的徒弟公冶长,从鲁国来到贵地,断了粮草,奉师父之命,来向老祖借粮。"范丹看了看公冶长说:"你师父是出名的圣人,你是他的徒弟,那我今天得出个题目考考你。如果你答得对,我就借粮给你,如果你答不对,我就不借。"公冶长一听,心想:这有何难? 随声说道:"老祖,请出题吧!"范丹问道:"什么多来什么少? 什么喜来什么恼?"公冶长想了想,答道:"天上星辰多日月少,娶媳妇喜来送殡恼。"范丹听了,转身就走,"不借! 不借!"公冶长急得连声喊:"老祖,老祖……"范丹头也不回。公冶长只好赶着大车,垂头丧气地往回走。

公冶长少气无力地回到原来的住处,孔圣人忙问:"粮食借来了吗?"公冶长把借粮的事从头到尾说了一遍。圣人说："看来还得我去。"接着就带领众徒弟赶起马车向范丹家走去。

不多时，孔圣人和众徒弟来到范丹家门口，圣人亲自上前叫门，范丹迎了出来。他们一见面，孔圣人通报了姓名，说了几句客气话，就提出借粮食的事。范丹点了点头说："借粮，我不见您一面，心里总觉着有点不踏实。这样吧，还是我出个题，如果您能答得对，我就借，答不对，不客气，请您另寻他处。"孔圣人说："可以。"范丹还是出的那个题："什么多来什么少？什么喜来什么恼？"孔圣人随即答道："小人多君子少，借账喜来还账恼。"范丹听了高兴地连声喝彩："好！好！好！"转身从袖筒里取出一个鹅毛翎筒，只见筒里装着满满的小米。范丹说："来，圣人，把小米借给您。"孔圣人和众徒弟一看，脸当时长了半截。圣人心想：你范丹糊弄我，借就借，不借就拉倒，千不该万不该出我的洋相，叫我下不来台！又一想：求人难啊！家不是咱当的。唉！借了吧！接着，让徒弟拿过口袋接小米。范丹拿着鹅毛翎筒往下倒，口袋满了，可鹅翎筒里的小米只少了一点点。孔圣人看了，忽然明白了，原来范丹老祖是神仙，不禁一阵心喜。他忙叫众徒弟把所有的口袋都拿过来，结果都装满了，鹅毛翎筒里的小米才倒干净。圣人感激不尽，就带着徒弟们赶车回去了。

第二年，粮食丰收，孔圣人家的小米堆积如山。圣人忽然想起，该还范丹的账了，忙召集众徒弟拉着比借的时候多一倍的小米来到范丹家。范丹热情相迎，留酒留饭，招待一番。饭后开始还粮，孔圣人让徒弟把所有的小米全都倒进鹅毛翎筒，还不满半筒。圣人心里有点不乐意。范丹早已看透了圣人的心思，故意把脸一板说："都怨我，当初不该借给您，看您还账恼了吧？当时我借给你的是满满的一筒，今天您还我还不到半筒就心疼了？"圣人忙赔笑说："你放心！这个账我早晚还清。"范丹摇摇头说："你这辈子，肯定是还不清啦！"孔圣人说："那不要紧，我还不清，有我徒弟替我还。""您徒弟是谁？"孔圣人回答说："凡是贴门帖的都是我的徒弟，你只管去要账好啦！"范丹说："您徒弟代您还账，我就让我徒弟去要账。"圣人忙问："您徒弟是谁？"范丹说："凡是要饭的人都是我的徒弟。"孔圣人一听："那好，咱就这样定了。"二人击掌为定。

所以,至今不管谁家去了要饭的,没有一人敢说:"我不欠你的账。"即使不想给,也只能说个"没有"罢了。

## 十一、孔子和麒麟

嘉祥是个麒麟城,春秋时期叫武城。鲁哀公十四年在这里猎获了一只麒麟,故后人取吉祥之意,更名嘉祥。之后,在嘉祥又流传着这么一句话:"天降麒麟生孔子,麒麟死了孔子亡。"这到底是怎么回事呢?

传说,在曲阜尼山孔子出生的那天,有一只麒麟驮着个小孩,从天而降。此时瑞气顿生,满天红光,孔子就落地了。孔子知道自己是随着麒麟来世的。

孔子七十三岁那年,在武城西二十多里的地方,出现了一只麒麟。当时,有一个老农夫在那里耕地,耕着耕着,一头母牛产犊了。可是,产的这个小牛犊,不像猪,不像牛,像个怪物。

这怪物产下不大会儿,就慢慢地站起来了。它在犁子前拱呀拱的,竟把犁铧头给吃了。耕地的老农夫一看,害怕了,心想:这是何等怪物?怎么把犁铧头吃了?他就对那怪物说:"你是神是妖,就走你的吧。"

听了主人的话,怪物就真的跑了。

就在那一年,鲁哀公带着一些人马到武城西来打猎,把那只麒麟给射死了。大家都不知道这是一只什么野兽,连忙请来孔子辨认。孔子一看,痛心地说:"此乃麒麟也,麒麟者,仁兽也。"说着就哭了起来。

孔子想:麒麟来,圣人来,今麒麟来了,却没有圣人降世,这是为何?于是,他又哭着说:"麒麟呀,麒麟,你到底为谁而来,为什么在这个时候来?怎不叫我忧心啊!"

他见麒麟已被射死,有一种不祥之兆,认定自己的气数已尽,就从此搁笔,《春秋》

也不写了。不久,孔子就真的咽了气,享年七十三岁。至今,嘉祥城西的获麟台依然存在。

## 十二、子路服输

据说,仲子路初进孔门的时候,很不安心读书。有时,孔子在上面讲授,他在下边摆弄长剑,等夫子考问时,总是一问三不知。原来,子路并不喜欢读书,他的志向是当一名武将。他性格粗鲁,做事莽撞。可后来,他不仅改掉了坏毛病,而且学习很用功,成了孔子的忠实门徒。孔子是怎样教好子路的呢?

有一年春天,孔子带领弟子到尼山游览,来到半山腰的时候,他突然喊:停住,命子路到后山小溪去取水。

子路到了后山,来到溪边,刚要猫腰提水,只觉得身后树摇草动,寒风袭人。他猛回头,啊,不好,一只吊眼白额大老虎从草丛中蹿了出来,眼看就要把子路压在底下。子路一纵身,闪到一块大石头后面。那老虎扑了个空,却不死心,又向着子路猛扑过来。子路赤手空拳,使出全身力气,和老虎连斗了几个回合。正当老虎掀动铁杆似的尾巴向子路打来时,子路瞅准时机,一把抓过老虎的尾巴,使劲在手腕上挽了一圈,接着奋力一拉,尺把长的虎尾巴硬叫子路拔了下来。老虎屁股血流如注,嗥叫着逃跑了。

子路歇息了一会儿,心静了,气也喘顺了,取了水,便把老虎尾巴夹在腋下,十分得意地来见孔子。可孔子对子路连看也不看,接过水便喝。子路按捺不住了,便问:"老师,书上有没有打虎的方法?"

孔子平静地说:"书上没有,但我听人说过,打虎的人是分四个等级的。"

子路急不可耐地问:"哪四个等级?"

孔子说:"一等打虎按虎头,二等打虎揪虎耳,三等打虎抓四蹄,这最后一等……"

"最后一等是什么?"

"这四等打虎掀尾巴。"

子路一听,满面羞愧,悄不声地溜到山崖,把老虎尾巴甩进了山涧。可他蹲在石头上,越想越有气:"老师明知山里有虎,却指名叫我去提水,这不是故意要让老虎吃掉我吗?"想想自入孔门后,一直受孔子奚落,被同学们看不起。子路觉得热血直冲脑门,顺手抓起一块百十斤的大石头,要去和孔子算总账。他见了孔子,怒气冲冲地问道:"老师,你学问满腹,我比不上你,可你能战胜一个英雄武士吗? 咱们来较量较量!"

孔子不急不躁,笑了笑,说:"子路啊,你一个壮汉要杀死一个手无寸铁的老者,这不是很容易的事吗? 这算不上英雄武士,只不过给自己留下骂名,叫后人耻笑你不仁不义不道德,办事鲁莽、粗俗、没头脑而已。我早就听人说,杀人也是分等级的。"

"怎么分?"子路又沉不住气了。

"分五等,一等杀人用笔,二等杀人用口,三等杀人用拳,四等杀人用刀,最下等的人杀人才用石头哩。"

孔子这一席话,说得子路无地自容,只好悄悄地把石头放回原地。从此,他在人前再也没有了傲气,实心实意地跟着孔子学习,终于成了孔子的得意门生。据说,后来孔子要周游列国去寻找政治上的知音,弟子们都不愿去,只有子路站出来要跟孔子走四方。

## 十三、天赐颜回一锭金

孔子随子路、颜回来到子路家。子路要去买点菜,叫老婆在家好好伺候师父。子路走后,他老婆在家抹脸扭腔,她看到趴在门口的大黄狗,便拿起棍子打了起来,嘴里还念叨:"给你吃有什么用,你连门都不能看!"孔子听了这话,就叫颜回:"咱们走吧!"说罢二人离开了子路的家,颜回就把孔子带到了自己家。不一会儿,子路也来了,他问师父:"你怎来到了这儿?"孔子说:"只因为打狗慢客不知礼。"子路听了这话,知道是老婆慢待了师父,连忙赔礼道歉。

再说颜回老婆见丈夫的老师、同学来了,慌忙让座倒茶,对丈夫说:"你陪他俩坐,我来做饭。"她来到厨房犯了愁,我家生活这么清贫,做什么给他们吃呢? 想想,有了:东院大娘的闺女明天出嫁,听说缺少一条假缕子没有买着,不如把我自己的头发剪掉给她,我也能顺便借点菜。想到这里,她找着剪子在厨房剪下了头发,用丝巾包好,又把头也用丝巾裹好,这才拿着辫子来到东院,见到了大娘就说:"听说妹子明天出嫁,我也没有闲来看她,东西都准备齐了吧?"大娘说:"她嫂子坐下吧,这出嫁的东西齐倒也齐了,可就是有个假缕子还没有买着,看你妹子还在里边哭呢!"颜回老婆走进屋里,拿出剪下的辫子说:"妹子别哭了,快看我给你买了一条假缕子!"妹子听说给她买来了一条假缕子,抬头看,嫂子手里的假缕子又黑又粗又长,马上接过来高兴地说:"嫂子,什么嫁妆我都不爱,我就看中了你给我的这条假缕子,今晌午我得好好陪你吃顿饭。"嫂子说:"妹子,我不能在你家吃饭,我家还有来客呢!""嫂子家有客我也不留你了。"妹子说着又喊妈妈:"嫂子家来了客人,快拾一篮子菜叫嫂子带回去。"颜回老婆说:"大娘你不要拾,我家有菜。"大娘说:"你看,我这里什么菜都有,你不要你妹子会不高兴的。"说着,拾了一大篮子菜,让颜回的老婆提了回来。

颜回的老婆回到家,不一会儿就把饭菜做好了。她喊丈夫快上菜吃饭,颜回来到厨房一看,锅台放着鸡、鱼、肉、蛋等足有十碗,于是就问老婆:"这些菜是哪里来的?"他老婆说:"你快端吧! 我在家也是天天吃这些饭!"颜回听了此话,认为老婆可能在家不正当,于是就骂了老婆一些不好听的话。他老婆被骂急了,才把头上的丝巾取掉,说:"你看,为了你,我把头发剪掉给了东院咱大娘的闺女,咱大娘才给了这么些菜。"颜回听了很受感动。他两口子在厨房里说的话,都被孔子与子路听见了,孔子点头叹道:"铰丝留宾大贤人!"

吃罢饭,孔子要走,颜回跟在老师后边。出了庄,孔子在前边故意给颜回丢下一锭金子在路上。颜回走到跟前拾起了金子说:"师父,你的金子掉了。"孔子转过身故作惊讶地说:"这不是我的,我在前面也没有看着。"接过金子看了看又说:"你看这上面还写着字呢:'天赐颜回一锭金',这真该是你的财物呀!"颜回叹道:"外财不发命穷人。"说罢,他又把金子放回原处。孔子见此,心想颜回真是人穷志不穷,从此后,颜回便成了孔子最得意的徒弟。

其二

颜回家住曲阜陋巷,是孔夫子的学生,他不仅天资聪明,刻苦好学,而且为人忠诚老实,孔夫子特别喜爱他。

颜回家里很穷,生活很苦,有时竟揭不开锅。他常常饿着肚子上学,同学们呢也常常接济他,他却不接受。他就这样一天一天地苦熬着身子,一年一年地坚持学习。

孔夫子有意帮助颜回,同时也想进一步试探一下他的品德。孔夫子知道颜回每天饭后到得最早。这天,放了学,学生都回家吃饭了,孔子在颜回的座位上放了一锭金子,并在金子上写了"天赐颜回一锭金"几个字。颜回来到学堂,一眼就看见了座位上的金子。他看看上面的字,笑了笑,想了一下,就在"天赐颜回一锭金"下面接着又写道:"外财不发命穷人。"之后,又把金子放在一边,连看也不看,埋头念起书来。

其三

一天,孔子对颜回说:"你师弟子路请咱去做客,你去不去啊?"颜回说:"老师咋说,学生就咋办。"孔子说:"那好,咱就去吧!"师徒二人到了子路家里。

子路家里很富,他一见师父和师兄来了,酒肉馒头,七碟八碗地摆了一大桌。师徒三人边吃喝,边拉呱。正吃着,管账的先生进来对子路说:"东家,我送账来了。"他取出一块元宝说:"我管的账,连本带利都收齐了,共一百两银子,一块元宝。"子路说:"知道了,你把元宝放到桌上吧!"管账先生把元宝放到桌角上就走了。师徒三人接着又吃喝起来。

第二天,子路到学堂上课,一见孔子就说:"老师啊,昨个您和师兄吃完饭走了以后,我说啥也找不到桌角上那块元宝了。"孔子一听,满脸不高兴地说:"啥?是师父偷了你的元宝吗?"子路慌忙赔笑说:"学生不是那个意思。我只是想俺师兄家里日子不好过,挡不住是他拿了度年关的!"孔子听了,晃着脑袋说:"你师兄可不是那号人呀!"子路也说:"我也不信啊,可就是找不着了。"正好颜回进来了,说:"师弟,你的话我听到了,那银子是我拿了,我的日子没法过,用它先挡债了。"孔子一听不高兴地说:"你,你咋能那样啊?你啥时候才能还人家的呀?"颜回说:"到明年这个时候还,咋样?"孔子不高兴地说:"那好吧。"

第二年,颜回一年没来上课,他和媳妇给人家洗衣服、做饭,辛辛苦苦地干了一年。到了年底,每人挣了五十两银子,换了个元宝,拿着找到孔子和子路说:"师父,师弟,今儿期限到了,这元宝还给师弟吧。"孔子一见,哈哈笑了,说:"颜回啊,你停学挣那块元宝可不容易啊,咋给了你师弟?"颜回说:"我欠师弟的啊!"说完,颜回转身就走了。

子路看看银子,又看看孔子,一句话也没说。孔子问:"你的银子真的是颜回偷的吗?"子路说:"不清楚。"孔子说:"那咋办啊?"子路说:"不知道。""我看这么办吧,还是试试颜回吧。""怎么个试法?""咱走吧。"二人走到半路,孔子取出一块元宝,在上边写上"天赐颜回一锭金"七个字放在路上,和子路往前走了。

颜回也跟着走了过来,走着走着,看见路上放着一块元宝,拿起来一看,上边还写着字呢。颜回心想,这不是自己的东西,就是天赐的也不能要啊,随手又往上面写了七个字:"颜回没福找旁人。"等颜回赶上孔子和师弟的时候,孔子问:"颜回啊,你在路上没拾到啥东西吗?"颜回说:"没有。"孔子又说:"子路丢了一件东西,赶快回去找找吧!"等了一会儿,子路把放在路上的那块元宝带了回来。孔子见了,说:"你看,我放到路上的一块元宝,还写了字,颜回都不要,他能偷你的元宝吗?"说着,又从兜里取出一块元宝,递给子路说:"这才是你的呢!我是想试试你师兄的气量咋样,他真不愧是我的好徒弟啊!"

子路一看孔子手中的那块元宝，还刻着自己的名字，正是管账先生给的那一块，这才知道自己确实误会师兄了。脸一红，上前对师兄说："师兄啊，我以后还得好好向你学习啊！"

## 十四、宓子贱治单

宓子贱是春秋时鲁国人，孔子的弟子，曾受鲁庄公任命为单父宰。宓子贱知人善任，把单父治理得井井有条，受到百姓拥戴。因此，宓子贱治理单父的传说很多。

### 求教

鲁庄公任命宓子贱到单父去当邑宰。临行时，他到孔子那里去请教。孔子说："你到单父以后，如有人向你表示欢迎和祝贺，你不要拒绝。如有人向你提出请求，要你为他办事，你不要轻易允诺，否则就可能徇情枉法。如有人向你陈情或进言，你要虚心听取，否则就会耳目闭塞，不知下情，人们就会把你看作大山，看作深渊，百姓就会离开你。"宓子贱听了，觉得获益匪浅，就对孔子说："老师说得很对，我一定牢记您的教诲。"

宓子贱又去找他的好友阳昼，向他请教治单之策。阳昼说："我是个渔人，又很年轻，不懂得治理地方之法。但我在钓鱼上有些心得，不知对你是否有用。"宓子贱忙说："请赐教。"阳昼说："那些乱碰钓丝、抢吃钓饵的鱼，是阳鲹鱼，肉薄而味不美；那些不受钓饵诱惑，不去夺饵争食的鱼，是鲂鱼，肉多而味美。"宓子贱听了很受启发，他向阳昼致谢说："你讲得很好，对我很有用。"

宓子贱去单父赴任，地方绅商早就等候在十里长亭迎接他。宓子贱在车中看到后，忙对车夫说："快把车子赶过去，这些就是阳昼说的阳鲹鱼。"

宓子贱接任后，到处寻访有道德、有才能的人，登门求教，请他们帮助他治理单父。

### 敬贤

有一次，宓子贱回国都见到了孔子。孔子问他："听说你治理单父，百姓都心悦诚服，不知你是怎样取得万民拥戴的？"宓子贱回答："我对人之父犹如对己之父，对人之子犹如对己之子。抚恤孤独者，悼念死者。"孔子说："这样做可以使百姓信服，但还是不够的。"宓子贱又说："我对有道有才之士非常尊敬，像父亲一样对待的有三人，他们教我如何孝敬老人。像兄弟一样对待的有五人，他们教我如何尊敬兄长。像亲朋好友一样对待的有十一人，他们教我治理地方的办法。"孔子说："这样做可以使贤能者心服，但这还不够。"宓子贱又说："单父有高明贤者五人，我把他们当作老师，凡遇大事，都要向其请教，而后施行。"孔子说："能这样就可以了。"

宓子贱走后，孔子说："过去尧舜治理天下也要靠贤人辅佐。宓子贱懂得这个道理，就能把事办好。可惜像他这样的栋梁之材，只做邑宰小官，真是太可惜了。"

### 掣肘

宓子贱在接受鲁庄公的任命时，国君曾派两名亲信官吏随他一起赴任。

到任以后，每当这两名官吏提笔书写公文时，宓子贱就在旁边扯动他们的胳臂肘，使他们无法写成。公文写不出，宓子贱还要加以斥责，最终两名官吏忍无可忍，就要求离去。宓子贱说："留你们也无用，想走就走吧！"

两名官吏回到国都，向国君诉说了一番。鲁庄公也感到莫名其妙，就去问孔子。孔子说："宓子贱是个贤才，有辅佐君王称霸诸侯的能力，可你只叫他做个小小的邑宰。他知你并不赏识他，怕你从上面妨碍他放手治理单父，故作此比喻。"鲁庄公这才醒悟过来，感慨地说："原来宓子贱是用比喻劝我不要妨碍他施政。"鲁庄公马上派人去单父告诉宓子贱说："从此之后单父的政事我不再过问了，凡对单父有利的事，你可以全权处置。"宓子贱恭敬受命，更加放手施政，把单父治理得很好。

**失麦**

齐国发兵攻打鲁国，眼看攻到单父。当时小麦已熟，农家为避刀兵，纷纷逃离，无人收割。城中父老劝宓子贱说："现今齐兵入侵，农家逃离，小麦都留在地里，如不尽快抢收，势必为齐兵所掠，不如叫城里百姓出城把麦收回来，供城内食需。"宓子贱不允，再三请求仍是不听。结果，小麦都叫齐兵抢去了。

大夫季孙听说此事很生气，就派人去责问宓子贱，为什么不抢收小麦，留给敌兵，并说："如事先不知，尚可原谅，而城中父老再三请求，你却执意不听，这难道不是你的过错吗？"宓子贱听后，语重心长地说："麦子抢去还可以再种，如果让城里不从事耕作的人去收获，就会助长希图侥幸得利之心，甚至可能产生盼贼寇重来之念。失去一城一季之粮，对鲁国来说算不得什么，若使国人养成不劳而获的习性，趁国乱而得私利之念，这个损失就难以弥补了。"

季孙听了回报后，感到很惭愧，自责道："宓子贱高瞻远瞩，深谋远虑，不是我鼠目寸光之人所能相比的！"

# 第三章　孔子故事

## 一、夫子言志

有一天,孔子在傍晚时分放学以后,和颜渊、子路两位弟子随兴交谈。

在孔子心目中,颜渊是他最喜爱的弟子。因为颜渊闻一知十,具有万人不及的明敏天资,能够从孔子一言半语的教诲中,探求深蕴其中的奥义,并且身体力行,从不倦怠。然而,孔子所喜爱的,并非他的聪明才智,而是他那颗虔敬热道的心。孔子常认为颜渊的心,真可比为人生之宝玉,光洁无疵。

夫子言志

子路也是孔子心爱的弟子。他在孔门中，年龄最长，只少孔子九岁，但他的心却比任何弟子都年轻。他那好比青年的特有的天真活泼的精神，时常引得孔子心喜。不过，孔子对子路之爱和对颜渊之爱却迥然大异其趣。因为，从颜渊身上，孔子能够体会到和真理之爱类似的感觉。至于子路，那就不一样了。

对于子路，孔子常抱着深深的忧虑。由于自负心理的作祟，子路习惯在观察事物时，见解流于轻薄，可说已变成了恶癖。而且，子路实践方面的勇气，在门第当中，虽然绝不输给任何一位，但等到实践起来，却往往变质成为第二义，甚至第三义，总会失去中心，有违初衷。所以，有时候他自认为在行正道，其实是一直在和真理背道而驰。如此一来，精力永远充沛，而且极富实践力的他，因这种偏失，也就比别人更容易造成危险。因此，相应地，孔子每每看子路表现得那么坚定，起初总是不由得不微笑着颔首称许，而这种笑容，也每每持续不了多久；紧接着孔子的微笑而来的，一定又是一阵深刻的寂寞，填满了孔子的胸膛。

眼前，在黄昏的薄暮中，同颜渊、子路两人对坐在阴暗的杏树底下，在外表上，子路和体弱多病的颜渊一比，虽然显得格外地魁梧豪壮，但由于这层因素，在孔子的眼里，子路却显得特别肤浅、空泛。于是，孔子决定趁今天这个机会再诱导子路，希望他能有所反省。

事实上，要诱导子路反省，很难找到这样好的机会。对有极端自负心理的子路来说，要他当着许多年轻同学的面，接受孔子毫不隐讳的训诫，是自认为在学问上属于大前辈的他，所难以忍受的事。有时候，孔子委婉地教诲他，他心里虽然明白孔子的暗示，但也往往会装聋作哑，故意装作听不懂而敷衍过去。由于自负的心理，子路表现出来的，就是这样刚强的个性。

只有在和颜渊一起时，子路的自尊心才不会那么强烈。颜渊不论对待任何人，都非常谦逊，尤其是对年长的子路。有时候，颜渊甚至把子路的见解，解释得比子路原来所想的更为深刻周密，然后对子路表示由衷的钦慕与敬仰。到了这时，一向自负的子路，总会觉得有些不好意思，而在心里暗暗地高兴颜渊尊重他。因此，子路对颜渊，平时就维持着亲密的关系。只有在颜渊面前,受些孔子的训诫,他才不会感到有多么难受。孔子是深知这种情形的。

其实,孔子对子路这种自负心理,并非从不感到悲哀;而知弟子莫若师,他一直认为要诱导子路,最好是没人在旁的时候。

现在虽然只有颜渊一人在旁,但孔子并非毫不隐讳,一开口就板起脸来教训子路,他甚至顾虑到不宜单独向子路开口。脑子里闪了几下后,他胸有成竹地以对两人讲话的口吻说:

"嗯,今天我们来谈一谈各人的抱负,如何?"

一听到这话,子路便目光炯炯,挺起上身,作势前倾,马上就要发言。孔子当然一眼就看穿了他的心,故意背着子路,将视线转向颜渊。

颜渊正闭目静思,好像是在内心深处探索着什么。

子路不了解孔子为什么不叫他先说,反而有点儿不服气,他急躁地喊了一声:

"老师!"

孔子只好转过头来。

"老师,如果我能在政界取得要职,有车、马、衣、裘,我会拿来和朋友共同享用,即使被用坏了,我也不会感到遗憾。"

听完,孔子觉得子路虽然在嘴上夸言超越现实物欲,而他的抱负,事实上还是以他个人表面的声名为前提,在心理上,已经把朋友都当作比他低贱不如的人。这使孔子感到非常不快。他又转向颜渊,好像在等着他说。

颜渊一如往常,恭恭敬敬地听着子路的话。然后再一次闭目静思之后,才平静地说:

"我希望有一天对社稷、人民有所贡献时,能做到不夸耀自己的才能,不张大自己的功劳;对于分内事,都始终能虔敬地去做。"

听完颜渊的话,孔子轻轻点着头。然后又转向子路,观察他的反应。

子路觉得颜渊谈得很深入,刚才发表的抱负和颜渊一比,实在太幼稚浅薄了。他开始后悔自己未经思索便侈谈志向，但可悲得很，他心中刚萌生的一丝愧意，马上就被平日的自负心理掩盖了。潜在的意念，使他先偷看了颜渊一眼。

颜渊一如往常，恭敬地端坐在那里，丝毫没有嘲笑他的意味。子路这才安下心来。

不过，子路最担心的，还是孔子的批评。他很戒惧地等着孔子开口，然而，孔子只睁着眼睛注视子路良久，一句话也不说。

就这样，三个人继续保持着沉默。这对子路来说，真是漫长难挨的一刻。他低垂着眼皮，只敢看孔子的膝盖；下意识里，他仍感觉得到孔子的眼睛，还盯在自己的额头上。他开始有点儿慌张了；额角和手心，都有湿湿的感觉。而颜渊这时，竟然还若无其事地端坐在那里，这一来，更刺激了子路忐忑不安的心。他突然感到颜渊再也没有像此刻这么令人讨厌了。他再也控制不了自己的意气，像在诘问孔子似的说：

"老师，请您也把抱负说给我们听一听！"

孔子看到子路此刻对颜渊也抛弃不了那浅薄的自负心理，不禁大失所望。他以怜悯的眼光深深望着子路，回答说：

"我吗？我希望能让年老的人都得到奉养，都过上安乐的生活；朋友之间，都能以诚信相处，不互相猜疑；年少的人都能得到适当教养，能感怀亲德。天下的人都能各得其所，处处充满祥和之气。这就是我的抱负。"

听完孔子的抱负，子路张口结舌，愕然了半天，真想不到竟是这么平凡。孔子的抱负只不过如此而已，拿自己的来比，并不见得逊色多少。刚才慌张和戒惧所造成的不安心理，一扫而光，他松了一口气。

相反地，向来冷静的颜渊，面颊却渐渐透出羞愧的红晕。他原以为这次必能超越孔子的境界，不料竟在转瞬间完全落空。以前有好几次，也是这样。孔子的心竟是那么不可测度。而在此同时，也就是他再次尝到这种滋味后，他发觉自己仍然摆脱不了自我意识的拘束，还不能达到无我的境界。老师这种为普天下老者、朋友、少者设想的怀抱，才是无我的境界。这种以他人的安身为依据，来规范自身行事的理念，才是人生真谛中最高的境界。一己的不夸长处，不张大功劳，不过是以自我为中心而勉强推想出来的，在潜意识中，仍有相当分量的"我"存在其中。在整个社会上，到处都有老者、朋友、少者，真正的人生，就是面对这种现实环境，来做本身所应做的事，以共同促进社会的祥和之气；只要观念上达到了无我的境界，那么"伐善""施劳"，不需抑制，就会自然消失于无形之中。

想到这里，在孔子面前，颜渊不禁把头垂了下来。

孔子看在眼里，知道他的话使得颜渊格外感动，心中非常高兴。可是，他一心一意想要启发的子路，却仍沉醉在浅薄的自我中，他的心又不禁黯然失望了。这天晚上，孔子上床以后，还一直在想着该另外用什么办法来启发子路。

## 二、子入大庙

周公是周文王的第四子；他是历史上的伟大人物，不但是军事家、政治家，也是诗人。在武王驾崩，年幼的成王继位后，周公摄政，安定四方，整建内政，创立封建与宗法制度，周室的全盛时期由此开始，此即史上有名的"成康之治"。

周公的嗣子伯禽，被封于鲁，是为周室的屏藩；到鲁昭公为止，已历经二十二君。周公死后，鲁室自然必须四时祭享；传至第十八君鲁文公，更在十三年（公元前614年）时称周公庙为大（音 tài）庙。

大概是在鲁昭公二十六七年间（公元前516-前515年），鲁国即将照常举行大庙的祭典，但由于对礼有研究的人越来越少，而且往年的主祭官又因病不能主持祭典，因此必须临时请一位精通礼乐的人来代理。

大庙的祭典，是鲁国最盛大的祭典，因而它的仪式也繁杂无比。主祭官的选择非常不易，若非精通礼乐的人，连助祭的工作也无法胜任。现在除了那位卧病的主祭官，找不出第二个曾经实际担任过这种工作的人。因此，有关方面只好从没有实际经验的人当中，审慎推举一位主祭官。经过多方商议，最后才选中了孔子。

孔子这时虽然只有三十六七岁，但门下已有许多弟子。他儿时嬉戏，就经常陈设俎豆之类的礼器，学着大人行礼；十五岁立定经世济民的志向以后，始终锲而不舍地追求能够超越时代、会通古今的学问；到了三十岁，就卓然有成，不随众俯仰了。此时他的学术和德业，早已闻名远近；尤其在"礼"这方面的造诣，据推荐他的人说，更是举世无匹的权威。如此一来，各方面对他的期望都很高，可说已成为大家瞩目的人物。但因为他年纪还轻，有一部分人在心理上，对他的声望难免抱

子入大庙

有几分怀疑。特别是长期在大庙任职的祭官，受嫉妒心的驱使，早已传出许多不信任孔子的闲话。

不久，祭典的筹备工作开始了。这是孔子有生以来第一次进大庙。到职的这一天，不论是对他抱着好感，还是心怀嫉妒的祭官，每个人都密切关注着这位新任主祭的一举一动。

然而，出乎意料的是，孔子一进大庙，就立即向各部门的祭官们，请教每一种祭器的名称和用途，并且还不停地向他们询问每一种祭器的用法，和行礼时各种坐立进退揖让的细节。一整天的时间，完全是在他这种打破砂锅问到底的情形下度过的。大庙里上上下下每一个人，无不大感惊讶。

"多么差劲啊！像他这般样样都要问过才知道，岂不等于叫来一个不懂事的小孩子吗？"

"可见社会上的传言，是靠不住的。"

"哼！我早就料想他无非是个骗子。连做官的本事都还没有，就敢招收弟子，摆起学者的样子来。我早就知道这种人没什么了不起！"

"对！您说得很对。就连我们这些常年任职大庙的祭官，也未必能记住那么繁杂的仪式。那个年轻的土包子，怎能轻易学得来呢？这种事情，上面早该看出来才对……"

"上面竟会这么糊涂，真叫人失望。"

"到时候，总会有糊涂的苦头好受。不过，这次绝不会有我们的责任。因为任何差错失误，都不关我们的事啊！"

"那是当然的。可是他的大胆，真令人吃惊。他是否正经地在做这件事呢？"

"那只有他自己清楚。不过，他的确是个厚脸皮的人。不然为什么连那些再简单不过的事物，也敢东问西问的，一点儿也不觉得羞耻。"

"岂止没有羞耻？从他的表情看，简直认为这样问是很对的呢！"

"他那么认真地来请教我们，我们就不好意思讥笑他了。不但不好意思笑他，而且还把所知道的全都教给他。真是糟糕！"

"就是嘛！大家都倒霉。教他的人，反而都做他的下属，受他的指挥。"

"对了！这就是老了就没有用啊！"

"到底是谁把那小子老远地从鄹县那乡下带出来的呢？竟敢到处造谣说他是礼乐的权威！真是开玩笑！"

"反正事情已经到了这种地步，多说也没有用。还是赶快向这位礼乐权威请教新花样，找个机会好升官吧。"

"嗯，对！有理！这样不是更聪明吗？哈哈……"

在孔子背后，到处都可以听到这些失望、嘲笑或愤慨、刻意的批评。不知孔子是否已有觉察？不过，很明显地，这天孔子把所有的事物都询问清楚以后，就恭敬地向这些祭官一一致谢，然后退出大庙，一点儿也看不出他有何不愉快之处。

这时候,孔子的推荐人首先坐立不安了。他之所以推荐孔子,完全是出于相信孔子在社会上的声望,以及孔子弟子们的话。他一听到大庙里传出来的这些话,信心一下子就动摇了,但又不好意思直接告知孔子该怎么办。于是,他马上去找子路。因为想来想去,在孔子门下能够坦白商量的,只有子路最合适。

子路一听他说完,便放声大笑,说:

"请放心好了,绝对不会给您带来什么麻烦。……可是,老师也未免太过分了,怎么可以这样儿戏似的做作,使大家都疑惑不解呢!……那么我陪您一块儿去老师家,我也有点儿不满,我要坦白地报告老师,听听他的意见!这样您也就可以放心了。"

说好后,他俩马上去拜访孔子。

一见孔子,子路几乎忘了揖让,他匆匆地道出来意后,便诘问似的大声说:

"我真不了解老师那一套,老师不是应该趁这个机会,好好地表现一番您的才识吗?您为什么要故意做出被嘲笑为乡下人或小子的那些举动呢?为什么老师故意要让他们抓到借口来打击您呢?"

"表现我的才识?"

孔子听完,毫不动容,反而倒过来问子路。

"是啊!就是老师那高深的学问。"

"当然,那也是礼。但若有不合于坐立进退之礼的规矩存在,礼就不能完全确立。你可知道礼的精神是什么吗?"

"老师教我们的是……是敬。"

"对呀。先要存敬,才能中节。那么你是说我今天忘了敬,是不是?"

子路的舌根,好像突然打了结似的,讷讷不能成语。

孔子立刻接着说:

"一旦受命主持大庙的祭典,事事本来就应恭恭敬敬。我因为不愿意对前辈缺少敬意,并且希望了解前人所用的方法,所以非向他们请教一番不可。连你也不能了解这一点,我真是做梦都想不到。但是……"

孔子不愿说得太明白,以免一旁推荐他的人难堪。其实除了上述原因外,最主要的还是他一向不满贵族阶级经常奢僭违礼,败乱天下的正道。如今他既然有这个机会来主持大庙的祭典,自然不能有辱平日的主张,任由那些不合于礼的规矩存在。他之所以花了整天时间来请教那些祭官,是希望有关方面在他着手改正之前,心里能先有所检讨。没想到子路却这么鲁莽。他只好先闭目片刻,然后才继续说道:

"我平常讲的学问,是什么学问呢?"

"就是今天的礼吧?"

"是吗? 我从来没像今天这样全神贯注地将礼展示给大家看吧。"

"那么,老师在大庙里,每一件事物都要请教周围的人,这是谣言吗?"

"不! 不是谣言! 我确实每一件事物都向他们请教。"

"我不知道老师有什么用意?"

"子路,你到底认为'礼'是什么呢?"

"就是……就是老师平常向我们讲过的……"

"坐立进退揖让的规矩?"

"难道不是吗?"

"当然没错。但礼必须先确立它的精神,过与不及都是不合于礼的,都会使人失去做人做事的准绳。

"其实,我也有应该反省的地方。照说,礼是使人始于敬,终于和的。但是,我今天请教过各位祭官以后,竟反而伤了他们的感情,使他们产生不悦。这一定是我的言行当中,还有什么不合于礼的地方吧。我是应该在这一方面好好反省才对。"

子路不禁越来越感不安。孔子的推荐人,从一进门就一直很不自在地听他们师生两人对话,到了这时,他终于慌慌张张地站起来,满脸羞愧地拜辞了。

孔子和子路两人独处后,孔子开始闭目静思。一会儿,他忽然想起什么似的向子路说:

"子路,我曾听你说过,你最喜欢的是剑,是不是?"

"是的。"

"学问没有什么用处,你也这么说过吧?"

"是……"

"可是,现在你已不再那么狂热于剑,反而认为学问十分重要了吧?"

"是的,老师。"

"不过,我认为你还没有具备求学问的基础。"

"为……为什么?"

"今天,你不是不经思索,就轻率地跑来这里吗?

"研究学问,最要紧的是,必须同时具备学习和思索这两个重要条件。光是学习而没有加以思索,就不能把握精义,无法深入问题的中心,即使弄到精神疲殆的地步,也永远研究不出一个结果来。就好像在一片漆黑的屋子里一样,只能摸索到各种器物的一角,却始终不能真正认清这些器物的整体和构造。当然,如果只靠一味地思索,而不去学习也是不行的。因为有时不但任你如何思索,也解决不了某些问题,而且往往使人更盲目。这种只凭主观想法,忽略接受先进指导的情形,就如同走上独木桥一样危险,说不定在什么时候,就会失足跌落深渊,不能到达目的地。

"记得有一次,为了一个问题,我曾经从早到晚思索一天,不仅饭都忘了吃,甚至连觉也没睡,但却一直想不出结论来。如果在这个时候,能够有古圣先贤的至理名言来指点,那么立刻就会恍然大悟。总之,学习和思索同等重要,必须一边思索一边学习,如此相辅相成,才能追求到真理。现在,你在思索时,缺少虔敬,往往凭一己的主观去判断事物,所以我说你在求学问上,条件还不完备。"

孔子每次教诲弟子,从来都不是轻易地随便说说。

"我平日说的许多道理,其实是可以贯通为一的。一个人如果有虔敬的心,绝不会轻易地判断任何事物,更不会强不懂以为懂,自欺欺人。"

"我从来没有做过自欺欺人的事……"

子路有点儿不服气地插嘴争辩道。

"是吗？你有这种自信？"

"至少我今天……"

"哼！那你简直是连自己在做些什么、想些什么，都不大清楚啰。"

这时孔子的话中，带有几分辛辣的挖苦味儿。

"你刚才带他来的时候，对于关于礼的事，以及今天我在大庙里抱着什么样的心情，脸上不是有什么都知道的神色吗？"

"那……那完全是我的误会。"

"误会？不错，人都会有误会的时候。如果这是由虔敬所引起的，那是能够宽恕的。只怕它是由于夸大和迫切的欲念所引起的，那就再也不能说是误会，而是人性最可怕的公敌——虚伪！这是对自己的欺骗，足以毁灭生命中存在的一切光明和希望！最起码，它也是使人变得无知的最大原因。你还没有真正了解这个道理，所以，虽然你比谁都怕被人指责为无知，但你的'知性'却不见成长。

"为了突破这层良知的魔障，了解自己到底知道些什么，除了以虔敬的心仔细加以反省，还要确实把知道的当作知道，不知道的当作不知道，时时保有不欺骗自己、不欺骗他人的良知。这样，才能使自己'知道'；'知性'自然也就日见成长。这才能称得上是一位智者。因此，'知'是促使自己生命活泼的原动力；不是用来夸示于人的。真正的知，是只有谦逊并且能够诚实的人，才能获得的。我希望你永远牢牢记住这一点。"

说到这里，孔子原来严肃的表情，由于内心对弟子及对真理的爱，而变得十分和蔼，他望着垂头丧气的子路，谆谆地继续说道：

"如果你牢记这一点，那我再也不用多说了。从今以后，只要你能把你的勇气——人人公认的求道勇气——用来压制心中所生的这一不虔敬的敌人，那么，谦逊的勇气、求道的勇气，这些何等高贵的勇气，就将随时聚集在你的周围，你的心中将会更加充实。……子路，你可知道，是它使远大、明朗而健全的世界展开在我的眼前！但愿今天的事，能够让你在这方面有新的进境。"

这时子路的眼里,隐隐闪着感激的泪光。

子路拜辞以后,孔子陷入沉思中很久。到了祭祀周公那天,他自始至终在大庙上严肃地指挥着祭祀官们;那些原来不合于礼的仪式,或向来被忽略的地方,都被他一一改正和弥补了。

## 三、宰予昼寝

四周一片寂静,翻过身来,睁开眼睛,宰予觉得今天午觉睡得特别甜,他打个哈欠,然后伸个懒腰,才慢吞吞地下床,面对窗口坐下。宰予把肘靠在桌上,用手托住下巴,只觉恍恍惚惚的。不过,这是每次醒来最有意思的时候,他打算享受片刻。

院子里和石阶上,斜斜的阳光,已投射出细长的影子。两三只小麻雀,突然惊飞起来,停在屋脊上。屋脊上的瓦顶,将斜阳的光芒,反射成一片耀眼的金色。迎着这片光芒望去,三五成群排列在屋脊上面的麻雀,都变成了漆黑的小点。

"睡过头了!"

一看窗外的情景,他猛然显得有点儿紧张,好像在注意听着什么。

稍远处的教室,隐约传来上课的声音。

"不错,真的睡过头了。"

这时,他不禁更加惊慌不安。蓦地,宰予站了起来,急急忙忙地往外走。但

宰予昼寝

是，他刚走到寝室门口，却又忽然停住脚步，回头望着床铺。

"如果没有什么借口的话，那就不好意思了。"

他再转回室内。一面轻轻地蹑着脚步，一面挠着头自言自语。不一会儿，他停在桌旁，用袖子擦着眼睛，然后似乎下了很大的决心，冷静地走出了寝室。穿过走廊，快到教室门口时，他再次停了下来，先侧耳探听教室里面的动静。教室里，大家正在起劲地讨论问题，孔子的话，可以很清楚地听到。他又开始挠头沉思。最后，他才鼓起勇气走了进去。

教室里的声音，忽然间都因宰予的出现而停止，众人的视线，不约而同地投到他的身上。他觉得如临深渊，两腿不由自主地微微抖动，只好强作镇定，先走到孔子的面前，向孔子敬礼。孔子微微看了他一眼。宰予想抓住这个机会解释，但由于刚才太过紧张，现在竟不知该从何说起，只能一味地吞着口水。

"所以……"

孔子继续向大家讲课。

"可与共学，未可与适道。"

（可以和一个人共同研习学问，但未必就能和他一起趋向正道。）

宰予觉得，孔子好像是在暗中指责他。这使他木然地呆站在那儿。孔子又谆谆地说："可与适道，未可与立。"

（可以和一个人一起趋向正道，但未必就能和他共同立定在正道上。）

听了这话，宰予又觉得孔子所说的话，好像不是只针对着自己，才稍微放松了紧张的心理。不过，他还是不好意思走到自己的座位上，仍然站在那里。

"但是……"

孔子稍微将上身前倾，说：

"可与立，未可与权。"

（可以和一个人共同立定在正道上，但未必就能事事和他权衡轻重。）

宰予觉得这两者之间的道理太深奥了。他只觉得自己权衡轻重、随机应变的智慧和能力，绝对不致落在他人之后。因此，随着自信心的确立，他完全卸除了精神上的紧张和不安，而举步向自己的座位走去。

正在观察宰予神态的孔子，就在他走到座位，正要坐下的刹那开口叫住了他：

"宰予！"

声音虽然不太高，却足以使宰予一惊。

宰予赶紧直起正要盘曲的膝盖；想要坐下的双腿，像木头似的伸直了。

"我们研究的问题，对你根本是没有用处的，你回去休息好了。"

这突如其来的话，使得大家不约而同地看着孔子。接着，视线渐渐集中到了宰予脸上。宰予觉得好像是一阵无声无息地飓风袭来，身体忽然被卷飞似的，几乎停止了呼吸。可是，下意识里仍很清楚。他稍微不安地说：

"老师，我迟到了。因为……"

"因为？"

孔子严厉地紧跟着问，宰予有点儿畏缩了，他不敢再说下去。孔子又说：

"如果你想掩饰午睡，甭再多费口舌了。那是错上加错。"

宰予手足无措，慌张极了。但既已演变到这种地步，他更不得不找些话来狡辩。这就是他的个性。

"因为……"

这时，孔子气得满脸通红。

"宰予！"

孔子沉痛的声音，不仅让宰予本人，甚至让教室里所有其他的弟子，都不禁低下了头。

"你想错到底吗？这样你就和朽木及粪土之墙没什么两样了。朽木不能雕刻；粪土之墙，墙面粉饰得再怎么光滑，不多久就会剥落。"

说完，孔子的视线从宰予身上移开。他忽然压低声音说：

"对不起！刚才我一激动，声音就高了起来。我不愿意多说。现在责备宰予又有什么用呢?"

宰予强忍着气闷得快要晕倒的压迫感,站着不动。很久都没有人敢说话。教室里开始暗下来,却充满闷热的空气。渐渐西下的夕阳,更衬托得四周一片死寂。每个人都感到,自己的身上正渗着汗水。

"宰予,你回去自己好好反省吧!"

孔子慈祥的声音,虽然打破了沉默,但大家目送着宰予低头悄悄地走出教室后,心里还是觉得很紧张。

等宰予的脚步声消逝了,孔子像是很寂寞似的俯视着大家说:

"到现在,我一直相信大家都是言行一致的,但以后我再也不这么想了。我若不彻底观察你们表里是否如一,实在不能放心。有些人不是和宰予一样吗?……可是,怀疑别人,会感到多么寂寞啊!"

弟子们低着头,连动一下都不敢。

"我常说'过则勿惮改',任何人都难免会有过失,换句话说,一时的过失,谁都会有。可是,过而不改,是谓过矣。因为一个人过而能改,就能复归于无过,唯有过而不能改的,才是真正的过失,不仅其过已成,并且将终生都不及改了。此外,所谓'过',也有小人与君子之过这两种性类上的分别,观察一件过失,可以知道其人之仁与不仁。这就是所谓的'观过知仁'。无论如何,做人不可一味想用言辞来蒙蔽事实。人如果存有这种心理,便是极端错误的。我们如果宽恕这种人,那么,社会生活中便会失去诚信。而信正是人与人相处最重要的法则。'人而无信,不知其可也。大车无𫐐,小车无𫐄,其何以行之哉?'我再强调这句话,是要各位彻底认清,个人和社会都必须靠信来维系。所以,别种过失可以暂且不论,但最起码言辞上的欺骗或掩饰这一点,希望大家绝对不要有。"

孔子语重心长地说罢,闭目静思,过了一会儿,忽然又像是有所感似的,睁开眼睛说:

"但是,现在社会上犯错的,不只宰予一人。专借巧言令色过活的人,到处可见。

虚心承认自己的过失,有过不待人言而心能自咎的人,在目前已是凤毛麟角。从这里,可以看出社会风气是多么败坏,实在令人失望。不过,话说回来,这样的社会,也是大家借以互相勉励精进的一面镜子,大家更应随时反省惕励。能够称为吾师的,并不一定限于善者。我曾说过:'三人行,必有我师焉。择其善者而从之,其不善者而改之。'在这见贤思齐、见不贤而内自省之间,不论善者或恶者,皆是我师。因此,从这种观点来看,今天宰予的情形,正可以为你们的老师;大家不可以鄙视他,甚至憎恶他。只要自己知道反省就是了。"

说罢,孔子退出教室。

当天晚上,孔子惦挂着宰予,不知他是否已经反省过这件事,便特地把宰予唤到他的房间,并且将白天对弟子们讲的话,以及其他一些道理,再拿来告诫宰予。孔子说:

"人一生下来,就承受了天地间的生生之德,心性是善良的;必须发挥正直诚实的本性,才不辱没这一生。虽然社会上也有一些沾染了坏习气、邪曲诬罔、不依正道而生存的人,但他们只不过是运气好些,一时幸免于祸害天诛罢了。

"我曾经说'君子欲讷于言而敏于行',一个正在求学的人,尤其要特别注意;说话必须慎重,不要轻易出口。因为一旦出口的话与平日所为不符,或说出而做不到,那都是一件可耻的事。最重要的是应在力行上面多下功夫,凡事要能敏捷地去实行。

"学问在于充实自己,并不在求见知于人。古代的学者,是为了自己有良好的德行和知识;现在的学者,却只知求取功名富贵。这是颠倒了本末先后的。"

孔子言之谆谆,宰予也频频点头听着。不过他心里面,总无法完全将孔子这些话心服口服地接受下来。

"午觉睡过了头,算自己倒霉就是了。"

他多少还这样想着。

"沉默、讷言,社会上并不容易赏识、起用这种人。"

他也有这种意见。

"虽说学问是为充实自己,但不与社会发生关系,也是毫无意义的。"

他在心里又这样辩驳。

孔子一面注意观察宰予的表情,对他心里的这种想法,并不是看不出来。宰予平日谈吐有文雅之辞,但因德不足而才有余,所以常因巧辩而害了他的聪明。今天发生的事情就是明显的例子。宰予,他是可造之才;孔子心想教育宰予并不是一时间的事,还是要以后慢慢地诱导启发,于是他说:

"一个人若能依从义理立身行己,胸中便常是平坦广阔的;反之,则必受外物驱使,内心永远会忧戚不宁。我希望你能保有平坦广阔的心胸。……好了,时间不早了,你也该回去休息了。"

宰予有被释放的感觉。但当他步出孔子的房间后,却从心底萌生出一种从未有过的孤独感。他低头拖着两脚,落寞地想着孔子的话。

## 四、冉求自限

"冉求最近不知为什么,一点儿精神都没有。"

其实也难怪孔子要这么说。接连一两个月以来,冉求毫无半点应有的生气,容貌委实显得很消瘦的样子。看他的身体,并没有什么不对的地方,但就是一反常态,变得沉默寡言,甚至双眉紧锁;往日在孔子和同学面前那种开朗和乐的样子,不知消失到哪儿去了。

当他从同学口中得知孔子正在注意他这种情形时,只是不自在地笑了笑,以表示并没有什么。然而原来已是十分空虚的心里,这时更因此充满莫名的失落感;他又想起了在孔门求学以来的种种感受。

他进孔门求学的目的,不管表面上理由如何动听,其实是为了能求得一个做官的机会。因为做官首先必须要通诗书礼乐,其中诗礼乐三者包括了敦品爱人的基本道理,书则是使人具备处理政事能力的基本学问;而这方面的权威就是孔子。只要进入孔门,必有一天能成为有用的人才。并且,由于那些诸侯对孔子都很尊敬,因此也比较容易获得做官的机会。当初他就是相信会这样才努力用功的。

但是,过了没多久,他的学业便因一些随之而来的疑惑而受到很大的影响。那就是他觉得孔子所教的道理,与他当初所想象的并不一样,可以说似乎和现实无关。虽然孔子时常强调实践比理论重要,不过,孔子所要人实践的,与目前社会上的实际生活脱节太远,如确实依照孔子所讲的道理去做,那么,在实际生活中,一定免不了会成为一位失败者。这种不具备适应现实环境的"客观性"的道理,岂不只是一种空想吗?

"我拜在孔子门下,并不是为了这种美丽的空想。我需要的是能与现实生活结合、具有'实用性'的学问啊!

"何况老是接受这种不切实际的学问,过着令人失望的消极生活,一定不可能有机会做官。对了,孔子对我们的前途,以及起码的出路问题,也好像从来没有积极地关心过呢!'不患人之不己知,患其不能也。'只要本身有足够的才能,绝对不用忧虑没有人赏识。虽然老师一再这么告诉大家,可是这种思想,已经不再适合于现在这种一切都讲求主动的社会了。我们当然不能要求老师把孔门弟子强行推销给天下诸侯,使每位都

冉求自限

有官做,但我认为老师总应体谅我们的心情,多提高孔门弟子的身价啊!"

因此,他好几次愤愤不平地想起孔子要他们多向颜渊学习的事:

"无论如何,不能老是这样。就拿颜渊来说吧,他孜孜不倦地学习老师的一言一行,像是十分满足似的,但这只不过是他身体病弱,无法担任政治上的工作,只有读书

修养,借什么'安贫乐道'来逃避现实、自我陶醉罢了。老师居然叫我们也多向颜渊学习,要求我们和颜渊一样,这真是令人费解。颜渊的个性内向,加上身体病弱,在德行修养方面,自然会有比较高深的成就。如果就政治方面而言,不也需要像子路般的蛮勇,以及子贡般的华贵吗? 又怎能不顾及每位弟子的个性,叫任何人去学习千篇一律的东西呢? 这种让大家依样画葫芦的方式,哪里谈得上是教育? 还有什么仁道义理可言呢?"

于是,他抱着这种不满的心情,过了不少日子;再也不能那么专心学业了。他也曾经好几次想借着和孔子谈话之机,找机会提出这个问题,可是,每次还没说到正题,孔子就早已明白了他的意思,他总是在不知不觉中就被孔子折服了,因此最后他都不敢把积在心中的那种牢骚说出来。而这时的感受,与其说是被孔子折服,毋宁说是一个不懂事的小孩,被长者轻轻地抱起,慈祥地在头上拍了一下。结果每一次他都会有几分慌张,继而茫然若失,最后占据整个心灵的,是一种不可名状的孤独感。

渐渐地,这种失落而又感受深刻的日子,使他转而惊叹孔子能够透彻地看出每位弟子的心理。不管他如何在孔子面前掩饰,孔子都能在他念头一动之间,就看出他的心思。孔子不但没有忽略每位弟子的个性,并且还熟悉各人的毛病,他能像魔术师般自如地把握每位弟子的特性。而最不可思议的是,孔子完全是在很有条理的情形下去把握每位弟子的特性。孔子洞察力的敏锐,远远超出了他的想象,只要一伸出触角,就能轻易地攫住每位弟子的心灵,从而纵横自如地驰骋在弟子们的思想领域中。

"'吾道一以贯之',老师常说这句话。也许这种敏锐的洞察力,就是老师的'道'吧? 然而我却无法确认它的本质。虽然老师曾有'仁'或'忠恕'的说法,但它给人的感觉,既无实体的存在,也不容易体验得到。若要穷究它之所以能达到这么深奥的境地的本源,到底又和老师能深入实际生活、人生阅历丰富有密切的关联。"

心中有这种看法时,冉求又后悔先前不该抱有怀疑孔子的想法。

"老师的学问思想,来自人生的圆熟经验,有血有泪,并未和现实社会脱节,绝非我先前所想的;它具有完美的客观性、绝顶的智慧,是人生哲学的结晶。从老师那种敏锐的洞察力来看,他平日所讲的道理,必能活生生地应用于日常生活之间,我怎能再说它是不实际的空想呢? 对! 我应该赶紧用心探究这种哲理。这就是真正的学问啊!"

有了这种体悟,他渐渐改变一度失望的态度;做官的念头,对他也越来越不重要了。同时,他也以这种新的心情,仔细观察孔子的弟子,希望能对他的求学有所帮助。在这些同学之中,他已能了解颜渊确实是出类拔萃的;闵子骞、冉伯牛和仲弓都是了不起的人才;宰予和子贡也各有值得引以为傲的地方;子夏和子游虽较差些,但都能注意到根本问题;即使是缺点不少的子路,到底还有绝不让人的志气。但这样一作自我反省,他心中就有了一种冰冷的感觉。

他和子路一样喜欢政治,但自知因为缺少子路的刚毅和淳朴,所以有时难免会玩弄小策,甚至会在言语之间强词夺理。在同学之中,他虽然被当作一位最谦逊的人,但他心里明白这是他的好胜和狡黠所致,只不过是表面的谦逊而已。他觉得在他心中,似乎盘踞着一只卑怯但有点儿小聪明的鼬鼠,不断地在教唆他去违背孔子的心意。

"我是为了求道而来的。这绝对不假。"

他相信这千真万确。但不知什么缘故,他心里面同时想逃避这些哲理。这也是无可否认的事实。

"不行,老师的道,和我本来就没有缘分。"

而且最近他更执着于这种想法。想到后来,他甚至好几次想要离开孔子门下。可怜的是他并没有这样做的勇气。就在他犹豫不决之时,他心中的那只鼬鼠,更加喜欢诱使他玩弄那些外表的小策。而每当玩弄过小策以后,涌自心底的寂寞,也一次比一次更加深了他的失落感。

如此一来,他那忧郁苍白的脸色,终于被孔子发现了。

他自己明白那张装出来的笑脸,在同学面前,也许一时能掩饰得了,但绝对难逃孔子敏锐的洞察,同时他也越来越无法抑制内心强烈的空虚,于是他决定一个人去见孔子,倾吐心中的苦闷,请孔子指示方向。

然而,当他一脚踏进孔子的房间时,心中的那只鼬鼠又在作弄他了。

"我对于老师所教的道理,非常喜欢,只是本身的能力不够,无法去实践,实在遗憾。"

他说完以后,才发觉自己的话并不妥当,不禁感到有些惊慌。

"我为什么要一人来见老师呢? 如果是为了要说这种无关痛痒的话,不是随时都可以说吗? 老师一定会觉得我这个人莫名其妙。"

这样想着,他偷偷地看了孔子一眼。

孔子的表情,却是一脸完全出乎他意料的惊讶。他默默地注视冉求,过了一会儿才以怜悯的口吻说:

"苦闷吗?"

冉求心中那只鼬鼠一听到这声音,急急把头缩起来。代之而起的,是一股非常深的感动,充满在他心中。他觉得此时好像埋在母亲的怀里,真想尽情地接受爱抚。

"是的,我觉得非常苦闷。我不知道为什么心里老是不能坦荡荡,如果再这样下去,即使接受老师的教诲,到头来也是枉然。"

"你的心情我了解。但是,心中苦闷总比没有苦闷好;你要知道,有了苦闷就是一种进步,是应该庆幸的,怎么反而因此绝望呢?"

"话虽这么说,可是老师,我没有把握眼前这些哲理的资质,我本来就不是可造之才;我是一个怯懦的人,我是一个虚伪的人。而且……"

冉求突然像从某种束缚中获得了解脱一般,胡乱地贬低着自己。

"不要再说了。"

这时,孔子凛然的声音打断了他的话。

"你以为这样说出自己的缺点,就能安慰自己吗? 既然你有时间来支持这种无谓的想法,为什么不能苦思一番呢? 你一再辩解自己本来就没有实践的能力,但有没有能力,是要经过你本身的努力,才能看得出来。能力不够的人,自然会在中途力尽停止;任何人都必须到了这时候,才能证明自己的能力不足。如果在没有尽到力量以前,就断定自己的能力不足,那是对上天的冒渎。在一切可鄙的事中,再没有比还未尝试就否定自己的能力,更为可鄙的了。因为那意味着对生命本身的否定。但是……"

孔子稍微放低了声音:

"你却还要由衷地否定本身的能力;你拿这些话来向我辩解,就等于是对你自己的搪塞。这是你的不对,也是你最大的缺点。"

冉求觉得刚才已经藏好的那只鼬鼠,在孔子眼前还是无处遁形,不禁感到有些狼狈。

然而,孔子又静静地接着说:

"因为你的求道之心,并没有完全表现出来。如果你有热诚的求道心,那么一定不会再有任何阿谀的心理,内心必将复归于刚毅淳朴。一旦刚毅淳朴这些德性存在心中,距离仁道也就不远了。仁并不是你原来想象的那么远不可即;只因为你心中已先有这些无谓的饰词,才把你和仁道隔开。内心只要肯去求仁,仁就在眼前。总之,这除了显示你求道之心不够真诚外,再没有别的。你认为不是这样吗?"

冉求十分恭敬地把头低下。

"无论如何,一位画地自限的人,除了增加自己的耻辱,丝毫不能对自己有所辩护。那些年轻人常唱的诗,其中就有这么一首:

郁李树上的花儿,

开得迎风招展。

那么轻盈多姿,

颜色更是鲜艳。

心中实在难耐,

怎说不会想念?

只因道路遥远,

才不能前去相见。

这在对人生具有坚强信念的人看来，是不以为然的，其实道随时存在于日常生活中间；以为道远而畏缩不前，不过是表示思虑不够。哈哈哈！"

眼看冉求态度虔敬，孔子很愉快地大笑起来。

冉求从房间退出来时，脸上现出最近未曾有过的明朗，他那轻快有力的脚步，带着新生的气息。

## 五、犁牛之子

"雍也，可使南面。"

（冉雍有人君之风，实在可以南面而治天下。）

孔子近来对仲弓，不惜在弟子面前用这样至高的赞辞来赞美他。

仲弓为人宽宏大度，并且律己甚严，是孔门高弟之中，一位德行很高的弟子。所以孔子如此称赞他是很有道理的。但一部分弟子不能明白，难免以为孔子对仲弓的赞誉有点儿夸大。

拙于言辞的仲弓，对孔子的赞辞则感到有点儿尴尬。他同时想起孔子曾这么说过：

"法语之言，能无从乎？改之为贵！巽与之言，能无说乎？绎之为贵！说而不绎，从而不改，吾未如之何也已矣！"

（一个人有了过失，拿严正的话来规诫他，他既没有反驳的理由，能不听从吗？但最要紧的是，要能按照这话确实改正过失，才算可贵。要不然就换另一个方式，以委婉的话来劝告他，他若是懂理的，能够不乐意接受吗？但最要紧的是，要能仔细寻绎这话中的微意，确实改正过失，才算可贵。如果只是乐意接受，却不能去寻绎省察，或只是表面顺从，却不实际改正，那么，对这种人我也就没有办法使他怎么样了！）

于是,他不得不进一步地想到:

"也许老师表面上故意以'有人君之风'这句话来称赞我,其实心里面说不定是在委婉地讽刺我有某种缺点。有人说子桑伯子这个人的个性很像我;依我看来,子桑伯子虽然确实是胸襟宽大的人,可是由于为人不拘小节,有时未免有些粗疏。我自己是时常注意到这一点,然而,也许我在不知不觉中有这种缺点吧?"

犁牛之子

这么一想,仲弓也就不再为那赞许而高兴了,反而觉得惶恐不安。

不过,仲弓不敢开门见山地向孔子说:

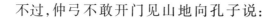

"不要再那么委婉地讽刺我,请您明白地说出我的缺点。"因为他还想到:

"如果老师没有讽刺我的意思,那么我这样一说,就对老师太不礼貌了。"

因此,有一天,仲弓只好提出子桑伯子的为人,向孔子请教他的看法。仲弓想:

"如果老师有讽刺我的意思,他就会从子桑伯子转到我的身上。"

但是,孔子的回答非常简单:

"可也,简。"

(还可以,他平时做事能够简约。)

孔子的话里,根本没有从子桑伯子联想到他的意味。仲弓感到很失望,他又试着说:

"简约也得看是如何的一个情形啊!"

"哦,那你认为应该如何呢?"

这时,仲弓觉得抓住了一个机会,于是他说:

"居敬而行简,以临其民,不亦可乎? 居简而行简,无乃大简乎?"

（我想，不论做什么事，能够守己敬肃，并且周到地计划好，等到了做的时候，才力求简约，这当然可以，而且也才是为政治民之道。如果做什么事，心里面先存简约的念头，这样守己就已不敬，所做出来的，就未免太过简略了，甚至变成放纵……）

说完，仲弓渴望孔子能给他满意的回答。可是，孔子只点了点头。他只好怀着一颗不安的心拜辞了。

后来，孔子对弟子们提起仲弓这件事，又不断地赞美他，并且又说：

"仲弓实在有人君的气度。"

仲弓听了这话，非常感动。但他不是一位自满的人；他反而更加反省惕励自己，希望不要辜负孔子的赞许。有一次，他请教孔子怎样才能做到"仁"。孔子告诉他：

"出门如见大宾，使民如承大祭。己所不欲，勿施于人。在邦无怨，在家无怨。"

（一走到外面，对人要像见尊贵的宾客一样，敬慎恭谦；在上位要使用民力的时候，要像奉承大祭一样，敬谨郑重。自己心里所不愿的，不要加在别人的身上。就这样，无论在什么地方，都可和人融洽相处，不惹人憎恶。）

他知道这是孔子教他要敬以持己，恕以及人，使私意无所容而完成此一心德。他立刻为之肃然。非常恭敬地说：

"雍虽不敏，请事斯语矣！"

（雍虽鲁钝，一定力行老师这话！）

以后，他时时刻刻不忘当时回答孔子的情景，不断在实践中努力惕励自己。他想：

"老师和别人越称赞我，我越应该惕励自己，不使他们失望才是。"

可是，这位德行很高的孔门高弟，却不幸有一位身份低贱，而且行为不检的父亲。因而有一部分弟子，在听到孔子称赞仲弓的时候，由于嫉妒心理作祟，往往故意提起仲弓的父亲来讥笑他，以表示他们的不屑。有一次，就有一位弟子有意让孔子听到似的大声叫着说：

"仲弓似乎已进入仁者的行列了。但可惜得很啊！他没有口才。"

孔子听到这位弟子的诽谤，当然晓得他心中的意思，便厉声对那位弟子说：

"什么？口才——何必要口才！"

那位弟子先是有点儿慌张的样子，可是，过了一会儿，又满不在乎地掩饰说：

"但是，他那样的口才，如果想要说服诸侯，我相信他们一定不会理睬他的。这不是很可惜吗？"

他说到"可惜"两字时，特别把语气加重，并且拉长。这种语气，如果是有修养的人听了，必定会为仲弓抱不平，但这些对仲弓充满嫉妒的弟子们，听了之后，反而好不容易才强忍住笑声，等待孔子的反应。孔子脸上的表情非常严肃，他稍微阖上眼皮，在一眨之后，以锐利的眼光迅速扫视在场的弟子们，说：

"会说话的人，有时反而容易失言。口若悬河，滔滔不绝，这种很有口才的人，往往很容易得罪他人，总会在不知不觉之中，变成众人憎厌的对象。我不知道仲弓是不是有仁德，但至少在言语方面，他时时刻刻在注意着，从来不随便说话。他的口才不行，是另外一回事；对实在的人来说，口才这种不足取的末道小技，又有什么特别的作用！"

当时，孔子也就这样了事，希望这些弟子能从他的话中有所反省。然而他们背后批评仲弓的话，仍然不绝于耳。他们找不到仲弓的缺点，就只好拿他的出身和他父亲的行为作为笑柄。孔子当初所以特别赞扬仲弓，虽说是由于仲弓的品学兼优，其实最大的动机是有意让弟子们真正认识到仲弓的可贵，免得弟子们再批评他的出身和父亲，可是想不到偏偏带来了相反的效果：他越称赞仲弓，这些弟子就越刻意地去找出仲弓的出身及父亲来当话题。

孔子黯然若失。他很清楚，女子和小人都是难以相处的，稍微亲近他们，他们就不守礼，不知恭顺；要是稍微疏远他们，他们就生出怨恨。现在由于他称赞仲弓，使得这些弟子生出那么强烈的嫉妒心理，不就清楚地显现了小人的行径吗？他想：

"小人的骄傲、怨恨和嫉妒，起于他们想要被人认为只有他们才是最好，只有他们才有资格受宠的强烈自私心理。他们对自己的爱是盲目的，也因此造成各种罪恶。

除非使他们清楚认识到这种劣根性,否则,他们将永远陷在骄傲、嫉妒的深渊里,不能自拔。"

当然,除了因称赞仲弓引起的这件事外,孔子平时就很注意教育弟子。平常孔子很少单独谈到有关"利"的问题,要是偶然提到"利"的时候,一定连带谈到"天命"和"仁道",总要三者并论。并且,他曾告诉弟子们说:"一位君子,对于天下一切事物,当然不一定依从谁的主张,也没有绝对不肯做的;相对的,他不会固执自己的成见勉强行事,或是强迫他人顺从自己的意思,他只看该不该做,完全依从义理。"所以孔子时时教诲弟子不可专断、固执,对人对事不可抱有妄测或绝对的心理。他本身也随时注意不臆测他人,不固执己见,避免和他人处于对立的状态。

现在,孔子这番苦心,对于这些心境和修养还很幼稚的弟子,却未起到任何效果。他们不但对天命和仁道,没有丝毫的心得,反而认为能多诽谤仲弓一句,就是多获得了一次胜利。为改造这些弟子的品性,一向诲人不倦的孔子,此时也感到伤透了脑筋。

然而,孔子绝不会放弃对任何一个学生的教育。于是,经过深思熟虑之后,孔子终于想出了一个办法,那就是带这些喜欢诽谤仲弓的弟子,来一次郊游。

这些弟子对于能够和孔子一起郊游,感到非常荣幸。当天,他们师徒一行,高高兴兴地来到了郊外。田野里,到处可以看到牛在耕田。

多数的耕牛,毛色驳杂;两只牛角,不是长得歪曲不称,就是长短不均衡。当孔子注意观察在田野上的这些耕牛时,他发现一头毛色驳杂的牛旁,跟着一头毛色纯赤的小牛。它身上金丝般柔滑的皮毛,在阳光下闪闪耀眼;头上的两只牛角,虽然还在生长,但十分匀称漂亮,并且弯弯地成半月形,煞是好看,就像庙堂上祭祀用的上好的牺牛。

孔子忽然走近这头小牛,停下来回顾跟上来的弟子说:

"好漂亮的小牛!"

弟子们哪里会对牛感兴趣呢?但孔子既然那么欣赏这头小牛,他们也就上前观

"这么漂亮的牛,都可以供做庙堂大祭的牺牲了。"

弟子们以为今天孔子是为了找一头祭牲用的牛,才带他们到此地的。于是,他们异口同声地称赞这头小牛:

"是啊! 很漂亮的牛。"

"不是很可惜吗? 这样美丽的牛还要在田圃上耕耘。"

"这一带很难看到这样好的牛。"

"如果老师要买的话,我们去交涉怎样?"

弟子们你一句、我一句的。但孔子不回答,走开了。他喃喃自语地说:

"非常珍贵的小牛啊。可惜牛的血统不好,那还有什么用处呢?"

弟子们面面相觑。通常祭祀牺牲用的牛,只要毛色是赤色的、两角匀称就可以了。

他们倒从来没有听说过牲牛的血统会有问题。现在孔子竟提出这个问题,他们觉得非常诧异。

"血统怎样,不是和祭祀无关吗?"

终于有一位弟子忍不住问道。

"它是一头用来耕作的,而且毛色驳杂的牛所生的,难道天地山川诸神会喜欢它吗?"

"只要那头牛本身条件足够,我想是不会有问题的。"

"真的吗? 大家都这样想,我也就无须担心了。"

弟子们都觉得很意外,不禁再度面面相觑。他们根本还没有想到孔子话中之意。

这时孔子说罢,只顾继续往前走。没走多远,他忽然回头若有所思地说:

"咦,对了! 仲弓最近怎样? 他不也是耕牛之子吗? 我常常听说,他也是不中天地神明之……"

弟子们这才恍然领悟到刚才孔子那些话的用意。他们惭愧得无地自容,再三相

顾无言,各自低头看着脚尖。孔子接着又说:

"不过,像大家这样,不过问别人的出身与血统,如果仲弓知道了,一定很高兴哩。我也很快慰啊!……所谓'君子成人之美,不成人之恶;小人反是'。君子都是乐于成全别人的好事,绝不愿意去揭发攻击别人的缺点。但如今的社会,却到处可见和这相反的小人!"

这些学生随在孔子身边,再听孔子这么一说,感到很不是滋味。有人首先忍不住:

"我们该回去了,怎样?已走了不少的路。"

当他们踏上归途时,孔子又指着那头赤色的小牛说:

"多么珍贵的小牛啊!这么美丽,诸神一定会很喜欢呢。"

这些弟子们,经过孔子这番教诲后,是否真能反省自己,只有他们心里明白。不过,从此以后,仲弓的出身或是他父亲的行为,的确没有再被他们当作话题。

至于仲弓本人,他从来没有为这件事介意过。他只想到应加倍修养德行,认真求学,以报答深厚的师恩。

## 六、觚不觚

孔子一个人独自静坐在大厅里。子正去买觚,已经过了很久,还没有回来。觚,是宴请宾客不可缺少的酒器。孔子打算再过几天,让弟子们实地练习宴饮的礼节,所以必须多准备几个。接连几天,弟子们一直都在很热烈地讨论有关礼的问题。但是,今天的讨论,让孔子感到特别满意。礼,是天理之节文,人事之仪则,是仁者所以全其心之德。人类的共生、共存、共进化,可以说唯礼是赖。目前社会秩序紊乱,君而失其为君之道,臣而失其为臣之职,臣弑其君者有之,子弑其父者亦有之,这就是失去礼的约束,尊卑失位、长幼无序的结果。现在,弟子们对于礼总算有了比较深入的认识,但愿他们能够更进一步实践不逾。

想到这里，孔子的容态和神色，比起近来闲居时，显得更加舒适、愉快了。

"老师，我买回来了。"

不知不觉，又过了些许的时间，子正忽然从外面走进来，一面说着，一面将篮子里的觚排在孔子面前。孔子伸手过去，一个一个拿起来仔细端详，然后自顾自地不知在沉思什么，连一声好坏也不说。子正站在一旁，感到不知该怎样才好。他是最近听说孔子曾经公开讲过"自行束脩以上，吾未尝无诲焉"的话，才消除原先害怕会被拒绝的心理，怀着热切学道的兴奋心情，投拜到孔子门下的。到今天为止，他

觚不觚

对那么容易使人乐于亲近的孔子，一直抱着非常诚挚的态度，虚心地接受他的教诲。不过，他对孔子所讲的道，不知怎的，有时会有一种若即若离、似懂非懂的感觉，这大概是因为自己在有些方面身体力行的功夫不够吧？

面对眼前的孔子，为了度过这种令人摸不着头脑的沉默，子正这样想了老半天以后，看孔子仍旧默然沉思，于是，他便打算先作揖退出。这时，孔子却抬起头来说：

"这，是觚？"

子正一听，感到莫名其妙，惊奇地望着孔子。他想，老师绝不至于不认识觚的。

"觚，一定要有棱线，有角度，它本来叫作'棱'。"

再听孔子这么一说，子正觉得很好笑。只要能用，何必再拘泥于形式和名称？像那种旧式有棱角的觚，现在就是找遍所有铺子也买不到。他不觉笑着回答：

"现在卖的觚，就只有这种样子。"

然而孔子却更加认真地说：

"哦——现在觚的形式就是这样？……不！这不是觚，不是觚！"

子正更加莫名其妙，同时，他也很认真地辩解说：

"可是，现在的人都使用这种形式的觚。像老师说的那种觚，在市面上根本买不到。"

"哦，买不到吗？但这不是觚，这并不是觚啊。"

孔子像是十分痛心似的摇头叹息。然后再度沉思。

子正更迷糊了。他很不自在地正要收拾摆在孔子面前的觚时，孔子忽然慈祥地说：

"坐下，觚摆在这里就好。"

等子正坐下，孔子喃喃地说：

"无论何物，都必须保有原来的特质。如果名与实不相符合，或名存实亡，那就不能正名。任何事物，一旦丧失特质，不能正名，就足以造成正道和真理的紊乱。"

子正这才稍微了解孔子刚才那些表情的原因，他不觉端坐了起来。

"就我们人类来说，也有共同的特质。保持名实相符，才是人类最高的美德。过与不及，都非为人之道，应该时时践守中庸这种最高最美的德行。如果失去了它，那就只是外表拥有'人'的虚名，内里已不再有'人'的实质了。"

孔子说到这里，又一次审视着排在面前的觚。接着，他感慨地说：

"很久以来，世教日衰，民不兴于行，已很少有人能具有中庸这种美德了。"

子正若有所悟似的点了点头。

"唉！不知不觉又发牢骚了。……好啦，你去休息吧，辛苦了。"

说罢，孔子走近窗前。子正也紧跟着起来，不过，他对怎么处理这些觚，有些不知所措的感觉。踌躇了一会儿，他瑟缩地问：

"那……那拿回铺子退了？"

孔子突然笑出声来，回顾子正说：

"不。觚是酒器,只要能盛酒,不论有没有棱角,都可以用。收拾好放到那边去吧。"

子正收拾好觚,退出来以后,把头摆了好几次;他,又有点儿迷糊了。

## 七、阳货馈豚

"嗯,阳货送的?"

孔子望着大厅当中,放置在一座铜架台上的肥油油的蒸豚,不觉皱起了眉头。

阳货原是鲁国大司徒季平子的家臣。到了鲁定公五年(公元前505年),季平子去世,季桓子继位之后,阳货变得更为跋扈,先是囚禁季桓子,接着挟季桓子僭位专政,甚至一度使鲁公、三桓及一些在位的贵族和他盟誓;可谓到了无法无天的地步。孔子这时已年近五十,痛心正道荡失,社会秩序紊乱,毅然决然地断了仕宦的念头。他将全部的时间和精力,贯注到研究编纂《诗》《书》《礼》《乐》等经典,及教育青年子弟上面;打算在这上面作积极的培养,以为异日水到渠成之用。阳货虽不知孔子心里的想法,但他心中早有叛意,对孔子不仕,并广集弟子讲道,声望日隆,感到寝食不安,时时刻刻在注意着。他想,最好能劝诱孔子,让孔子加入他的集团;至少,也要让孔子认为他是一个礼遇贤者的人。

于是,阳货认为无论如何,应该先和孔子见一次面。他三番五次地派人前去向孔子转致求见之意。然而,孔子却始终表示不愿见他,态度十分坚决。如此一来,孔子越不答应见他,他便越感到不安。

最后,他想出一个妙计。他差人打听孔子的动静,趁孔子不在家时,很快送去一只肥油油的蒸豚。按照礼法,凡是大夫有礼物赠给士人,士人必须在家亲自接受,如果恰巧士人不在家,那么就要在回来后,赶快到大夫门下拜谢。阳货觉得用这个办法,不但再也不用担心孔子或别人,会说他没有礼貌,相反地,还会使孔子不得不来见他，并且博得外人的好评。他为此感到非常得意。

现在，孔子正望着这只蒸豚出神。他知道这是阳货的诡计，但一时又想不出什么对策。

"不能背礼，但又不能让无道的人轻易得逞。本来侍奉这种无道的人，即使只一天，就已不合士人之道，何况又是中了他的诡计。"

阳货馈豚

经过仔细的考虑后，孔子终于想出了一个对策。那就是趁阳货不在家的时候，依样画葫芦地登门道谢。

孔子并不是一位幽默家，但在绞尽脑汁才想到这个对策后，也不觉莞尔。不过，他继而感到这种做法很不适合于他，便又很快失去了笑意。他再从头去想其他办法，然而，任他怎么思索，除了这个以其人之道还治其人之身的办法外，始终想不出更妥当的对策。

"既然想不出圆满的上策，也只好用这个其次的对策了。"

下定决心后，次日清早，孔子便派一位年轻的弟子前去窥探阳货的动静。

根据弟子的报告，孔子立刻动身前往阳货家。他的车抵达阳货家时，已将近中午了。他向阳货的家人道明来意后，便告辞出来了。一切都进行得很顺利。但可惜得很，在归途上，他的车子竟与阳货的车子不期而遇。

这一出乎意料的情形，使得孔子的对策到头来完全落了空。眼前的孔子，总不能逃窜般地躲开吧；为了保全士人应有的自尊，他只好让他的车子继续前进。阳货一看孔子的车子对面迎来，便立刻停住车子，笑着说：

"我想您大概会驾临敝宅，所以正赶着回家。来不及在家迎候您，非常抱歉。"

面对眼前这位玩弄小聪明的权臣,孔子也无可奈何,只好随着阳货回去。不过,他已下定决心,无论如何,绝不接受阳货的午宴。

一到阳货家,两人在大厅揖让就座后,阳货就用很热诚的口气说:

"怀其宝而迷其邦,可谓仁乎?"

(一个人如果怀藏着无比的才德,却不去挽救国家的混乱,这种置身于外的做法,难道可以说是仁者吗?)

"挽救国家的混乱? 亏他还好意思说。"

听阳货这么说,孔子马上觉得很好笑。可是,阳货的口才不错,表面上看起来也很有道理。他不想反驳,于是淡淡地回答说:

"不可。"

(当然不可以。)

但阳货却认为机会来了。他紧接着又说:

"好从事而亟失时,可谓知乎?"

(那么,有一个人抱着济世救民的大志,希望能出来为国效劳,但却一再错过许多可以做官的机会,这难道也可以称得上是智者吗?)

孔子对于这一点,当然有他的立场。不过,要向眼前这位无道的乱臣解释,自然是徒费时间和精神。因此,他又回答了一句:

"不可。"

(当然不可以。)

阳货只觉得孔子并不难说服。于是,他决定进一步打动孔子的心。他十分做作地以类似教训的口吻说:

"日月逝矣! 岁不我与!"

(岁月是不待人的! 像您这样有才德的人,为什么愿意让年纪一天一天老大? 我真不明白。)

阳货说完,由于热切地等着孔子的回答,脸上反而显得有点儿紧张。

但孔子的反应却很冷漠;他点点头,直截了当地说:

"诺,吾将仕矣!"

(是啊! 我明白了。我应该赶快去找一位贤明的国君。)

答完,他马上站起来,很恭敬地向阳货一揖,然后静静地走出门槛,留下阳货一人呆在那里,目送他的背影消失。

有趣的是,不知阳货将怀着什么样的心情,来处理那些为孔子准备的佳肴美酒。

# 八、子语鲁大师乐

随着音乐的终止,鲁国的乐长转身向孔子敬礼之后,就径自回到自己的休息室。他有些自暴自弃地脱掉不舒适的大礼服;先是歪斜身子坐着,但为了抑制住内心的激动,接着又把双脚伸直,两手向后撑在地上。他那苍白而富艺术气质的脸上,露出艰涩的笑容。然而,他越是刻意装出一副不检束的样子,越无法消去心中那乱糟糟的情绪。

"这已是第三次奏乐失败了。"

一想起来,他内心就空虚得很。

说也奇怪,接连饱尝这种难堪的滋味,还是在最近孔子担任司空之职,成为他的上司,在旁观看他奏乐以后,才开始的。

本来,他是隶属于大司徒季桓子的;而且在季桓子下面,也有直接管他的大司乐。但自从孔子由中都宰升到现在的司空以后,季桓子竟把他们这些乐官都改归孔子兼管了。据说这是为了使他们对乐理有更深入的了解。其实,据他们所知,季桓子这样做,主要是为了拉拢孔子。因为季氏对孔子不出来做官,并且招徒讲道,时时感到极大的不安。现在,既然好不容易能使他翻然出任,而且在中都宰任上,竟有很好的治绩,深获鲁公的信任,不数月之间就升他为司空,季氏怎能不趁机刻意加以拉拢呢?

不过，话虽如此，但孔子对于乐很有研究，却是大家公认的事实。

"听说他从前在齐国学习韶乐时，三月不知肉味；爱好音乐之深挚与向学之沉潜，真令人惊叹。"

并且，孔子和以往任何一位长官都不同，他非常爱护下属，从来没有对他们板起过脸孔。但就是不知怎么搞的，一到奏乐的时候，他的神经总会不自觉地紧张起来。虽然他知道孔子精通音乐，必须更加谨慎，然而，手指就是不听使唤，甚至变得有些僵硬。

"虽然孔子乐理懂得比我多，但在实际演奏技巧上面，我的经验远比他丰富啊。"

子语鲁大师乐

他曾这样自信过，却偏偏会在演奏时一再失常。是什么缘故呢？他想到这里，不禁羞怒交集。然而，这是事实，而且是无法补救的事实。

他痛苦地把两手插入头发，双肘立在桌上，让脸对着桌面。他不断地埋怨自己的无能和不能振作。当把内心的这种痛苦和自责转变为对孔子的埋怨时，他蓦地抬起头来；接着，好像要赶走那刚起自心上的偏失的念头似的，双手不停在胸前挥着。

这一刹那，他的眼前忽然掠过一道光线。那是从孔子澄澈的双眼里闪出来的，有如湖面一般的沉静，并且含着轻轻地笑意，但却具有一股慑人的力量。

他突然像想到什么似的，迅速站了起来。

"对了！就是这双眼睛！"

他在心中惊叫。

"一接触到这双眼睛，不知不觉地，我的手指，甚至连喉咙都僵住了。今天也是如此；我的手法失去控制，就是在演奏时，和孔子的视线相遇以后才发生的。"

他在室内来回踱着，不断地思索。过了一会儿，他觉得自己太可怜了。

"岂有此理，难道孔子的那双眼睛，竟能左右我演奏时的情绪？"

他走近窗口，愤愤地吐了一口痰，又仰望蔚蓝的天空。就在这时候，他再一次看到孔子的眼睛，仍然是那种沉静而含着微笑的样子。

"的确是这双眼睛。"

他稍微退后坐下，下意识望着蔚蓝的天空，希望能追寻到刚刚一现即逝的那双眼睛，然后加以捕捉，加以——

"司空大人请您过去。"

不知什么时候，一个小僮走进来站在他背后传话。这使得这会儿正神经过敏的他，有如被某种外来的强力弹了起来一样，迅速起立走到桌边，慌慌张张地整理起服装来。

在走进孔子的房间以前，他几乎都处于由惶恐不安所造成的恍惚之中。直到看见孔子端坐在肃穆阴暗的内室时，才恢复了清醒；并且也意识到了孔子召唤他的原因。

不过，眼前肃穆的气氛，反而有一种使人安然的感觉，无形中使他不再畏惧、慌张。同时，又一次——

"对啊！就是这双眼睛。"

他心里这么叫着。

孔子请乐长坐下，并使自己端坐的姿势变得轻松，说：

"怎么？反省过了没有？"

孔子对今天奏乐的失败，一句话也不提，开口就问到问题的核心。这反而使他窘于回答。

"你有这么熟练的技巧，而且那样认真努力，竟连遭三次失败，一定是心中还有严重的缺陷。难道你自己没感觉到吗？"

"我很惭愧，但还不知道是怎么回事。"

"仔细想过没有?"

"有,有的。接二连三的失败,我也不能不寻找其中的原因。"

"那么,虽然不能明确地找出其中的原因,但总会想到些什么吧?"

"有,不过那好像太荒唐。"

"荒唐? 能不能坦白地说给我听听。"

"但是……"

"你不敢坦白地说吗? 不过你不说我也知道。"

"哦?"

"不客气地说,你还有邪心。"

乐长被指有邪心,很是惊骇。他猜想孔子可能已知道他刚才起了埋怨的念头。

孔子对他毫无轻心,接着说:

"诗也好,音乐也好,用一句话来概括,应该达到'思无邪'这种境地。只要心里没有邪念,即使技巧差些,也能唱出纯正的诗,奏出真诚的乐。你的技巧虽高,可惜还没有体会到这种真理。"

乐长再也无法继续沉默了:

"说真的,我今天奏乐失败后,不知为什么,竟萌生出埋怨您的念头。我认为这是太可耻的事,但我绝不认为我在奏乐时有何邪心! 我只是在尽我的力量演奏,免得这次又失败了。"

"嗯……那为什么又奏错了呢?"

"就是由于一点点小事……"

"嗯。"

"一和您的视线相遇,我的手法马上就错乱起来了。"

"哦,这么说,是我的眼里有邪影啰?"

"不,不。您的眼睛,永远像湖水一般澄澈。"

"真的是这样吗?"

"是的,绝不是恭维话。"

"如果不是你的恭维话,那么就是你的眼神有问题啰……"

乐长始终不承认自己的眼神不好,于是——

"这样说来,是我有邪心……"

他以不服气的口吻说。

"乐长!"

孔子忽然坐回原来端正的姿势,眼睛直视着他的脸说:

"再仔细探究你的心底吧。"

"啊——"

乐长不由得站了起来,紧张得不敢动。孔子接着说:

"你在奏乐时,往往会偷看我的表情,是不是?"

听了这话,乐长只得承认有这回事。可是他心底绝对不承认那是因为自己有邪心的缘故。

孔子稍微和气地说:

"如果你在奏乐时,还要偷窥我的表情,那这就是邪心。因为在你的心目中,已经以为孔丘和你对立。虽然你没有清楚地意识到,我的存在是你奏乐时最大的障碍,但你却因此分心失去定力,精神再也不能完全贯注在音乐之中。这就是你失败的原因,你不曾如此想过吗?"

经孔子这么一说,乐长只好低头承认,于是孔子示意他再坐下,接着说:

"音乐的境界是如一的,在那里,没有丝毫的对立意识,人与人的关系已变成最圆满的和谐整体。它除了外在的形式,更必须具备内在的精神;否则,人而不仁,如乐何?"

"在即将奏出之时,乐队里的每一位成员,首先必须使心和乐器合而为一,然后八音中之金乐划破寂静,各种乐器紧接着调和奏出,这时奏者也和听众合为一体;这叫做翕如。等到了这种翕如的境界后,各种乐器的音调,彼此和谐,所奏出的音乐,已达到足以感人的纯如境界。在这种和谐纯如的悠扬乐声中,各种乐器虽已合而为一,但其清浊高下,就像五味之相济相和而不相失,六律六同都能在宫、商、角、徵、羽五声调和中,节奏分明,各显音色;这就是不互相混乱冲抵的皦如境界。在这时候,音律的高低、强弱、缓急等各种变化,相连不绝,就是所谓的绎如。而这四节、四个不同的境界,完全操乎一心,并且没有分毫的间隙,使得整个乐曲形成高潮,完全一气呵成。在这音律的奔流当中,使人有所陶冶,或化乖戾为祥和,或化苦闷为愉悦,从而完成一个人的人格,使他体会到永恒与刹那是一致的。因此,音乐的真正意义,并不能刻意划分奏者与听者;若两者不能合而为一,便不是音乐。至于声音节奏,此时不过是工具,而不是目的;是枝叶,而不是根本。如果演奏时只是意识到技巧的好坏,或是为了互相比较技巧,或是用'内行'、'外行'来区别,像这一类的人,又怎能进入音乐的最高境界呢?"

乐长犹如隔云仰日似的,倾听着孔子深奥的音乐理论。但当他听到孔子的最后一句话时,才恍然大悟,心里感到一阵疼痛;他发觉孔子说他有邪心是应该的。

"我深深感谢您的教诲,从今以后,我不但要在技巧方面多下功夫,同时更要在修养方面加倍努力。"

他由衷地向孔子鞠躬道谢,然后退了出来。孔子听他的脚步声渐渐远去,心想:

"诗、礼、乐三者,原是一体不分的。人类的行为出于天性,发而为感情,表现于仪文节目的是'礼',表现于语言辞藻的是'诗',表现于声音节奏的是'乐',三者小则能塑造成一个人的人格,大则能形成一个洋溢仁爱精神的社会,使人与人的一切关系达到最圆满的境界。现在,乐长似乎了解了音乐的最高境界,并非出于有形的手法和喉咙,而是出于纯真的心灵。他的演奏,今后将渐渐接近于纯正。虽然他曾把技巧当作最高目标,一时还不能深入了解我的音乐理论正是我的人生哲学。不过,以他的认真有作为,总有一天,必定会发现音乐和人生的本质是一体的。"

虽然那天的仪式,又由于乐长的失常而不够圆满,但孔子的脸色却较以往两次更为明朗。

# 九、孟懿子问孝

自从孔子出来做官以后,孟懿子为了向人表示他非常敬师,经常带着他十多岁的儿子孟武伯拜访孔子。孟懿子当初成为孔子的弟子,有一段值得一提的故事。

季孙、叔孙、孟孙这三大世家,是鲁桓公(公元前711-前694)后裔,他们专政弄权,不仅目无公室,甚至一度联手逐走昭公。他们平日搜刮聚敛来的财物,远富于鲁室数倍。他们的所作所为,在鲁国几乎无人不知,无人不晓。鲁国人民为了表示心中的不满,称这三家为"三桓"。

三桓之中,以孟孙一家比较不那么跋扈。孟孙氏的第四代主人孟僖子,是一位杰出的人物,鲁昭公七年(公元前535年),孟僖子跟随鲁君取道郑国到楚聘问时,在种种礼节上不能应付,回来以后,便感慨人之有礼,犹树之有干,没有礼便不能立身在世上。除了多方学习讲求外,到了昭公二十四年(公元前518年),他临终前,更把两个儿子——仲孙何忌(孟懿子)与南宫敬叔——唤到枕边,命他们师事年仅三十四岁,但在当时已有相当声誉的孔子;要他们无论如何必须好好学礼。

等办好父亲的丧事以后,孟懿子果然遵从遗命,带着弟弟南宫敬叔一起受业于孔子。当时,孔子很为这事感动,一再称赞不已。他觉得孟僖子能够补过于后,在贵族阶级多奢僭违礼,同时又多不悦学、不知礼之际,不失为一位君子,足以让人仿效。但孟懿子嗣承父位,主一家之政,并没有多少的时间可以亲受孔子的教诲(其实主要是他不认真学习),加上第二年发生了三家共逐鲁公的事,孔子避乱到齐,孟懿子从此就不再向孔子学礼。

如此过了十六年,直到最近,因为孔子受到鲁定公和季桓子的信任,出来做官,孟懿子才好不情愿地重回孔子门下。在内心里,他并不是真要继续没有完成的学业。事实上,由于他自觉地位高出孔子,请教问题时,也并不虚心。

这天，孟懿子又来拜访孔子。临走前，他才似乎突然想起什么似的，以郑重其事的口吻向孔子请教关于孝行的问题。孔子知道孟孙氏的家庙，最近将要举行祭祀典礼，孟懿子此时问孝，与其说是他追思先人，还不如说是他正打算借此铺张祀典，夸示他的权势更恰当。

孔子马上明白了孟懿子的用意，因而很简单地说：

"无违。"

（不要违背了理。）

但孟懿子不再接下去问，便告辞了。这一来，倒使孔子心里惦记着，不知孟懿子是否了解他那句话的意思。

"如果孟懿子祭祀家庙，有了僭越礼教的事，那就不只是孟孙氏一家的问题了，而将是整个鲁国的重大问题。并且，万一他对外捏造谣言，说关于祭祀的事，都先请教过我。那么我素来在政治上的主张，也必将被破坏无遗。这足以紊乱天下视听的事，我非向大家表明立场，使大家先对我有所了解不可。但在孟懿子还没有向我提到这事以前，我先谈起，又是非礼之事。不知能否有好的办法？"

这样想着，孔子竟在孟懿子回去之后，日夜为这件事忧虑。

过了几天，樊迟替孔子赶车出游，孔子忽然想到眼前正有一个办法。樊迟是孔子的年轻弟子之一，虽然他还不够成熟，做事思虑欠周，疏于实行，个性也嫌急躁、粗野，但求道之心很强。由于他精通武艺，颇得孟懿子的宠爱，经常出入孟孙氏的家，孔子想，可能他会把我的意思表明给孟懿子。于是，他向正在赶车的樊迟说：

"前几天，孟懿子又来看我，并问起孝道来呢。"

"哦……"

"我只答他'无违'。"

"……哦。"

樊迟对孔子的话，根本摸不着头绪。"无违"，照说是不违背父母的意思；但孟懿子早已没有父母了……这样一想，他感到有些不明白，双手更握紧马缰驾车。

"你认为如何？"

孔子正等他的反应，但樊迟只再说了一声"哦……"而已。

不过，他一面赶车，心里一面开始回想以往孔子有关孝道的教诲；那一幕一幕历历在目。他首先联想到的是孟懿子的儿子孟武伯，他曾经问孔子什么才是孝？当时孔子的回答是：

孟懿子问孝

"父母惟其疾之忧。"

（一个人能够做到只有生病的时候才使父母担忧，便可以算是孝子了。）

为了勉励行事多乖的孟武伯，这一句话，是再平凡不过了。

其次是对子游的回答：

"今之孝者，是谓能养。至于犬马，皆能有养；不敬，何以别乎？"

（现在人的孝，只是能养父母。但人们亦养犬马，如果只养而不敬，则和饲养犬马又有什么不同呢？）

这对为人虽然公正方明，但不拘小节的子游来说，是很有意义的。

还有一次，是答子夏的：

"色难！有事，弟子服其劳；有酒食，先生馔，曾是以为孝乎？"

（最难做到的是以和颜悦色来事亲，仅仅做到家里有事，就替父母操劳，或者有了好的酒饭，让年长的先吃，难道这就算是孝了吗？）

这和对子游说的也差不了多少。但子夏为人非常严谨，缺少温润之色。不过这句话并没有什么特别之处。

樊迟想到这里，又回头再想"无违"的意思。但他还是想不出指的是什么；只好再细索孔子过去对孝的其他解释。

"父母在，不远游，游必有方。"

（父母在世的时候，为防万一有事没人照应，为人子女不要出外到太远的地方，即使不得不远行，也应该先说明去处，并预先有所安排。）

"父母之年，不可不知也；一则以喜，一则以惧。"

（父母的年龄，不可以不记得。因为一方面要为父母年寿的增加而喜悦，一方面要为父母身体的衰老而担忧。）

"父在，观其志；父没，观其行。三年无改于父之道，可谓孝矣。"

（父亲在世，儿子不得自专，要知道儿子的为人，只要观察他的志趣就够了；父亲去世之后，儿子可以主事，这时候要知道儿子的为人，就必须看他的行事如何。因为就人之常情来讲，父亲逝世以后，人子思念之心一定非常浓厚，即使父亲生前行事有些不大合理的地方，也总不忍心马上加以更改。如果能够三年不改父亲的遗风，一心一意地服丧，才称得上是真正的孝子。）

"孝哉！闵子骞。人不间于其父母昆弟之言。"

（闵子骞真是一位孝子啊！他上事父母，下顺兄弟，动静尽善，使人没有一句能够非议他们的话。）

他一一回忆着孔子关于"孝"的另外这些解释。可是尽管樊迟认为这些道理不难，但再怎么想也无法和"无违"联系在一起。

"无违、无违……这到底是什么意思呢？"

他又苦思了一会儿，最后终于被他想起了一句：

"事父母，几谏；见志不从，又敬不违；劳而不怨。"

（子女侍奉父母，父母如果有什么做错的地方，除了不能采取默许的态度外，还要婉约和气地劝告。即使因此操心忧虑，受了任何苦楚，也不应有丝毫怨言怒色。）

樊迟高兴极了。在孔子曾经说过的有关孝的话里面，他发现了"不违"两字；现在他可以从这里摸到线索，来表示他了解孔子对孟孙的回答。然而，当他试图把"不违"

和"无违"联系在一起时,他脑子里瞬间竟是一片混乱。他发觉"不违"是人子劝谏父母的过错,必须始终不违尊敬父母的原则;很明显地是指父母还在世而言。但"无违"则似乎有不同的地方,最起码孟懿子的父母已经去世了啊。这两句表面看来相似,意义却不相同的话,反而给他带来了更大的困惑。

"想什么?"

背后的孔子,还在等他表示意见。樊迟虽然感到难以启口,但再也想不出该如何回答了。

"我一直在思索'无违'的意思,却始终不能了解。"

"连你都不懂我的话,那孟孙就更不用说了。"

樊迟只得硬着头皮又说:

"我想了很久,还是不懂。"

"也许我讲得太简单了。"

"到底是什么意思呢?"

"我的意思是不背礼(理)。"

"哦——"

樊迟把头点了点,他觉得太平庸了,刚才不应该想得那么深入。

孔子接着说:

"就是说,父母在世的时候,做儿子的要依礼侍奉,父母去世了以后,做儿子的要依礼安葬,依礼祭祀。"

"既然是这个意思,那么我想不用老师再多解释,相信孟孙一定知道的。因为他学礼也有相当的功夫。"

"不!我不这样认为。"

"可是孟孙最近将要举行一次很隆重的祭典……"

"你也听说过?"

"详细情形我是不知道,但听说这次祭典,打算要比以往的都要来得隆重呢。"

"原来的方式不可以吗?"

"当然没有不可以的道理。不过做儿子的,总希望父母的祭典能更加隆重,应……"

"樊迟!"

不等樊迟说完,孔子就打断了他的话,同时声调也提高了许多。孔子已了解后面将听到什么。

"看来你也没有彻底了解礼的意义。"

樊迟从御车座位转过头来,惊讶地望着孔子。孔子神色依然不变,只是声音越来越沉重:

"礼,不能过于简略,也不能过于隆重,过犹不及,同样都是违礼的。每个人各有他们不同的身份,不落后,也不僭越,这才符合礼的真义。如果僭越自己的身份来祭祀父母,不但会使父母的神灵蒙受僭礼之咎,而且,身为百姓模范的大夫违犯礼制,也将导致天下秩序的紊乱。这样一来,父母的神灵又另外沾了紊乱天下秩序之罪,这还能算是孝吗?"

樊迟再也不敢回头看孔子。他失神似的望着前面的路,呆呆地赶着车。

当然,在送孔子回去以后,樊迟马上拜访了孟懿子。如果孟懿子举行的这次祭典,目的不是夸耀他的权势,而是真心要安慰他父母的神灵,那么,樊迟这次的拜访,对孟懿子而言,必会给他带来重大的意义。

不过,不久以后,孔子为了裁抑三桓、安定鲁室而执行堕三都的计划时,唯独孟懿子一家梗命,致使圣人的政化不能推行,孔子失望地辞去司寇之职,开始了长达十四年的周游列国生活。孟懿子成为鲁国的贼臣,孔门弟子中也不再列他的名字。

## 十、子路强辩

鲁定公十二年(公元前 498 年),孔子五十四岁。自从三年前他出任鲁中都宰后,由于政绩斐然,很快就一升再升,由司空再至大司寇;并且在第二年辅助鲁公会齐君臣于夹谷,收回了前年阳虎作乱被齐人占去的汶阳、郓、龟阴三地。到了这时,孔子不仅完全得到了鲁君的信任,而且也得到执掌鲁政的季桓子的充分支持。于是,身为大弟子的子路,便在季氏尊信孔子的情形下,出任季氏的家臣。

子路强辩

子路出任季氏家臣不久,孔子便打算堕三都,这是他的政治抱负之一。

原来依照古礼,私家不仅不能藏兵甲;私家的封邑,城墙的宽度也不能超过百雉。而鲁国季氏、叔孙氏、孟孙氏三家封邑的城墙既宽又险,并且三家目无鲁君,屡有僭越的情形。为了安定鲁室,就必须毁掉这些不合礼制的城墙。恰好季氏的前任家臣阳虎作乱时,就曾利用季氏封邑的险固,和费宰公山不狃内外勾结,打算谋害季桓子后来虽然阴谋不成,阳虎逃到齐国,但至今公山不狃仍据费邑之险,轻视季氏。于是,孔子便借此由他本人及子路,分别向季氏提出堕三都的主张。

这个主张,立刻就被季桓子接受,并由子路主持,很快堕了费邑。费邑一堕,季氏感到背患已除,自然非常感激孔子,也更加信任子路。为了表示谢意,季桓子便从孔子的弟子中物色了闵子骞,遣人命他为新的费邑宰;但没想到竟被闵子骞一口拒绝了(参阅"行藏之辩")。这使季氏感到很难堪。不过,为了表示他的气度,以及对孔子的感激,季氏不仅没改变他的初衷,而且更进一步地把费邑宰的人选,全权交给子路去在他的学弟之中物色。

子路当了季氏的家臣,一开始就相当得势。只要有人请他帮忙,他就十足地发挥那种老大哥的气派,曾经因此提举过不少人。现在费邑新堕,季氏的倚重方殷,既然受任全权物色一位学弟担任费宰,他便煞有介事地马上任命了子羔。

然而,子羔不论从年龄,还是学问方面来说,都还是一个未经世故的小伙子,虽然他是笃行之士,人品和修养都没问题,但年纪太轻,才识与经验方面仍未成熟,并且他生来就有些鲁钝。现在要他去治理素以复杂紊乱著称的费邑,不论从什么角度来看,子羔都是难以胜任的。

孔子知道了这件事之后,比谁都烦恼。

"子路这个人做事居然这么鲁莽,真是糊涂到家了。再怎么说,至少也要在用人方面慎重考虑,否则政治是无法清明的。也许子羔现在由于做了官,正感到高兴,但他的前途,却可能因此断送掉了。这对他来说,真是很可怜。先安分守己,提高自身的能力才是正途啊!"

子路可是连做梦也没想到,孔子竟会为此生他的气。相反,他正为能够再提拔一位学弟执政而十分兴奋。他认为若要实现老师的教化,这才是最有效的办法,老师一定非常高兴。于是,他便特地拨出一天时间,兴冲冲地去拜访孔子,得意地报告他保举子羔的经过。

出乎他意料的是,孔子却只狠狠地说了一句:

"贼夫人之子!"

(真是害人子弟!)

说完,就凝视着子路。

子路忽然间变得狼狈不堪。直到今天,他虽然在所有的弟子之中,最常挨孔子的责备,但还未曾像今天这样开门见山地被斥责过。他眨眨眼睛,满头雾水。心想也许是老师误会他了。

"老师,我是说我保举子羔做费邑宰……"

子路尽量不使自己失态,慢慢地又报告了一遍。

"我知道!"

孔子皱了一下眉头,板起脸孔,依然凝视着子路不多说什么。

子路这才觉得不对,他感到孔子今天有点儿异常,但他根本没有想到保举子羔出任费宰是不对的。所以,他轻轻地低下了头又说道:

"又有一位门人获得执政的地位,能够再推广我们的仁道教化,我想这是很值得高兴的。"

"害人子弟,哪里叫作仁道?"

孔子的视线始终凝在子路身上。

听了孔子这句话,子路到现在才好不容易恍然大悟,知道了孔子不高兴的原因。不过,子路有一个最大的缺点,就是他从来不会马上承认过错。而这次不能明察子羔资质鲁钝所贸然做出的决定,又是多么不可原谅的疏忽,他感到极端的难受,同时也极不愿意让孔子知道这完全是他一时的疏忽。

"我并不是没有识人之明啊,子羔的学识和经验,我都十分清楚。我所以明知他的能力仍予以保举,是另有原因的。"

子路想使孔子这样来体谅他。

"老师就是以为我这样做,反而害了子羔吗?"

他硬着头皮,强装出一副镇定的样子问孔子。

"你不这样认为?"

孔子的态度,还是俨然得很。

"当然,这我也想过,对子羔可能有点儿吃力……"

"还有点儿啊?他的学识连起码的基础都还没有呢。"

"所以我才希望他从实际经验中获取学问。"

"实际经验?"

"是的。怎么可以说只有读书,才算是学问呢?"

(有民人焉,有社稷焉,何必读书,然后为学?)

子路趁这个机会,念出孔子曾经教诲过的弟子必须拓宽生活领域、多方学习的这一句话,打算用来作为他最有力的辩词。

孔子听了,马上移开凝在子路身上的视线,皱着眉头。但是,子路却以为好不容易才摆脱孔子的凝视,全身总算轻松多了,竟等不及观察孔子的表情,马上紧跟着用他那流畅的口才说:

"费邑有正等着治理的百姓和等待祭祀的社稷。治理人民、祭祀社稷,这些仅够他学不完的实际经验,是再鲜活不过的学问。老师常常说,真正的学问必须能和实际的经验配合。所以像子羔这类型的人,既然从读书方面学习的悟力较差,倒不如早一点让他从实务方面开始学习。担任政职,每天都有很多不得不赶着去处理的公务,这自然就会逼得他从实务方面,用心去学习各种事物的道理。"

子路一口气说到这里,他自认为很能够利用孔子的话倒推发挥,作为自己强辩的依据,便不禁得意地等着孔子的回答。

但是,孔子仍旧在看别的地方,一句话也不说,又闭上眼睛好像在想着什么。

子路看在眼里,反而觉得怪不好意思。他认为刚才的滔滔雄辩,驳中了要害,而使老师受窘了。他想到应该设法来补救这种场面,可惜这还不是他眼前的能力和技巧所能胜任的,所以他只好木然地站着不语。

不一会儿,他竟开始觉得孔子这种沉默,越来越可怕了。因为每当孔子对他不说话时,都会带来非常难堪的后果。他偷窥了孔子的侧脸一眼,开始慢慢地反省了。

"我到底是坚持刚才向老师说的话是对的呢? 还是应该承认是因为不愿认错而强辩呢?"

"不! 我不能坚持下去。"

他不得不在心里先这样自问自答。

"我这样做对子羔的将来没有一点儿好处，自然是害人子弟。这不待老师再指责，我现在已很清楚。既然如此，那么我当初为了谁而保举他呢？当然也不是为了费邑的百姓。既然不是为了子羔本身，也不是为了费邑的话——"

仔细一层一层地想到这里，他再也不好意思和孔子对坐了，无论如何，得找一个借口赶快溜走。天性刚强的他，一旦反省起来，又是加倍惭愧得无地自容。

就在这时候，孔子的脸转过来了。这对子路来说，有如电光一闪，使他感到惊慌。但孔子的声音却是那样平静：

"论笃是与？君子者乎？色庄者乎？只听一个人的言论，我是不会马上相信他的。因为这并不能断定他就是真正有德行的人，而不是言行不一的伪君子。我们应该知道，有一种人，表面上会说出一套冠冕堂皇的理论，其实暗地里有许多恶行，那是他无法从正面来自圆其说的，但他总是随时准备着一套漂亮的道理。所以——"

孔子顿了一下，声调变得非常严峻：

"我就最痛恨这种言行不一、利口狡辩的人！"

（是故恶夫佞者！）

好像失了神似的，子路恍恍惚惚地拜辞了孔子。

从这件事以后，子路才算体验到了学问的意义，能够对此有真正地理解了。


# 十一、行藏之辩


自从在短短一年间，由中都宰一迁再迁，位至大司寇以后，为了早日实现自己的政治抱负，孔子除了尽可能推举弟子中品学足以胜任的出来任职外，还时时借周遭发生的事，诱导弟子敦品励学，期望他们能成为更有用的人。

这天，孔子来找几位高弟聊天，想借此了解他们最近的学业。不知是谁偶尔把话

**行藏之辩**

题扯到了仕途上，竟引起了热烈的反应。在座的除了颜回、子路、子贡与闵子骞外，还有半年前新从陈国来学、一直很得孔子欣赏的漆雕开。

话题扯到这上面以后，孔子先是默默地听着他们的议论，过了一会儿，才忽然想起什么似的问漆雕开说：

"对了，上次说的那件事怎么样了？你考虑好了没有？"

"有的，我想了很久，可是——"

漆雕开稍微红着脸，看了看大家，说：

"我还没有做官的自信。本来，我是不敢违背老师的，但我的学问不够，还不能立己，就要去立人，我会感到不安。这次还是请老师另外挑选适当的人，推举他出来做官，好吗？"

孔子一听漆雕开这么说，心中非常高兴，十分满意地点了点头。这时，一旁只大漆雕开两岁、现在已做了季氏宰的子路，像是很为他感到惋惜，急急地插嘴说：

"老是这样客气的话，就会永远失去表现的机会啊！凡事还是做了再说。如果能

在实际经验上努力奋斗,那么不知不觉就会产生信心的。"

"那不见得——"

子路刚说完,子贡马上表示不以为然:

"还是必须先有几分自信,否则,说不定一开头就要失败;尤其是刚一做官就失去百姓的信任,更是最不堪设想的事。"

"可是漆雕开同学不至于这样吧。像我这个老粗,虽然年纪一大把,也还常常受到他的启示啊!"

子贡觉得子路话中有刺,脸孔一紧,偏过头说:

"我只是就一般人、一般事而论,我原来的意思并不是指漆雕开同学的为人怎样啊!"

"不管是说一般或不一般,在这个时候,最好还是不要说得让人家起了畏惧心理为妙。……如果我具有像漆雕开那样的能力,我想我也能够把这个任务做得很好。老师! 您认为怎样?"

"那当然不会有问题。不过,我要特别指出一点——"

孔子先各看了子路和子贡一眼,才接着说:

"以漆雕开现在的年龄和学识来说,在仕途上,是不会有问题的;但他却不急于出仕,这表示他能审慎思考,将志气放得更高远。这种为学诚、行道笃的美德,我希望你们有所了解,也希望他将来能泽被于人。目前社会上有不少人,躁于仕进,志在于禄,年纪轻轻就做了官,但这并不是很了不起的事;相反地,学养尚未成熟,心有余而力不足,结果是失信于百姓。我曾说'三年学,不至于谷,不易得也',就是这个意思。"

漆雕开似乎深为这些话所感动,他注视着孔子,眸子里闪着高兴的光彩。但当视线和孔子接触时,他又把眼帘垂下,有点儿局促地凝视着膝盖。

"还有——"

孔子转向闵子骞:

"闵子骞,季氏最近不是向你说了些什么吗?"

"是的。前几天突然来了他的使者，要请我去当费邑宰。"

"哦，那你怎么说？"

"我坚辞了。因为季氏越来越专横，好像鲁国就是他的，而且费就是他的食邑……"

"是啊，季氏近来的横行霸道，根本不能以言语来形容。不久前，我听说他竟然在自己家庙里举行八佾乐舞，像这种僭礼的事如果可以容忍，那还有什么不可以容忍呢！你的立场很对。可是一定拒绝得相当费力吧。你是怎样拒绝他的呢？"

"我并没有细说理由。使者硬要我答应，我郑重地告诉他：'还是请你好好替我辞掉吧。如果下次你再为这件事来找我，那我就要渡过汶水避到齐国去了。'说到后来，我甚至有点儿声色俱厉。"

平时沉默寡言、以为人温厚著称的闵子骞，竟这么富有正义感，有这么强的批判力，这使孔子感到有点儿意外，几乎吃了一惊。最高兴的莫过于子路了，他总觉得自己未免太窝囊，虽然季氏已很信任他了，但他还是无法使季氏收敛一点儿。这时，他不禁拍手脱口而出：

"真是痛快极了！——可是，我万万料想不到闵子骞敢这么说。"

对子路的轻率，孔子似乎不能不加以责备：

"只有闵子骞才有资格这么说！"

子路觉得有些莫名其妙。孔子继续说：

"君子的刚强，不在他的善辩和多谋；遭遇难阻的时候，还能毫不动摇地固守真理，这才是君子的刚强。闵子骞就具有这种勇气。从来'君子喻于义，小人喻于利'。社会上如果都以利害得失作为衡量事物的标准，那就没有刚强可言了，哪里还能再听到像闵子骞这样坚决的话？"

静肃笼罩在他们四周。子路和闵子骞心中感受各有不同，但都很不好意思似的低头不语。

一会儿，子贡忽然开口：

"漆雕开和闵子骞这种作为,当然都没话可说。但是话说回来,假如在这里有一块天下独一无二的美玉,老师是打算把它藏在匣子里不让人看见呢？还是等到出得起价钱的人把它卖了?"

孔子有时也为季氏势力的根深蒂固、不易铲除感到无可奈何,他机警地感觉到子贡正以巧妙的比喻,来试探他将来的去留。于是,他笑着说：

"我当然要卖掉它！我当然要卖掉它！只要有真正识货的人,我马上就卖掉它。不过,这要慢慢地等呢。哈哈哈……"

大家也似乎会意地跟着大声笑起来。但孔子很快又严肃地转向一直不发一言地颜渊,深沉地说：

"一个君子最高的操守,是应该做到有人用我的时候,就行道于世;不能用我的时候,就藏道在身。这种乐天知命的态度,目前只是我和颜渊有吧。"

颜渊听了有些惊慌不安。他刚要开口,子路却沉不住气了,他急急地说：

"老师！如果您统率三军出征,又和谁呢?"

子路心中有些愤慨。不过,他继而一想,孔子应该会给他满意的答复,这才勉强按下刚才的失态。然而孔子根本不介意子路的态度,他漫不经心地微笑着说：

"世上有赤手空拳与老虎搏斗,或不用竹筏就泅水过河,死了也不悔悟的人。但我是不和这种人在一块儿的。万一要出征的话,一定要和临事能戒慎小心,有智慧、有计划,而有成功把握的人在一块儿。"

子路有突然失足、一下子跌落深崖的感觉。颜渊和闵子骞,仍旧低头望着眼前的地板。子贡那双感觉敏锐的眼睛,在孔子和子路之间来回扫了好几次。漆雕开则不安地紧按着放在膝盖上的双手。

最后,还是孔子打开了这个尴尬局面。

"不过,我这辈子恐怕不会有统率三军出征的一天,不如索性坐上竹筏飘游于海上。反正天下不能太平,在这个不能实现理想的社会,过着犹疑不决的日子又有什么意思呢?"

大家不胜诧异地望着孔子,孔子平静地说:

"对了! 如果真有这么一天,会跟随我的恐怕是子路吧!"

子路的眼睛不禁一亮,脸上闪耀着喜悦的光彩,似乎又在期待孔子能再说些什么。

"子路,你认为是吗? 我俩飘游在大海上,该是多么好玩。有你这样勇敢的人跟随着我,我会感到非常安全呢!"

孔子一面说一面正视着子路。子路好不容易才控制住因过度兴奋而飘飘然的身体。

孔子继续说:

"可是,我们首先要准备安全无虞的竹筏,否则,只痴想飘游海上的乐趣,那是没有用的。子路,你的确比我勇敢,你能够挑选好的竹筏吗? 怎么样?"

子路一时竟不知怎样回答,只有赶紧把头低下。

"好了,我们不谈这些事了。我们并不是真的要坐上竹筏飘游海上。……子贡,你也安心吧,如果有好的主人,我一定卖出这一身。这可是由衷的话! 哈哈哈……"

这次,换子贡脸红了。颜渊、闵子骞和漆雕开的脸,原先露出的微微的笑容,也在瞬间消失无踪。

大家都保持着严肃的沉默,各自思索着。不久,孔子先起身离开了。


# 十二、富人子贡


子贡直挺着胸膛,精神饱满,深深地吸进清新的空气,悠然迈开大步。近来他的官运很好,并且财运一天比一天顺手;每一想起,身心不觉无比舒畅。

"老师经常赞美颜渊说:'贤哉,回也! 一箪食,一瓢饮,在陋巷,人不堪其忧,回也不改其乐。贤哉,回也!'又说:'回也其庶乎! 屡空。'恐怕老师对于不能安贫乐道,

**富人子贡**

而喜欢货殖生财的人不大欣赏吧。但是一个有经济头脑的人，依照正道积富，又有什么不好呢？依我看来，贫穷本身就是罪恶，富贵才是善德。起码也先要经济上没有困难，才能舒适地专心求学。更何况财能壮胆，最明显的是平常与人相处十分方便。

"记得从前贫穷的时候，在他人面前，的确不能像现在这样。"

他想起几年前的贫困，不由得一再把头摇个不停。

"还依稀记得，从前我在贵人和长者面前，总觉得很不自在。虽然我从来不以自己的穷相为耻，也并不因这种'小事'怀有自卑感而柔弱退缩。事实上在这方面的自信，我绝不次于子路。我所以不自在，不过是一点儿也不愿意让人认为我在谄媚罢了。并且，这种不对劲儿的情形，除了起于绝对不愿意因无可奈何的贫困，而让他人认为我在求怜之外；我不能摆出漠视礼貌的傲慢模样，也是主要原因之一。如此一来，在不知不觉中，举止就不自然了。现在回想起来，虽很可笑，不过那是贫穷使然，又有什么办法呢？总是谁也不愿自甘贫穷吧！

"虽然如此——"

他忽地昂然环视左右，心里自言自语说：

"不管怎样，我未尝谄媚过任何人，到底是千真万确的事实。就凭这一点，我敢公言处贫有道。相信老师也会默许我如此自居。"

他在不知不觉中走到了孔子家门前。

首先映入子贡眼帘的，是很恭敬地在门外站着的三个年轻弟子。他们是在正要进门之际，看到了子贡，才停住脚步的，好像有意等着子贡。这三个人目前都和几年前的子贡一样，一贫如洗。

当子贡走过来时，他们都很恭敬地以弟子之礼向子贡拱手。子贡也一样恭恭敬敬地向他们还礼。在几秒钟的揖让之后，大家便按照辈分的先后进去。不用说，子贡是当中的大前辈。

一进门，子贡想：

"老师曾说：'贫而无怨，难；富而无骄，易。'我不认为富而无骄比贫而无怨容易做到。相反，我认为富而无骄较难做到。不论从哪一方面来说，我现在都已能做到富而无骄。也就是说，现在的我，正是富而无骄的好模范。"

想到这里时，他已走过中廊；他的脸，此时像太阳一般耀眼，他也意识到自己脸上容光焕发。再走进微暗的教室，竟感觉到许多弟子的脸，像是暗淡的星光，在他的眼神间隐约飘荡着。但当看到孔子像一颗神秘的巨星，端然坐在同学当中时，不禁有点儿慌张起来；在照常向孔子行礼后，子贡就找到自己的位子坐了下来。

跟着他进来的三个人，也在教室角落各自找好位子坐下。

孔子和弟子们正在热烈地讨论有关"礼"的问题；看情形已讨论了很久。他们一直就这个问题认真地探讨着。今天大概是自由座谈会的性质，孔子并不发表具体的意见，而是静静听着大家的谈话。但是每遇说得太随便，或观点错误时，孔子则绝对不会轻易放过他们。他的批评，无论何时何地都非常严正。不过，这种态度却蕴含着无比温暖的慈爱。

子贡在言辞方面，是孔门中的第一人，但这时他却意外地保持着缄默；因为他并没有注意每一位同学所发表的意见。他内心正在萌生一种企图——他正盘算着如何把刚才在路上所想的事,以最生动的言辞表达给大家听听。

"子贡,你的意见怎样?"

冷不防孔子突然开口问他。

没料到孔子会如此问他,子贡不觉愕然。可是他立刻想到不能错过这个良机。过去每当遇到有难度的问题时,他总要等到没人在旁的时候,才去请教孔子;因为他不愿意在众多弟子前有失面子。但现在他充满信心。他认为今天要提出来讨论的问题,是自己亲身体验过的。没有经过孔子预先的指导,全靠自己体验得来的见解,今天能当着孔子和许多门人之前发表,这实在使他内心感到非常得意。可是他却客气地抑制着说:

"我想等大家讨论完了,再就别的问题请教老师……"

"是吗?……差不多了,我看也该换换话题了。"

子贡非常高兴,但他并不想急着发表意见。他不希望别人看到自己的得意模样。

"你到底想提出什么问题?"

孔子再次问他。这时子贡才站起来,以他那一流的口才说:

"我近来对如何处身贫富这一问题,多少做了些研究并且也已亲身体验到了。我想贫而无谄、富而无骄是最好的境界。如能做到,我想这个人的修养就已经达到了完美的地步。"

"哦,这点倒和我们刚才所讨论的有关'礼'的问题非常密切。……那么,你的意思是说你已能够加以实践了?"

"这还要老师和大家来指教。"

子贡的脸上,显出充分的自信;他还偷偷地瞟了一起进来的三个年轻弟子一眼。

"贫、富两种境遇都亲身体验过的,可以说只有你一人。"

听到孔子这句话,子贡觉得好像在挖苦他。但是他深知孔子是不会随便挖苦人的,便立刻又觉得孔子是在委婉地褒奖他。

"你能贫而无谄,富而无骄,我很清楚。"

孔子这一句话,声调格外沉重。这让子贡觉得孔子言辞上虽是赞许他,却使他有如受到当头一棒似的难受。

"好,很好。"

孔子的语气越来越严肃。这时子贡已感觉出孔子的责备了。

"不过——"孔子继续说:

"对你,贫穷确是一大灾厄!"

子贡不知该如何回答才好。今天在路上一直认为贫穷本身就是罪恶,但到了孔子面前,真正被孔子正面问起这件事时,不知怎的,他却不敢将心中的意见说出来。

"从前贫穷的时候,你为了不谄媚他人,吃过相当的苦头,现在,又为了不骄于人而煞费苦心。"

"是的,我相信不谄不骄这两方面做得还好……"

"的确很好。刚才我也这样说。不过,你是勉强自己不谄不骄,在内心里岂不仍残留着某些骄傲与谄媚的想法?"

在子贡明敏的头脑里,感到好像被人刺入一把利刃般地难受。接着孔子又说:

"我当然不反对你说的道。可是你所说的还谈不上是最高的道,那一定要系于超越贫富的思想上。为了做到不谄不媚,你因而费了不少苦心,这是心中仍存着对贫富的刻意顾虑的缘故。刻意地顾虑贫富,自然不知不觉中会以贫富为标准,拿他人和自己比较。一旦以贫富作为比较他人与自己的标准,便会产生骄傲与自卑的心理。因此,不就得为了克服自卑与骄傲而煞费苦心吗?"

子贡只有木然地听下去。

"那么,观念要怎样才能超越贫富呢? 简单地说,应该将贫富委诸天命,专心乐道好礼。道,不是消极性的,也非功利性的,所以它永远不会在贫富及任何境遇上受到影响。为了乐道而求道,为了好礼而学礼,要具有这一自动的积极求道心,才能在任何境遇下虔心善处。颜回能做到这种地步,真是一位贤者。达到这种境界,那些贫而无谄、富而无骄的自恃，就不会再成为存在的问题了。"

"老师，我明白了。"

对在众人面前轻浮发表自己浅薄思想的懊悔，和新从孔子的告诫里所得到的感激，在子贡胸中交错着，他不禁垂下了头。

半晌，大家都沉默不语。

隐约的吟诗声，不知从何处飘来。子贡感到仍旧受着众人的注视，显得有些紧张。可是听了吟诗的声音，忽然想起《诗经·卫风篇》的一句："如切如磋，如琢如磨。"

直到刚才，他还是把这句诗理解为借比喻工匠雕刻象牙或珠玉之苦，来讴歌一个人陶冶人格之难。这种解释，当然并非错误。但他忽略了这句诗里面最重要的一点，那就是工匠的艺术之心；也就是以工作为乐事之心。在工作的劳苦中，不，其实从劳苦本身也能发现生命中的跳动和喜悦之心，因为艺术并不单是一种技艺手段，同样地，求道也非处世术。正如工匠在工作时，从艺术之中悟得生命的喜悦一样，一位求道的人也应只管虚心乐道。惭愧的是，直到今天，在这一首诗里，自己只从工匠琢磨切琢玉石的劳苦，得到教训而已。这是多么浅薄的想法呢？

这样想着，他不禁抬起头来望了孔子一眼，并且，这句诗不觉从口中吟了出来。这时候，他已经没有多余的时间再为过去的愚昧难过了，他为心中忽然有了新的发现而兴奋不已。

吟罢，他说：

"老师刚才一直在说明的，不就是这句诗的精神吗？"

孔子满面笑容地回答说：

"子贡，你说得很好。这样才够得上和我一同谈诗啊！诗的心是非常深奥的。所以，除非具有不屈不挠的热诚，否则很难体会到诗的真髓。你好像已能做到这一点。"

子贡忽然显得非常得意，差点儿就以那副神情环视大家，但是他终于勉强把它抑制了下来。

## 十三、瑚琏之器

"子贱,君子哉若人!"

(像子贱这样的人,真是一位君子啊!)

在子贡面前,孔子不断地称赞子贱的德行。子贱的年纪小子贡十八岁。最近他治理鲁国的单父邑,鸣琴不下堂,而单父大治。听说他的学长巫马期过去主治单父时,认真得清晨星星还挂在天空就开始处理公务,晚上星儿出来了才休息,但是竟然不能治理得比子贱还好。

因此,有一天巫马期就去问子贱:

"到底你用什么秘诀呢?"

"我只是注意如何用人,而你却事事都要自己做,自然落得事倍功半。"

子贱这样回答他。这件事很快被传开去;传到孔子耳中后,孔子心中很高兴;他觉得子贱年纪虽还很轻,却能够以德政治民,做到知人而任、无为而化的境地。

但是,孔子当着子贡的面一再称赞年轻的子贱,对子贡来说,并非一件让他感到愉快的事。他甚至觉得孔子在有意奚落他。

"我年纪将近四十了,却从来没有受到过像老师对子贱那么热烈的称赞。直到今天,老师给我的训诫,还远比嘉许来得多呢。"

想到这里,他心里充满无限悲伤。就这样,他

**瑚琏之器**

不知不觉地陷入了沉思之中。从年青时代到现在,从孔子那里所受的教诲,如今都在

他脑海里盘旋着。

记得有一次,他告诉孔子说:

"我不欲人之加诸我也,吾亦欲无加诸人。"

(我不愿别人把我所不愿的加在我身上,我也不愿拿来加在别人身上。)

孔子听了,马上直截了当地说:

"赐也! 非尔所及也。"

(子贡,这完全是仁的功夫,还不是你目前修养所能做得到的呀!)

回想当时的情形,他的心头到现在仍会燃起一把火。

又有一次,孔子问他:

"女与回也熟悉愈?"

(你在学问方面,自信能胜过颜回吗?)

孔子时常在弟子面前自叹智慧不及颜回,想不到竟拿颜回和他比较。这不免使子贡内心感到兴奋,一时间竟高兴极了。不过,这却是一个很不好回答的问题。他当然不能说"我相信会胜过他",而心里实在又很不服气,真想哼一声,说:"他算什么!"可是,他哪里敢说呢?

"如果我老实说出来,不但等于自认不输颜回,同时又岂不等于连老师也不放在眼里? 这将有失谦让的美德。"

因此,他一时不知该如何回答。虽然他继而想到孔子曾经勉励他"当仁,不让于师"。但是和这件事并不相干,情形也不相同。最后,他心中纵使再怎么不满,也不得不遵守谦让的美德,很谦虚地回答:

"赐也,何敢望回? 回也闻一以知十;赐也闻一以知二。"

(我哪敢和颜回比较呢! 颜回能够闻一知十,我不过闻一知二。)

而孔子这时似乎早就知道他的回答,说:

"弗如也,吾与女,弗如也!"

(你的确不如他,我很赞同你的看法。你了解自己的能力,并且答得实在。)

当时这使子贡觉得这好像只夸奖他擀的包子皮好,却嫌馅包得太少,真是懊丧极了。

此外,在子贡的记忆里,让他感到最不愉快的事,就是有一次他和几位同学,正兴高采烈地在批评别人的过失,却被孔子偶然听到了,立即遭到一顿告诫:

"赐也,贤乎哉?夫我则不暇!"

(子贡,你样样都很好吗?要是我,就没有那么多无聊的时间去批评别人的过失。)

依子贡看来,再没有像孔子那么爱批评别人的人了;别的弟子在批评他人时,孔子没有一次不参加。但为什么独独对他不肯轻易放过,要说这么挖苦人的话呢?

"也许老师认为我是那种口舌之徒吧。"

这一来,又使子贡想起有一次孔子说他和宰予两人口若悬河。

"'口若悬河'这个说法,听起来很舒服、很中听。可是,那只不过是一句敷衍的话而已,并不是由衷的赞美。何况宰予是个懒虫,并且一向就喜欢和人强辩,他才是一个名副其实的口舌之徒。拿他和我相提并论,是令人多么难以忍受的耻辱啊!"

子贡一边回忆这些历历在目的往事,一边听到孔子称赞子贱:"君子哉若人!"真是坐立不安。

"实在应该借这个机会,问问老师对我的评价如何。我跟随他这么多年了,他一定会赏识我的人品吧。"

想着想着,子贡更加不自在了。孔子似乎没有注意到子贡局促不安的神态,他手摸着胡子,眼睛看着别处,自言自语地说:

"鲁无君子者,斯焉取斯?像子贱这样难得的君子,实在是由于鲁国有很多贤人君子直接、间接影响了他,才造成他今日的德行与人品。子贱能够在鲁国得到孕育启发,能够在尊贤取友中成就他的德行,真是幸运之至的事。"

听孔子这么一说,子贡的精神又振作起来了。他虽然是卫国人,但在孔门当中,他是子贱的前辈。为了指导子贱,身为师兄的他,也着实费了不少工夫和精神。因此,孔子提到前辈功劳的时候,他当然自认为是指导过子贱的贤人君子。不过他没有自信,在尚未确定孔子的意思之前,他尚难证明他也是这些前辈君子之一。如此一来,自负在德行方面不逊于子贱的子贡,认为孔子既然一再对属于后辈的子贱称赞不已,或许对他也备有更高的赞辞。虽然子贡心中焦虑不安,但他自负的心理又慢慢地抬头了。

于是,他脱口问孔子:

"赐也何如?"

(老师,像我怎么样呢?)

说出这话,他忽然又感到不安。不知孔子会说什么?只怕孔子会责备他太拘泥自我。

但是,孔子却很平静。他只简单地回答:

"女器也。"

(你是个有用的"器"。)

子贡感到很意外。孔子批评人物时,常用"器"这个字来比喻一个人的才识;但它的意思并非意味着顶好这一类型的人才的意思,只不过指属于"才子",或"长于一艺一能的人"罢了。所以孔子常用"君子不器"这句话来教诲弟子。因为器之为物只能适于某种特定的用途,用"器"比喻一个人,乃意味着德行尚未圆熟,还不能适合于各方面的用途。现在孔子竟用"器"这一个字作为对他的评语,这当然使子贡大感意外。

这时,孔子仍然平静如常。他的样子似乎在说他不过做出了一个公正的评论而已。

子贡茫然若失,强烈的自尊,使他觉得很羞愧,同时也意识到有一股莫名的愤恨,正迅速在胸中扩散开来。他猛地想立刻跑离孔子的面前;但接着又觉得这样抱头鼠窜,只会增加自己的难受。他陷于进退两难之间,极端紧张与不安的脸显得格外苍白,他竟呆呆地望着孔子。孔子依然平静地坐着,很久,很久,沉默的气氛一直笼罩着四周。

子贡终于忍不住内心的痛苦,向前挺起上身讷讷地问:

"何⋯⋯何器也?"

（"器"？是……是属于哪一类的"器"？）

孔子好像这时才发觉子贡那异常的紧张和激动，他皱了皱眉头。

转瞬间，孔子微微地绽开笑容。他想了一会儿，平静地答道：

"瑚琏。"

一听到"瑚琏"，子贡又把疑惑的眼光投向孔子。瑚琏是祭祀宗庙时，盛放礼品的祭器，器上嵌着珠玉，非常华贵。那是所有器物中最贵重的。

"瑚琏——瑚琏——"

他在心里反复地念了几次。他想起摆在宗庙祭坛上的宝色灿然的祭器。

"器中之器——人才中的人才——一国之宰相。"

子贡的联想，越来越发出光彩。不知不觉中，他竟在心里面幻想着自己正穿戴着宰相衣冠，在宗庙上从容地指挥着文武百官。

"瑚琏，说得太好了。"

的确，在这一瞬间他真的这么想；消沉的脸也渐渐地明朗起来。

"瑚琏是大器。它虽然是宝贵的大器，但无论如何，器只是器而已。"

刚才就一直睁着眼睛在观察子贡的孔子，这时候，好像有意强调似的这么说。

突然受到这种刺激，子贡全身都颤抖了；脸上又渐渐浮出苍白的气色。

"子贡，忘记自我，检讨如何摆脱自我的欲念，才是最要紧的。只顾一己而局限于自我意识的人，不能称为君子。君子所以能以德来活用别人的才识，也不过因他能忘却自我的缘故。才有余而德不足的人，喜爱夸耀自己，一心只想靠自己的能力谋生；当然，这对社会也会有所贡献，但这一类人只能使自己有用，并不能使别人也一样有用。所以，这一类的人，就好像是器物。"

近来，孔子没有像今天这样恳切地教诲过他。

"而且……"

他停顿了一下。

"后生可畏，焉知来者之不如今也。"

（年轻人是值得敬畏的。他们正值勉力求学的时期，精力充沛，稍不留心，就会被他们赶上。可是……）

孔子沉痛地说着，又停了一会儿才再接下去说：

"四十、五十而无闻焉，斯亦不足畏也已！"

（不过，如果到了四十、五十岁，还是默默无闻，在德业方面没什么特殊表现，这人也就不足敬畏了！）

说到这里，孔子的声音竟激动得发抖。

子贡像是丧了心似的，没精打采地站起来。接着，突然用手蒙住脸呜咽起来。

这时，孔子的双眼也含着亮晶晶的泪水。他相信子贡今后在德业方面，必将有深入一层的进境。

过了四年，孔子与世长辞；弟子们在丧满三年、各奔前程后，子贡感念师恩，继续守丧三年，才依依不舍地黯然离去。

## 十四、夫子击磬

现在是鲁定公十三年（公元前 497 年）春天，孔子五十五岁。他对鲁国的政治不再存有丝毫希望，辞去了大司寇的职位，带着一行弟子，踏上周游列国的第一站，来到卫国；暂时客居在子路的妻兄颜雠由家。

四年前，鲁国经过阳虎之乱以后，三桓各有憬悟，君臣一致有起用孔子之意；在这一机缘中，已知天命的孔子遂翩然出仕；并且由于政绩斐然，四方景从，很快地一升再升至大司寇摄理相事。翌年，兵强马壮、虎视眈眈的齐国，以齐景公及齐相晏婴君臣为首，率领部队约鲁定公会于夹谷（在今山东莱芜县南三十里），想要迫订城下之盟。在这一极为险恶的盟会上，孔子以大司寇随行辅助；他除了预设武备外，还实际展示出无比的胆识与智慧，先后义正词严地制止齐人行刺鲁公、侮辱鲁公的举动，最后甚至迫使齐景公不得不将侵占的汶阳、龟阴之田归还鲁国，造成了弱国外交的光荣胜利。

从那以后，孔子不但完全获得鲁定公的信任，同时也取得三桓之首季桓子的支持，从而更能厉行改造鲁国政治的工作。

到了去年，孔子在事先获得季桓子的支持以后，便开始进行振奋鲁国人心的堕三都计划；要拆除三桓的城郭，削去私人的割据势力，以巩固鲁国公室。然而，想不到最后要拆除孟孙氏的城郭时，孟懿子竟抗命不从，而季桓子也起了兔死狐悲的心理，首鼠两端，不再全力支持孔子，使孔子实现

夫子击磬

政治抱负最重要的工作落了空。刚好在这时候，齐景公眼看鲁国日见强大，为了破坏孔子的改造工作，就挑选了八十名特别美艳的舞女，送到鲁国都城南边的高门外，想以靡靡之音和淫冶之舞，来销蚀鲁国君臣的图治之心。于是季桓子正好借这个机会逃避孔子；他先狡猾地请得鲁定公的允许，微服偷偷前去观赏一番，接着更诱劝鲁定公借出巡之名，前往销魂；君臣迷得三日不朝。这一来，齐人的女乐阴谋大获成功；除了孔子本人对鲁定公为德不卒，及鲁国政治前途充满荆棘，感到十分痛心失望外，以子路为首的弟子们，也为之愤愤不平。因此，孔子在今年春祭没有收到照礼应送的祭肉时，马上以在位者不能再维持过去对他的礼貌为借口，辞去大司寇的职位，放弃在本国所做的努力；于春寒料峭中离开鲁国，开始之后十四载的漂泊生涯，想要从劝使天下诸侯推行仁政这个方向，去实现他澄清天下的政治抱负。

鲁、卫原是兄弟之国。鲁、卫分别是周武王之弟周公和康叔的封地；目前两国都同样日见衰乱。孔子首站来到卫国以后，一向安于逸乐、放纵怠政的卫灵公，为了向天下表示他礼贤下士，在政策上，不得不想办法留住孔子；但如何安置，一时却难于决定。而孔子心目中所希望的，俸禄多寡还是其次，最重要的是能够有实现政治理想的

机会。在这种情形下，孔子就姑且抱着几分希望，暂时客居在颜雠由家静观情态。

羁旅之中，孔子一如平日，仍然不忘以诗、乐怡情；经常吟诗、鼓琴、击磬。由于孔子以往就一直认为艺术的陶冶是道德人生中所不可缺少的，因此，在这种环境下，甚至可以说最适合他心情的，莫过于诗和乐。

今天，孔子一早就击磬自遣。有如水晶珠儿相碰般清脆的声音，构成潺潺不绝的悦耳旋律，静静地流淌出户外，洋溢在清新的空气中。

"咦？"

一位担着草畚、状似农夫的人，走到门口忽然驻足侧耳。

"多么动人的磬声，可惜击磬的人还摆脱不了世俗的欲念。"

说完，举步向前走去，并刻意地甩头吐了一口唾沫。

这时，跟随孔子周游列国的弟子之一冉求，正巧走出门外撞见这一情景；他对这古怪的人的放言，很不以为然。

"怪家伙！"

他盯着那人的背影，这样想着。

那人似乎早就知道会有人在背后这样看他，忽然回转身子，向冉求走了两三步，先是咧嘴和善地笑着，然后倏地停住笑容，伸出舌头对冉求扮了一个鬼脸。

"原来是个疯子。"

冉求一看，心里立刻这么觉得。于是他急急想要避开，但当他正要朝相反的方向走开时，那人突然放声大笑起来。

冉求不禁回头再看着他。

"嘿，看样子你也是欲念勃勃之徒。"

那人一边说着，一边用手指他。冉求虽已认为他是疯子，但看他这种肆意的样子，总有被侮辱的感觉；他十分恼怒地站着瞪视那人。

"嘻嘻嘻，何必摆出那么难看的脸色？不如先平下气来听听那磬声吧。"

"磬声又怎么样？"

"不是不错吗?"

"你也听得懂?"

"当然听得懂。不但听得懂,而且还懂得很清楚。听到那里面含有饱受尘劳,以及摆脱不了欲念的地方,难道你不觉得很可爱吗?"

"你说什么!"

"唉呀!看你又生气了。这样子你的人就会和磬声一样低俗。"

"什么!你说磬声低俗?"

"是啊!磬声虽然有点儿可爱,却极为低俗。你听,那声音不是表示那个人固执而不知圆通吗?大概是对现实有很大的不满。不过,还比不上你现在这种不满哩……"

面对这位素不相识的怪人,一再听他口无遮拦的言语,冉有显得有些不自在,想转身走开。

"哈哈哈,想溜走?一会儿生气,一会儿又想溜走,真是难看极了。你不能爽快一点儿吗?"

"我?"

冉有鼓起勇气问他。

"是啊!那位击磬的人也一样。"

"那位击磬的人,是被称为当今之世的圣人的啊!"

"嗯,是一位不够圆通的圣人。"

"……"

冉有只觉得他的话毫不客气,一时竟哑口无言,答不上来。

"我说得不对吗?如果没人赏识,干脆隐退算了,何必到处徘徊流浪?哈哈哈,真是不识时势。"

"我们的老师……"

"哦——原来是你的老师。怪不得你们看来有很多相像的地方。这么说来,你也是被社会所遗弃，却仍恋恋不舍地那一类人啰？"

"⋯⋯"

"如果真的对社会恋恋不舍的话，何必固执己见？乖乖找一位国君侍奉不就好了吗？要是还一味固执不通的话，干脆就远离这个社会，不也来得痛快吗？"

冉有被说得张口结舌，他感到闻所未闻，只能不断地眨着眼睛。这时，那人忽然大声唱起歌来，掉头扮出滑稽的样子走了。

"时代已经如此，何不因时制宜？

好比涉水过河：

水深干脆不拉衣服，

水浅才把衣服拉起。"

歌声萦绕在冉求四周，冉求着了魔似的，望着那人的背影发呆。半晌，他才猛然醒悟，原来这人就是所谓的隐者。他想到曾经听人说过，各地山野都有过着像农夫或樵夫般生活的隐者；今天头一次让他碰到。因此，他像发现了极为重要的事，急忙返身跑回屋里；喘息未定，就已一五一十地向孔子报告完刚才的经过。

孔子听完，叹息着说：

"这倒是快人快语啊，可是自洁其身并不困难，最难的是，也要同时能够维持天下的名教。"

冉求听孔子这么说，才摒除心中起伏的杂念，再出门去做他的差事。

## 十五、天之木铎

"说实在的，这是我唯一的乐趣⋯⋯不，说是乐趣未免失礼；但坦白地说；就是因为有这种乐趣，我才一直在这里担任守关的工作。"

卫国仪邑的守关吏——官衔"封人"，是一位即将七十的老人。他无论如何一定要见孔子,特地来到孔子投宿的旅邸找守门的冉有,一边用手捶着有点儿伛偻的腰背,一边直啰唆地说个不停。这是孔子辞去大司寇,周游列国的第二年;仪邑,位于邻近晋国的边界上。

"那么,您在这里任职多久了?"

冉有不想让封人见孔子,他认为孔子应接见的即使不是诸侯,起码也是大夫之流,哪能和这种小吏一一面谈。何况现在正是孔子不得志的时候;自从来到卫国以后,很快过了十个月,老朽昏庸的卫灵公,对深居简出的孔子,始终未曾表示过任用之意。眼前正要离去之际,引见这个小小的守关老头儿,更是有损孔子的尊严。因为有这种想法,所以冉有极力将话岔开,打算把他应付回去。

"说来也快四十年了。"

封人挺直伛偻的腰背,很得意地回答。

"四十年!"

冉有反而因此大吃一惊。

"嗯,我这差事倒不错呢。由于职务上方便,经常有机会见到各种人。"

"原来是这样……"

冉有的辞色,很快变为冷漠。

天之木铎

"不过,最初因为不习惯这样,有许多应该求见的人物,都错过了机会。就是现在回想起来,也还感到可惜。慢慢地,我总算才完全懂得要领;只要想见的话,我没有见不到的。这也许是长年守关特有的好处吧。"

冉有有些生气,望着院子一句话也不说。

"我知道先生很累。但我不会耽误您休息的时间,只要我和令师交谈两三句话就好了。只是刚才在路上望见他,绝不会使我这老头子心满意足的。并且我觉得令师是过去我所见到的人物中，最伟大的，即使把过去我所见过的人物，全部加起来比，也还不及令师呢。我没有多少时日能再担任这个小职务，也许见令师一面，是我守关生涯中最后的留念，说不定从今以后，我就辞去这个职位呢。所以请您帮忙。"

冉有的心有点儿被打动，但还是不想替他传话。

"现在不可以也没有关系，明天早晨出发以前的任何时间都可以。只要能见上一面，要我等一整夜也没有关系。以前就有几次这样的事，没关系的。"

冉有不禁笑了出来，封人趁机说：

"您愿意答应我了？"

他带着一脸不安凑到冉有面前。

"好吧，我进去给你传报一声就是了。"

冉有终于站了起来。

"谢谢、谢谢您。只要您替我传报一声，他一定会接见我的。对了，以前也曾经有些人推三阻四的；那大都是随从打的主意，要不就是本人没什么了不起。如果对人情世故多少懂得一点儿，都会非常体谅卑贱的人和老人的。"

冉有觉得好气又好笑。他定住正要举步的脚，瞪着守关的封人。但封人就在这一瞬间把视线转向窗外，又将腰背伸了一伸，机敏地说：

"真谢谢您答应我的要求。"

冉有仍站着不动，并且把头摇了又摇。想了一会儿以后，他才下定决心似的往里面走。

大约经过五六分钟，他带着不大高兴的表情回来，爱理不理地对封人说：

"请你进去吧。"

说完，冉有向邻室叫来一位年轻的师弟，请他带封人进去。

封人这时不再像刚才那般恭敬了，他连看都不看冉有一眼，只说：

"好，好啊。"

然后慢慢地跟着那位年轻的弟子走进里面。

冉有苦笑着目送封人进去以后，两手叉在胸前坐下。

"这种人实在不该理会他。明知老师一向不会拒绝任何求见的人，却偏偏让这老头儿给说动了。我怎么会这么笨呢？但是，老师未免也太轻率了一点儿。我很认真地请他不要接见这人，但他反而说这人可能是很有趣的人物，不妨见见。其实只不过是一位守关的小吏罢了，还说什么有趣。并且这种没出息的职务竟干了四十年，他的人如何也就可想而知。老师在现在这正要游说诸侯的时候，接见这老头儿，到底有什么用呢？现在这位老头儿一定和刚才一样在胡说一通吧。和这种疯老头儿交谈，结果只有辱及老师的身份而已。还是老师任鲁国大司寇那时，最令人怀念。如果不辞去这一位高显赫的官职，哪里会颠沛国外，受到羞辱呢？也许有人笑我爱发牢骚，但谁又喜欢弃官下野？哼！还说什么乐道不乐道的，一旦离职下野，社会上的评价马上不同。人情世态就是这个样子。我想老师也该好好地自重，否则将来不知会遭到怎样的困难。无论如何，我今天向老师引见这老头儿，到底是我的过失。"

正当他想这些事时，先前到外面办事的四五位弟子接连回来。他好像久等他们似的，迫不及待地将刚才的经过告诉他们，并说：

"我以为将实情讲出来，老师一定不会说要见他，但想不到结果却是我想错了。"

他特别以遗憾的口气强调。

"老师不是常说'不患人之不己知，患不知人也'吗？"

（老师不是常说"不用忧虑别人不知道自己，只需忧虑自己不能知道别人"吗？）

其中一位弟子好像很了解地这样说。

"应该不会吧？我相信老师不会被那家伙羞辱的。"

另一位弟子若无其事地说。

"那当然。不过接见这种地位低贱的人，难道不会有损老师的身价吗？"

又一位弟子这么说。

"我担心的就是这点。"

冉有又把两手叉在胸前，吸了一口气说。

这点大家都有同感。他们甚至认为这么一来，连他们的身价也会跟着降低不少。

"那个老头儿对你的态度怎样？是不是有向老师请教的意思？"

一位弟子这样问冉有。

"那种态度根本就看不出来。不，我只觉得他有故意愚弄我的意思。"

"记得老师在大司寇任上时，那些下级官吏尊重我们就像是对老师一样呢。"

"是啊！确实是这样。"

大家不禁怅然若失。

于是接着的是一阵感慨的沉默。不知过了多久，由远而近的脚步声才打破了寂静。门轻轻地被推开，原来是守关的封人。

大家都不约而同把不快的眼光投到封人身上，封人却自顾笑嘻嘻地走到他们面前。

"哦！我看你们都是孔子的弟子吧？"

封人稍为欠身对他们说。接着不等他们回答，马上向着冉有说：

"刚才麻烦你给我引见，真不知如何道谢才好。我这老朽实在太高兴了；活到今天，总算才发觉自己没有白活。过去我见过不少了不起的人物，但若和令师一比，就有如天地之别，不能相提并论。一和他见面，我心上就感到无比舒坦，再听他的言语，更是感动不已，完全忘了早已准备好的谈论话题。我这老朽一向不服人；过去所见到的那些人物，我都要直陈自己的见解，往往非经一场争辩绝不罢休。但今天在令师面前，我却变成小孩子一样，内心一片纯净，从头到尾毫无插嘴的念头。我想现在我能在这种无牵无挂的心境下突然死去，那该多么幸运。否则眼睁睁看着世风浇薄、社会混乱而死去，实在是非常痛苦的事。"

冉有和那几位弟子，都哑然地望着眼前这位老封人发呆。老封人平静地继续说：

"我说啊，你们已跟随到一位很好的老师。年轻时代能跟随这样好的老师求学，日子过得真有意义。当然，你们跟着他到处流浪，有时难免会感到寂寞。但你们都还年轻，而令师的价值……不，说价值还不能形容他……对了，令师的精神，也就是他心底深处不忧、不惑、不惧的那种崇高的精神,各位如果想要加以了解,只有跟他一起共患难,才有机会体会得出来。各位中间,要是有人因为令师辞去鲁国大司寇,而觉得失望的话,那会受到上天的责罚哩。"

老封人的脸上,由于兴奋,渐渐浮现出红晕。弟子们受到他的影响,不觉动容端坐。

"而且,第一——"

老封人再向这些弟子走近一步,有意引起他们注意似的说:

"各位不想想,令师只留在鲁国做官,不是太可惜了吗?"

弟子们面面相觑,没有一人回答。这时,老封人更高的声音,已冲进他们的耳朵里面:

"令师并不是为你们的功名利禄,才生在这个世间啊!"

屋子里的人,突然都像石头般僵住不动。老封人的身体稍微前倾,将头凑了过来,两眼放出异样的光彩,一直盯在冉有脸上。

冉有在这种令人窒息的气氛中嗫动了一下嘴角,显然挣扎着想说什么,但老封人突然笑着摇摇手说:

"哦,竟越说越大声了,真对不起。当然,你们随时都很关心令师的处境,我这老朽也看得出来。但现在世道人心已衰败到这个样子,令师必须出来为天下人承受苦难,担负起重建道德秩序的责任。这可以说是上天降给令师的使命。对了,卫国有一种样子很怪,叫作木铎的铃,如果政府有什么政令要颁布,就先摇着木铎,提醒百姓注意。鲁国也有这种玩意儿吗?总之,那东西摇起来很吵就是了。似乎除了用来宣道政教,再也没有其他用途。不过,我每次听到那种声音时,都会想到这个世界上,如果也有传达上天旨意的木铎,那该多好。"

他好像要探知每位弟子的反应似的,一一注视他们脸上的表情,然后更严肃地说:

"各位明白了吗?令师从今以后将成为天下之木铎了。"

静肃又充满在他们四周。过了一会儿，老封人向这些弟子们作揖说：

"啊！说得太多了，祝你们旅途平安顺利。"

说着，慢慢走了出去。

弟子们动也不动，目送着老封人。当他的背影消失在门外后，冉有才忽然有所领悟似的站起来，急急忙忙地往孔子的房间走去。

## 十六、子畏于匡

"是的，现在想起来了，那次随阳虎来的时候，就是从那边进去的。"

颜刻一面赶着车子，一面用马鞭指着一角崩塌的城墙回答孔子。

孔子一行，正在离开卫国前往晋国的途中，这时已来到卫国边境上的匡邑。

"听说，当时阳虎的行为非常横暴。"

孔子从车窗眺望附近一带的景色，很感慨地说道。阳虎原是鲁国季氏的家臣，专横僭越，季氏专鲁公之权，阳虎又专季氏之权。鲁定公六年（公元前 504 年），阳虎带着鲁国的军队侵入匡邑，造成无数人的流离失所。后来在鲁定公九年（公元前 501 年）阴谋作乱失败后，逃到晋国投靠赵氏。

"是啊！太没有人性了。掠夺财物，拘禁妇女，可以说是无恶不作。现在匡人一定还很痛恨他。"

"那你也是他们痛恨的一个了。"

"真是惭愧。当时我实在是身不由己。如果不给他驾车，一定会没命。"

"这么说，你一定也跟着他一齐乱来啰？"

"没有啊！请您相信我绝对没有乱来过。从我由阳虎那伙里面逃出来这点，您也可以看得出来。"

这样说着，没多久他们一行人已进了城，来到预定投宿的旅舍。

他们进城时，引起了几位路人的窃窃私语。但他们只当是平常事，并不觉得是什么特别的迹象。等到在旅舍各自安顿好了，一起用过晚饭正要休息的时候，忽然听见外面有嘈杂的声音，两三位好奇的弟子走到外面，发现不知在什么时候，旅舍周围已被武装的士兵团团围住，才发觉情形有异。

"发生了什么事情呢？"

其中一位弟子，小心地问站在门前的士兵。

那位士兵只是瞪了一眼，丝毫不加理会，反而转身对旁边另一位士兵耳语，接受耳语的那位士兵，点了两三次头以后，立即离去。

子畏于匡

弟子们觉得很奇怪，仍然站在门外，想查看一下动静再说。不一会儿，刚才离去的那位士兵，带着一位外表粗壮、留着一脸胡子、好像是队长的人回来了。

"除非有命令，绝对不准里面任何一个人离开这屋子。"

这位队长模样的人，先斜视着附近的士兵，对他们说了这些话，然后转过来一个一个审视孔子的这几位弟子。

站在门外的几位弟子，面面相觑，感到莫名其妙。但是觉得可能和他们有很大的关联，于是不约而同地急忙走回屋里，把在外面看到的一切情形告诉大家。

"什么？这和我们不会有关系的，但如果是有些什么误会就说不定了。……好了，大家好好去休息吧，假如真的有事的话，他们应该先派人来告诉一声才对。"

孔子说完，若无其事地朝他的房间走去。

但是，大家并不能安静下来。尤其是颜刻，更是一脸不安，频频侧近窗口向外探看。

"好,我去打听真相。"

子路首先忍耐不住,带着长剑,一个人向门外奔了出去。

没过多久,他回来了,样子显得很激愤地说:

"真是莫名其妙,他们竟将老师当作阳虎。"

"谁? 阳虎?"

弟子们都大感意外。

"是啦,进城的时候,我也听到有人说,坐在车上的人很像阳虎。"

"真是奇闻。"

"但是,说来也难怪他们。因为老师的脸,有时连我们都觉得和阳虎很像。"

"话虽这样说,但还是太离谱了。只要看随行的人,不就可以辨别出来吗?"

"可是,问题偏偏就出在随行人员当中。"

"我们这些随行的人? 为什么?"

"不,不是说大家。其实,主要原因就是驾车的人,正好又是颜刻。"

"可不是吗? 他们以为他又和阳虎来了;而且老师的面貌那么像阳虎,这种误会不是没有道理的。"

颜刻此时一脸惊愕,呆呆地听着大家你一句、我一句。

"只要表明我们是孔子一行,难道他们还会不相信吗?"

"问题并没有这么简单。因为此地的人对阳虎有不共戴天的仇恨,假使我们真的是阳虎,这里的人民对他们绝不会谅解的。"

"要是由老师出面向他们解释,总不会再硬被指为阳虎吧?"

"这可靠不住。听说此地一位对阳虎印象特别深刻、名叫匡简子的人,他就一口咬定老师是阳虎。"

"那么,我们该怎么办? 不赶快想出办法,那些人可能就要闯进来无礼了。"

"不会的,应该不至于这么乱来。因为他们也知道对孔子一行,不能做出无礼的举动,所以他们现在正很谨慎地处理这件事。"

"话说回来,这个地方的人,至少总有一个见过老师吧?"

"这样问题就好解决了。巧的是,认得颜刻和阳虎的人很多,见过老师的却没有一个。"

"那他们到底要怎样?"

"除非能够证实我们确是孔子一行,否则他们还要继续把我们困在这里。"

"喂,喂,那到底要我们等多久!"

"听他们说,最少要三四天才能调查清楚;他们已派人到外地去打听了。"

"这也没道理,怎么可以要我们等这么久。"

"又有什么办法呢? 也许这就是天命吧。不过,我已经告诉他们,如果耽误太久了,我们会另有打算。"

"哦,这样很对。"

"不知道老师睡了没有?"

"大概还没有……"

"总而言之,还是先把一切报告老师再说。"

子路说着就往孔子房间走去。

子路走开了以后,弟子们顿时面面相觑,鸦雀无声。只有一墙之隔的屋外,不时传来士兵的叫声,以及佩剑碰响的声音。颜刻一听到这些声音,就环视着大家,显得畏缩不安。

和刚才出去一样,没过多久,子路又转了回来。

"老师说,我们不要和他们发生冲突,先忍耐下来静候消息。老师比较担心的倒是颜渊。"

颜渊比孔子一行稍慢,预定要到入夜才能到达匡邑。

"对了、对了! 颜渊几乎被我们忘掉。照说差不多也快到了;不过,他不知道发生这种事情,如果向人打听我们的住址,因而出了意外该怎么办?"

"他做事一向很小心,应该不会这样才对……"

"话是不错,但他一定连做梦也想不到会发生这种事情。"

"是不是要替他想一个办法?"

"办法?什么办法?"

"找一个人偷偷潜到城门附近去接他……"

"四周的封锁这么严密,有谁能够出得去?"

"先找他们的队长,诚恳地向他商谈这件事,倒是比较好的办法。"

"不行,这样说不定会弄巧成拙。"

一直不发一言、叉手沉思的闵子骞,这时才开口说话:

"颜渊的智慧比我们都高,而且老师对我们替颜渊出的小计策,也会不以为然。"

冉伯牛和仲弓二人,开始也是保持沉默,等闵子骞说完了以后,才深深点头表示同感。这时子路说:

"其实老师的意见也是这样,他虽然放心不下,却说与其我们在这边替他想办法,不如让他本人随机应变来得安全。"

大家都知道孔子对颜渊非常有信心。其中就有人记得孔子对他们说过的那些话:

"颜渊整天听我谈论,从不反问,看起来好像很愚笨。其实他是一位默默进德修业,不断在做自我建设的人;不论在任何际遇之下,他都能认清道体,不会发生差错。我谈论的话,对他都会有启发作用,他一点儿也不愚笨。"

一想起这些话,他们也就不敢违背孔子的意思,再单方面替颜渊想办法了。

"既然这样,今天晚上再也没有别的事情,就只有睡觉了。"

"咦?怎么总是不能把心定下来。"

"我就是躺着也睡不着啊。"

大家转而互诉不安的心情,继续坐了一段时间,仍然没有一点儿睡意。最后由于老是这样坐着也不是办法,才纷纷上床躺着静听外面的动静。

一夜不能安眠,天也亮了。士兵们的脚步声彻夜不绝于耳,而颜渊也终于没有并且,第二天、第三天包围的士兵仍然没有撤去。弟子们内心的不安,随着包围时间的延长而不断加剧。孔子和五六位高足仍然很冷静。可是,他们也为没有颜渊的消息而略有不安的颜色。有时候,孔子的嘴里,还会发出似乎是叹息的声音;弟子们每一听到,内心就更加忧虑。

子路变得有些急躁。孔子始终留意着他的情绪,努力地使他尽可能稳定下来。因此,他不时奏乐、唱歌,命子路一起和唱。

第四天入夜,孔子、子路和弟子们围在一起照常唱歌时,颜渊突然出现在门口。这时候的孔子,已顾不得把歌唱完,飞快地走向颜渊。

"哦,平安回来了。我还以为你死了。"

颜渊眼眶含着泪水说:

"老师还在,我怎么敢轻易就死呢?"

大家这时都已站起来,听到二人的对话,无不深受感动,不禁出神地站着不动。

"先坐下吧!"

孔子几乎伸手去按颜渊坐下。接着问他这三天来的情形,怎么能够突过包围,平安地来到这里。颜渊回答说:

"那天晚上一进城,就发觉情形不对,于是先装作不知道,另外找别的地方投宿。然后在这三天之间,尽可能对此地居民宣传,说老师一行从卫往晋途中,一定会取道经过此地。其间,我听到这个旅舍传出弦歌的声音,那时真有说不出的欣喜和难过。而在居民之中,也有人因听到这些声音,说那不是阳虎。后来这么说的人更多,他们都认为阳虎那种人绝不可能弹出那么好的音乐。我也就稍微放心。最后我看时机成熟了,便下定决心去和他们的队长商量,他居然马上答应。不过,他却吓唬我说,进去是可以,但是要想出来,恐怕就不可能了……"

弟子们听了,好像放心又好像不放心的样子,只是面面相觑。

孔子这时候,则露出这几天都没有过的笑容。

"现在一行都到齐了。不管今后变得怎样,只要大家都在一起,就可以不用担心了。今天晚上大家好好休息吧。"

孔子说完正要起身,门外忽然传来一阵争吵声。

"是阳虎! 不管怎么说,准是阳虎没错!"

"万一是孔子一行,你们要怎么办?"

"不会有什么万一的。确实是毁了我们财产和女儿的阳虎。那家伙的脸孔,现在还深印在我的脑海中。"

"也许你说对了。但是也要再等一天,你们既然已经忍耐到现在,难道不能再等到明天吗?"

"明天一定要把人交给我们!"

"那要看队长的命令。"

"看! 又用这种话来骗我们,我们才不会上当。"

"我为什么要骗大家。现在还在调查中,明天一定会查清楚。"

"哼! 调查什么。都被那些家伙的音乐给迷住了,连队长本人也说可能是孔子一行,这算什么调查? 啐!"

"我们并不是只凭音乐来判断。这几天的风声,不也说孔子要从这里经过吗? 那也有几分靠得住。"

"那不过是两三天前,一位陌生人来这里散布的谣言。"

"不见得都是那个人说的。"

"不然的话,你有什么证据?"

"证据在队长那里!"

"不知道了吧! 不知道就不要站在这里。滚开! 我们自有打算……喂! 大家一起过来。"

"不要动!"

"畜生! 你打我。"

"这是命令！"

"什么命令！"

门外已经引起冲突。群众的呐喊声、士兵的制止声、跑来跑去的脚步声、佩剑的撞击声，加上丢掷东西的声音，接连不断，构成一片混乱的喧闹。

屋子里面，弟子围着孔子，一个一个目不转睛地站着。他们都想象得到随时可能发生的变故。子路和子正两人，各紧握着一柄长剑站在前面。尤其子正的脸上，更是充满着可以立即挺身而斗的颜色。他是富家子弟，但不仅没有丝毫的纨绔气息，并且待人有礼，是一位很有才能的青年。孔子辞去鲁国大司寇，开始周游列国、行道天下时，他就带着五辆车子随侍，想要为这位心目中敬爱的老师壮行色。对于匡人的误会，一开始他就觉得是莫大的侮辱，现在更是忍无可忍。因此，他凭着一身过人的勇力，和子路同时挺身而出。

孔子只是闭目沉思。一会儿，他才睁开眼睛，环视弟子们的脸。

"不用担心，都坐下来吧。"

说完，他就先坐下。弟子们虽然三三两两地跟着坐了下来，但有一部分唯恐发生意外的弟子，仍然站着戒备。

孔子接着以严肃的口吻缓缓地说：

"自从文王去世以后，古圣先贤的文化传统，不都在我一人身上吗？我相信这是天意。因为天如果要断绝这文化，就不应使出生在后世的我，能够亲近诗、书、礼、乐，有这个继承先王之道的抱负。既然如此，天一定会保佑我，一定会保佑我完成这个伟大的使命。那么，匡人又能把遵照天意承先启后的我怎么样呢？大家放心好了。"

那些站着戒备的弟子，这才坐了下来。

"而且——"孔子继续说：

"世间每一个人，与生俱来就有一颗求道慕德的心。在声气相同之下，有德的人，绝对不会陷于孤立的境地。不管再怎么寂寞，只要能坚守德行，一定会有受到感应的人来和你站在一起。匡人同样也是人；现在他们所痛恨的是阳虎，并不是孔丘。你们不用担心,只要相信上天,相信自己,坦荡荡地活下去,天道自然会打开这个局面。"

门外的骚动还没有平息下来。但是,相反地,屋子里却非常寂静,似乎连一个人的喘息声都没有。

孔子说完以后,再度仔细地环视每位弟子脸上的表情,频频颔首表示满意。最后,当他看到坐在一角,显得有点儿懊丧的颜刻时,忽然露出笑容对他说:

"哦,颜刻,你会平安无事的。"

颜刻反而因此显得腼腆不安。

"那么,子路——"

孔子仍带着满脸笑容,回顾子路:

"我们再来歌唱文王的乐曲。"

子路这时把那柄手心握得几乎出汗的剑,连鞘立在身前,然后用右手拍打剑鞘,和着节拍。

朗朗的歌声,从他们两人的喉咙流出。其他的弟子,先是静静听着,不久也跟着附和了起来,有的唱出嘹亮的歌声,有的则拍打着剑。

门外骚动的声音,和屋内流转的旋律,在星空之下交织一片。经过相当长一段时间,骚动的声音才渐被那磅礴的旋律淹没,再过不久,匡邑的家家户户,就好像听了摇篮曲似的,全都进入甜蜜的梦乡。

翌日,队长和五六名匡邑的官吏,很有礼貌地来求见孔子。

颜刻比任何弟子都更有重生的感觉。但是,当天要出发的时候,不论怎么说,他都不肯坐在孔子的座车上执辔。

# 十七、罪无可祷

孔子打算早日离开卫国。他这趟再来卫国,虽然卫灵公好意比照当年他在鲁国任大司寇的俸禄，赠了六万小斗的粟给他，但这只不过是为了掩饰君主的体面；他在政治方面的建议，并不能受到采用，甚至可以说连被考虑过都没有。再加上卫灵公的夫人南子，是一位淫乱的女人，日常耳闻她的狼藉声名，就已使他不齿，最近竟有人把他和南子扯在一起，说他为了行道，不惜屈身借援南子，希望从宫闱之中获得卫灵公的重用。这件可笑的事，不仅是对他的一大讽刺，弟子中也有不能谅解的。

说起来，这是不久前的事。有一天，南子借口仰慕他，派人到他旅邸传话约见。他明知南子的目的在借他自抬身价，但他既已食卫之禄，依礼不能拒绝，于是不得不去一趟，然而也因此无法避免别人的误解。首先是子路事后就当面对这件事表示不满，他只好委婉地告诉子路：

"予所否者，天厌之，天厌之！"

（我若是错了，自会受到上天的厌弃！）

这句有如旦旦誓言的解释，并不能澄清外界同时对他产生的误解，传言越来越多。这难免使他对卫国感到几分失望，心里自然萌生了离去的念头。

不过，他在卫国已经收了很多弟子。鲁国是他的家乡，所以弟子当然最多，而仅次于鲁国的，就是卫国。他每每想到这些弟子，又总不忍离去。

三年前，他曾经一度来到卫国，并且居住了十个月。那是他刚辞去大司寇时的事。后

罪无可祷

来离开卫国，先在匡遭到匡人的围困，后又听说原为诸侯盟主的晋国，内乱不已，赵氏与范氏、中行氏构衅，就打消了游晋的念头，再转来卫国。这两件事，使他对诸侯很感失望，认为他们卑劣的私心，完全相同。于是他逐渐觉得与其为求明君而漂泊天涯，不如专心致志地教育子弟，好好去培育百年的人才。

卫籍的弟子，和鲁国的弟子一样，时时被他关心，这就是他有教无类的精神。卫灵公的昏庸无道，和夫人南子的荒淫乱伦，造成卫国社会风气的败秽。这对他来说，虽然是相当难受的，但是一和这些朝气蓬勃的弟子们讲习诗、书、礼、乐，谈论政治理想，就暂时不会有身处异国的寂寞；因为每当他身处这种心境时，到处都是他的故乡。

这一层因素，才使孔子在未离开卫国之前，内心能有所寄托。

在卫籍的弟子之中，有一位叫王孙贾的。他虽然向孔子执弟子之礼，却是贵为执掌卫国军政大权的司马。卫灵公昏庸无道，但因为有仲叔圉主持外交，祝鮀掌管内政，王孙贾负责军事，卫国才能够不灭亡。这三位极具才能的大夫，都是孔子欣赏的人物。

以孔子的声望来说，王孙贾当然巴不得孔子能永久居住在卫国。但因为他对孔子还不够了解，所以心里总有这种想法：

"其实孔子内心是很想留在卫国的，问题在于卫灵公本人对他极为敬远，所以使得孔子无法去接近他。对此，我应该作为他们之间的桥梁，居中加以撮合才是。不过，要说服卫灵公并不容易，可以说除了孔子直接去接近他以外，再没有别的办法。我想如果先让孔子去说动卫灵公，相信孔子是不会太固执的。但要他即刻去说动灵公，也是不妥，说不定就此弄巧成拙。依实际情形看来，还是使孔子先参赞我的政事，然后借这个机会，让他实地表现一番政绩给灵公看。只要有政绩摆在灵公眼前，灵公就不会再抱从前那种敬远的态度了。而在孔子这边，也可以及时就实际问题去说服灵公。"

由于一直有这种想法，这一天，他终于趁着其他弟子不在时，急急派人去约定时间，然后驱车前往孔子的旅邸。

一路上，他又开始想象计划顺利进行以后，他那可能因之提高的地位和声望：

"我想如果获得了孔子的支持，只要进行了政事整顿，老百姓的信望，就会渐渐集中到我的身上，那么灵公也会因此对他自己的行为有所警惕。如此一来，相信百姓就会更加赞美我的德行。这时候，就能使孔子正式被任用，直接参赞枢机，于是政治必然更加修明。而孔子不但不是那类会争功的人，并且还会由衷地感谢我的撮合，一定会将全部的功劳都让给我。但我想即使到了这时候，也绝不能独占这些荣誉，同时对于仲孙圉、祝鮀两位大夫，也要保有谦逊的美德，免得他们嫉妒憎恨。结果我的声誉当然不会在他们之下。不，反而会……"

他想象着自己受到万人敬爱的情景，不禁半闭上眼睛。而在这一瞬间，古代帝尧举舜禅位的这页伟大历史，忽然从脑海里浮现在他眼前。

这时候，他却突然叫了一声：

"噢！这怎么可以！"

车夫听到他的叫声，稍微勒紧缰绳说：

"近来老百姓比较偷懒，连道路都修不好。"

原来他的车子正驶上一段凹凸不平的道路，将他整个人重重往上托起，就在这一托一顿之间，他突然清醒过来，因此不禁失声地叫了出来。否则，他这种荒唐的妄想，最后会如何把自己和大舜连在一起，只有天晓得。

但车夫哪里知道这是怎么一回事。王孙贾的心，完全被别的事情支配着。他急急地揉着前胸，似乎要将刚才已发展到古代帝王禅让的那些联想揉掉。

"我如果抱着这种妄想，到了孔子面前，不是什么都完了吗？因为他很容易就能看穿任何一个人的心思。还记得前些时候，他曾经对大家说过，一个人不论如何会掩藏自己，但一到了明眼人面前，便无所遁形。接着他就将如何观察人的方法告诉大家，他说只要先看这个人的行为，再看这个人行为的动机，最后看这个人能否心安理得，也就是注意观察这个人的眼睛，因为一个人心里所感受的，都会充分显露在眼神之间。经过这三种由浅而深、角度不同的观察，这个人的正邪，就再也无法掩藏了。大家听完以后，不禁悚然吐了一口气，真是太可怕了。无论如何，在孔子面前，绝对不能有丝毫的私心。"

想到这点，他才收回了那荒唐的妄想。但从妄想中清醒过来以后，却有如醉后醒来的第二天早晨，有一股不可名状的落寞袭上心头。自己到底是在做什么呢？计划不是太浅薄了吗？他开始彷徨无依地烦闷起来。

"如果孔子听到的不是直接去侍奉灵公，而是屈身做一位大夫的政治顾问，将会有怎样的想法？而那位大夫就是我；我之于孔子，又只不过是他的一位弟子而已。"

他开始在车上坐立不安，后悔自己怎么没有多加考虑。但是已和孔子约好了时间，怎么能再转回去呢？

道路已经没有凹凸不平的地方了，车子平稳地向前快驶着。

车子终于停在孔子的旅邸门前。他这次来到卫国，仍然借住在子路的妻兄颜雠由家。

王孙贾没精打采地下了车。他无心去理会迎候在门口的人向他寒暄的话。但他很快想到，不论是板着脸孔，或是垂头丧气地悄悄走进去，都不是大夫应有的仪态。于是一进大门，他就把视线投到屋顶上面，昂然地向里面走去。

这时，他看到厨房的屋顶上，冉冉升起一缕黄色的炊烟。就在注视那缕炊烟的一刹那，他忽然联想到灶。

能够在这时候联想到灶，对他来说，真是一件非常幸运的事。

"有了！"

他首先在心里叫着。

上天的启示，大概就是指这种场合吧。他望着炊烟联想到灶的那一瞬间，随即想起一句足以把他从刚刚那种苦境中拯救出来的俗语：

"与其媚于奥，宁媚于灶。"

（与其奉承奥神，不如去奉承灶神。）

奥，指室内的西南隅，是家家户户祭神的最高场所，但它只是五祀中尸主的共同所在地，并没有一位特定的主神接受祭祀。灶与户神、土神、行（路）神、门神、中霤（宅）神，同为五祀之一，是祭祀管理炊事饮食之神的所在。五祀的地位虽低，却各有主神，祭祀的内容具体而实在。相反，奥神的地位虽高，却没有主神，只不过是幽隐不明的神道而已。要等五祀祭拜完了以后，迎回五祀的尸主，才对它作形式上的祭拜。

王孙贾之所以想起这句俗语而高兴，是因为奥神幽隐不明，相当于灵公夫人南子，灶神则明确而实益，相当于他本人。孔子既有留在卫国之意，与其借援于宫闱之中，不如求合于朝廷之上，走他这条路线。

于是他想到应该在和孔子见面时，故意装作不懂，向他请教这句俗语的意思。如果他认为在某些不得已的场合，媚灶是可以的，那就把心中的想法，坦白拿出来告诉他，然后具体地进一步商量。否则便就此打住，完全不提这个问题，转身回去。

"穷则通，这句话真有意思。"

在走进孔子房间之前，他得意地这样想着。

孔子正在闭目静思，听说王孙贾已经来了，随即起身迎接。

"老师，您好像很寂寞的样子？"

王孙贾边坐边说。这是他对有志未伸、周游列国的孔子，见面所说的一句寒暄话。

"我的门人之中，有一位叫颜回的青年，不论处在任何穷困的环境，心中总是很坦荡快乐的。"

孔子借颜回来表明自己的心境，王孙贾的脸，不禁为之羞红。但却接着又说：

"灵公绝对没有不起用老师的意思，只是有种种复杂的原因，所以一直拖到现在……"

他的话，依然和孔子的仕宦问题有关。他原来认为要提出那句俗语之前，还必须先将话题转到其他方面，以免不好直说。但到底忍不住，并且也担心孔子会先将话题移开，所以他还是说到了这上面来。

过了一会儿，当他们两人的对话中断时，他终于抓住了机会。他以忽然想起的口吻问孔子说：

"老师，我年轻时曾经听到一句俗语，叫'与其媚于奥，宁媚于灶'，当时听了不但不敢苟同，反而觉得很不愉快，但是最近在实际参加政治、积累了一些阅历后，觉得这句俗语似乎还有一些道理。您认为这种想法怎么样呢？"

孔子皱起眉头,仔细地盯着他的脸,然后略带微笑地摇着头说:

"一点儿道理都没有。"

王孙贾本来就充分预料到孔子会否定,但他觉得孔子的态度和口吻,含有以往所没有的辛辣味道,使他好像被关入冰库一样,全身战栗起来。

孔子改容端坐接着说:

"违背天理是可怕的。做事如果悖理,得罪了天,无论向什么神祷告,都没有用处。因为天才是主宰者,是真理之母。"

王孙贾虽然恭敬地点头称是,但在内心里面,对于孔子既有心要做官,却不愿意去走方便之门的态度,感到有点儿烦厌。

"固执也要有个限度。这样下去,不必再存着希望了。"

想到这里,他觉得应该收住话题告辞了。这时,孔子再一次对他强调说:

"君子之道既不媚于灶,也不媚于奥;君子之道始终是一贯的。"

王孙贾并不是不懂孔子真正意思的人,听完这话,他知道自己心里的想法已被看得一清二楚,在羞耻和完全失望之下,四肢不禁一阵抖动。

不过,他这时候已真正了解孔子确是高洁的人物。过了不久,孔子证实卫灵公对他没有丝毫诚意,在动身离开卫国时,王孙贾依依不舍地亲自送孔子到国境.希望能在临别之前,多获得一言半语的教诲。

# 十八、司马牛之忧

司马牛落在孔子一行之后,有一步没一步地跟着。他每走一步,内心所感受的苦闷,就更深一重。大家那种亲密交谈的样子,使他羡慕得很想立刻走上前去;但一想到大伙儿不能在宋国停留,就是因为他哥哥桓魋的行为蛮横无道所致,则又十分泄气,因而越走也就离他们越远。

孔子和宋国有很深的血缘关系。他的祖先原是宋公之后，并且夫人幵官氏也是宋的妇女。孔子这次二度去卫，先在曹国稍做停留后来到宋国，由于宋景公本人非常礼遇孔子，因此大家都以为将会在宋国多作停留，甚至长期居住在宋国。但想不到因为孔子批评担任宋国司马的哥哥魋私营石椁，是侈靡且违礼的事，招致这位早有篡乱野心的哥哥发了牛性，不仅将孔子和弟子们习礼旁边的一棵大树砍掉，还派人追杀孔子。

"为什么会有这种兄长？"

他心中已不知是第几次想起这事了，并深深地叹息着。而当他想到孔子在危难当头，那句严正的话时，则又肃然起敬——

"天生德于予，桓魋其如予何！"

（天既授德于我，如果我有什么万一的话，那是天意，桓魋一个人的力量又能把我怎么样！）

这是多么以道自信的话！并且孔子还尽人事以听天命地换上便服，不坐车子，悄然离去。多么有思虑的行动啊！也许我的哥哥会以为孔子怕他而逃走，但孔子根本就当他已丧失人性。

丧失人性的哥哥！想起来就不禁惊心。还有同样为非作歹的二哥子顺，三哥子车，为什么兄弟全都是坏人呢？宋国目前所以会处于动荡不安的状态中，完全是他们三人仗恃兵力、图谋非望所致。

不知道孔子对我的看法怎样。我因为诚心诚意地希望接受孔子的教诲，才加入到他们一行之中。但他们的视线，经常不约而同地集中到我一个人身上，难道也在怀疑我吗？他们的眼神，好像在说"血统关系是一定的，有其兄必有其弟"的样子。至于孔子本人，我想他对我是不会有这种看法的，但为什么每当他的视线和我相遇时，就马上转开呢？唉！真是没趣。还是干脆逃到深山里去算了。不过这样一来，又会使他们对我更加怀疑。与其被他们认为我回到哥哥们那边，还不如留下来忍受他们的歧视。

司马牛之忧

司马牛就在胡思乱想之间,远远落在了孔子一行之后;同时一行之中竟也没人回头看他一眼。这越发使他觉得他们有意这样对待他,心里更充满孤寂的感觉,因而他也就不想赶上去。将近日暮时分吹起的冷风,穿透他的衣襟——这是秋天。

他走到山坡底下。孔子一行已缓缓爬上坡顶,并且他们的背影正一个又一个地翻入下坡路,渐渐从他眼帘消失。到了最后一个人也看不见时,他的眼眶忽然一热,眼泪禁不住夺眶而出。他很想放声大哭。

"喂!怎么啦——?"

是子夏的声音。子夏再翻回坡顶,走下来叫司马牛。

司马牛急急擦掉眼泪,若无其事地加快脚步。

"是不是脚痛?"

"不,这么大了,哪里会有这种笑话。"

"大家谈得太起劲了,都没有注意到你没跟上我们,一直等到老师注意到了才知道呢。"

子夏的口吻，没有丝毫的做作。司马牛很高兴。因为子夏告诉他，是孔子最先注意到他没有跟上。虽然现在他内心非常孤寂，但这件事已足以使他感到几分安慰，脸上不禁露出微微的笑容。

"你的精神看来好像很不好。"

子夏和他并肩走着说。孔子一行也在另一边的下坡路旁停下来，看到他们两人出现在坡顶上，再一起由坡顶上走下来，他们才立刻再向前赶路。

"也许是吧。事实上我很孤独。"

过了一会儿，司马牛才这么回答，他的心因而又渐渐沉重起来。

"我了解你现在的心情。但是，你本身并没有什么罪过，大家也都非常同情你。"

"……"

经过片刻的沉默后，司马牛先叹息了几次，才说：

"我现在等于没有兄弟了。大家都有很好的兄弟，我已经没有了。"

现在换子夏叹气了，但他随即扮着笑脸说：

"别再感伤。像老师所说的那样：'一个人的生死，命中早已注定，富贵也完全由天安排。'与兄弟没有缘分，也是天命。我想，只要彼此心中能够持敬，然后努力用敬来维持社会生活，与人相处谦恭而又有礼，那么天下的人，都可以成为兄弟。并不是只有亲骨肉的兄弟才是兄弟。你看，现在眼前赶路的，不都是你心灵上的兄弟吗？"

"大家真会把我当弟兄看待吗？"

"怎么还有这种想法。你这种自卑的想法，只会更糟蹋自己，要有信心才对。"

司马牛听了，脚步不禁轻快得多了。

"好啦，我们赶上去和他们一道走吧。"

子夏催促着他，两人迈开大步走上前去。

两人在山坡下的桥边，追上孔子一行。大家就暂时在那里停下休息。子游和子夏一边欣赏着四周的景色，一边吟着诗。宰予和子贡站着继续讨论问题。子路和冉有在商谈晚上的宿处。颜渊、闵子骞、冉伯牛、仲弓四人则并坐在一起，各自沉思着。

孔子独自在离他们稍远的地方坐下，凝视着流水。

司马牛先观察了一下大家的表情，然后才下定决心，走到孔子面前。

对于他的出现，孔子静静地抬起头来微笑表示关注。

"老师，让您操心，真对不起。"

"看来没有什么不舒服？"

"不，没有。……因为在想一些问题。"

"想一些问题？什么问题？"

孔子的脸，浮现出些许忧色。司马牛原想坦白地说出心中的烦闷，但因为觉得已被孔子看穿自己的内心，并且看样子也有责怪他的意思，于是在慌张之余，临时改变主意，想到以向孔子请教问题作为台阶。他请教了他们之间常用的"君子"这个字眼的意义：

"我……我是想向老师请教怎样做个君子？"

孔子反过来接受他的问题，先闭上眼睛。然后沉缓有力地回答：

"君子不忧不惧。"

（君子无所忧虑，也无所恐惧。）

司马牛认为对"君子"的这种说明，太过简略了，反而感到有点儿迷惑。可是他又以为其中可能含有深意，所以接着又问：

"不忧不惧，斯谓之君子已乎？"

（不忧不惧，这就算是君子吗？）

"内省不疚，夫何忧何惧！"

（如果内心省察自己而没有丝毫愧疚，还会有什么可忧惧的呢！但不忧不惧，并不是任何人都能做得到的；必须心地坦荡，才能达到这种境地。）

司马牛这才了解了孔子的解释。不过，他并不能把话中的意思拿来和自己内心的问题联系起来想。孔子微微皱了一下眉头说：

"老是烦恼别人会有什么猜疑，一定是因为心中被阴影所蔽。"

司马牛心里一怔。现在总算才明白孔子的话完全是针对自己说的。尤其是"心中被阴影所蔽"这句话,特别使他心神不安。孔子这时在一旁非常清楚他的心理状态,似乎不让司马牛有所辩解似的说:

"你的兄弟们所做的坏事,和你丝毫无关;相信只要你自己想想就完全可以明白。可是为什么偏偏还要为那些事去担心别人对你的看法,甚至像叫花子般到处找人评论呢? 难道这能说是太过自爱的缘故吗? ……我们还有许多更重要的事要做呢。"

司马牛以往所有的烦恼,顿时全部消失。不过,从现在起他必须面对另一个更大的烦恼,那就是他发现人生的大道,像一座高峻的山峰,耸立在他面前。

## 十九、陈蔡之野

鲁哀公二年(公元前493年),蔡在陈、楚两国的侵追下,被迫放弃原来在负函(今河南信阳)的土地,迁到州来(今安徽凤台)另建新国。到了鲁哀公六年(公元前489年)春,吴王夫差为了替他的盟国蔡报旧怨新仇,出兵攻打陈国。陈潜公向他的盟国楚告急,楚昭王亲自率军前往救援,双方在城父(今安徽亳县东南)一带展开一场大战。这时孔子六十三岁,正在离开陈国的途中。这场可以代表当时诸侯扰攘不息的战争,不但陡然增加了人民的生命、财产损失,也给孔子带来了一场空前的困厄。

四年前,孔子再度离开卫国时,对政治并未绝望,仍然一心希望能够遇到明君,所以就带一行弟子经过曹、宋来到陈国。

离开卫国后的这四年间,他内心的感触之深,不下于离开鲁国前那段失望的从政生涯。

他一再前去卫国,除了因为鲁国是周公之后,卫国是康叔(周公之弟)之后,内心有一种比较亲切的感觉外,主要还是因为卫国的衰乱正和鲁国相似;他希望把受阻于鲁国的政治抱负实现在卫国。然而,当他再度前去卫国时,由于依礼应南子之召,竟有人传言他欲借南子进身；王孙贾就坦白向他示意"与其媚于奥，宁媚于灶"。这首先就使他感到在复杂的政治环境下，终难久留卫国。

陈蔡之野

接着是卫灵公本人对他礼貌骤减。原来卫国世子蒯聩与南子不睦，在谋杀南子不成逃往晋国后，由于传言蒯聩将在晋人的援助之下，回来篡夺卫灵公的王位，因此国内正弥漫着一股不安的气氛。心神烦乱的卫灵公，在决定与晋人一战之际，想到一直被他敬远的孔子此时也许能给他出谋划策，于是立刻向孔子问起有关战阵的事。这在孔子来说，虽是卫灵公头一遭向他请教国家大计，但他对这种父子相争的丑事，绝不愿意插上一手，故只回答卫灵公说：

"有关礼仪的事，丘是曾听人说过；至于战阵的事，倒一直没有学过。"

卫灵公当然知道孔子要他多就家庭邦国讲求礼乐，但他一心只想向外扬武，一旦一言不合，心里对孔子也就更加不以为然。君子见机而作，不俟终日，这件事促使孔子在第二天就离开了卫国。

离开卫国时,他听到孙儿子思出生的消息。由曹国进入宋境时,因为意外招致桓魋的嫉恨,他不得不微服而行,以提防桓魋追杀,一路上可说都在困厄之中。等来到陈国以后,受陈滑公的礼遇,他才淹留陈国。但三年下来,陈滑公并无起用他的意思。这时正好吴王夫差率军侵陈,他听说率师救援陈国的楚昭王,在诸侯之中,比较能礼贤下士,于是就风尘仆仆地踏上他寻求明君的另一旅程。

但是,当这个消息传到吴王夫差耳中时,立刻引起吴王夫差及其臣下们的不安。因为吴、楚也是世仇。十二年前,当时的吴王阖闾,在蔡人向导之下,大举伐楚,吴军溯汉水西上,在淮讷(今河南潢川西北)舍舟登陆,然后南下大败楚师于柏举(今湖北麻城东北),五战而入楚都郢城(今湖北江陵北),给予楚国以空前未有的巨创。当时楚昭王虽靠秦哀公之助,勉强复国,但如今楚国已日渐强盛,今后如果再重用孔子,不仅将对吴国构成莫大的威胁,甚至会影响即将实现的霸业。

"再怎么说,孔子到底是一位了不起的贤者;他在诸侯之间不能受到重用,并不是因为他们不知道孔子的伟大,相反,正是因为知道才害怕不敢用他。他所说的每一句话,都能一针见血地指出诸侯施政的缺失。如果楚国因重用孔子而大力改革政治,必将对我国形成莫大的威胁。我国的地位,结果将会如何,也就很难想象了。"

于是,吴王夫差和他的臣下们,经过一番密议以后,决定派出一队化装成百姓的士卒将孔子一行围住,然后让他知难而退。

孔子到楚,最快捷的路线是直接由蔡(负函,故蔡)入境。当孔子一行来到陈蔡边界时,已不知不觉地进入吴国士卒在此预先布下的层层包围圈。孔子一行当然没有足够的武力去突破重围;当他们发觉已被不明身份的人马包围以后,有两三位弟子想要上前一拼,但立刻被孔子诫为无谓,于是大家只好静待围困解除。

然而,围困并没有解除的迹象。幸好他们没有加害孔子一行的意思,不过,缺乏粮食就足以对孔子一行构成严重的威胁。头一两天还好,第三天、第四天也有稀饭果腹,但到了第五天连一粒粟都没有时,弟子们由于饥饿和疲惫,大都四肢无力地躺在草地上。

孔子本身也一样十分难受,他的脸上已现出衰惫之色。不过,他仍泰然自若地不忘讲道;并且偶尔还会弹琴唱歌。

勇敢的子路,随时都在孔子的身边警戒,以防万一。他的内心并不平静;他对孔子在这种紧急场合还不能想出一个对策,感到很不信服。

"对濒于死亡的人来说,道又有什么用? 音乐又有什么用? 那不过是在穷困的时候,借以欺骗自己的一种掩饰而已!"

他这样想着,不禁埋怨地瞪着孔子的侧面。

到了第五天夜晚即将过去、黎明就要来临之时,初秋的天空闪烁着美丽的星星;而在寂寥的陈蔡旷野,却有不少奄奄一息、正处于生死之间的黑影,纵横交错地躺在草地上。而在他们之间,只要稍微侧耳,就随时可以听到那种令人心悸的梦魇。

"老师!"

在黑暗中,忽然传来子路低沉的声音。

这时,孔子已坐着沉思了很久,正好感到疲倦,打算躺下休息;但听到声音便不再躺下。他知道是子路,便随即把头转过去;于是子路悻悻地开口道:

"君子也有穷困的时候吗?"

"穷困?"

孔子想了一下,当即和缓地说:

"君子固然也有穷困的时候,但君子穷而不滥;不滥就是道之所在。相反地,小人一到穷困的时候,就不守本分,什么事都做得出来。既然什么事都做得出来,那是绝对不会有道的,这才是真正的穷困。"

孔子的话还没说完,一位坐在约两三丈远的弟子,忽然站起来,带着一团黑影,显得有点儿摇晃不稳地走到他面前。原来是子贡。他一声不响地坐下以后,一面喘气,一面瞪着黑暗中孔子的脸。

"是子贡吧?"

孔子慈祥地问他。但是,子贡却不吭一声。他虽然没有对孔子说出不礼貌的话,

孔子家语
通解

孔子故事

但隐藏在内心的不满,远甚于子路;他这时的脸上,就露出不屑的微笑。不过,孔子还是能在黑暗之中察觉出来。

"子贡,我是不是辜负了你的希望?"

子贡依然默不开口,他喘气的声音越来越急促。

"你以为我博学强记,学问无不通晓,对应付任何情况的办法都应该很熟悉吗?"

"是啊。不……不是这样吗?"

子贡的声音有点儿颤抖;可以听出那是由于带有强烈质问的语气所致。

孔子抬头仰望夜空,轻轻叹了一口气,然后面对子贡,以严肃的声音缓缓地说:

"都不是,我不过是拿一个根本原则来贯通万物罢了;那也是我全部生命的归依。"

孔子说完以后,突然觉得非常孤单。他想到自己抱着连弟子都不能了解的道,在荒野上忍受饥饿,心里不禁深为感伤。同时,对于不能了解他的道,就跟他一起承受苦难的弟子们,他也起了怜悯之心,很想对他们说些安慰的话。

"但是——"

他继而一想:

"我不能因此懈怠疏忽;不能因为一时的感伤,就宠坏他们。他们之中,有些人就像处在成长初期的幼苗,还不能开花;有些人虽然已到了能够开花的程度,却还没有结果。我绝不能放松一向的原则。因为我爱护他们,所以我要做他们最忠实的朋友。既然爱护他们就不能担心他们吃苦;既然要做他们最忠实的朋友,就应该毫不懈怠地时时教诲他们。这样才能使天道真正地在社会上实现。如果我在这时候退让一步,就等于是天道退让一步。道的实现,有如堆筑一座山,不论花了多大血汗,只要在只差一篑的时候停下来,就是前功尽弃。又好像在平地上填土,只要立定主意,即使才倒下一篑,就已经有一篑的成就,长此下去,一定可以填成。道是永恒的,能够前进一步就比停止好。而不论是进是退,都取决于那颗心是否会向苦难妥协。"

他整个人再也没有丝毫疲倦的感觉;他端正仪态回顾子路,用低沉而清晰的声音说：

"'匪兕匪虎,率彼旷野'这句诗,你还记得吗?"

"记得。"

"是什么意思呢?"

"人与犀牛、老虎一类的野兽不同;可是人如果不能走上应走的道路,那就和这些徘徊在旷野的野兽一样。大概含有这个意思。"

"哦。那么你认为我的道怎样? 有没有错误? 我现在是不是和在旷野徘徊的野兽一样?"

"老师的道有没有错误,我不敢说。不过,如果别人对自己的话不相信,那就表示本身的仁还不够完美。如果别人不愿实行自己所行的道,那就表示本身的智还不十分圆熟。"

子路的回答,极不客气;从他的声调,可以感觉得到他满肚子的不平。但孔子却很平静地说:

"你的想法不对。要是仁者之言一定会被人相信,那么伯夷、叔齐就不会饿死了。要是智者之言一定会被人采行,那么王子比干也不会遭到虐杀。"

子路一听孔子提起这三人,就垂首不敢再说。孔子转而对子贡说:

"'匪兕匪虎,率彼旷野',这句诗是不是可以表示我的道不对,和那些在旷野徘徊的野兽一样?"

子贡想了一会儿才回答:

"老师的道太大了,大得不能被天下人所接受。如果能依天下人的心理,稍微降低尺度,一定会被接受。"

"降低到让天下人接受?"

孔子不觉皱起眉头,但随即恢复了原先的平静,说:

"子贡,你想的的确很聪明。但是,一位好的农夫虽然善于栽种,并不一定就能与时转移,从事货殖。一位名匠虽然娴于人间巧艺,并不一定就能使精心制造出来的东西,满足别人的喜好。君子也是一样,无法为了眼前的利害,而去迎合天下人心。君子所应该去研修的是道;为了不背离道的根本原则,随时都要谨言慎行。照你的意思看,你想的似乎不在道的研修,而是如何去从天下人眼中获得容身;这未免太过聪明了。你应该抱有更远大的志气才对。"

子贡一样无言可对。孔子的眼睛离开子贡以后,一再回顾左右,似乎要找什么人。最后他才打破沉静:

"颜回——颜回不在这里吗?"

颜回就在孔子背后。他的身体本来就已多病,经过五天的风餐露宿以后,比其他弟子更显得衰惫。不过,他的情态仍和平时一样恬静。天色即将露出鱼肚白,在微微的曙光映照之下,他的脸虽苍白得没有一丝血色,但他的一双眼睛,却闪着明亮的光芒。他立即应着孔子的声音站起来,走到子贡身旁,在孔子面前一揖。他的形容有如经不起一阵轻风的芦荻;孔子仔细地打量过以后,说:

"'匪兕匪虎,率彼旷野',现在我已和这句诗里的野兽没有什么两样,你是否觉得我的道有错误?"

"我的想法是——"

颜回站着就要回答,孔子摆手对他说:

"站着太累了,还是坐下来慢慢说吧。"

颜回这才坐了下来。但他的姿势仍然很端正,他将视线对着孔子的膝盖,继续说:

"老师的道是至大的,所以不能为天下人所接受。但我却由衷祈望老师的道能够越过困阻,推行于天下。纵使不能被天下的人所接受,也丝毫不必忧虑。因为不被接受,反而可以看出老师是一位君子。本来我们所应引以为耻的,也只是人们不知修习道;对于道之修习已有大成的人,不能受到起用,那就是治国者最大的耻辱。我愿意再加以重申,绝对没有忧虑道不能被人接受的必要,相反地,不能被人接受,就越发能看出君子之所以为君子的真正价值。"

颜回的面颊,渐渐透出红潮。他说完以后,起立再向孔子一揖。

孔子心里非常高兴,满面笑容地说:

"真不愧是颜氏子弟。你如果有产业的话,我倒想当你的管家。哈哈哈!"

天已经亮了。孔子用手招呼子贡说:

"子贡,你立刻就到城父向楚军求救。"

子贡疑虑地环顾四方。这时天已经大亮了,他不知要如何脱出包围。孔子却笑着说:

"今天已是第六天,包围我们的人,一定也很累了。并且现在天已大亮,他们一定会很放心地开始睡觉。"

孔子说得果然不错,包围已经松懈下来。子贡轻易地脱出包围,迅速和楚军取得联络。

翌日,陈蔡边境上的包围解除了,孔子一行受到楚军的热情款待。但想不到的是,在孔子继续上路以后,却传来楚昭王卒于城父的消息,他们一行只好暂时停在蔡境。

## 二十、叶公问政

叶(音 shè)公沈诸梁,自从孔子带着弟子们,来到他治理下的蔡地以后,就变得闷闷不乐。

他还没有和孔子见面,其实他并不喜欢会见孔子。因为他原来只是楚国的大夫;四年前,蔡国的昭侯,害怕一向是仇敌的楚国日渐强大,威胁有增无减,便在吴国军队的保护下,带领臣民迁到州来(今安徽凤台)另建新邑,于是楚国不但轻而易举地占领了蔡国原来的邑城(今河南信阳),并且在两年前派他前来震慑蔡的遗民,徭役赋税,一如楚国的百姓。由于这是侵略行为,他不愿意孔子此时当面向他提起任何有关治

理蔡地的问题。此外，令他心虚的是，楚国不过是周天子的诸侯之一，竟僭称为王，身为臣下的他，也在当年食有叶邑之后，跟着称公，现在则俨然是一位国君。总之，孔子对于这些，一定很不以为然，说不定就会当面讲些什么。

不仅如此，他根本没有实行先王之道的意思。在他看来，依现今的时势，那些迂腐不易做到的道德论调，只会妨碍实际政治。就拿楚国来说吧，所以能够称霸南方、大有立盟中原之势，还不是雷厉风行地使用峻法的结果。至于道理上能不能站住脚，用不着请教孔子，他自信有相当把握。一旦和孔子

叶公问政

见面，他一定会提出一些谁都无法正面加以反驳的建议，这样一让他大放厥词，老百姓就会轻易相信，以为这种建议马上可以实现而空欢喜一场。这种空欢喜，只会对政治造成令人不敢想象的危害。就像小孩子在没有让他看到糖果以前，还很听话，一旦让他看到而不给他时，那问题就会跟着而来。现在百姓之中已有政治即将会因孔子的来到而有改善的传言。因此，如果和他见面，接受有关政治方面的指导，后果一定不堪设想。还是不做这种弄巧成拙、得不偿失的事为好。

但是，像那样声望极高的人，不畏尘劳、千里迢迢来到蔡地，做主人的却不加理睬，也说不过去。如果因此让老百姓怀疑他待人缺少诚意，结果一样非常糟糕。而且碍着邻国，无论如何也必须顾虑到面子问题；万一被邻国宣扬他这个小地方不知道礼遇圣人，或者被说成孔子瞧不起这个小地方，所以不理睬他，那真是极大的耻辱。说不定将来会因为这件事，而招来外人的轻侮。

不过，听说每一个国家都不大欢迎孔子。即使是他自己的家乡所在地鲁国，虽然

一度重用他，如今也完全不理他。或许圣人之称只不过是个虚名，其实并不是大家所敬仰的那种人物。如果是这样的话，见他反而好些。因为如此一来，就可以揭开他的假面具，百姓也就能够安下心来。

想到这里，他不禁想起一件奇怪的事。他称得上是一国之君；初次访问一个国家，不论是不是圣人，不，尤其是圣人，礼貌上更应请求谒见国君，但孔子却只派了一位弟子子路无端地前来见他，看样子好像要用子路做饵来引一国之君的他上钩。照说礼貌和一个国家的大小无关，但他总有孔子看轻蔡地是小地方的感觉。而且子路那家伙，根本就十分惹人烦厌。态度倨傲还不要紧，竟连问他孔子的为人如何，都不回答。而且听说孔子知道这事时，对他说：

"女奚不曰：'其为人也，发愤忘食，乐以忘忧，不知老之将至云尔！'"

（你为什么不对他这样说："他这个人嘛，一用功读起书来，连饭都忘了吃；并且乐天知命，把一切忧苦都抛得无影无踪，以致连老了都不知道！"）

什么忘不忘的，孔子对子路所说的这段话，越发使他相信孔子确是冒牌货没错。

然而，不论什么样的想法，都渐渐被他逐一否认。尽管他故意无视孔子的存在，但相对地反而使他觉得未曾见过面的孔子的形象，在他心中造成了很沉重的压迫感。又觉得好像是一座山峰，突然横挡在他的宫殿面前，并且一天一天地高大起来。

部分僚属，内心对叶公不见孔子，一直暗暗自喜，只是不敢说出来而已。

另一部分忠贞的僚属，则对叶公的优柔寡断，大为忧虑。他们知道叶公是因为孔子是当代伟大的人物，自卑心理作祟，一直怕见到他，于是他们一再以暗示的方式鼓励叶公。但就叶公本人来说，这种鼓励对他毋宁说是很大的侮辱。他心理上反而起了微妙的反感：

"等着瞧吧，总有一天我会轻易地折服孔子。"

其实在他脑子里，对政治上的种种问题，并没有任何足以折服孔子的高明见解。还因此又使他心中十分焦急，甚至非常苦闷。好不容易熬过十天半个月；不久，那些忠贞的僚属，为了顾及社会的议论，都认为至少他们也应先去拜访孔子，于是陆续地前去孔子的旅邸向他求教。还有一些年轻的僚属,以及不得志的青年,也纷纷效仿,没几天时间,孔子的旅邸便门庭若市,名声一天一天地传开。这些事情,对叶公更加不利。以至于大家不约而同地说:

"叶公不敢去见圣人,一定是心中有什么愧疚。"

街头巷尾,到处都可以听到这种风传。忠贞的僚属,认为不能再任其发展下去,便丝毫不敢怠慢,立刻设法消除流言,同时决意把这些事告诉叶公。叶公听了,当然感到非常不高兴。他真想对他们说:

"你们擅自访问孔子,应该对这事负完全责任。"

可是他还是忍住一肚子的不快,要他们告诉他所看到的孔子的为人。他很留神地听着,即使是一句也好,想从他们的话中,找出孔子的缺点来。

他这种企图却完全落了空。他们都交口称赞孔子。

"全都是一些不中用的奴才!"

叶公不禁在心里破口大骂。虽然他强迫自己认为这是因为他们没有看出孔子为人的虚假,但这却不能作为当面拒绝和孔子见面的理由。最后只好很不高兴地对他们说:

"既然你们都说孔子是那么伟大的人物,我就去看看他。不过,话得说明白,如果我谈论的政治见解胜过他,今后绝对不准你们进出孔子之门。"

他本人虽然毫无自信,却终于由于说了这么狂妄强硬的话,而答应和孔子见面,并把接见的日期排定在第二天。

那天晚上,他的心情真是烦到极点。他想从过去的政治经历中,找出自问无愧的事,却发现非常困难。经过不断的苦思,也只有一项最有自信。那就是他采取严刑峻法,结果使得法令在他的治理下,得以彻底推行。不过严刑峻法是百姓所憎恶的,他自己心里十分清楚,到底不能毫无顾忌地公开说出来。如果要讲,最好不提严刑峻法,只说百姓们普遍都有守法的精神。

他忽然想起几个月以前,在有司的报告中,有一件使人非常感动的事。

"对了,那是不易见的案例,十分可贵。无论说给谁听,都会认为这是老百姓遵纪守法的结果。总之,那是为了遵守国法,而超越父子关系的最好的例子。"

到了天亮,他急忙传令有司送来这份档案资料,再次详细研究这件案子的内容。这份档案这样记载着:

"某某,偷偷将邻家跑失的羊据为己有,邻家来告某某占有他的羊,但因为没有确切的证据可以证明那只羊是邻家的,除了反过来判邻家诬告罪外,别无办法。但某某的儿子,却适时来到衙门,告诉有司说:'国法是神圣的,我爱正直无隐。'而将邻家的羊如何跑进他家的经过,一五一十地说了出来。衙门便依据法律,从严罚某某侵占罪,同时按照规定,颁发奖金给那位告发父亲的儿子。"

叶公对那位儿子所说的"国法是神圣的,我爱正直无隐"的话,印象特别深刻,在心里反复念了好几遍,兴奋地等待和孔子见面的时刻。

见到孔子,叶公觉得很意外,孔子的外貌竟那样衰老。他的脸看来已是六十五六岁,被太阳晒得很黑。穿的衣服也很旧,显得太寒碜。此外,那种诚恳谦恭的态度,也完全出乎他的意料。他觉得自己先前那种过分紧张很可笑,马上以轻松的心情,急急地问孔子说:

"您远道来到我国,我希望能听听您在政治方面的高见。"

孔子一听叶公的话轻躁且缺乏诚意,有点儿为他担心,稍微看了他一会儿,才慢慢地回答:

"最重要的是,要使领内的百姓心悦诚服,都能安居乐业。"

叶公突然有被针刺着要害的感觉。但他继而一想,这是孔子到任何一个国家都会说的千篇一律的老话,不禁又感到有点儿好笑。

"我的百姓都过着安居乐业的生活,尤其是住在这邑城附近的。"

叶公淡淡地回答。孔子则正好借这个机会问他:

"那么,远方的老百姓,是不是也仰慕您的作风,纷纷搬来这附近住呢?"

这一来,却使叶公想到情形恰恰相反,最近有不少百姓,还陆续移到他政令所不能到达的境外去住。他不觉愕然，心想这个老头儿，懂得的倒相当多。

"哦，惭愧、惭愧。敝境还没有达到那种完美的地步，今后会在这方面多加努力。"

他只好坦白地这样说，并且想赶快把话题转到准备好的内容上面去，于是他立即接着说：

"不过，政治并不是只做到使百姓高兴，最要紧的还是要能正民，不知尊意如何？"

"嗯，说得很对。政不就是正吗？……但是，在位的人，必须先了解什么是正道；只要自己能够先依正道而行，还有谁敢不依照着正道呢！否则有时会演变成不堪设想的后果……"

"我对教导百姓绝对遵守正道这点，自信有相当的成果。"

叶公以一副很有自信的样子，断然地说。孔子有点儿意外，盯着他的脸说：

"那很好。如果真的已经做到这点的话，也就可以与尧舜的政治比美了。"

叶公顿时睁大了眼睛。他觉得孔子的话未免过奖，有些不好意思。孔子却笑着问他：

"贵地的百姓，如何遵守正道？能不能举出一两个例子？"

这正合叶公的意思。同时，他又顾虑到昨天晚上只准备了一个例子，恐怕不够。所以，他尽可能作势叙述，想详细地慢慢说明。

孔子在静听叶公的话之时，皱了好几次眉头。叶公每看到这种表情，就会失去几分信心，到了最后，对颁奖金给身为人子的那位告发者一节，他再也没有勇气说出口了。

孔子听完以后说：

"贵地所谓遵守正道的人，就是这类吗？"

叶公因已说出这事，兴奋得失去自制，这时为了捡回信心，忍不住站起来高声地说：

"他不愿枉曲国法，他把正直无隐看得比父子之爱还要重要。"

"哦，请先坐下。"

孔子怜悯似的对他说：

"如果您有心认真考虑政治问题的话，不妨听听我的看法。您因一心想折服我，而没想到自己的话是不是站得住脚，甚至提出了不合情理的例子。为了证明您的百姓绝对遵守正道，您特地举出这个例子，其实这只是说明两位百姓之中，有一人是小偷，另一人是告发者而已。"

叶公张口结舌，失神地坐了下来。

"而且被告发的小偷，正是告发者的生身之父。在贵地，把这种人视为正直无隐，但我国认为的正直无隐的人，则完全和这相反。我国百姓出于亲情，父亲替儿子隐瞒过错，儿子也替父亲隐瞒过错；大家都相信正直无隐的道理就在这人伦之间。如果您能去掉一心想折服我的念头，相信一定也会有同感。"

叶公的脸色，顿时变得苍白，脸上的肌肉也因受到过度刺激而颤动着。

"人所遵守的正道，在于使彼此间的友爱，获得成功的孕育和最后的保护。法律本身并不一定都完美公正，必须以能够使人与人之间充满友爱为先决条件，才称得上是完美公正。请您好好记住这一点。尤其父子之间的爱，是人类自然流露的至情至性，是孕育世间众善的根本。如果容许假借法律之名，而任意加以蹂躏，那这种国家绝对无法推行正道。"

孔子的话，一句比一句严肃有力。

叶公的心，受到前所未有的震撼。虽然他垂下了头，但并没有虚心接受孔子这些话的意思。在他那苍白的脸上，仍然可以看出一丝倔强不服的神色。最起码，他绝不会取消一直采用的严峻政策。因为一旦取消那严峻的政策，则赋税的稽征，恐怕立刻就会发生困难。

前些时候，孔子就对叶公这种人物感到失望，所以这时也就觉得再说下去没有意义。

会谈很快就告结束。孔子又和刚来时一样，悄然离去。他一走出去，就同时决定尽早离开蔡境，继续他的漂泊之旅。

# 二十一、子路问津

时序已入初春,但天气还冷得很。落日的余晖,偶被天边的乌云遮蔽,田野上因而有时忽明忽暗。

不能受到叶公以诚礼待的孔子,失望地打算自蔡取道陈国返卫。一路上,孔子的内心难免有些寂寞。于是他闭上眼睛,任由车子颠簸着,自个儿陷入冥想中。车前执辔的子路,静悄悄地,已经有半个钟头没说一句话。其他的弟子,似乎也很疲倦。他们都在黄色的沙尘里,拖着又酸又软的双脚,摇晃着显得笨重的身体,落在车子后面,已经有很长的一段距离。

子路问津

"休息一会儿,怎么样?"

孔子忽然从车厢里探出头,回顾背后一行弟子,对子路说。

"是——"

子路无精打采地回头漫应了一声,但嘎嘎的马车声还是继续响着。

"大家不也都累了吗?"

孔子这次改以略带责问的口吻,轻轻地说:

"快到渡口了,我想。"

子路似乎觉得孔子的话太啰唆了,随便回答了一句。孔子也就不再多说。

过了一刻光景,子路突然刹住车子。以为到了渡口的孔子,探出头来察看,却看不到渡口,前面是分成两条的歧路。子路正不停地摇着马缰,在胸前抱起手来眺望着前面的歧路发呆。

"怎么啦?……要休息了?"

孔子探出半个身子说。

"我是在想哪一边的路通往渡口。"

孔子听了不觉莞尔。他默默望着年过五十的子路看来仍是那么健壮的背影。但子路想了半天,却像木偶似的,呆着纹丝不动。

"光想就能知道吗?"

于是,孔子故意挖苦了他一句。近来,只有对子路,孔子才偶尔会说这类的话。

子路脸上的表情,并没有像往日那样,马上就起反应。他仍睨视着前方,倔强地回答:

"知道!我会知道的。"

孔子不再微笑了。他知道子路心中有疑难时,每次都对自己视若无睹,听若无闻;这是他一直改不掉的恶癖。

"子路,他并不只是在想通往渡口的路。"

孔子这样想着。他已大略猜想得到子路正在烦恼些什么。

"这也难怪。在弟子之中,子路最不适合过这种平淡寂寞的漂泊生活。他应该过像做季氏宰时那般的生活。"

但是,孔子什么话都不说,他向子路侧着的脸,深深地投以怜悯的眼光。过了一会儿,他将视线转向路旁附近一带。在距马路不远的左前方,有一座微微隆起的小土丘;土丘之前,有两个农夫正在忙着翻土。

孔子突然笑嘻嘻地说:

"你看!那里有人。老是站在这里想,倒不如去问人好些。"

"哦——是。"

这时,子路才转回头来。他的精神恍恍惚惚地,好像还没听清楚孔子到底告诉他些什么,只凭直觉漫应着。

"快过去问他们通往渡口的路,这儿让我来执辔好了。"

"是,是!就请老师多费心。"

子路忙不迭地行了几个礼,把马缰交给孔子,然后很快地朝那两个农夫的方向跑去。这时,孔子望着子路那失态不稳、令人发笑的背影,反而在心底产生了深刻的感触。

"喂——!"

子路跑了一半,就停住向农夫挥手大声喊叫。

出乎他意料的是,那两个农夫并没有抬起头来。子路只好走前又喊了几声。可是,他们仍然没有半点反应。

这边执辔的孔子,望见这种情形,心想那两个农夫或许不是普通的人,并且为子路的冒失感到不安。

"如果又是丈人一类的隐者,恐怕又将使子路难于应付。"

孔子这样想着。不过,他另外还很有趣地想象着即将发生在他们之间的谈话。他既不放心,又急于想要知道,不觉入神地望着子路,不知子路会带着什么表情回来。

子路看到那两个农夫全然不理会,心中非常不高兴,但又无可奈何,只有先按住性子,继续走到他们跟前,才以诘问的口吻高声斥责:

"喂——我这么大声叫你们老半天,难道都没有听到吗?"

其中那位高个子的农夫,这才抬起头来,向子路看了一下,咧了咧嘴角,发出一声嘲笑似的怪声,又低头去做他的事。他名叫长沮,正是孔子所料的隐者;年纪大约六十岁开外,留了一把及胸的长髯,看起来仪表不凡。

子路这才感到情形有些不对。于是,他立刻改变态度,并且以不安的口气礼貌地说:

"哎呀!真是失礼。因……因为不知道渡口要往哪一边走……"

这时,长沮再度抬起头来望了望子路,表情比刚才认真多了。子路一看到他的眼

神,赶紧点头鞠躬,更礼貌地说:

"我们要到渡口……"

但是,他只顾另往道路那边望去,仍然不理会子路的话。

不过,这情形马上就随着他望见孔子的座车而不存在了。他回过头来,终于以一种怀疑的眼光瞪着子路问:

"那是谁? 在车上执辔的……"

子路觉得这人实在欺人太甚了。不但完全不理会他问的话,反而毫不在乎地倒过来问他车上的人是谁,真是岂有此理。不过子路虽然对这种目中无人的态度,生了满肚子的气,但也没有什么办法,只好尽量客气地回答:

"他叫孔丘。"

"孔丘? 就是鲁国的孔丘吗?"

"是的。"

"既然是他,就应该知道渡口在哪里啊! 他不是一年到头都在外徘徊的吗?"

说完,长沮弯下腰,继续挥动锄头做他的翻土工作。任凭子路再怎么问,都像哑巴似的,一句话也不回答。

到这时为止,另一个身材既矮又胖的农夫——他是名叫桀溺的隐者——始终不曾抬起头来看子路一眼,似乎完全无视于身旁的动静。子路心里想,这个胖子的性情,可能要比高个子的好些。于是,他稍稍走上前去,问桀溺通往渡口的路。

"什么? 渡口? ……"

桀溺漫应着,他连头都没有抬起来。

"是的,往渡口的路,不知是左边还是右边?"

"左边也行,右边也行,就走你喜欢走的。"

"两条路都可以?"

"不。"

说到这里,桀溺忽然抬起头来。他脸色红润,由于过度肥胖,双颊凹凸,眼睛则小小的,只有一小撮胡须,看起来要比长沮年轻几岁。

"不。"

他又说了一遍,同时咧嘴而笑。原来已够细小的眼睛,在肥胖的大脸的一压一张之下,变成两条大皱纹。

子路被弄得莫名其妙,正在啼笑皆非之际,桀溺倏地停住笑容,上下仔细打量着他,说:

"你是谁啊?"

"我叫仲由。"

"仲由? 又是孔丘的同伙吧?"

"是的,我是他的弟子。"

"哈哈哈——"

桀溺突然笑起来。那种笑声,就像锅子里面在煮蒟蒻一类的东西,因为滚烂膨胀后所发出来的气泡声一样。

子路没想到一说是孔丘的弟子,反而招来一阵嘲笑,心中非常愤恨,显得异常激动。但桀溺好像无视于子路的表情,望着别处说:

"原来是孔丘的伙伴,难怪找不到渡口。可怜!"

子路再也不能忍耐了,他摩拳擦掌,怒形于色。

"喂,仲由兄,别这样吧。你再怎样摩拳擦掌,也无济于事啊! 这样好了,我倒请教你:你认为当今的社会怎样?"

子路只好先垂下双手,松开紧握的拳头,眨一眨眼睛。

"到处都像泥沼,这不就是目前的社会情形吗? 仲由兄,是不是呢?"

"不错! 一点儿也不错。所以……"

"所以正在找渡口。你想这么说是吗? 不过,哪一个渡口都不能中意,你的老师不就是这样吗?"

子路觉得对方又要拿孔子开玩笑,再次捏起拳头,可是不知怎的,对方的观点竟在心底起了微妙的共鸣;他觉得这个人说得很有意思。于是,他忽然想从这个人嘴里,听一些平日他自己也同样对孔子所抱有的不平和牢骚话。念头一动,子路不觉兴奋地凝视着对方的脸。

"既想涉过泥沼,又不要泥水玷污了他,说来你的老师未免太贪求了。现在是什么时代了,哪里还能够找到你们中意的渡口呢?仲由兄,你不是知道吗?既然现在社会的动荡不安,有如洪水泛滥,那么,尽量逃往洪水无法侵袭的地方,才是上策啊!光是大声悲叫着:'洪水啊!洪水啊!'却自个儿在这边缘躲来闪去,岂不是一大笑话?这副样子,不是怪难看的吗?"

像是被感动,又像是十分愤慨,子路竟莫名其所以然地呆立不动。

"你怎么啦?哦——难怪是和孔丘一伙儿的,看来你也很不懂事。如果对尘世仍旧念念不忘,那自然无话可说。可笑的是,这个诸侯也不中意,那个诸侯也不中意,这不是五十步笑一百步吗?只要稍微超越这层狭隘的观念,不就会起了看破这个社会的念头吗?这样一来,不就能无牵无挂地放观一切尘事,飘飘然有如神仙般地自得其乐吗?哈哈哈!"

"不过……"

子路很认真地想说些话。但桀溺这时已转过身子,圆圆的屁股朝着他,又弯着身子开始播种了。不论子路再怎么说,他一句话也不答。

不过,子路此时也不再生气了。虽然在此之前碰到的好几位隐者,都不像今天这般愚弄他;虽然他们不但不告诉他问的渡口在哪里,反而把孔子和自己两人都说得一文不值。但今天他却意外地沉默温和,若在往常,他早就不会罢休了。

对这些隐者玩世不恭的态度,他一向就无好感。可是,他们的生活,过得那么安详、自在,而且达观,这又在他心里留下了很深的感动。他们似乎都认识到孔子所没有认识到的一种高雅的哲理。子路心里不禁油然兴起了这种向往。

他,悄悄地回去。

他,悄悄地走着。望着孔子的座车,想起弃官如弃敝屣、如今正寂寞地坐在车上的孔子,他的眼睛,陡然红了。他竟莫名地起了必须恣意诘问孔子,让孔子反省的念头。于是,子路蓦地跑回了孔子身边。

落在后面的弟子,这时也陆续到达了。他们不知站着在和孔子谈论什么,团团围住了车子。他们一看到子路回来,都停止谈话,一起别过头来望着子路。可是,子路看都不看他们一眼,很粗暴地拨开他们,突然把双手放在车框的横木上,一语不发。

孔子微笑着说:

"怎么了? 花了那么长时间?"

子路激动得不知从何说起,只见他喘息不已,好几次用拳头揉眼睛,以掩饰他的失态。

"好像见到隐者?"

孔子想镇定子路的情绪,先轻轻地这么说。

"是的,是隐者,是了不起的隐者呢!"

子路用高亢的声音爆发似的说着,并刻意地盯住孔子。

孔子的脸,却显得那么安详,那么明朗;这使子路大感意外。他曾想象到,坐在车上的孔子,一听这话,脸色必定更加黯淡恓惶。

"哦! 那很好。你跟他们说了些什么?"

再经孔子这么一问,子路压根儿就没办法发牢骚了。他原来想坦白地说出他的不满和意见,以促使孔子改变做法,但是,现在连报告刚才的经过都觉得很勉强,哪里还敢提呢?

孔子把眼闭上,弟子们却睁大了眼,大家在静听了子路断断续续的报告之后,弟子们个个不约而同地面面相觑;每个人都以不安的眼光,偷偷地瞥了孔子一眼。

孔子仍闭着眼,像是在沉思。一会儿,才深深地叹息着对子路说:

"那么,渡口往哪边走呢?"

子路愕然,内心忽然觉得自己似置身于庄严的殿堂,正接受审问一般,顿时为之穆然肃立。

"我要走人间的路,不和人们在一起,我的心便不能安宁。"

孔子把视线从子路身上转向其他弟子,然后又接着说:

"放吟山野,与鸟兽为友,这或许有时也是一种惬意的生活方式吧。但我决不学这种标榜清高的做法;我认为这是一个不能面对现实,或是完全自私自利的人,才会去走的路。我唯一想的,是如何朝着人类进化过程所应走的方向,去尽自己应尽的责任。换句话说,和人们一起同甘共苦、谋求解决问题之道,才是我衷心地愿望。也只有这样,我才觉得快乐、安宁。子路说那两个隐者认为目前这个污浊的社会,根本没有值得留恋之处,不该再有所追求。但我倒认为唯其如此,才更应投身其间,和人们分担苦难。如果天下有道,社会秩序已入正轨,我当然就不必这样风尘仆仆地过这种几近流浪的生活了。"

弟子们悄然倾听孔子的话。子路的双眼,不知何时已闪着泪光。他使劲把眼睛眨了几下,凝视着孔子。在落日的余晖下,他发现这时才看清楚那紧紧抱住人生的苦难不放、圣洁无比的圣人尊容。

"老师,我刚才对您抱过不敬的想法……"

面对孔子,子路不觉潸然泪下。

孔子默默地从车上把马缰交还给子路。然后,他愉快地回顾大家说:

"我们让子路选吧! 走错了,再转回来就是了。"

大家不禁笑了起来,子路也红着眼眶,不好意思地笑了。

这时候,那两个隐者,竖起锄头,斜倚身子,也正望着这边。现在,子路觉得他们像是杖着竹竿的草人。他怀着像是高兴又像是寂寞的心情,拉动马缰,驾着孔子的座车,继续上路。

## 二十二、子路请祷

一向精神爽朗的子路,今天完全失去了往日的活力,萎缩地坐着沉思。

自从孔子卧病以来,他几乎不离半步,夜以继日地看护。但是将近一个月,孔子的病势始终未见好转。尤其是这两三天,身体更形衰弱。昨夜的情况,就显得相当危急。

"万一……"

一想到这上面,子路就茫然若失,只觉得全身无力,再也提不起一点儿精神。

当他的视线再度触及这心目中最敬爱的恩师时,不禁鼻子一酸,热泪盈眶。他怕孔子醒来看到他这副样子,便急急退到邻室。在邻室,他望着天井,脸上仍然满是茫然之色。孔子的房间偶尔会传来弟子们低微的交谈声。但他整个人已因极度空虚而逐渐失去知觉,就好像即将死亡的是他自己似的。

"不管老师到哪里,我都要跟随着他。"

子路请祷

他的思绪只要回到现实边缘,就会很认真地这么想。然而,想到死,他的记忆犹新;远在十余年前,当他问孔子人死后的情形会怎样时,孔子对他说:

"未知生,焉知死!"

(活着时的道理都还没有弄清楚,怎么能够知道死后的情形呢?)

孔子的意思是叫他研究实学,不要想些不着边际的事。从那时以后,他就真的不再往这方面想。可是此时回忆起进入孔门以来的情景,他就顾不得这些话了。

三十五六年前,他还是一位二十刚出头的青年,仗着一身勇力,再加上那个年龄特有的方刚血气,行事往往流于粗暴,动辄逞身挥剑。有一天,他又在为人打抱不平的时候,正好被年纪刚过三十的孔子看见,对他讲了一句年轻人应该读书学礼的话,使他事后越想越不是味道,于是就用雄鸡的毛插在帽上,用猳猪的皮装饰佩刀,扮成勇士的模样,大摇大摆地去找孔子,打算出一口气。想不到却被孔子那了无惧色的态度和义正词严的言语给折服了。这使他发觉人生必须有礼,才能俯仰于天地之间,最后竟投拜在孔子的门下,从此成为他的近身弟子。这三十多年来,不论雨雪之晨还是风月之夕,都影响不了他们师生活泼相处的心;孔子对他始终诱掖谆恳,教爱亲切,使他内心的充实感与日俱增。自从十余年前孔子辞去鲁国大司寇,抱着行道天下的决心,不畏尘劳,毅然奔走于诸侯之间以来,他更深深体认到孔子的伟大。如今孔子竟因长年风尘仆仆而卧病异国;感受浩荡师恩的他,眼见孔子病势一直未见好转,除了悔恨以前不该使气逞强,固执自己对某些事物的看法,让孔子多为他费了许多苦心以外,不知不觉更开始胡思乱想起来。

"人死了会怎样?这个问题不知道也没关系。只要死后还有一个世界,能够让我永远跟随着老师,那就好了。"

于是,在恍惚之中,他觉得似乎明天就要跟随孔子,一起走向那遥远而不可知的世界了;因此引起的喜悦,淡去了刚才的几许落寞。

但是,这只是一瞬间的想法;他蓦地愕然站了起来。

"什么话!这不是希望老师赶快死吗?"

他像是要赶走心中那不净的念头似的,两手在胸前乱挥一阵,然后站定倾听孔子房间的动静。

孔子的房间,此时静悄悄的。他极力放轻脚步,来回绕着刚才所坐的位子,不断地自责着。

"我一定要使老师再度康复。"

他那天生的急躁个性,迅速在心中抬头了。他忘了放轻脚步,一心想着各种医治的办法,但是,任他如何苦思,就是想不出一个比现在更好的办法。

"人力无法救治了。"

想着,他不禁感到有点儿黯然。

他在叹息声中,又坐了下来。但他这时也决定只要能医治好孔子的病,无论要他做什么,他都愿意一试。他觉得此时再怎样自责也无济于事,何况连自责的气力也没有了。

"看来最好的办法,只有祈祷鬼神保佑了。"

想到这里,他的心也悲痛起来了。过去,孔子经常教诲他要坚定心志,确实践守人道。那一次,他除了向孔子问起人死了会怎样,还请教了祭祀鬼神的问题,当时孔子告诉他"未能事人,焉能事鬼",要他把这种诚敬用来事人。从那时起,他就严守这个教诲,无论在多么困苦的时候,也从未想到过祈求鬼神降福,想不到现在竟要祷告鬼神来保佑孔子早日康复。

"我怎么如此无能!"

他不禁痛苦地咬紧了牙齿。

不过,当他想到这并不是为了自己而祈求鬼神保佑时,又稍稍感到安慰。而且,如果幸而能使孔子的生命因此获救的话,即使被人说成是求道者的耻辱都可以,甚至被孔子逐出师门,他也一点儿都不会后悔。

抱着这种复杂的情感,他再度在室内来回踱着。最后,他终于下定决心,要立即付诸行动。未告诉任何人,他就偷偷地走出了门外。

过了几个时辰。

其他的弟子,发现一向最热心看护的子路,竟突然失去行踪,都觉得很奇怪,并且为他担心;可是当他们看到子路挟着一卷书,匆匆忙忙地走进孔子的房间时,又大感意外。

"老师,我想请您允许一件事。"

子路走近孔子的枕边,不断喘着气说。

"什么事?"

孔子微微睁开紧闭的眼睛。

"我想为您祈祷,祈祷您的病能够早日康复。"

"怎么突然这么说?在先王之道中,并没有这样的祈祷啊。"

"有,有!就在老师编纂的《周礼》上面。其中的诔词说:'祷尔于上下神祇。'"

子路急急把带来的书打开,指给孔子看。

孔子露出笑容,但却静静地阖上眼睛,没有回答他。

"老师!"

子路有点儿着急地说:

"老实说,我早知道老师会责骂,但我仍然决心偷偷去祷告;因为不知道祷告的方法,所以我就先去研究,最后终于在这卷书上,找到刚才那句话。既然古时候有这种做法,我就不必背着老师偷偷去祷告,因此,我才回来请老师允许我这么做。老师,为了您自己,为了同学,为了全天下的人,请您允许我祷告。"

孔子睁大了眼睛,目光炯炯有神,使人难以相信他是一个卧病的人。他盯着子路的脸,停了一会儿才说:

"你不用替我祷告,我自己已经在祷告了。"

"您自己?"

子路吃了一惊,不禁把脸凑到孔子面前;其他弟子也一脸惊讶地望着孔子的眼睛。

"是啊,我已经祷告了好几十年。"

"几十年?"

"你们都不知道我一直在祷告吗?"

弟子们面面相觑。孔子有感而发似的深深吐了一口气,又阖上眼睛。经过片刻的沉默以后,孔子闭着眼睛问子路说:

"究竟要怎么祈祷呢?"

"就是把自己的愿望向诸神祈……"

孔子不等子路说完,就睁开眼睛说:

"祈愿? 祈什么愿?"

"……"

子路一时不敢贸然回答,不禁显得踌躇不安。因为他发觉孔子的话里,包含着他所想不到的深意。

孔子说:

"祈祷本身是很好的,但绝不能出于私情、私欲;它必须是一种超越私情、私欲的深心宏愿,完全符合天地神明之意,不掺丝毫杂念。你想真正的祈愿,是不是应该如此呢?"

子路有如石像,木然呆立。

"我再告诉你,我绝不否定天地间的诸神,更不敢轻视祂们。我至今所以不断地修身明道,就是为了尊崇诸神,不敢违背生生之德。我的人生,就是不断祷告的人生。你带来的那卷书,里面的诔辞也必须这样解释,才算体会了其中的深意。"

"老师,实在对不起,我的见解肤浅,反而让老师费心。"

"不,不,这也是学问。尤其是你这样关心我,更使我感到高兴。你的苦心,也可以说是一种道了。不,应该说是道的力量。但是,你千万不要为了我肉体的存在,而忽略我最重要的精神。我希望我的精神能够永远不死,借宣扬通于万古的先王之道而永恒存在。"

孔子这样说着,他那深邃的双眼,好像同时在凝视遥远的过去和遥远的未来。子路和其他弟子们,都有一种未曾有过的感动,他们不禁庄严地阖上眼睛,跪了下来。

"嗯,现在你们似乎已具有真正在祷告的心了。如果你们想为我祈祷,就必须有像现在这样清澈的心境。……好了,我想睡一会儿,你们也去休息吧。"

说也奇怪,第二天起,孔子的病就慢慢好了起来。但是,事不可测,命不可卜;五六年以后,卫国发生内乱,蒯聩父子争位,子路勇敢地殉难,孔子反而以七十二岁高龄,为子路流了不少泪。

## 二十三、申枨之欲

近来,孔子觉得一向认为可靠的弟子,一做了官,就失去了刚强的德性,而轻易地向权臣妥协,这使他非常失望。就拿冉有来说吧!冉有不仅个性温和,而且多才多能,足以临事应变,是弟子中最长于政治的,可是没想到一做了季氏的宰,就替他聚敛,使原来已比从前周天子王朝的周公还要富有的季氏,更加富有。孔子气得对弟子们说:

"非吾徒也,小子鸣鼓而攻之可也。"

(冉求,他不是我的学生,你们可以揭发他的罪行,起来声讨他!)

所以,他近来常常对弟子们说:

"吾未见刚者!吾未见刚者!"

(我没有见过刚强不屈的人!我没有见过刚强不屈的人!)

并且,总要为之叹息不已。

不过,很多弟子都觉得很奇怪。他们想:像仁者、智者或中庸这种至高至美的德行,就不敢说了,但是,具有刚强这种德行的人,一定多得很。首先,谁都会想起子路,其次,在年轻的弟子中,也有一位极具魄力的申枨。

申枨,虽然只不过是二十出头的青年,可是,在那长满胡子的脸上,却有一双炯炯有神的大眼。每当与人谈论时,他那雷鸣般的声音,总会压得对方无法开口。那种刚强的个性,不论在长者还是任何人面前,都不会稍做让步。有时候,他甚至会挑衅地耸耸肩膀,像是准备和人打架似的,大有一扑向前之势。同学们都对他退让三分,连孔子有时也感到头痛。

申枨这种刚强的个性,对年轻一辈的弟子来说,除了感到困窘之外,有时却也觉得很痛快。因为,年轻的弟子,大都有一种同感:就是年纪较大的师兄,尽管在孔子面前显出谦虚恭敬的样子,甚至有时连说话都紧张得有点儿口吃,但是,对他们这些年少的师弟,却摆出一副十足的架子。那种傲慢自大的脸孔,他们都吃不消,真有咽不下这口气的感觉。而申枨对这种师兄,经常毫不保留地加以痛斥。虽然难免有强词夺理的地方,但这些弟子就觉得申枨始终在为他们辩护、出气,每次总会因而欢喜得大为称快。因此,在这年轻一辈的弟子心目中,申枨是最受欢迎和尊敬的人物。他们一谈到这上面来,都会异口同声地说:

申枨之欲

"就刚强来说,还是要数申枨最够资格、最当之无愧了,恐怕连子路,也比不上他。"

这已成为他们之间的定评。

有一天,这些年轻的弟子之中,有几个正陪侍孔子在内厅聊天;这是孔子教诲弟子的一种方式。他们恰巧又听到孔子感慨地说:

"吾未见刚者!……吾未见刚者!"

于是,有个弟子立刻问道:

"申枨如何?"

孔子有点儿诧异,看了大家一会儿。他的眼光充满怜悯,回答说:

"枨也欲,焉得刚?"

(申枨多欲,怎能算得上刚强不屈呢?)

一听孔子这么回答,这些弟子都觉得孔子的话很难了解,甚至感到不服。因为,第一，申枨对金钱，向来极为冷淡，他对善于理财的子贡，始终抱有反感。和颜回比，申枨当然不能较他更能超越贫富观念，但他们绝不相信申枨会是个多欲的人。孔子竟会这么说，真是不可思议。其次，就算申枨多欲吧，但仍然不失为一个刚强的人，这是谁也不能否认的；他平日的生活和为人，就是很好的佐证。要不然，为什么连孔子本身对申枨刚强的个性，有时也想不出好的对策呢？因此，这是他们万万不能同意的。于是另外一位弟子马上抱不平地说：

"老师，您说申枨嗜欲，我想也许太苛求了吧？"

孔子莞尔，说：

"太苛求了吗？不过，我倒以为申枨比谁都还要多欲呢。"

弟子们愕然地望着孔子。孔子只顿了一下，又接着说：

"欲，并不单指贪财；它有各种不同的形态。明确地说，不等辨别是非，就下意识地想要胜过别人，这种私心，就是'欲'。顺着取之有道的原则积聚钱财，不能说是嗜欲。相反，对金钱虽不贪婪，但用意气和别人相争，虽然他的性格正直，但因早已怀有好胜逞强的心理，表现出来的只是一味地感情用事，这就是一种欲，一种极端的欲！申枨负气争强，执迷倔强，不就是这种欲吗？如何配得上称为刚强不屈呢？"

听完孔子对欲的阐明，弟子们才明白了孔子的意思；也才清楚申枨是个负气争强的人。不过，他们仍不了解何以负气争强就不能被称为"刚"，所以仍迷惑地望着孔子。

"还不了解吗？"

孔子叹了一口气，又说：

"刚，这种德行，是指克己的功夫，绝不是和人负气争强的意思。能克制自己的私欲，做人行事都顺乎天理，那么任何权势利害都阻挠不了他；始终保持坚定不移的初衷，不为外物所役，这才是真正的刚！"

听到这里，弟子们都不约而同地低下了头。孔子微笑着说：

"不过你们还是要多向申枨学习才是。申枨的负气争强，并不是为了权势和利害,而是为了追求义理。"

这些年轻的弟子,好像在最紧要的关头,忽然被击中要害似的,面面相觑,个个显得尴尬不安,并且为以前那些想法,感到非常惭愧。

## 二十四、陈亢探异闻

陈亢,字子亢,一字子禽。

虽然他为了跟从孔子求学,不辞辛劳地远从陈国备束脩之礼来到鲁国,但是,孔子的门人太多了,而他又是二十刚出头的年轻新生,要想有个别接受孔子教诲的机会,短期之内还不可能。通常他都是向孔子的高弟子贡请益;因此,陈亢在师兄子贡的辅导之下,为了间接地也能学得孔子的言行,可说无时无刻不在特别注意子贡的一举一动。

有一天,陈亢突发奇想地向子贡提出妙论:

"子为恭也,仲尼岂贤于子乎?"

(您对老师,不过是为了表示尊敬,才委曲师事罢了。依我看来,其实您比老师还要贤明呢!)

陈亢敢于这样说,当然是希望多从子贡身上了解孔子之故,但未尝不是他的真心话。因为他曾听孔子公开说过:

"我非生而知之者,好古,敏以求之者也。"

(我并不是生下来就知道一切道理的,我是喜好古圣先贤留下的文物制度,勤快地学习得来的。)

"德之不修,学之不讲,闻义不能徙,不善不能改,是吾忧也。"

(我所忧虑的是:自己不能修明德行,学业不能精益求精,听到好的道理,不能取以改进自己,有了缺失不能革除。)

"默而识之,学而不厌,诲人不倦,何有于我哉!"

(把听到、见到的,默默悟记在心里,孜孜勤学不厌,谆谆诲人不倦,我这三件事,实在是不足称道的。)

陈亢难得听到孔子讲道,可是每一次听到的,总是这类他觉得平淡无奇的话。这和子贡比较起来,子贡明敏生动的辩才以及华贵的气派,更容易使陈亢感到耀眼。

**陈亢探异闻**

但是,对陈亢这种疑问,子贡则俨然地这么回答:

"君子一言以为知,一言以为不知,言不可不慎也!夫子之不可及也,犹天之不可阶而升也。夫子之得邦家者,所谓'立之斯立,道之斯行,绥之斯来,动之斯和。其生也荣,其死也哀'。如之何其可及也?"

(君子说话是不可以不谨慎的,你只说一句话,别人就可以看出你是聪明,或是不聪明。我们老师的崇高不可及,就好比天无法用梯子爬上去一样。如果老师能够掌理国政,那么,就真如古人所说的:"教人民生计自立,人民就能够自立;引导人民行德,人民便能够跟从;安抚民众,便能使他们归附;役使人民,他们也能和乐顺从。生时,人民讴歌他的德政;死后,人民没有不像失去父母一样悲悼的。"我哪有这种能力啊!你拿我来和老师比,叫我怎么敢当呢?)

但是,陈亢听了子贡这似是告诫的说明,并不能真正对孔子有所了解。有一次,他又问子贡说:

"夫子至于是邦也,必闻其政。求之与? 抑与之与?"

(我们老师每到一个国家,便和这一国家的政治发生某种程度的关系,这究竟是老师自己去求得的? 还是人家自动给他的?)

陈亢这种疑问，还有一层藏在心里的看法，就是他认为孔子功名之心太大了，说不定每次就是因为无法满足他的权欲，所以才不能长期留在任何国家。

对于这个问题，子贡回答他说：

"夫子温、良、恭、俭、让以得之。夫子之求之也，其诸异乎人之求之与？"

（我们老师具有温厚、善良、恭敬、俭约、谦让五种美德，各国诸侯一见老师，都会自动拿他们国家的政事来请教老师。这和那些极尽谄媚之能事，企图向诸侯取得一官半职的说客，是绝对不同的。）

"这大概就是老师不愿在不能以德为政的诸侯间久留的原因吧。"

听了子贡的回答，陈亢才改变了他心里的想法。

就这样，陈亢时常听子贡讲解这些道理，在子贡的熏陶下，才逐渐了解孔子的人格。同时，也更遗憾很少有机会能当面接受孔子的教导。

不过，陈亢这个人，天生就有一种多疑的个性，虽然不很严重，但总喜欢妄自揣测一件事情。而且，他本身也没有想到，应该有直接向孔子请益的勇气，这样才有更多直接受教的机会。

"大概是新生，或不是鲁国人的缘故，孔子才不太关心我。照理说，像我这种远从他国来向他学习的人，应更加受到照顾才对……对了，就拿孔子非常宠爱的颜渊、子路、闵子骞以及冉伯牛来说吧，他们不都是鲁国人吗？譬如我最尊敬的子贡，听说他就不如颜渊和子路受宠。这可能就因为他是卫国人，和孔子不是同乡的缘故。"

他虽然不敢肯定地这么认为，然而他脑子里，难免会想到这一点。忽然，他想到了伯鱼：

"伯鱼，他是老师的独子。从表面上看，孔子似乎像对待其他弟子一样地在教育他，但这恐怕只是装样子而已。难道老师不想使唯一的儿子超过其他弟子吗？我想孔子很可能会在没人在旁的时候，将私下保留的学问传授给他。"

想到这里，并没有使他感到不快。因为他脑子又很快一闪——如果能多和伯鱼亲近，那么，他便能够打听到孔子不曾传授给其他弟子的精髓。

于是，他好像发现了什么似的，不觉会心一笑。从此，每当遇见伯鱼，他总会先上前打招呼，然后与他聊天。但他并不愿意让别的弟子听到他们的谈话，所以每次总要尽量选择不引人注意的地方。

可是，陈亢这番苦心，没有多大的效果。因为伯鱼天生寡言，每次和他谈话时，都不会多说什么。他不但没有从伯鱼的话中，打听到他所期望的孔子对儿子特别指导的宝贵学问，而且就连一点儿平常的道理也听不到。

"我想，还是子贡比孔子伟大。"

失望之余，他不免又起了这种念头，并且下意识地拿自己和伯鱼比较一番。

"不过，伯鱼并不是傻瓜，也许孔子特别传授给他的学问，他一样也隐藏不讲。"

想到这一层，他的心又黯然了。于是，有一天又和伯鱼并肩走着的时候，他就开门见山地问伯鱼：

"您是老师的公子，可以说是日夜不离地随侍在老师身边，我想您一定听过不少老师还没有告诉弟子们的最有用的学问。您是否可以说些给我这个刚来的新生听听？"

他刻意地修饰着。

"不敢，不敢！其实我并没有什么特别——"

伯鱼说着，想了一会儿，又接着说：

"勉强说来，也曾经只有两次。有一天，我匆匆忙忙地走过院子，他正独自站在堂上，就叫住我说：'你开始读诗了没有？'我回答他没有，他责备我说：'《诗经》上说的事物包罗万象，可以使人事理通达，心气和平。你不学诗，怎能和人交谈应酬呢？'我学诗就是从这一件事情开始的。"

"是啊。"

"又过了几天，情形也和上次一样，他又叫住我说：'你开始学礼了没有？'我回答还没有。他又责备我说：'文化的基本精神在礼，礼可以使人品节详明，德行坚定。你还不学礼，怎能在社会上立身呢！'所以，我退下来以后，又开始专心学礼。"

"是啊。"

"是啊！如果要说家父特别教我什么，大概就只有这两件事。除此之外，你也是知道的，我受家父的教育，和大家一点儿也没有差别……"

"哦，是的。"

陈亢不停地点头，"是、是"的应着，他脸上的表情，好像很满意，又好像很失望。这时，他偶然把视线移到前面，却意外地看见孔子正向这边走来。孔子大概是读完了书，走到院子里来散步的。他们两人立刻迎上前去，恭恭敬敬地向孔子行礼。孔子停住微笑着说：

"你们两个人刚才好像一起在这里散步，看来很要好嘛。"

被孔子认为他俩很亲密，陈亢心里非常高兴。可是，孔子只默默地望着伯鱼。伯鱼说：

"最近我们才特别亲密，他常常教我很多事哩，我很高兴和他一起。"

"嗯，那很好。年轻时代，朋友之间互相切磋勉励是很要紧的事。今天我也来参加。"

说着，孔子继续向前走，他们两人则跟在后面。

"今天运气真好。"

陈亢这样一想，内心兴奋不已。

"说来——"

孔子边走边说：

"你们两人亲密是很好的事，但可不能因而使你们对友谊的衡量有所偏失。四海之内皆兄弟，君子之待人是绝对公正无私的，小人则正好和这相反；他们以好恶与利害来决定友谊，交友往往有很大的偏失。虽然表面上友谊的偏失还不算什么，但因为以个人的好恶、利害之心为基础，实质上已没有真挚的友谊可言了。真挚的友谊，自始至终都是以真理大道为基础的。"

陈亢的心，刚刚还很兴奋，这时却僵住了。

“咳,但是——”

孔子润了一下喉咙,回顾他们两人说:

“我并不是说你们是小人之交,我不过说说自己心中对交友的感想而已。”

陈亢这才恢复平静。不过,他心头却涌上一阵苦味,久久不能消失。

“哦,对了,对不起得很,中途打断你们的谈话;今天你们在讨论些什么呢?”

陈亢忽然觉得心上一凉。他一面听着伯鱼老老实实把刚才他们讲的话告诉孔子,一面注视着孔子的背影,显得忐忑不安。

孔子默默地走着,听完,他意味深长地说:

“我这样教过你,是吗?不错,君子之学,以诗、礼最为重要。诗,能够感发人的心弦,振奋人的情绪,使人考见得失,培养认识人生的眼光。它的和而不流,可以维系人际的平衡;怨而不怒,可以教导我们如何以最高尚的情操纾解郁结。至于人伦之道,更无不备于诗中,讲到近的,可以使人懂得如何侍奉父母;讲到远的,可以使人学会侍奉君上。并且,还可以从诗里面学到很多鸟、兽、草、木等天地自然的广博知识。至于礼,它是人类协调心灵活动的最具体的表现,它根植在敬、让上面。敬,则行为合宜;让,则上下无争。诚敬笃让之心表现于外的,就是礼;不论礼存于内还是形诸于外,都必能使人的心灵达到和谐的境地。但是,礼让之道,必须完全发挥整体的作用,才能成其为礼让之道。因此,如果能运用礼让之道来治国,不仅政事没有什么困难,礼让的存在价值也会因此而确立;如果不能运用礼让之道来治理国家,那么,不仅政事办不好,而且礼让本身也会失去内涵,徒具形式,个人的和谐也从此大成问题。总之,诗和礼,绝对不单是语言和形态上的存在而已。你们千万要切记这一精神,好好用功。”

孔子一面走一面说,陈亢和伯鱼两人紧随着孔子听得出神,几乎踩到他的脚跟。孔子讲完以后,很久他们都没有说话。

“对了——”

孔子忽然停下脚步,回顾他们两人说:

“刚才我已说了不少,你们只是听而已,这并不能求得真正的学问。与其只想以私意到处寻找一些高深的道理来听，倒不如靠身体力行来慢慢思索领悟。因为不配合实际的领会，光凭听、想得来的'道理'，中间还隔着一层，是不真切的。因此，面对一件事，除非能先熟思审处，惕励自己怎样去做，否则我也不知该如何指导。以私意来打听别人的道理，这种人除了显示他的轻率以外，是不会有什么收获的。所以，子路就非常值得称赞。当他听到好的道理，在还没有完全身体力行以前，他总是不敢再去听别的道理，以免分心而不能彻底地实践好。真正有心探求真理的人，应该先具备像他这样认真实在的精神。"

陈亢听完孔子的话，像突然摔倒似的惊惶失色，原先因感幸运而兴奋的心理，不知跑到哪里去了。他发呆似的站着，以失神的眼光望着正转回头去的孔子。

"老师真是一位厉害的人啊！"

他回到宿舍以后，不断地这样想着。他再也不敢以私意来揣测孔子，或借向伯鱼打听来满足他的好奇心了。

"我虽然向伯鱼打听不到所想的特别传授，并被老师指为不实在。但我却因此意外获得了三个道理。第一，知道诗的重要；第二，知道礼的重要；第三，知道君子对自己的儿子并没有私心，所教育弟子的，完全和教育儿子的没有差别。"

翌日，他把这件事的经过告诉了子贡，并说：

"由于这件事，我才多少能了解老师人格的伟大。"

这时，子贡趁机对陈亢说：

"这么说，那是很值得高兴啰。不过，要真正了解我们老师，并不容易。关于老师诗书礼乐等修己安人的道理，我们还可以因他的讲述而得到。至于老师对宇宙以及与人生有关的问题，也就是对'性理'、'天道'等这些最深奥的本质问题的看法，我们即使听了老师的讲述，也是很难了解的。老师的学问，可以说是博大精深。"

# 二十五、伯牛有疾

冉伯牛的病，从最近的症候已可以明显看出是一种恶疮了。疮毒扩散到他全身，手上脸上，到处都出现赤肿；暗红色的皮肉，看来有如熟透的柿子，随时都会溃烂，有的甚至已开始化脓穿裂。

这时候，前来探问的友人几乎没有，他本身也不愿让人见那难看的脸，所以这样反而使他觉得很安静。但在另一方面，无法排遣的寂寞，却像冰冷的秋水，不断地渗入他的心底；因此而生的对人生的诅咒，就像滚滚浊流中的旋涡一样，在他寂寞的内心深处起伏回荡。

尤其是天朗气清的日子，每每站在窗口，静看阳光照耀下的生机盎然的树叶时，他便会觉得天地间的一切，对他是那么残酷无情。

伯牛有疾

"在清明的阳光下，竟然有活生生的肉体一直在腐烂下去！这不是上天恶意的安排，又是什么？上天既然会如此恶意安排，人们向上的心，又怎么会受到正常的孕育呢？"

因此，他不禁冒出这种想法，同时也把视线转到室内阴暗的角落。

不过，他现在的心情，和当初得知是这种病时的惊慌相比，可说已恢复平静了。在那段日子里，他失去了一个人应有的感性，毫无理智，整天有如木偶似的绕室彷徨。其间他曾经几度试图自杀，但是，事后回想起来，只觉得那是一种没有意识的行为。

后来,他所以能够在绝望中面对现实,再度感受到人生的色彩,完全是孔子不断鼓励的结果。

孔子时常来看他,一再地安慰、责骂,给他很多的教诲。在那些话里,孔子最常提到一起周游列国时所经历的劳苦,尤其是在陈蔡边境绝粮时的情形。对伯牛来说,孔子这类回忆的话语,最令他低回不已。单是纯粹的安慰、责骂,对他并没有多大作用,可是一旦从孔子本人的嘴里,听到师生在周游列国途中所遭遇的危险时,这种教诲却有如滴滴清凉的露水,滴入他那原已日渐枯萎的心,使他再度萌生对生命的执着。

同时,他也渐渐恢复了原来的理智。最近他已经努力地在思索怎样才能克服悲观和怨尤的心理,怎样才能不去忧虑身上恶疾的变化;他要求自己要和以前一样,必须在学道方面继续精进;此外,还要想办法超越生死观念。

"虽然老师赞许我在德行方面,能够和颜渊、闵子骞、仲弓等人并称,我自己心里也一再引以为傲;但现在想起来,我的德行,却只不过是一堆好看的积木而已。最好的证明,就是一旦受到外力,便立刻归于崩解。这种经不起疾病和命运考验的德行,又算是什么德行?……

"想到这个问题,就会使我想起在陈蔡遭难时的情景,记得当时老师对我们说过这么一句话:

'君子固穷,小人穷斯滥矣!'(请参阅本书"陈蔡之野")

"可不是吗?处在任何境遇都能够不滥的人,才称得上是真正有德行的人。但是,这种力量要如何修养呢?……

"还有,记不得是什么时候了,老师曾说:

'大军的主帅虽勇,只要用更大的力量,绝无不被生擒之理;但是,一位普通的人,若能坚守心志,任何强力也无法动摇他的操守。'

"多么了不起的话!我的心情只因疾病就这样烦乱,说来真是可耻。这种坚定的操守,到底怎么拥有呢?我竟然一无所知。可见根本问题的探究,已经被我忽略了;过去,我只不过是在形式上模仿老师的言语动作罢了……"

在不断地反省之中，他不再那么痛苦了。虽然他在思想上还有无法突破的地方，但在心灵上，却依然有着人生的光明。但是，每当他偶然在床上翻动身体，皮肤因碰触而疼痛时，他就立刻会下意识地检视自己的双手，然后轻轻抚摸他那赤肿的脸，用指头小心地压压眉头和鼻子，于是战栗、萎缩、猜疑和诅咒，就占据了他的心房。

不知道为什么，今天一大早开始，他的心就静不下来；对朋友们的胡乱猜想，越来越深。

"他们怕被我的病传染，一定不会再来看我了。当然，他们也会找借口，互相说些怕打扰病人静养、要了解病人此时心情的理由。我看老师经常说的'恕'、'己所不欲，勿施于人'这些话，这时候对他们倒是特别有用。"

于是，一连串挖苦的想法，就很自然地浮现在他脑际。最后，他甚至猜想到孔子身上，竟有孔子和他们也差不了多少的想法。

"可不是吗？老师已经一个月没有来看我了；记得我脸上完全变形，是在他最后那次来看我时开始的。老师到底也不敢来了……

'岁寒，然后知松柏之后凋也。'

"老师既然经常装模作样地这么说，那么老师本人究竟是不是这类长青的松柏呢？所谓圣人，我现在才真正看清他的真面目。幸亏患了这种病，不然我还不晓得呢！"

伯牛的眉毛和睫毛都已脱落，他扭曲着那张变形的脸，发出挖苦的笑声。但是，笑罢以后，一股极端的憎恶感立刻袭上心头。他觉得所以会患上这种病，正是因为他负有揭穿孔子假面具的责任。因此，他认为自己已是一位牺牲者。

"为了孔子一人，过去大家不知已尝了多少苦头，为什么还要让我染上这个病，然后才能看清他的真面目？孔子这个人，难道这么值得大家为他牺牲吗？"

他越想越觉得这种荒唐的想法是对的，整个人几乎都要疯狂起来了。

"老师又来看你了。"

这时候，仆人突然出现在门口对他说。

伯牛吓了一跳。他有如从噩梦中惊醒一般,望着屋梁上面的方形木架发呆。然后慌慌张张地从床上坐起来,可是一瞬间又忽然躺了下去,并且用被子紧紧蒙住头;肩头上的被子,微微地颤抖着。

"是不是仍然请他到这里来?"

仆人走近床前向他请示。

伯牛没有回答。仆人低头想了想,好像想起什么似的,转身走出房间,轻轻把门带上。

约莫过了五六分钟光景,伯牛仍然蒙在被子里颤抖,但这时忽然从窗口传来了孔子的声音:

"伯牛,我不勉强一定要看你的脸;但是,起码也要让我听听你的声音。因为我已经很久没来看你了。"

"……"

"最近的病况怎样,仍不大好吧? 可是,你一定要保持内心的平静,内心不能平静,是君子之耻。"

"老师,请……请……请您原谅我。"

伯牛在被子里抽噎着说。

"不,你尽管这样说好了。我了解你此时的心境,你不想使人为你难过。这种想法是对的,可是——"

孔子停了一下,接着再说:

"万一是你认为自己的病可耻,所以才将脸蒙住的话,那就不对了。你的病是天命;对于天命,唯有接受一途。能够顺从天命也是一种道,并且是一种大道。唯有通过这条大道,才能完全具备智仁勇三达德,才能开拓不惑、不忧、不惧的心境。"

伯牛呜咽着。孔子虽然站在窗外,还是能够清楚地听到他的哭声。

"伯牛,把你的手伸出来。"

说着,孔子就把手从窗口伸进去;他的脸被窗户的木框遮住,屋内无法看到他。

伯牛把那有如橡皮般粗糙的手，从被子里畏怯地伸出来。不知在什么时候，孔子已紧紧地握住了他的手。

被子里面，又传出了悲伤的呜咽声。

"伯牛，我跟你离开人世的日子，不会太远。你一定要保持内心的平静。"

孔子说完，放开伯牛的手，慢慢地步出大门。他好几次回过头来对随从的弟子说：

"这是天命，这是天命。但是，这样好的人，为什么会得这种病呢？这真是一件凄惨的事情。"

差不多过了半个时辰，伯牛才把那有如淋了雨的毒茹的头，从被子里伸了出来。等将湿透整身的汗水全部擦干以后，他就在床上坐定。这时候，他似乎觉得有一道凉爽的清风，吹进了他那悔悟的心湖。

"朝闻道，夕死可矣。"

他想起孔子这句意味深长的话，并且反复加以玩味。

"永恒就是眼前的这一瞬间。现在为道而生存的心情，正是超越生命而永生的心情。"

他这样想着。

"天命，不错，一切都是天命。不论是有病的人，还是健康的人，无不生存在天命这一不可测的怀抱里。天意无私，天道无亲，它没有丝毫恶意，它只是依照自然之理而行。只有能够深深体会天命的人，才能确实领受到生命存在的价值。"

此刻他已真正了解了孔子的心，他望着刚才被孔子紧紧握住的手，注视了很久。

他的心已非常平静，而且无比明朗。他对自己丑陋的身体，不复有丝毫感到羞耻的想法了。怀着这种心情坐在垫褥上，他觉得不论什么时候死去都可以。

## 二十六、一以贯之

"老师的年纪已大了。"

"好像快七十的样子。"

"哪里,整整七十了。"

"师母去世,是在大前年吧?"

"嗯。"

"那七十就没错。难怪这一两年来衰老多了。"

"都到七十岁了,哪会不衰老。不过,老师的心,倒是越来越澄澈。"

"确实是这样。近来每到老师面前,总觉得恍如置身在水晶宫,连自己的身体都会变得透明。"

"能够变得透明最好,只怕仍旧是一块不干净的石头。"

"别损人好不好?"

"我最近一走到老师面前,就有一种奇妙的被滋润的感觉。"

一以贯之

"那种感觉怎样?"

"这种感觉,除了那样说以外,实在想不出其他的句子来表达。总之,那是一股无法言喻的喜悦。"

将近十个年轻活泼、二十来岁的孔子弟子,正凑在一起聊天。其中二十五岁的子游年纪最大;子舆和子柳同年,二十四岁;较小的是子张、子鲁、子循、子析和子石等人,其中子张二十二岁,子鲁以下三人,都是二十岁,子石最小,十七岁。在他们之中,子舆虽还年轻,但很受人尊重。他的姓名叫曾参,乍看起来虽然有些鲁钝的样子,却是一位反省能力很强的青年,是最受孔子瞩目的年轻弟子。如果大他三岁的有若,和大他两岁的子夏也来的话,那么今天这场聊天,必是棋逢对手,相当热闹。可惜他们两人都不在场。

他们继续聊天。

"虽然这么说,但是老师近来却沉默寡言,很少指导我们。"

"那不见得。时常被责骂的也有啊！我就是其中之一。"

"你是特别的。"

"胡说！你还不是一样,有时不也被来上一两句吗?"

"喂、喂！不要吵嘴。……事实上,老师近来真的是很少开口。"

"哦,我倒不这样想。"

"不,的确比以前沉默多了。"

"其实并不是最近才忽然变成这样子。除了必要的话之外,他本来就不随便说话。"

"对了！前几天还因此发生了一件很有趣的事呢。"

"有趣的事?和老师有关?"

"嗯,那些人也和你们一样对老师的沉默寡言不能了解,于是五六个人讲好一起去向老师提出抗议。"

"真是有趣。怎么抗议呢?"

"意思是说老师对有些人教得很认真,对他们却连教都谈不上。"

"哦！那太没有礼貌了。"

"哪里没有礼貌?我们都有同感。"

"那也有不这样想的人。"

"我们先听他说。老师怎么回答呢?"

"那又是必然的结果,用不着我讲。"

"不要卖弄聪明,难道你早就预料得到老师的回答?"

"没有预料到。如果能事先预料得到,就不会跟他们一起去抗议。"

"什么? 原来你也一道去了。那你怎么可以说用不着讲?"

"老实说,我们听了都无话可说。"

"到底怎样? 他回答些什么吗?"

"只要了解老师平常的为人,就不难想象。"

"喂、喂! 算了吧,别再故弄玄虚了。"

"我并没有故弄玄虚啊! 其实我已发现你也和我一样,对于老师还不能真正了解,这倒先使我觉得放心不少。"

"咦! 你怎么可以扯出这种欺负人的话?"

"何必生气嘛,我现在说就是了。……但是,不用我说,子舆兄也能想象得到。"

大家不约而同把视线投向曾参。曾参笑而不答,他先看看年长的子游,接着环视大家一遍以后,轻轻把头低下。

"既然子舆兄也不知道,那我可以放心了。老师当时这样回答:'总而言之,你们的意思就是以为我有什么隐瞒不教的地方吧? 其实我并没有什么隐瞒,我一天到晚所想的和所做的,就是如何使道具体实现。你们有心来向我学习,就要同时多观察我的日常生活。道不是光在嘴上,我对你们从来没有什么隐瞒,没有什么行动不让你们知道。孔丘就是这种人。'怎么样? 你们也都无话可说了吧?"

大家默默地想着话中的意思,只有曾参仍旧露着微笑。

"那当时你们还怎么样呢?"

过了一会儿,一位弟子再开口问起。

"大家很不好意思,全都一声不响地站着。"

"除了这些,老师没再说什么吗?"

"有啊！后来他的语气很沉痛。……我现在已经记不全了，意思是这样：'就话本身来说，是没有多大用处的；对于不肯自动探求学问的人，即使费尽千言万语去教他，也是枉然。所以，不到你们求通而不得，发愤于心，我是不会去启发的；不到你们欲言而不能，郁结于胸，我是不会去教导的。只要看到你们发愤苦思，急于寻求理解，我一定会适时地加以点拨。而且，当我向你们举出道理的一隅时，你们就应根据这一隅加以领会，然后推想出其他的三隅来。否则，我就不再给予进一步的教导。'大意是如此。"

"噢，原来如此。这样大概就明白老师不说话的用心了。"

"这么说，那被责备过的人，就比没被提起的人来得好啰？"

"不见得，那也要看被责备的是什么。"

"那当然。……可是，你们这些抗议的人，就这样铩羽而归了吗？"

"除了这样又有什么办法呢？"

"实在太没用了，换是我，就要再说几句。"

"嘿，了不起，能不能说来听听？"

大家不禁改变了一下姿势，曾参也睁大了眼睛。

"是这样的，老师注重实践的教育精神，我们不是不懂；而且，他对有些人不惮其烦地谆谆教导，对有些人则只淡淡说了几句，也不讲些什么理由，这我们也可以约略知道是什么缘故。但是，同学们请教同一个问题，老师所做的回答却不一样，这我就不了解了。"

"那就是因材施教，因为各人的程度不齐。"

"是啊！"

一时引起的紧张气氛，立刻弛缓了。曾参的脸上也再次露出了笑容。

"因各人程度而作不同的回答，这我知道。可是老师的回答，有时却前后矛盾。"

"举个例子来听听吧！"

"有人问老师如果听到合于道理的事，是不是立刻就去做，当时老师回答说应该先和父母兄弟商量;但后来有人同样再问起时,老师却断然地说要赶快去做。"

"是谁问的?"

"这我就不大清楚了,只听说是子路和冉有这两位老学长问的。公西华听到这事,也感到矛盾,并且特地跑去问老师。如果找到机会,我也想问问看。"

"我想这也是因为子路和冉有个性不同,才做不同的回答吧!"

"也许是这样也说不定。但是,因材施教也该有个限度。如果原则不能站稳的话,那就会使我们无所适从,做人做事都会失去准则。我们所以到老师门下求学,还不是为了求得不移的哲理,如果这个不移的哲理,可以因父母兄弟的意思而左右的话,那还算得上是不移的哲理吗? 我们不需要这种随时都会动摇的东西,我们所要的,是那种不被时地限制,能普遍适用于任何人的真理。"

"赞成,赞成!"

有好几个弟子不约而同地嚷起来。其中一位弟子注意着其他同学的表情说:

"看来老师过去所教的那些,都是没什么用的啰。"

"说是没用,未免有点儿过分了。"

"但是,关于道德方面的技巧,不是学到很多吗?"

"技巧? 说到技巧那还可以。不过,那些技巧都相当零碎。"

"究竟是不是零碎没有整体性,我是不知道。但它只和个人有关倒是事实。"

"子舆兄,你一直沉默不语,有什么意见吗?"

曾参的脸上,显出很担心的样子。他一直在听他们谈论各自的看法。他对同学们那种浅薄的态度,感到十分痛心。他原想借这个机会,说明自己的观点,但继而一想,又怕孔子对他们这些不满的言辞,会有不同的看法。因此,现在马上就他们的谈论加以澄清,表面上是没有多大困难,困难的是,要绝对能够不引起其他可能发生的问题,不破坏孔子的教育方针;何况正如他们刚才所说的,孔子对于只靠言语的解决,是不会满意的。并且,孔子对任何问题,都抱着高度利用的教育态度,在这种场合,不知又会变得怎样;这也是他很想知道的。因为心里有这些想法,所以曾参委婉地回答说：

"现在老师差不多要来了。这个问题很重要，我们最好还是向老师请教。"

"当然要向老师请教。不过，如果你有意见，我们也想听听。"

话中隐然带有挖苦的味道，曾参这时干脆回答他们说：

"不，我并没有什么特别的意见。"

他们仍旧在这个问题的表面谈论不休；不但没有谈到问题的要点，甚至毫无顾忌地说出冒渎孔子的话。曾参认为这就不对了；如果再这样下去的话，就应该说出自己的看法，以结束这种浮浅失礼的场面。

但是，孔子这时来了。

"真热闹啊！"

孔子一面说着，一面走过正起立恭敬迎接他的弟子面前，在当中的位子坐下。

这时，年纪最长的子游，代表大家向孔子敬礼，然后客气地将刚才谈论的话题报告给孔子。

孔子注意听着，眼睛有如湖水一般澄澈。当子游讲完回到座位坐下以后，他好像点名似的，一一注视每位弟子的表情，最后他再看了看曾参，才以平静但有力的声音说：

"曾参，吾道一以贯之。"

（曾参，我的道浑然一体，贯通万事万物。）

曾参用力点了一下头，满怀自信地回答：

"是的。"

孔子听了曾参的回答，立刻站起来，留下那些因诧异而茫然相顾的弟子，悄悄地走了。

等孔子的脚步声消失之后，弟子们仍然满脸惊疑，彼此面面相觑。过了一会儿，还是没有人开口说话；这时曾参向他们点了点头，起身要走。

大家看曾参即将离去，这才像忽然想起似的，急急把他喊住。

曾参停住脚步,转身望着大家。

"刚才老师说的是什么意思?"

其中一位弟子先开口问他。

"只说一以贯之,实在想不出是什么意思。"

另外一位弟子也紧跟着这么问。

"子舆兄,我看你答得很有自信,是不是真的了解?"

又有一位弟子不客气地说。

他们竟把曾参围在中间,样子很紧张地等着他回答。

曾参环视着他们,然后静静地说:

"夫子之道,忠恕而已!"

(老师的道,除了尽己之诚、推己及人之外,没有什么奥秘。)

他们还是一脸不解。曾参进一步加以说明:

"你们刚才一直很不客气地批评老师,不是说老师所教的没有多大用处,就是说只是一些道德的技巧,又说零碎没有整体性,只和个人有关,但是你们只要想一想,就可以发现这些都是一贯之道所具体发展出来的。老师平常无不视当时实际事物来教导我们,如果将老师刚才话中的意思,当成是在表示他的道抽象玄奥,那就错了。因为你们的观念,一开始就执着在这上面,自然就越发认为是零碎的、个人的;不过,据我的经验看,老师说的即使是片言只语,也无不有哲理上的依据。自从我最近发现这一点事实以后,就一天比一天惊叹老师学问的平实淹贯;越是加以思索,就越加了解老师平常所教导的,的确都能加以贯通,浑然成一整体。小自民生日用彝伦之间,大至礼乐刑政之详,都是丝毫不差的。"

这样,大家才总算额首表示会意。但曾参还是不放心地再说:

"可是,这并不是说老师的脑力高于常人。仅有高于常人的脑力,绝不可能构成这种浑然一贯的道体。依老师的情形看来,他的哲理并不是理论,那是历尽人生各种体验后,发自内心的愿望,是一种至高无上的生命象征。老师一旦失去了它,便一刻也不能感受到生命的意义,当然再也没有什么乐趣可言。总之,老师就是因为有了它,才能毫无做作地使一切言语行动,浑然成一不带任何色彩的玲珑整体。"

说到这里,曾参同时一愕。原来他发觉自己不知不觉间,正在向同学们说教。于是马上住口不说,脸上一阵羞红,逃窜似的溜了出去。

他们再度茫然地目送着他的背影。过了一会儿,大家才纷纷离去;每个人都是一脸像是了解,又像是不了解的样子。

# 二十七、子在川上

夕阳保持着伟大的沉默,慢慢地浸入草原的地平线,旷野一片寂静。缓缓流淌的河水,深深地溶解着天边金红的残照,然后逐渐被四面八方迷蒙的雾色所吞噬。

孔子孤独地站在河边。今天他只带了一个小僮,在暮霭苍茫的天地间,他的影子显得那么渺小而又庄严。

七十多年来,不断地探求真理而一再切磋琢磨的生活,如今回想起来,竟是一段孤寂而漫长的旅程。其中十四年的长期漂泊生涯,始终没有遇到能够采用他政见的明君。和他同甘共苦将近五十年的夫人,已经永别了;并且,独生子伯鱼也已先他去世;最令他伤心的是颜回的短命而亡。在三千弟子之中,他认为颜回是唯一能够传他圣学的弟子;他把绝大的希望都寄托在他身上,想不到他竟只活了四十一岁。能够忍受丧妻丧子之痛的他,一接到颜回的凶耗,却受到濒于绝望的打击。

"噫! 天丧予! 天丧予!"

(啊! 天要亡我! 天要亡我!)

当时,他站在颜回的灵柩前面,不知不觉地这样悲叫着。接着更忍不住满腔的悲伤,终于放声恸哭。随从的弟子们,对这种异乎寻常的举动,大感惊讶,慌得不知所措。所以,在归途上,弟子们对他说:

"子恸矣！"

（老师哭得太过伤心了！）

他心中的悲痛没有平复，并不这么觉得，就回答他们说：

"有恸乎？非夫人之为恸而谁为？"

（太伤心了吗？我不为颜回而哭，要为谁而哭呢？）

子在川上

转眼日子很快地过去，虽然近来他不再轻易地痛哭流涕，但失去颜回的创伤并未平复。在他那静如止水的心里，充满了"永远的孤独"；"沉默"已成为他最好的伴侣。而他每天在河畔散步、沉思之际，西下的夕阳，就和一去不还的流水一样，同样令他低回不已。

今天，他又来到河畔远眺沉思：

"我的余年已不多了，回顾这一生，我自问不曾虚度光阴，即使是现在，我仍不肯放过一分一秒。我一直不断提高自己的修养，努力探求古圣先贤的大道，然后把体会于心中的道理，尽最大的能力推广到各国诸侯和三千弟子之中。近年来，我开始删定《诗》《书》，作《春秋》，正《礼》《乐》，并赞明《周易》。这些流传给后世的文献，可说全部完成了。但是，我现在可以无牵无挂地离开这世间吗？自从颜回死后，真正能以身行道、遵奉仁德的人，现在在哪里呢？有谁能来继承我的道？真理不是概念，仁道更非巧言。我所期待于后人的，并非凭空高谈、表里不一，而是诚笃的身体力行！如果我现在就死了，到底我这辈子真正做了什么呢？不！在未找出一位适当的继承人之前，我绝对不能死！"

然而，眼前的流水，不停地滚滚向前流着，一去不复返。在遥远的草原深处，深红的夕阳，正一秒一秒地往下西沉。这些情景，使他意识到生命之终结，已渐渐地迫近他了！

"颜回啊！颜回！"

倏地，一股寂寞无比的呼啸声，起自他石像似的身体内部，他不禁呜咽起来。这一瞬间，原来他那"永远的孤独"，似已被推入"无尽的虚无"之中。

但是，七十多年来苦练所得的超人意志，已使他像沉静无波的湖底一样，足以紧紧地支持住他心头的悲伤情绪。他的步伐，在这感情与意志冲突的紧要关头，并没有显出丝毫的动摇。

"天行健……"

并且，他还轻轻地吟出《易经》中的一句。

水，始终滚滚地流着。本来正凝视水流尽处的他，这时轻轻把头转过来，向上溯望水流来处。他想：

"生命的源泉，永无穷尽。颜回死了，我不久也同样将告别这个世界。但是，化育万物的生生之德，是不会有息止的一天；古圣先贤的大道，也是永远不会消失的。"

夕阳先沉落在草原的地平线下，把它的余晖，留在一片烟霭中。河畔，暮色正浓，然而这时在孔子心胸之间，已经照耀着朝阳的闪闪光辉了。他带着小僮告别晚霞，喃喃自语地说：

"水，流着，流着，不分昼夜地流着；生生之德，不就像流水一样，永不止息吗！"

## 二十八、泰山其颓

孔子站在泰山顶上，在阳光的映照中，默然地凭高远眺。围绕着他垂手而立的弟子们，也像石头般地默不出声。

万里无云，蔚蓝的苍穹，有如翡翠般透明。在蔚蓝的苍穹底下，四周似乎一片寂静，其实却蕴含着无尽的烦恼；整个中国正在呼吸着已陷入无可避免地扰攘命运的气息。在地平线上，天地无法分辨出来，似乎只有靠蓝天的裙裾，才能消除大地上的烦恼。

"登泰山，这是最后一次了。"

过了许久，孔子才回顾弟子们这么说。

除了把道传给弟子们之外，孔子生平唯一的事业，就是对古典的究明。在掌管实际政治上面，他的智慧与诸侯的私心迥然不同。而他自己也很清楚，他这一生最后所能做的，并且也是最大的贡献，就是为天下制定仪法，垂六艺的统纪给后世，孜孜不倦地去究明古典。

泰山其颓

泰山，对他自己或整个中国来说，都是一座神圣的山岳。他最近一直有很强烈的冲动，想登上这座神圣的山岳。但那并不是因为他对书斋中的工作感到厌倦，而是认为古圣先贤之道的究明，必须由他本身站在泰山顶上，才能真正完成。他的这一意愿，今天已经达成了。他的眼睛、耳朵以及内心，如今在无限的过去和永恒的未来之间，是一片澄澈的寂然状态。

"虽是最后一次，其实也是第一次。"

孔子自言自语地这样说着，再度眺望远处。

弟子们面面相觑。孔子以前已登过好几次泰山。他到过了七十岁的最近这一两年，才完全成了书斋里的人；过去在行旅之中，曾几次登上这座山。对于"第一次"这句话，弟子们都感到有点儿莫名其妙。

然而，孔子并没注意弟子们的表情，反而向前移动两三步，仔细地审视起附近的一石一木。弟子们只好默默地望着他的背影。

"泰山的心胸多么幽邃啊！到了今天，我才走进泰山的怀抱。"

像是触到电流，在一瞬间，每位弟子心里都不禁一震。他们再度面面相觑，但仍不发一语。

"不死的精神!"

他们的眼神似乎在这样私语着。

"我现在对于世间已没有什么遗憾了。今后,只剩下书斋里还没做完的一小部分工作而已。"

弟子们再三面面相觑,仿佛觉得孔子马上会舍下他们,从泰山顶上升天而去似的,不约而同地走近他的身边。

不过,孔子这时已经转过身来,面带微笑地走向他们。在这微笑之中,无限的忧虑,和无限的喜悦,浑然地融在一起。那是只有能在人生的苦恼中经得起任何磨炼的人才有的微笑。弟子们在触及这种微笑的刹那间,看到了"圣人孔子",同时也看到了"人间孔子"以及"我们的孔子"。

气氛忽然变得很轻松,同时他们嘴里也流出活泼的话来:

"老师,您累不累啊?"

"在爬那个陡峭的险坡时,老师轻快的脚步真令人惊叹不已。"

"我还以为只有爬山不会输给老师,可是看今天的样子,连这点自信都要没有了。"

"我想希望老师活到百龄高寿的人,一定不是我们;这真让人高兴。"

这类的话,不断从年轻弟子的口中说出来。孔子就像是在和孙辈对话那样,轻快地一一应答,然后他忽然想起什么似的,阖上眼睛,独自频频颔首。

"嗯,大家随便坐下吧。我今天有些话想对你们说。"

说着,他就在身旁一块扁平的石头上坐下,两手把拐杖拄在面前。

弟子们随即在树根、石头或草地上坐了下来,大家的眼睛都闪着异样的光彩注视着孔子。

孔子先环视大家以后,才缓缓地说:

"今天,我想把一生的故事告诉你们。——虽是故事,却和普通的故事不同,应该说是心境的故事。这个故事直到今天我的心和泰山融为一体为止。我要将一生立志向学、历经人事、静观世变的心境，说给你们听听。"

他说到这里，脸上掠过一抹寂寞忧伤的影子。因为他再也不能在弟子之中，看到最喜爱的颜回和子路了。颜回因为疾病，子路则在卫国内乱中被杀，他们都已不在人世。此时此地，想到这两位爱徒不能随在身边听他讲这些话，内心不禁倍感痛惜。

如今优秀的弟子，只有子贡一人在场。他最近的进境，颇有令人刮目的地方；但是比起死去的两人，尤其是颜回，真可以说是山顶与山腰之差。现在所要说的话，子贡是否真能了解，然后在心里面细细体会，从而实践于日常之间，就已是一大疑问，何况是其他的弟子……想到这里，他不禁有些失望。

可是，孔子并无意终止这一话题。

"诚恳的言语，一定会永恒存在，就好像落在泰山上的雨水，虽然渗进泥土里面，但终会汇入大海一样。"

这样想着，他继续开口说下去：

"我立志求学时，已经十五岁了。"

弟子们都感到很诧异。因为一般士大夫的子弟，十三岁就要开始学诗习乐；孔子虽然少孤家贫，但到了十五岁还没有受到正式的教养，实在令人难以置信。

"当然啦，在此之前我多少也受过教育；但是，要到了十五岁的时候，我才开始知道学问的可贵，自己也才抱有追求学问的热望。说起来还有点儿难为情呢，在此之前的我，有如生活在梦境，毫无自觉，只是将日常所看到的，加以模仿而已；而表面的模仿并不是学问。真正的学问，必须自己多方刻苦自励才能求得。"

弟子们大多频频点头；其中也有听了不觉垂下了头，甚至脸红的。

"我好不容易才自我觉醒，立志追求学问，却由于受到生活贫穷的影响，不能一心不乱地用功。但反过来想，正因为贫穷，我才能够学习各种事物。所以，我现在对于金钱的出纳、谷物的管理，以及家畜的繁殖，都还很有自信。哈哈哈！"

"老师，这么说我想起了——"

子贡突然插嘴说：

"吴的大（音 tài）宰，曾说老师是圣人。"

"哦，吴的大宰？"

"是的。他说老师从诗书礼乐起，以至于日常生活琐事，没有一样不通晓；大宰大为惊叹，认为这种人就是圣人，实在多才多能。"

"哦，那你当时是怎么回答的？"

"老师具有与天意一体的大德，这就意味着是一位圣人，所以又能多才多能；我当时是这么回答他的。不过，我却认为圣人和多才多能是有分别的。"

"哦。但是大宰说我多才多能是很对的。刚才我已经对你们说过了，我年轻的时候因为贫穷，所以能学习各种事物。只是大宰并不明白君子之志；多才多能不是君子之道，君子之道还要具有体会生生之德的条件。"

孔子对于被称为圣人这方面，并没有说什么。子贡确认了他对大宰的回答绝对没有错，不禁觉得非常高兴。

"听说老师曾经告诉子张，因为没有见用于世，所以才熟习各种才艺……"

一位年轻的弟子这么说。

"对了，因为未见用于世，加上贫穷，又有很多空闲的时间，自然就经常有机会学习各种技艺。那并不限于我的早年时代。虽然如此，但从十五岁以后，我始终没有忘记学问的根本而离开正道一步。十六岁那年，在一个偶然的场合，由于缺乏礼的知识而觉得很难为情以后，一直到三十岁，我始终没有一天放松研究它。因此，在二十二三岁时，我就有教育他人的自信，同时对于自己的立身行己之道，也逐渐有明确的把握。我主张的道，从那个时候到现在，就一直没有丝毫的改变。我一向只以忠实的态度专心地去祖述古圣人之道；我主张的道，绝对没有自己的创意在里面。古圣人之道已经完美无缺，只要信奉它、喜爱它，完完整整地将它传给后世就可以了。殷朝的贤大夫老彭，就是这样的人。我的能力虽然不及，却很想学习老彭。"

"老师！"

这时，一位年轻的弟子叫着说：

"我们实在不相信老师所教的道，只是祖述古圣人而已。那是老师太谦逊了。如果只有把古老的事物传留后世才是人们应该践行之道，那么社会上首先就不再会有任何进步了。所以，殷代汤王的盘铭就有'苟日新，日日新，又日新'的话。在记忆中，老师曾一再告诉我们这句话的含义……"

孔子微笑着听完以后，马上严肃地说：

"你所说的，完全是想错了。现在姑且将圣人之道比做泰山。假如你我都不能登上泰山之顶，又怎能使它加高一分一寸呢？如果想在圣人之道上面再加一点儿创见的话，也必须先完全理解圣人之道。而这种理解，又不能光靠脑筋，还必须身心合一；也就是在实践方面，要能自如地把握才行。我到现在始终是在为做到这一层而努力；而努力的结果是，我更为发现古圣人之道的完美无缺而惊叹不已。你希望社会不断地进步，但是要使社会进步，本身必须先求进步；这才是一条最近的捷径。怎么样？你现在对古圣人之道是否有了真正的了解？你想要我告诉你超越古圣人的那种道，你自己本身是不是已经准备得很好？如果还没有准备好的话，就要像汤王盘铭上说的那样，每天洗涤自己身上的污垢，使你日新又新。"

弟子们都把头垂了下来。孔子又微笑着说：

"我再继续说下去吧。我深切地感到音乐不可忽视，差不多也是在这段时期。刚好是三十岁的时候，我跟乐师襄子学琴。当然，我从小就开始学习音乐，而且从没有间断；因为襄子是当时音乐方面的第一人，所以我就觉得应该去接受他的教导。"

"襄子的音乐造诣怎么样？听说他的名气很大。"

一位弟子这么问。

"确实很难得；除了他，几乎再也听不到那么好的音乐了。不过后来想想，却觉得还差一点点……"

"还差一点点？是说——"

"最后还是涉及个人的修养问题。这本来是不容易在你们面前说得清楚的，但到底还是学问。我先将当时的经过情形说清楚。是这样的：我刚刚到他那里的时候，他马上教我从未听过的曲子；等把这个曲子练习了十天以后，襄子就说：'可以了，现在再换另一支曲子。'可是我虽知道这支曲子的音调，却还摸不准它的节拍，因此我就这样告诉他，希望能再多练习一段日子。不过，又过了十天，他又说：'节拍已经很好了，再换下一个曲子吧。'但是，我还不能了解这支曲子的意境。于是我再继续练习下去，而十天以后他又说：'曲子的意境也已知道了，是不是可以换另一个曲子？'然而我仍执意要等到了解作曲者是怎样的一位人物以后，才愿意学其他的曲子。结果，有一天襄子看到我弹琴的样子时，非常惊讶地说：'你一定了解作曲者是怎样的一个人物了。'当时，因为我的内心已非常沉静，所以觉得似乎有一位肤色略黑、脸庞较长、两眼望着海洋的水平线、看来是一位帝王的人站在我的眼前。我觉得他一定是文王。于是，我就把这种情形告诉他，果然被他证实了。"

弟子们的眼睛闪着奇异的光芒。他们似乎把孔子习乐时所看到的文王形象，联想成了站在他们眼前的孔子。

"老师，襄子本身虽然知道这支曲子是文王作的，可是他是不是始终没有达到看见文王形象的境界？"

有一位弟子这样问。

"对了，我刚才说的还差一点点，指的就是这个意思。从这一点来看，无论如何，襄子还只是把音乐当作技巧爱好而已。如果只靠技巧，就想看到文王的形象，了解文王的心境，那是不可能的。必须真正地爱道，有一颗求道的心，换句话说，就是要有开拓人生的心，才能真正了解文王的乐曲。"

"听说襄子后来反而对老师执弟子之礼，是不是就因为这件事呢？"

孔子只是笑笑。不过，他想了一想说：

"襄子是一位很谦让的人。那时，他立即退到下席，对我一再揖拜。以他几十年熟练的技巧，再加上那样的精神，如果多活几年，一定能成为古今的名人。"

经过一会儿的沉默之后，孔子环视了叔鱼、子木、子旗、子羔这几位四十岁左右的弟子，接着说：

"如今回想起来，在我三十岁到四十岁这中间，实在是精神最苦闷的时期。因为刚上三十岁，我就被社会上的人士推许为礼的大家，不少权贵之门的子弟都来向我学礼，这自然就使我渐渐慢了心；而另一方面，我又发现自己所学到的学问，不过是一些极为平常的知识，谈不上是经过深刻思索的学问，因而感到很不安。内心既然感到很不安，又不能轻易使自己在社会上的权威地位发生动摇，如此一来，内心的处境就变得非常难堪。虽然直到今天为止，我始终在鞭策自己，没有须臾背离正道，但在当时，却确实因事事迷惑而苦闷万分。即使是一件小小的事情，也是左右犹疑，无法决定，最后总要费上三四天的心神，再也不能电光石火般地当机立断；而且，等到下定决心要付诸行动的时候，竟往往要再回头迟疑一下。现在回想起来，实在是不够练达所致。究其原因，不外乎学到的学问没有经过实践的磨炼。可是，一过了四十岁以后，那种迷惑不决的情形就不再有了；不论是什么事情，我都能立刻判别，下定决心。"

"老师去周都洛阳，是什么时候的事？"

"我记得是三十五岁那一年。当时，可以说是我一生感铭最深的时候。在明堂上看到尧、舜和桀、纣的图像的刹那间，心里真是充满了愤然而起的情怀。"

"和老子见面，也是在这个时候吧？"

"是的，我已经告诉过大家很多次，老子有如不可捉摸的龙那般神秘。虽然我不能同意他对现实人生所抱持的那些态度，但是，他与天地同生的心境，自然而幽邃，这种生存智慧，实在使我深为感动。他对我说的良贾深藏若无、君子盛德、容貌若愚等，都在告诫我必须舍弃骄气、多欲、饰态与淫志，这对当时还算年轻的我，都是非常适切的话，我到现在还感激不已。从那时以后，我所以能把学问由头而心，由心而行，在行上，则开始为开拓自然的境地而不断认真地努力以求，都是受到老子教示启发的结果。"

弟子们过去一直认为在学问上是和他们对立的老子，现在居然受到孔子这样极口称赞，他们都感到有些莫名其妙。

"但是——"

孔子忽然面露忧色地说:

"当时还有许多可厌的事。鲁国的政治乱到极点,昭公被季氏放逐到齐国,就是在这个时候。我因为痛心权臣乱政,社会动荡,也避到齐国。途中经过泰山附近时,从莽夹道,古木阴森,遇到一位妇人在路旁的一座新坟前哭得很哀伤,于是我就上前问她是为了什么。她回答说公公和丈夫先后都被老虎咬死了,现在她的儿子也不能免于被咬死的噩运。我听了之后,问那位妇人为什么还要住在这个荒僻可怕的地方,那位妇人的回答真是令人震惊。她说:'因为这里没有苛虐的政治。'苛政确实要比老虎可怕。我当时立刻觉得上天将要交给我很大的使命,政治并不是书斋里的空言;尽管老子笑我有骄气,责我多欲,但我总是认为在这个社会上,若要实现古圣先贤之道,就必须掌握实权。不过话虽如此,但就像我刚才说的一样,如果连自己本身都不能治理好的话,那就谈不上其他的事。所以,在四十岁以前那段时间,我一直在努力地作自我建设,使自己不被任何事物所迷惑。"

"到了齐国,有没有直接参与政治?"

"权臣之中有人作梗,所以没有。而且齐景公是一位没有魄力、意志薄弱的人,结果我毫无可为。"

"对于景公,老师进过什么谏言没有?"

"那时他正好问起为政之道,所以我就回答他说,君臣父子各守其道,是当政者必须做好的第一件事。因为在齐国的宫廷权臣之间,这种根本之道早已紊乱,如果还要谈到实务的问题,那是绝对无法行得通的。"

"景公对老师回答的这句话,有什么反应吗?"

"他说:'如果君臣父子都不能践守其道的话,三餐再怎么丰盛,我也不能安心食用。'然而,他因为怕大夫陈氏和宠妃,连太子都不敢册立。不能尽己之道,光是这样说,又有什么用。"

"这么说,老师实际担任政治工作,是从鲁国开始的?"

"是的,鲁国是开始,也是结束。可是,当时我已年过五十,已经能够知道天命的所在了。因此,我就根据这一信念,无所忧虑地去推行政事。现在回想起来,从中都宰到司空,再到大司寇任上,在这三四年的政治生涯里,我确信没有做错什么事。天命是不易的,任何一个人都无法违背天命而行。我因为遵照了不易的天命,了解一般人事变化的通则,所以在推行政事时,始终没有什么不安的感觉。至于个人的成败利钝,完全在整个问题之外。但是——"

说到这里,孔子的脸色显得极为沉痛。

"知道天命,以上天此一不易之心构成信念以后,有时在潜意识中,我却还会对这一信念有所臆想,还不能说已经穷究了其中的道理。现在回想起来,当时我的政治作风,实在是还有不够圆通的地方。定公虽已起用我,但后来终于被齐国设计送来的美人所诱惑,受到季氏的甘言所左右,这就是我只了解一般人事变化的通则,而欠缺圆通所致。我和我的信念,当时并不能真正地豁然成为一体;信念变为含有臆想的信念,就是最好的证据。真正的信念,不能含有任何臆想的成分,必须穷究天命,通幽明之变,虔敬而自然地把信念和自己融为一体,这样才能算是真实地存在着。直到离开鲁国,在周游列国途中,我才渐渐体会出来。我开始对《易》有深入的认识,是在五十岁的时候,但完全了解其中的奥义,也是在周游列国的途中。天、地、人以及过去、现在、未来,都浑然地织在《易》这匹布里面;能够体会到《易》的奥义,就能进入相对的境界。使自己的信念克服潜意识里的臆想,从而没入天理之中,达到和天理融为一体的境界。一旦到了这种境界,只要眼睛看见,耳朵听到,就都能够知道其中的微旨,不会有丝毫的偏差;是非善恶,理曲理直,一切都明明白白地映照在自己的心中,而自己的心也能确确实实地有所取舍。这种人生的境界,我称之为耳顺。换句话说,就是心中毫无成见,任真、自然,不假思索,使天、地、人以及过去、现在、未来实在地契合的境界。我到达这一人生境界,已经是过了六十岁的事了。"

对弟子们而言,他们听到这里,所能了解的,只是孔子话中的表面部分而已,就好像抬头看到一片蔚蓝的苍穹,可望而不可即那样。在他们之中,就有人因此想起颜回

在世时,有一天喟然而叹所说的话来:

"老师的德行,好比一座山峰,越是仰望,就越觉得它的崇高。老师的信念,好比一块金石,越是钻研,就越觉得它的坚实。老师的道,高远得难以捕捉,好像看到它在前面,一下子却又像在后面。老师确立顺序次第,谆谆地诱导我们,用古圣先贤之教来增广我们的学识,以礼来规范我们的行为。因为被他那精微的指导方式所吸引,我们即使想停止学习都不可能,不得不用尽所有的才能努力向学。尽管如此,然而到现在为止,我们还只能看见老师道的本体,而无法把握得住。"

"但是——"

孔子继续说:

"那种心境,并不是活生生的道,那只是自己一个人的心灵生活。在仙人或隐士之中,也有达到那种心境的。对我来说,如果不能进一步把它运用于日常之间,是不会满足的。就像磨得很亮的镜子,即使能映出万物的形象,然而所映出来的,毕竟是空的。同样的道理,假如我已将天、地、人和过去、现在、未来,映在心中,而不能再有进一步的作用,和死物又有什么分别。真理要能直接引导行为,才能使真理具有生命。我因为这样想,所以从那时以来仍然继续不断地在努力着。在继续努力中,我发现人们的行为往往很不单纯。我刚才说我到了四十岁就不惑,就行为所本而言,诚然是不惑了。我又说我到了五十岁能知天命,从所知的天命来说,的确未曾在根柢上有所违背。不过,在达到耳顺的境界之前,我行为尺度的刻码,还欠精密。虽然同样是一尺的尺度,其中就难免有一分一寸的刻码,含有我的主观。在不惑的生活目标中,在我所感受到的天命中,我的私心在作祟,我照着自己的意思去制定刻码。等到了耳顺,能够真实地把握一切以后,一校正刻码,我的行为却不能和那刻码完全符合。我的目标虽然没有错,并且所行的路程也是正确的,然而,所踏出的每一步,却总是难免有恣情与徒劳的地方。虽然我想改正,但是自己的脚还是不能完全照着自己的意思行动。我认为不能再这样下去。因为如果这样是对的话,就和为了孝亲而去做小偷一样了。于是,经过努力再努力的结果,我已能够随心所欲地行动,而和正确的刻码相符合了;这是七十岁以后的事。我能悠然自得地体会到心灵的自由,也要到这个时候。"

孔子把要讲的话说完以后,将眼睛阖上。风的声音,呼啸过林梢,消失在远处的山谷间。孔子一面听着风的声音,一面回想自己长久以来的苦斗。不求神秘,不盼奇迹,循着常道,靠自己的力量一步一步地向前深究,深究那人生的终极之所,从而把握人间的一切。他从自己身上看到,只要能在诚的上面,不断地积极努力,自己所达到的境界,是任何人都能达到的境界。这样想着,他感到无限喜悦。

"我所走过的道,是万人的道。现在,我对于任何一个能照着我的话,去走我走过的道的人,不会感到丝毫不安。因为我所说的话,没有一句空想。我说的话,已经全部经过实践证明。不,应该说我的话是在经过实践后,才产生出来的。"

想到这里,他站起来仰望天空。天空依然是一片无边无际的蔚蓝。而泰山的土地,正踏实地支撑着他的双脚。

弟子们各有不同的心境,他们细细咀嚼孔子的话,抬头仰视孔子的姿态。大家始终不发一语。

孔子把望着天空的眼睛转向他们。他在这一瞬间,忽然想到即将和他们永远离别。当他想到他们之中,一个也好,是否真正能理解自己所说的话时,一股深刻的孤独感袭上心头;他喃喃自语地说:

"谁都不会了解我。"

子贡听到这句话,有点儿兴奋地站起来。他走近孔子,诘问似的说:

"老师为什么要说这样的话? 老师的大德哪里会没有人了解呢?"

然而,孔子并没有回答,他仍然自言自语地说:

"我不怨天,也不尤人。我只是照着自己所信的,就像从泰山之麓往顶上爬一样,由低处一步一步往高处走。我的心只有天会知道。"

子贡脸上露出失望的表情,似乎想再说些什么。可是,孔子已直瞪着他说:

"子贡,你懂了吗? 我的道只是这样而已。"

子贡不敢再开口。不久，他们就下了泰山。

根据传说，孔子回家以后，为了纪念古典编纂事业的完成，悄悄举行了一个祭典，同时召集了弟子，严肃地向他们诀别，并这样声明：

"身为老师的我，任务已经终了。以后我不再是你们的老师，而是你们的朋友。"

孔子一生幕落的时候，是七十四岁那年春天。听说在死前七日，他对子贡流着眼泪，唱了下面这一首歌：

"泰山坏乎！

梁柱摧乎！

哲人萎乎！"

# 第四章　孔子的思想体系

　　研究先秦诸子的思想，首当其冲的，就是材料问题。孔子本人没有著书，所以，研究他的思想，不可避免地要从他的后学弟子的记述中去寻找。今人相信《论语》中的"子曰"，甚至只是其中的一部分，而不相信其他经传中的"子曰"，其实没有什么道理，因为同样都是后人的记述。时至今日，以我们对先秦学术的传承特点和先秦古书的流传通例的认识，有理由相信：这些"子曰"，即使不是孔子亲口所说、亲手所写，其思想来源于孔子是没有什么问题的。谈论先秦思想，想要严格地限定于某一个个人的直接材料，几乎是不可能的，甚至可以说是毫无意义的，真正有材料可以凭藉的，都是一个学派或者一个团体的思想。古人并不看重某个个人的思想，只看重某一种思想。探讨孔子的思想，我们不得不依靠晚于孔子的记录，这也是唯一的途径，就像探讨苏格拉底的思想，只能通过柏拉图、色诺芬等后来的记录一样，因为苏格拉底也没有任何著作。所以，本文讨论的前提是，先秦儒家文献中的"子曰"，基本上都可以代表孔子的思想。

　　孔子的思想是有体系的吗？冯友兰曾经区分形式上的系统与实质上的系统，认为中国哲学家虽不像西洋哲学家有形式上之系统，却还是有实质上之系统的。尽管孔子没有完整地表述过自己的思想体系，我本人也还是相信他是有实质上的体系的。但是困难在于，研究哲学史的学者，即使是相信孔子有实质上的系统的冯友兰，也都只是抓住他的思想中的某些方面来进行论述，似乎也没有能够整理出一个"一以贯之"的体系来，流于散乱。这样就使得孔子的思想体系只能停留在被质疑的状态下。

本文试图把孔子思想的各个主要方面整合起来,努力找出一个有着内部逻辑、相对完整的系统来。

# 一、从天道出发

任何一种哲学思想,如果成体系的话,都必然有一个出发点,或者说是一些公理性的假设,就像欧几里得的几何学一样。

早期人类社会的思想家们,通常都选择"天"或"神"作为自己学说的理论依据。孔子则继承了西周以来"天"的观念。因为宇宙之间、自然界的一切都早已存在了那么长的时间,世界一直有秩序地运行变化,一切都是按部就班,那么和谐。这证明天的伟大,天地的运行是那么完美,什么都像设计好了似的,有条不紊,所以只要效法天,人类社会就一定会和谐地运行。在《论语》中,孔子多次提到要效法天,《阳货》:"子曰:'予欲无言。'子贡曰:'子如不言,则小子何述焉?'子曰:'天何言哉? 四时行焉,百物生焉。天何言哉!'"《泰伯》:"子曰:'大哉,尧之为君也! 巍巍乎,唯天为大,唯尧则之。荡荡乎,民无能名焉。巍巍乎,其有成功也! 焕乎,其有文章!'"又《礼记·哀公问》:"公曰:'敢问君子何贵乎天道也?'孔子对曰:'贵其不已,如日月东西相从而不已也,是天道也;不闭其久,是天道也;无为而物成,是天道也;已成而明,是天道也。…

我们可以把这看成是孔子思想体系中的公理假设:天地自然的秩序,就是最和谐、最完美的秩序。这就是先秦时代所谓的"天道",既是孔子思想体系的起点,也是最终的落脚点。

这个落脚点,应该是在孔子的晚年完成的。孔子的思想,在晚年有一次很大的转折,就是从仁义礼乐的世俗伦理,上升到天道性命的探索。这一转变,应该与他晚年喜读《周易》有关。《史记·孔子世家》说"孔子晚而喜《易》","读《易》,韦编三绝"。

《论语·公冶长》记载子贡的话说："夫子之文章,可得而闻也,夫子之言性与天道,不可得而闻也。"子贡的这句话常常被用来作为孔子只关心人事、不关心性与天道的证据。但是全面地考察孔子的言行与思想,就知道这样的理解是有问题的。《论语》本身就已经有"天何言哉""唯天为大"的记载,此外还有:第一,《易传》中大量地记载孔子说到性与天道,如《系辞》几乎通篇都在讲天道。《文言》:"乾道变化,各正性命。""利贞者,性情也。"《谦卦·彖》:"天道下济而光明,地道卑而上行。"《说卦》:"穷理尽性以至于命。""昔者圣人之作易也,将以顺性命之理。"而且孔子自己也说:"五十而知天命。"(《为政》)第二,在孔子的后学学生中,讲性与天道的也很多。例如《中庸》:"天命之谓性,率性之谓道。"《孟子》也说:"形色,天性也。"第三,在 20 世纪90 年代出土的郭店楚简中,也有不少关于性与天道的说法,例如:"善,人道也,德,天道也。""圣人知天道也。"(《五行》)"性自命出,命自天降。"(《性自命出》)"有天有命,有地有形。"(《语丛一》)郭店楚简中的这些儒家著作,跟七十子及其后学弟子有关,应该没有什么问题。孔子的学生关于性与天道谈了很多,而且常称"子曰",不可能跟孔子没有关系。这些材料,可以说明孔子并不是不谈性与天道。子贡所言,可能是孔子晚年学《易》以前的情况。马王堆帛书易传《要》篇说:"夫子老而好易,居则在席,行则在橐。子赣曰:'夫子它日教弟子曰:德行亡者,神灵之趋;知谋远者,卜筮之繁。赐以此为然矣,以此言取之。赐缗口之为也。夫子何以老而好之乎?'"这段话既可以看出孔子晚年的变化,也可以证明子贡对晚年孔子的认识也有变化。孔子一生不得志,晚年难免会思考一些天道、命运之类的问题,由此进入形而上的思考,也是顺理成章的事情。

不过,这种转变,并不是和原来的思想完全对立的,而是原有思想的合乎逻辑的发展,前后有着内在的一致性。这一转变,与其说使他的学说变成了另外一种体系,不如说是为他原来的学说找到了天道、天命的依据,使得这一系统更加完善,而且具有了思辨色彩。

正因为孔子认为他的学说根源于"天",因此,他对自己的学说充满自信,他相信

有一种"天命"降临在他的身上。他说:"文王既没,文不在兹乎?天之将丧斯文也,后死者不得与于斯文也。天之未丧斯文也,匡人其如予何?"(《子罕》)"道之将行也与,命也;道之将废也与,命也。公伯寮其如命何?"(《宪问》)"天生德于予,桓魋其如予何!"(《述而》)

## 二、从天道到人性

效法天有两个方面,一方面,把人类社会按照天道运行的法则组织起来。例如孔子认为,人类社会的等级制度,就是与天道一致的:天地二元,但不是平等的,天在地之上,天尊地卑,人类社会必须有上下尊卑之分,所以男尊女卑,君尊臣卑,官尊民卑。所以等级秩序就是天道。父亲对于儿子,君主对于臣子,就好像天对地一样,决不可颠倒。所以《周易·系辞》说:"天尊地卑,乾坤定矣,卑高以陈,贵贱位矣。"这样,人类社会就可以按照天道的运行方式有秩序地运转了。

效法天的另一个方面,就是把人的某些性质的来源归结于天,认为是天造就了人的精神品质。这样,人们就有理由相信,这些品质都是人天然应当拥有或遵守的、毋庸置疑的。因此,人的最基本的精神,即人性,就是天命的衍生。天主宰人类社会,也主宰人的精神,人性直接来源于天命。所谓"性自命出,命自天降"(《性自命出》),"天命之谓性"(《中庸》)。孔子说他自己"五十而知天命"(《学而》),并强调人对天命应有敬畏之心:"君子有三畏:畏天命,畏大人,畏圣人之言。小人不知天命而不畏也,狎大人,侮圣人之言。"(《季氏》)

性来自天,所以人的本性都是相近的。由于后天种种不同的环境风俗等的浸染,就会有差别,逐渐偏离道德,所谓"性相近也,习相远也"(《阳货》)。"凡人虽有性,心无定志,待物而后作,待悦而后行,待习而后定。"(《性自命出》)解决的办法,就是要正心、诚意,这样才能保持天性,也就是所谓的"大学":"大学之道,在明明德,在亲民,在止于至善。"(《大学》)孔子的所谓"君子"的品德,都是从这里派生出来的。孟子所谓"求其放心而已矣",也是这个意思。

人立身处世的根本原则,应当符合天性,否则就是戕害天性。人能够保持或顺应天性,就是有德。"德者,得也。"(《乐记》)所谓德,就是得到、保持这种天性。德的基本要求是直,德字在古文字中,常常写作从彳、从心、从直,心直道而行就是德,所以,孔子主张直道而行:"以直报怨,以德报德。"(《宪问》)"吾之于人也,谁毁谁誉?如有所誉者,其有所试矣。斯民也,三代之所以直道而行也。"(《卫灵公》)正直就是直接与上天赋予人的根本性质相合。所以孔子说:"人之生也直,罔之生也幸而免。"(《雍也》)"天命之谓性,率性之谓道。"(《中庸》)率性而为,也是顺天命而行。例如《论语·子路》:"叶公语孔子曰:'吾党有直躬者,其父攘羊,而子证之。'孔子曰:'吾党之直者异于是:父为子隐,子为父隐,直在其中矣。'"孔子认为父子之间的关系,是一种天然的联系,父为子隐,子为父隐,就是人的天性,也就是《孝经》讲的"父子之道,天性也"。所以,父子相为"隐",反而成了"直"的表现,在儒家伦理中是美德。

正直的品德直指天性。正直对自己而言,就是要至诚,所以《中庸》说:"唯天下至诚,为能尽其性。能尽其性,则能尽人之性。能尽人之性,则能尽物之性;能尽物之性,则可以赞天地之化育;可以赞天地之化育,则可以与天地参矣。"对他人来说,就是要忠信。子曰:"言忠信,行笃敬,虽蛮貊之邦行矣。言不忠信,行不笃敬,虽州里行乎哉?"(《卫灵公》)"人而无信,不知其可也。大车无輗,小车无軏,其何以行之哉?"(《为政》)

## 三、从个人到人伦

个体的人本身是毫无意义的,他必须在与他人的种种关系中得到体现。所有个人的特质,"君子"的人格,只有在与他人的交往之中,才能完成。

最简单的人际关系是两个人之间的关系。只要具备了两个人，就需要遵守一定的行为规则。这个规则，儒家叫作"仁"。有两个人，"仁"就在其中了。儒家在处理人际关系时，有一条根本的准则，就是由近及远，推己及人。《中庸》说："君子之道，譬如行远必自迩，譬如登高必自卑。"推己及人的原则有正反两种表述，反面的表述是"己所不欲，勿施于人"（《卫灵公》），正面的表述是："夫仁者，己欲立而立人，己欲达而达人。能近取譬，可谓仁之方也已。"（《雍也》）孔子把这一原则看成贯穿他整个学说的一条中心线索。《里仁》："子曰：'参乎！吾道一以贯之。'曾子曰：'唯。'子出，门人问曰：'何谓也？'曾子曰：'夫子之道，忠恕而已矣。'"推己及人，就是忠恕之道，就是仁道，"仁"也就成为孔子学说的中心思想。

这种从自身出发，将心比心、推己及人的原则，非常富于人情味。孟子说："老吾老以及人之老，幼吾幼以及人之幼，天下可运于掌。"（《梁惠王上》）儒家认为，能够做到这一点，治理国家就非常容易了，因为治理国家无非是处理与他人的关系而已。

从"近取譬""推己及人"的原则出发，人首先要对与自己关系最近的人有爱心，然后才能对关系远的人有爱心，孔子认为这是人性的表现。那么，什么样的人是与自己关系最近的人呢？我们在这里面对的是孔子思想中的另一个公理：血缘关系，是最天然的人际关系，是与自身最近的人际关系。这一点，似乎也不证自明。相对于上文提到的天道公理，我们也可以把它叫做人伦公理。

所以，人对他人的一切态度，都从自己的亲人开始，对父母亲的孝，就成为"仁"的出发点和基础。所以，有子说："君子务本，本立而道生。孝弟也者，其为仁之本与！"（《学而》）《孝经》说："故不爱其亲而爱他人者，谓之悖德；不敬其亲而敬他人者，谓之悖礼。"

人际关系除了血缘关系之外，还有非血缘关系。血缘关系属于"内"，非血缘关系属于"外"。门内的亲情是天然的，是符合天性的，所以仁道的根本就是亲亲。对于门外的普通人好，是因为由近及远、推己及人的推广，所以叫作"义""义者，宜也"（《中庸》）.只是天理所当然。因为只有这样，世界才是温暖的、和谐的。子曰："君子之于天下也,无适也,无莫也,义之与比。"(《里仁》)所以郭店楚简《六德》说:"仁,内也;义,外也。"仁的表现是爱人,所以樊迟问仁,子曰:"爱人。"(《颜渊》)即孟子所谓"仁者爱人"。义的表现就是忠,曾子所谓"为人谋而不忠乎?"(《学而》)亲亲的极点就是父子关系,义的极点就是君臣关系。所以《中庸》说:"仁者,人也,亲亲为大;义者,宜也,尊贤为尚。"《孝经》说:"父子之道,天性也,君臣之道,义也。"由内向外的推广,就是由仁而及义。由孝悌而及于忠顺。所以《孝经》说:"君子之事亲孝,故忠可移于君;事兄悌,故顺可移于长。"所以,疏不间亲,父子之道,或者说孝道,不但先于君臣之道,而且高于君臣之道。所以《六德》云:"为父绝君,不为君绝父。"这是以血缘为纽带的宗法社会最合理的逻辑。

在这种以宗法制度为基础的社会中,夫妇关系只能被置于父子君臣之下。其实夫妇关系才是最基本的人伦关系,因为人类社会最基本的存在就是男人和女人。儒家对于人的基本需求都是承认的:"饮食男女,人之大欲存焉。"(《礼运》)有了夫妇,然后才能有人的繁衍,然后才有父亲和儿子的差别,然后才有兄弟姊妹等各种亲属关系。父子、兄弟关系都是从夫妇关系中派生出来的。所以夫妇关系是人伦之始,至关重要。孔子删定《诗经》,首为《关雎》,《诗序》云:"《周南》《召南》,正始之道,王化之基。是以《关雎》乐得淑女以配君子。"毛传:"夫妇有别则父子亲,父子亲则君臣敬,君臣敬则朝廷正,朝廷正则王化成。"

虽然如此,儒家对于夫妇关系,并不强调仁,也不强调义,而是特别强调"别"。"男女,别生焉。"(《六德》)夫妇之间,是男女之大防,要保证人类社会的正常秩序,必须保证这一大防不被破坏,否则就会回到"父子聚麀"的野蛮时代,父子关系不能确立,社会伦理遭到破坏。《六德》篇说:"男女不别,父子不亲;父子不亲,君臣无义。"所以,子曰:"男女无媒不交,无币不相见,恐男女之无别也。""君子远色,以为民纪,故男女授受不亲。"(《礼记·坊记》)在父权至上的社会背景下,强调男女之间的分别,必然造成女子失去平等的地位,这大概也是中国长期以来妇女地位低下的原因之一。

# 四、从人伦到礼乐规范

这样,有男人,有女人,有贵人,有贱人。夫妇有别,贵贱有等;父子有亲,君臣有义,兄友弟悌,朋友相信。有了这些分别,一个社会或者国家的基本秩序就确立起来,但是还不能运作。要运作,还需要一些别的东西。

首先,我们需要一些东西,来保持这种分别,保持既定的秩序,这就是礼。人人都按照礼的规定来行事,遵守这种约定,社会才能够保持稳定。所以,礼是保持等级制度、维持社会按照天道运行的基本保证。

其次,每个人都必须在社会中做些什么。礼规定了一个人应当做些什么,应当怎么做,也就是说,为每一个人规定了他应尽的职责,或者说本分。只有每一个人按照这种规定尽好自己的本分,人类才能和谐地发展(苏格拉底也说,正义就是有自己的东西,干自己的事情)。个人的一切行为都必须合乎礼。

礼不仅仅是一种形式化的仪式,它与人内心的仁义要求相一致。仁义都属于善的范畴,因为它们都是遵循天道天德的结果。仁义从人的内心发诸行为,就是符合礼的行为。所有的礼,是通向完美的和谐状态的途径。有子曰:"礼之用,和为贵,先王之道斯为美,小大由之。"(《学而》)个人由于遵循礼,而达到仁人、圣人的完美人格,所以子曰:"克己复礼为仁。一日克己复礼,天下归仁焉。"(《颜渊》)社会由于遵循礼,就能够达到"天下为公"的大同社会(《礼运》),这是孔子理想中完美的黄金时代。但这样的社会,其实是不存在的,在孔子看来,小康社会就已经非常理想了:"今大道既隐,天下为家。各亲其亲,各子其子,货力为己。大人世及以为礼,城郭沟池以为固,礼义以为纪,以正君臣,以笃父子,以睦兄弟,以和夫妇,以设制度,以立田里,以贤勇知,以功为己。故谋用是作,而兵由此起。禹汤文武成王周公,由此其选也。此六君子者,未有不谨于礼者也。以著其义,以考其信,著有过,刑仁讲让,示民有常。如

有不由此者，在势者去，众以为殃，是谓小康。"(《礼运》)

可见对于孔子来讲，礼乐也只是在小康社会才出现，它仅仅是道路、手段，而不是目的。一旦社会真的有一天进入大同社会，礼乐也就完成了它的使命。所以子曰："礼云礼云，玉帛云乎哉！乐云乐云，钟鼓云乎哉！"(《阳货》)这就是说，礼与乐，并不在于平常的各种外在的形式，我们需要它们，仅仅是因为要达到那种和谐、完美的状态。礼乐的意义就在于此，也仅仅在于此。

礼是从人的行为规范上说的，更重要的是，要让人们从内心出发，自觉地维持礼所规定的秩序。能够达到这种自觉的教化功能的，莫甚于乐，这是因为音乐是人内心最真诚的感情的流露，可以直接深入人心："唯乐不可以为伪"，"乐也者，圣人之所乐也，而可以善民心。其感人深，其移风易俗，故先王著其教焉"。音乐与政教相通："治世之音安以乐，其政和；乱世之音怨以怒，其政乖；亡国之音哀以思，其民困。声音之道，与政通矣。""是故先王之制礼乐也，非以极口腹耳目之欲也，将以教民平好恶，而反人道之正也。"(《乐记》)可见音乐具有不可代替的功能。孔子本人非常喜欢音乐，也整理过当时的音乐。《子罕》："子曰：'吾自卫反鲁，然后乐正，雅、颂各得其所。他认为君子之德，成于乐："兴于诗，立于礼，成于乐。"(《泰伯》)他对理想社会的音乐也有所设计，《卫灵公》："颜渊问为邦，子曰：'行夏之时，乘殷之辂，服周之冕，乐则韶舞。放郑声，远佞人，郑声淫，佞人殆。'"

具备了礼乐之后，一个社会或者国家，就可以健康地运行了。

## 五、礼坏乐崩时代的救赎

子认为他所处的，正是礼坏乐崩的时代，先代圣王留下来的礼，只有其名，而无其实了。因为礼规定了各人的名分，所以要维持礼在社会中的运作，当务之急，就必须"正名"，随时把那些错误的、不合礼义的行为、名分纠正过来，社会就能顺着健康的轨道发展。所以齐景公问政于孔子,孔子对曰:"君君,臣臣,父父,子子。"公曰:"善哉!信如君不君,臣不臣,父不父,子不子,虽有粟,吾得而食诸?"(《颜渊》)

"正名"就是正礼,也就是规范人们的行为,规定人们的职责,维持社会的良性循环。统治者治理国家的时候,只要循名责实,就可以事半功倍。《子路》:"子路曰:'卫君待子而为政,子将奚先?'子曰:'必也,正名乎!'子路曰:'有是哉,子之迂也!奚其正?'子曰:'野哉由也!君子于其所不知,盖阙如也。名不正则言不顺,言不顺则事不成,事不成则礼乐不兴,礼乐不兴则刑罚不中,刑罚不中则民无所措手足。故君子名之必可言也,言之必可行也。君子于其言,无所苟而已矣。'"正名的这种功能,连子路都很难理解,可见当时礼坏乐崩的情况。礼可能只剩下了某些残留的形式,礼的功能几乎已经被忘记了。

孔子的理想是大同,是完美的和谐社会,但是现实的人是千差万别的,有着各种不同的喜怒哀乐,有着各种不同的利害关系,有着各种不同的主张。人与人之间,不同是绝对的,同是相对的。所以,以礼来调和各种矛盾,必须掌握中庸的原则,"过犹不及"(《先进》)。中庸是处理任何事物需要把握的最佳尺度,也是达到和谐的方法。

孔子说,中庸的思想,来源于上古的圣王。《论语》:"尧曰:'咨!尔舜!天之历数在尔躬,允执其中。四海困穷,天禄永终。'舜亦以命禹。"(《尧曰》)《中庸》云:"舜其大知也与!舜好问而好察迩言,隐恶而扬善,执其两端,用其中于民,其斯以为舜乎!"

与中庸相关的另一个重要概念是权,执中的同时,也要知道用权。孟子说:"执中无权,犹执一也。所恶执一者,为其贼道也,举一而废百也。"(《尽心上》)"男女授受不亲,礼也。嫂溺援之以手者,权也。"(《离娄上》)权与原则相对,对于人的要求非常高,难以做到,子曰:"可与共学,未可与适道。可与适道,未可与立。可与立,未可与权。"(《子罕》)一个人具有绝对的公正之心,才能用权,否则权就会被利用来假公济私、贪赃枉法。权的基础是人的道德,原则的基础是法制。儒家很讲究权,法家则主张"释人而任势",排除人治的干扰。今天西方的制度与法家的出发点接近。

所有个人的优秀品质和社会的美好制度，都有待于君子之学。人必须学习，才能对外物的干扰不动于心，才能保持自己善良的天性。学，也就是修养自身，是君子治国平天下的必备的前提。否则，不但不能为政，而且会逐渐丧失那些善良的天性，走向反面："好仁不好学，其蔽也愚；好知不好学，其蔽也荡；好信不好学，其蔽也贼；好直不好学，其蔽也绞；好勇不好学，其蔽也乱；好刚不好学，其蔽也狂。"（《阳货》）这种学，是正心诚意的"大学"："大学之道，在明明德，在亲民，在止于至善。""古之欲明明德于天下者，先治其国；欲治其国者，先齐其家；欲齐其家者，先修其身；欲修其身者，先正其心；欲正其心者，先诚其意；欲诚其意者，先致其知。致知在格物。"（《大学》）这样，就把修身和治国平天下联系起来了，联系的关键，就是学，在于"格物致知"。

这就牵涉到知。学习就是掌握知识，使自己具备智慧，不再迷惑，进而引导人民。古人认为，最高等的人是生而知之的。《史记》说黄帝："生而神灵。"又说高辛："生而神灵，自言其名。"孔子认为："生而知之者上也，学而知之者次也，困而学之又其次也，困而不学，民斯为下矣。"（《季氏》）他按"知"把人分为几等，并说："中人以上，可以语上也；中人以下，不可以语上也。"（《雍也》）由于"民斯为下矣"，而"中人以下，不可以语上"，所以，他认为普通的下层人民是"无知"的，也是不可能让他们都"知之"的："民可使由之，不可使知之。"（《泰伯》）古代之民，取义于盲然无知。古人认为民是无知的，如同瞎子，需要上层的君子去教化和引导。《尚书·多士》序郑注："民，无知之称。"《春秋繁露·深察名号》："民之号，取之冥也。"贾子《新书·大政下》："夫民之为言萌也，萌之为言盲也。"西周金文中民字作"ᵰ"，象以针刺瞎人目之形。不可使民知，也是先秦儒家的一个基本理念。《史记·滑稽列传》西门豹曰："民可与乐成，不可与虑始。"也是这一思想的反映。

这样，社会就分化为两大部分：君子与小人。行政，就是君子（统治者，有道德有智慧的人）引导小人（老百姓，无道德无知者）。孔子的政治哲学是：君子引导小人，通过以身作则来教化他们，不能用强制的办法。上行下效，在上位的人必须身体力行，做出表率，不用说什么，老百姓自然就会跟从。《论语·颜渊》："季康子问政于孔子,孔子对曰:'政者,正也。子帅以正,孰敢不正?'""君子之德风,小人之德草,草上之风必偃。"

所以,在孔子看来,"为政"是很容易的事情,做好了表率作用,就可以"垂衣裳而天下治"了。孔子对他的弟子,从来不轻易评价为"仁",他说:"回也,其心三月不违仁,其余则日月至焉而已矣。"(《雍也》)也不轻许为"好学",例如哀公问:"弟子孰为好学?"孔子对曰:"有颜回者好学,不迁怒,不贰过。不幸短命死矣,今也则亡,未闻好学者也。"(《雍也》)唯独对于从政,他说很多弟子都可以,例如季康子问子路、子贡、冉有"可使从政也与",孔子说:"由也果,于从政乎何有?""赐也达,于从政乎何有?""求也艺,于从政乎何有?"(《雍也》)

# 六、从世俗到宗教

所有这些东西,都是世俗社会的基本要素。世俗人生的幸福,很大程度上取决于精神的寄托,也就是宗教问题。在孔子那里,表现为对于鬼神的态度。

鬼神在上古时代有着非常突出的地位,《礼记·表记》:"夏道尊命,事鬼敬神而远之,近人而忠焉。……殷人尊神,率民以事神,先鬼而后礼。……周人尊礼尚施,事鬼敬神而远之,近人而忠焉。"在甲骨文中,殷人几乎每事必卜,可以证明古书上所说"殷人好鬼"的记载是可信的。不过,西周以后,民为邦本的思想逐渐兴起。《尚书》说:"天听自我民听,天视自我民视。"《左传·庄公三十二年》:"国将兴,听于民,将亡,听于神。"《僖公十九年》:"民,神之主也,是以圣王先成民而后致力于神。"

孔子对于鬼神的态度也受到民本思想的影响,他认为鬼神有助于教化,但不可以鬼神为中心,所以采取"神道设教"的态度。《周易·观卦》彖曰:"观天之神道,而四时不忒。圣人以神道设教,而天下服矣。"一方面,鬼神关系到祖先和神明,有助于维持教化、慎终追远、民德归厚,所以要尊敬。但是另一方面,鬼神之事又难知,如果太依赖了、太当真了，就容易诬谲。在若即若离之间，显示了孔子的智慧。他明确提出，要"务民之义，敬鬼神而远之"（《雍也》）。季路问事鬼神。子曰："未能事人，焉能事鬼？"曰："敢问死？"曰："未知生，焉知死。"（《先进》）他认为这与古代圣王的思想是一致的。他盛赞大禹礼鬼神的态度："禹，吾无间然矣。菲饮食而致孝乎鬼神，恶衣服而致美乎黻冕，卑宫室而尽力乎沟洫。禹，吾无间然矣。"（《泰伯》）他对祭祀的功能也给予了充分的肯定："或问禘之说。子曰：'不知也。知其说者之于天下也，其如示诸斯乎！'指其掌。"（《八佾》）所以祭祀时要尽其诚意，这是对于鬼神的礼："祭如在，祭神如神在。子曰：'吾不与祭，如不祭。'"（《八佾》）

孔子说："鬼神之为德，其盛矣乎！"（《中庸》）就是因为在它们的身上，寄托了普通民众的精神信仰。善导之，则事半功倍，不善导之，则诬谲而流于欺诈。圣人因势利导，一匡于正，所以正人心、诚人意，使民风归于淳朴。

孔子的思想深深地扎根在传统的观念之中，这大概已经成为学者的共识。孔子自称"述而不作"，也基本上是符合事实的。我们从孔子对于天命的先验认识出发，回归到他对于鬼神的智慧的态度，可以体察到他所谓的礼乐，不但是和谐人类关系的手段，也是沟通人与神的手段。在孔子看来，这样和谐的状态，正是尧舜时代"百兽率舞""凤凰来仪""神人以和"（《尧典》）的理想社会。这种理想社会，是智慧与仁政完美结合的典范，也就是柏拉图设想的"哲学王"统治的国家。人类的精神如此相似，难道不正是因为他们的学说，总是本乎善良的天性？

# 第五章　孔子哲学

## 一、与神灵同在

在远古时代,我们人类是与神同居的。当时的人们相信,我们的周围布满了神灵,天地山川都是它们的居所。我们对自己的所作所为,有非常自觉的约束,因为神灵就在我们周围。

今天的人也许会觉得,远古人类的这些思想是何等的愚昧和荒谬,但是我们不能忘记,在这样的观念制约下,古人的生存状态与我们是根本不同的。如果我们要了解古人的思想和生活,就不能简单地把这种观念斥为虚妄。因为,在他们看来,神灵并非只是一些虚幻的概念,而是真切地在参与我们的生活,与我们一同居住在这个世界上。

神灵是高尚的,他们与我们相似,而超乎我们人类的能力之外,因此也是我们所崇拜和欣羡的。只有那些鬼怪妖厉、魑魅魍魉,才是令人恐惧的,因为他们跟人类的坏蛋一样,为非作歹,会危害人类。

这样的时代,可以称作"民神杂糅"的时代。我们可以通过《左传》等后世的一些类似的记录,来理解这样的生活状态。例如《左传》说,晋献公听信宠妃郦姬的谗言,杀太子申生,申生之弟夷吾为君,即惠公。夷吾在位,多行无礼之事,僖公十年:

晋侯改葬共大子(即申生)。秋,狐突适下国(指曲沃新城),遇大子,大子使登仆,而告之曰:"夷吾无礼,余得请于帝矣,将以晋畀秦,秦将祀余。"对曰:"臣闻之,神不歆非类，民不祀非族。君祀无乃殄乎？且民何罪，失刑乏祀？君其图之。"君曰：
"诺，吾将复请。七日，新城西偏，将有巫者而见我焉。"许之，遂不见。及期而往，告之
曰："帝许我伐有罪矣，敝于韩。"

五年之后，秦晋战于韩，晋师大败，夷吾被俘，正应验了申生的预言。如果不从"民神
杂糅"的时代观念出发来看这个故事，我们也许会对《左传》的作者大言不惭地述说
鬼怪故事感到荒诞。又如《左传》宣公十五年说，晋国魏颗在辅氏之战中打败了秦国
的著名大力士杜回：

初，魏武子（颗之父）有嬖妾，无子。武子疾，命颗曰："必嫁是。"疾病，则曰："必
以为殉！"及卒，颗嫁之，曰："疾病则乱，吾从其治也。"及辅氏之役，颗见老人结草以
亢杜回。杜回踬而颠，故获之。夜梦之曰："余，而所嫁妇人之父也。尔用先人之治
命，余是以报。"

我们知道，在古代希腊的神话中，经常出现神与人类共同战斗的场面，与我国古代的
记录是相似的。

思想不仅仅是一种意识，它同时也是一种力量，一种生存的方式，它通过改变我
们的精神状态改变我们的生活。在古代人类的观念中，神是活泼泼地生活在他们的
周围的，我们不要把古希腊神话中神与人在一起生活战斗的故事看成是纯粹的神话，
那是用我们今天把神与人截然分开的观念（实际上是否认神的存在）来看待他们的生
活。对一个古人来说，当他在梦中游走，当诅咒之后或服药之后的病人恢复健康，当
百川沸腾、山冢崒崩，当美丽的鸟儿在箫声中飞翔，当罪恶的人突然间死亡，当天空中
划过流星，当日月相食（注意"食"这个词，分明是古人认为它被什么东西所吞食），当
白鱼跳入武王伐纣的船只，当雷劈开树，当天边披上绚丽的彩霞，神就在他面前了，他
会真切地感到神在他的周围存在着、运作着。神不是在虚空中存在，而是与我们一起
"在场"。在他们的世界中，这才是真实发生的历史。希腊的神话也真切地保留了这
样一种思维和生活的状况。假如把希腊的神话仅仅当作神话故事，那可真是太可惜

了。我们研究文明"破裂"以前的时代,决不能把神从他们的生活中割裂出去,而是要时时让它们参与进来,这样才能理解他们在做些什么,在想些什么,在说些什么。我们也就能理解为什么在《左传》《国语》《尚书》这样的古代作品中往往会出现神与人的交流。这不是神话,而是历史。

作为历史的"民神杂糅"的社会形态与传统所谓神话的差别就在于:这些涉及"神"的事件不仅仅是说的(传说),也不仅仅是想的(观念),更是做的(行为):是社会的行为方式,渗透占卜、祭祀、日常生活习惯、国家的政权组织方式。

后世人文主义逐渐兴起,人与神灵之间有了界限之后,人们就不太能够理解这种人与神共同生活的模式,反倒觉得这是亵渎神灵的行为,他们把"民神杂糅"的生活模式理解为堕落时代的产物。例如《国语·楚语下》记载楚昭王的大臣观射父的评论:

及少皞之衰也,九黎乱德,民神杂糅,不可方物。夫人作享,家为巫史,无有要质。民匮于祀,而不知其福。烝享无度,民神同位。民渎齐盟,无有严威。神狎民则,不蠲其为。嘉生不降,无物以享。祸灾荐臻,莫尽其气。颛顼受之,乃命南正重司天以属神,命火正黎司地以属民,使复旧常,无相侵渎。

《左传》中"民神杂糅"的故事非常多,因此后人有"左氏艳而富,其失也巫"(范宁《谷梁集解·序》)的看法。韩愈云"左氏浮夸",柳宗元谓左氏"其说多诬淫",都是以今律古的评论。如果从观念史的角度出发,《左传》才是信史,因为它真实地再现了当时人的生活和精神状态。

## 二、诸神的起源

对于神灵,起初,人们只有"万物有灵"的观念,这种灵魂并非人格化的神灵,而是说万物之中都隐藏着各自的生命,这种生命都具有很奇特的禀性。从此派生出很多对火、水、风、雷、树木等物的崇拜。在此基础上，逐渐产生了神灵的观念，例如雷电，甲骨文中"神"字写作"乀"，就是"申"字，像闪电劈开天空的样子；风神，甲骨文中"风"字写作"𩚹"，就是凤凰的"凤"，刮风跟凤凰有关；还有日、月、星辰之神，等等。

在大地上居住的，都是山川的神灵和鬼怪，例如著名的河伯、泰山之神。他们既可以帮助我们，也常常会给我们带来灾难。但是那些有道德的，可以看护我们人类的高尚的神灵，都住在天上。在早期中国人的观念中，天上的居民原本就是人类各个族类的伟大祖先，他们生前都是圣王和他们的臣民，死了以后就成了"帝"和各种管理天上人间事务的诸神。早期神与祖先是不分的，把祖先叫作人鬼，并与天神区别开来，那是很晚的事情。

"帝"字在甲骨文中写作"帝"，是花蒂的形状，表示根蒂、初始的意思。早期的圣王在人间时，叫作"王"，王死了以后，就上升到天上，这叫作"陟"。"陟"到天上的王，就成为帝，所以又称上帝。在人间的王，都是上帝的子孙，所以王也叫"天子"。天帝是最高的主宰，他是人间最初始的王死后变成的。每一个王都是他的嫡系子孙，死后都来到上帝身边，陪侍在他的左右。如果人间换了朝代，那就是"皇天上帝，改厥元子"（《尚书·召诰》）。这个天帝，在《山海经》中叫作帝俊，帝俊也就是帝喾。

本来上帝只有一个。但是古代氏族社会中，氏族部落很多，每一个集团都有自己认为的上帝，所以在部落合并的过程中，逐渐出现很多不同的"帝"，例如帝颛顼、伏羲、太昊、少昊等，后来形成"五帝"的系统。地上的很多国家或民族，都是他们的后裔。例如秦国就是少昊的后裔，《论语》中"季氏将伐颛臾"的颛臾国，就是太昊的后裔，而楚国是帝颛顼的后裔。

圣王的臣民死后照样也都升天。《尚书》有一篇《盘庚》，记载商王盘庚要迁都，他的大臣们不同

伏羲

意，盘庚说：

古我先后，既劳乃祖乃父，汝共作我畜民。汝有戕则在乃心，我先后绥乃祖乃父，乃祖乃父，乃断弃汝，不救乃死。兹予有乱政同位，具乃贝玉，乃祖先父，丕乃告我高后曰："作丕刑于朕孙。"迪高后，丕乃崇降弗祥。

盘庚说，过去我的先王曾经劳苦过你们的先祖，所以有你们一起做我的顺民。你们心中如果有贼害人的邪念，先王安抚你们在天上的先祖，你们的先祖就会抛弃你们。如果你们在位的人中有扰乱政事的人，贪污财物，你们的先祖就会告诉我先王："给我的子孙降下大刑！"于是先王就重重地降下不祥来了。这样看来，死后的世界与现实的世界并没有什么差别。

升天以后的人，都变成各种神灵。例如《国语·鲁语上》：

昔者烈山氏之有天下也，其子曰柱，能殖百谷。夏之兴也，周弃继之，故祀以为稷。共工氏之伯九有也，其子曰后土，能平九土，故祀以为社。

又如《山海经》：

羲和之国，有女子名曰羲和，方浴日于甘渊。羲和者，帝俊之妻，生十日。（《大荒南经》）

大荒之中，有女子方浴月。帝俊妻常羲，生月十有二。（《大荒西经》）

这让我们想起屈原《九歌》所歌咏的湘君与湘夫人，据说就是帝舜之二妃娥皇和女英。二妃是尧女，所以又称"帝子"（《湘夫人》："帝子降兮北渚，目眇眇兮愁予"）。又《左传》昭公元年：

昔高辛氏有二子，伯曰阏伯，季曰实沈，居于旷林，不相能也，日寻干戈，以相征讨。后帝不臧，迁阏伯于商丘，主辰，商人是因，故辰为商星；迁实沈于大夏，主参，唐人是因……故参为晋星。由是观之，则实沈，参神也。

又《庄子·大宗师》：

夫道……傅说得之，以相武丁，奄有天下，乘东维，骑箕尾，而比于列星。

傅说是殷高宗武丁的贤相,他死后成为"星精"。

神灵就在我们周围,他们与我们同在;而且我们的祖先掌管着整个世界。当我们死了以后,也会来到他们中间,成为神灵的一员。因此,我们完全不必忧心死后的事情,不必对死亡感到恐惧。生存的世界与死后的世界是对应的,死亡是生存的延续。所以孔子说"未知生,焉知死"(《论语·先进》)。今人迫切想要了解、苦苦追问的死后世界,成为我们最大的宗教问题,在先民那里,却根本就不成为一个问题。

我们应该很容易想到为什么孔子不愿意谈论死后世界,而注重现实人生的努力,注重活在当下的体验,那是因为在他所继承的传统中,本来就不需要对此多作探索,也不会发生对于未来世界的真正恐惧。人们只需要把握了现世,也就是把握了来生。尽管孔子的时代,神灵的观念已经发生改变,但是传统对于他的影响仍是挥之不去的。

## 三、与神隔离

我们本来与神比邻而居,神灵就在我们的周围。天神不仅呆在天上,地上也常常有他们的居所。例如《山海经·西山经》:"昆仑之山,是实为帝之下都。""长留之山,其神白帝少昊居之。"《中次三经》:"青要之山,实为帝之密都。"甚至我们人类还可以直接到天上去。在古人的观念中,人类中的巫,有很多升天的途径,例如通过高山。《山海经·海内西经》云:"巫咸国在女巫北……有登葆山,群巫所从上下也。"《大荒西经》:"有灵山……十巫从此升降,百药爰在。"《海内经》:"肇山,有人名曰柏高,柏高上下于此,至于天。"

但是就像古代希腊的神话一样,神灵中间有时候也会有斗争,而且他们常常从天上下到民间,在地上兴风作浪。《尚书·吕刑》就记载了一个这样的故事:

蚩尤惟始作乱，延及于平民，罔不寇贼，鸱义奸宄，夺攘矫虔。苗民弗用灵，制以刑，惟作五虐之刑曰法，杀戮无辜。爰始淫为劓刵椓黥，越兹丽刑，并制罔差有辞。民兴胥渐，泯泯棼棼，罔中于信，以覆诅盟。虐威庶戮，方告无辜于上。上帝监民，罔有馨香德，刑发闻惟腥。皇帝哀矜庶戮之不辜，报虐以威，遏绝苗民，无世在下。乃命重、黎，绝地天通，罔有降格。群后之逮在下，明明棐常，鳏寡无盖。

这个故事是说：天神蚩尤下到人间，率领苗民发动叛乱，毒害天下的人民，把人间搞得道德败坏，没有人不抢劫掠夺，奸诈虚伪。苗民不行善道，发明了各种暴虐的刑法，割鼻子、割耳朵、宫刑、刺字等，以此施加刑罚，不管有罪无罪，一律加以刑戮。人间纷乱黑暗，没有信用，违背盟约誓言。那些被欺凌的庶民，都到上帝那里去申冤。上帝俯视人间，没有馨香的德行，只有刑戮的腥臭。上帝哀怜那些无罪而被刑戮的庶民，于是断绝苗民的世系，不让他们有后代在地上。又让天神重黎"绝地天通"，断绝天神与人类的交通，不使互相上下来往，免得再出现蚩尤这样的叛乱。

这种神话故事，反映的历史背景其实是远古时代的部落战争。就"绝地天通"而言，它反映了人类逐渐从"民神杂糅"的状态中走出，神灵对人类的影响逐渐减弱，人文意识逐渐兴起。因此，《国语·楚语下》记载楚昭王的大臣观射父对这个故事作了非常人文主义的解释，他说，本来与天神交流这种事情，专门归天子的巫史掌管，因为他们有崇高的智慧和道德。但是后来人类"家为巫史"，家家户户自己与神交通，严重干扰了王权与神权，所以当时人间的帝王重新明确巫史的职责，让重管天神之事，让黎管人间之事。这是典型的人文主义的"重新分析"。

这种人文主义的"重新分析"，看似简单，其实蕴涵着人类文明的重大突破，即从蒙昧的民神杂糅的时代，走向理性的人文主义的时代。观射父生活在春秋时代，与孔子的时代大致相同。在先秦古籍中，有很多有关孔子把古代神话作人文主义解析的案例，例如著名的"黄帝三百年""黄帝四面""夔一足"等。《大戴礼记·五帝德》：

宰我问于孔子曰："昔者予闻诸荣伊令，黄帝三百年。请问黄帝者人邪？抑非人邪？何以至于三百年乎？"孔子曰："……生而民得其利百年，死而民畏其神百年，亡而民用其教百年，故曰三百年。"

《太平御览》卷七十九引《尸子》云：

子贡曰："古者黄帝四面，信乎？"孔子曰："黄帝取合已者四人，使治四方，不计而耦，不约而成，此之谓四面。"

《吕氏春秋·察传》：

鲁哀公问于孔子曰："乐正夔一足，信乎？"孔子曰："昔者舜欲以乐传教于天下，乃令重黎举夔于草莽之中而进之，舜以为乐正。夔于是正六律，和五声，以通八风，而天下大服。重黎又欲益求人，舜曰：'夫乐，天地之精也，得失之节也，故唯圣人为能和。乐之本也。夔能和之，以平天下。若夔者一而足矣。'故曰夔一足，非一足也。"

这些故事可以说明，孔子生活的时代，是理性逐渐觉醒的时代，孔子就是这个时代中的一个先知先觉者。尽管比孔子更晚的时代，我们还能看到很多"民神杂糅"式的记载，但是理性已经在向神灵呼唤"芝麻开门"了。

然而，"绝地天通"之后的清醒的人未必就是幸福的，理性的兴起是要付出代价的。从人的处境而言，与其说我们是从神灵的怀抱中走出来的，不如说我们是被甩出来的。我们本来依偎在神灵的怀抱中，受他们的呵护，我们死了以后，也会来到他们身边，可是现在，世界不一样了。天"空"了，诸神隐去了，我们的心灵也失去了依托，人类发现自己是如此孤独。

人类与天神的联系断裂了，天"空"了，我们凭什么与神再续前缘？这是突现在春秋时代的知识分子面前的一个共同的难题，也是作为思想家的孔子首先必须面对的问题。

# 四、天道

天上的居民不见了。天"空"了之后，还剩下什么？只剩下一个接近于自然的天。好在我们可以很清楚地看到，这个自然的天表现出来的秩序是非常完美的：天尊地卑，从来没有颠倒过来过；四时有序，从来没有错位过；光明与黑暗交替，从来没有出过差错。这种完美的秩序，就是"天道"。天道是春秋时代为绝大多数知识分子所承认的不言而喻的前提。

对于孔子，也不例外。天地的运行是那么完美，什么都像设计好了似的，有条不紊，所以只要效法天，人类社会就一定会和谐地运行。在《论语》中，孔子多次提到要效法天：

子曰："予欲无言。"子贡曰："子如不言，则小子何述焉？"子曰："天何言哉？四时行焉，百物生焉。天何言哉！"（《阳货》）

子曰："大哉，尧之为君也！巍巍乎，唯天为大，唯尧则之。荡荡乎，民无能名焉。巍巍乎，其有成功也！焕乎，其有文章！"（《泰伯》）

又《礼记·哀公问》：

公曰："敢问君子何贵乎天道也？"孔子对曰："贵其不已，如日月东西相从而不已也，是天道也；不闭其久，是天道也；无为而物成，是天道也；已成而明，是天道也。"

问题是，天道隐微，并不像我们眼睛能够看到的那些事物一样简单，我们如何能够知道那些隐微的天道？我们如何能够知道眼睛看到的事物之中，上天要向我们显示什么？子产就说："天道远，人道迩，非所及也，何以知之？"《左传》记载的这个故事最能体现当时人在天道观上的冲突。昭公十七年冬，有彗星出现。当时鲁国的大夫申须、梓慎，郑国的大夫裨（pí）灶根据天文和地理，都预言宋、卫、陈、郑四国将发生火灾。裨灶向子产说,给我瓘斝玉瓒(瓘玉做的酒杯和玉做的舀酒的勺)祭祀,郑国就可以避免火灾。子产不给。第二年,宋卫陈郑果然同时发生火灾。裨灶又说,不给我瓘斝玉瓒的话,郑国还会再发生火灾,可是子产还是不给:

> 子大叔曰:"宝以保民也。若有火,国几亡,可以救亡,子何爱焉?"子产曰:"天道远,人道迩,非所及也,何以知之? 灶焉知天道? 是亦多言矣,岂不或信?"遂不与。亦不复火。

子产认为裨灶根本就不可能知道天道,只不过是经常预测,总有一次被他说中的,所以他坚持不给宝玉,结果也没有再发生火灾。

有意思的是,在先秦文献,尤其是《左传》中,经常出现这种预言,而且往往应验。是不是古人真的能够知道"天命",能够预测未来呢?

子产与裨灶之间的分歧,反映了天道观在春秋时代的分流。一个支流是沿袭了较古时代的神灵观念,通过观测天象、祭祀、占卜等手段,来重新建立人与神之间的联系;梓慎、裨灶,以及《左传》等书中记述的大量巫史的占卜,就是代表。另一支流,则是以孔子为代表的理性主义的天道观,对上述传统进行了理性主义的改造。

不过我们应该注意的是,这第二个支流,并非完全摆脱了原来的神灵观念,而是继承了传统中人神之间的沟通部分,把它改造成天人之际的沟通。它的最大特点是并不放弃鬼神的观念,而是把鬼神的重心由天地神灵具体到祖先的身上。祖先的观念,对孔子这样的"精英"和平民百姓来说,是有很大不同的。平民百姓对于祖先不仅是一种血缘的亲情,更重要的是信仰,希望祖先能够保护自己。对于精英们来说,他们并无信仰,只是利用了平民的这种心理,用祖先的观念来教化百姓,使他们有所畏惧,即《周易》所谓"圣人以神道设教,而天下服矣"(《观卦·彖》)。这一点在《论语》中也反映得很明显,例如:

> 子曰:"禹,吾无间然矣。菲饮食而致孝乎鬼神,恶衣服而致美乎黻冕,卑宫室而尽力乎沟洫。禹,吾无间然矣。"(《泰伯》)

> 曾子曰："慎终追远,民德归厚矣。"(《学而》)

精英们当然知道,鬼神之事难知,只能作为一个终极的理想,不能代替现实本身。所以对于祖先鬼神,要保持在若即若离之间。因此孔子明确提出,对于鬼神,要"敬而远之":

> 樊迟问知。子曰："务民之义,敬鬼神而远之,可谓知矣。"(《雍也》)

从根本上讲,鬼神与天道都属于同一种范畴,都是精神家园的寄托。但是对于像孔子这样的知识分子来讲,鬼神是对那些被教化的人、对平民百姓说的"方便法门",而天道才是他们对自己说的、自己所保守的"真理"。

## 五、通达天道的方法

神灵消失了,我们不仅仅失去了自己的归宿,不知道自己要走向哪里,更为严重的是,我们此后用什么来评判是与非,用什么来指导自己的行为呢? 这也是我们需要哲学的原因。尼采宣称"上帝死了",纳粹统治欧洲;希特勒失败,欧洲重获自由之后,知识分子都在反思,没有了上帝,人如何对自己的行为负责? 历史就是这么不断地在重复,还是在上升? 在春秋时代的孔子那里,如何通达天道,也同样是一个迫切的问题。

在天道观上,即便是那些知识精英们,也有差别。子产说："天道远,人道迩,非所及也,何以知之?"子产的观念是比较超脱的,以孔子为代表的儒家思想有所不同。这多少是因为子产是政治家,他考虑的是国家的现实问题,而孔子是思想家,他必须考虑人类的精神和伦理问题。

首先,天道是可知的。君子何以能知天道? 这是因为,人本天地之气而生,人本身就是天地自然的产物。天赋予人魂气,地赋予人形体,所以人死后,"魂气归于天,形魄归于地"（《郊特牲》）。因此，在人的本性之中，就包含着天地之性。所以郭店楚简《性自命出》说："性自命出，命自天降。"天道所赋予人之命，就是人的天性。从人的秉性讲，是天性；从赋予的角度讲，是天命；从遵循的角度讲，是天道。三者是同一事物的三种言说角度。《大戴礼记·本命》说得最好："分于道谓之命，形于一谓之性。"从道那里分出来的，得道之一体的，就是天命，这是天道所赋予人与万物的；所谓"一"是同类事物的同一性，天道从人或万物各自的同类身上体现出来的同一性，就是万物各自的本性。就狗而言，就是狗性；就石头而言，就是石头之性；就人而言，就是人性，就是人之所以为人的同一性。

所以《中庸》说："天命之谓性，率性之谓道。"顺应天性，也就是遵循天道。马王堆帛书《易传·要》记孔子告诫弟子曰："顺于天地之心，此谓易道。"也是这个意思。孔子自己还说"五十而知天命"（《学而》），他强调人对天命要有敬畏之心：

孔子曰："君子有三畏：畏天命，畏大人，畏圣人之言。小人不知天命而不畏也，狎大人，侮圣人之言。"（《季氏》）

性来自天，所以人的本性都是相近的。沾染了后天种种不同的环境风俗等，浸染而有差别，就会偏离道德，所谓"性相近也，习相远也"（《阳货》）。郭店楚简《性自命出》：

凡人虽有性，心无定志，待物而后作，待悦而后行，待习而后定。

孔子所谓"君子"的品德，都是从这里派生出来的。孟子所谓"求其放心而已矣"，也是这个意思。

所以人立身处世的根本原则，应当符合天性，否则就是戕害天性。人能够保持或顺应天性，就是有德。所谓德，就是得，就是得到、具备、保持这种天性。《礼记·乐记》："德者，得也。"

其次，我们如何能够知天道？从以上讨论的天道与人性的关系，既然顺应天性就是顺应天道，那么我们就可以推论，"知天道"这个命题，可以转化为"尽人性"。从逻辑上说，如果一个人能够做到尽人性，也就可以知天道了。我们没有找到孔子的话来

证明这一点,但是《中庸》通过"至诚"这个概念给我们提供了证据:

　　唯天下至诚,为能尽其性;能尽其性,则能尽人之性;能尽人之性,则能尽物之性,能尽物之性,则可以赞天地之化育;可以赞天地之化育,则可以与天地参矣。至诚可以通达天道,那么人如何做到"至诚"? 至诚无非就是修身。具体来说,就是坚持保持"善"的品质,永不改变。《中庸》说:

　　诚者,天之道也,诚之者,人之道也,诚者不勉而中,不思而得,从容中道,圣人也。诚之者,择善而固执之者也。

这里实际上提出了通达至诚的两条途径:就是执中与守恒,也就是孔子所说的"中庸"。

（一）执中

执中的观念,来源于古代的圣王。《论语·尧曰》:

　　尧曰:"咨! 尔舜! 天之历数在尔躬,允执其中。四海困穷,天禄永终。"舜亦以命禹。

《中庸》云:

　　舜其大知也与! 舜好问而好察迩言,隐恶而扬善,执其两端,用其中于民,其斯以为舜乎!

　　对于"中"的推崇,其实在《易经》中已经有了。易卦由下卦和上卦构成,共六爻。其中第二爻居下卦之中,第五爻居上卦之中。《易经》64卦,中爻共128爻,其爻辞说凶的只有3,有凶有吉的有6(例如《屯》卦九五:"屯其膏,小贞吉,大贞凶")各有1,无咎一类的有49,吉、利一类的69。总计无咎与吉利的共有118爻。所以《系辞》总结说:"二与四,同功而异位。其善不同,二多誉,四多惧。""三与五,同功而异位。三多凶,五多功。"这可以显示"中"这一位置的特殊性。经文有两处直接提到"中"或"中行":

包荒,用冯河,不遐遗。朋亡,得尚(当)于中行。(《泰》九二)

苋陆夬夬,中行无咎。(《夬》九五)

无攸遂,在中馈,贞吉。(《家人》六二)

至于《象》传,则大量提到二与五之位得中的优越。例如《需》卦:

九五:"需于酒食,贞吉。"象曰:"酒食,贞吉,以中正也。"

《比》卦:

九五:"显比。王用三驱,失前禽,邑人不诫,吉。"象曰:"显比之吉,位正中也。"

《履》卦:

九二:"履道坦坦,幽人贞吉。"象曰:"幽人贞吉,中不自乱也。"

九五:"夬履,贞厉。"象曰:"夬履,贞厉,位正当也。"

《临》卦:

六五:"知临,大君之宜,吉。"象曰:"大君之宜,行中之谓也。"

《大畜》卦:

九二:"舆说輹。"象曰:"舆说輹,中无尤也。"

《坎》卦:

九二:"坎,有险,求小得。"象曰:"求小得,未出中也。"

九五:"坎不盈,祗既平,无咎。"象曰:"坎不盈,中未大也。"

《离》卦:

六二:"黄离,元吉。"象曰:"黄离元吉,得中道也。"

《恒》卦:

九二:"悔亡。"象曰:"九二悔亡,能久中也。"

《大壮》卦:

九二:"贞吉。"象曰:"九二贞吉,以中也。"

《解》卦:

九二："田获三狐,得黄矢,贞吉。"象曰："九二贞吉,得中道也。"

《井》卦:

九五："井冽寒泉食。"象曰："寒泉之食,中正也。"

《巽》卦:

九二："巽在床下,用史巫纷若,吉,无咎。"象曰："纷若之吉,得中也。"

九五："贞吉,悔亡,无不利。"象曰："九五之吉,位正中也。"

尽管《象传》的时代晚于经文,但是二、五中位的优越性思想,不能不说也是经文中已经包含的意思。

我们应当注意的是,"中"是一个相对的概念,它相对于"两端"而言,没有两端,也就无所谓中。两端、中这样的概念只有在具体的事情上才能体现。因此,在《论语》中,孔子对于"中"的阐发,往往是因人因事而发:

子贡问:"师与商也孰贤?"子曰:"师也过,商也不及。"曰:"然则师愈与?"子曰:"过犹不及。"(《先进》)

子曰:"攻乎异端,斯害也已。"(《为政》)

子曰:"不得中行而与之,必也狂狷乎。狂者进取,狷者有所不为也。"(《子路》)

所以,作为原则的中道,是一个抽象的概念。怎样做才算是"执中"或把握住了"中道",是会根据具体的环境发生变化的。因此,中属于"易"的范畴,是变易,即具体情况具体分析,而这,恰恰是孔子讲的另外一个概念——权。运用中道处理具体问题时候的表现,就是权。

权是相对于原则而言的。现实世界千变万化,往往不是单一的原则所能规范的。所以要权衡特定的因素,做出最合适的处理。但是,权的危险性也显而易见。如果没有可靠的监督机制,我们凭什么做出决定,什么时候应该坚持原则,什么时候需要权?因此,权的方法很容易被滥用,成为道德和社会堕落的根源。而孔子的思想弱点也正在这里。在孔子看来,社会是需要由有道德的君子来统治的。君子的道德品质非常

高,因此,权与原则的把握,完全可以依赖于圣贤的良心。在他的思想中,权是一个层次很高的修养境界:

子曰:"可与共学,未可与适道。可与适道,未可与立。可与立,未可与权。"(《子罕》)

执中是原则,与权相辅相成。《孟子》也说:

男女授受不亲,礼也。嫂溺援之以手者,权也。(《离娄上》)

执中无权,犹执一也。所恶执一者,为其贼道也,举一而废百也。(《尽心上》)

执一就是执其一端,偏执。这正与孔子讲的"叩其两端"相呼应:

子曰:"吾有知乎哉? 无知也。有鄙夫问于我,空空如也。我叩其两端而竭焉。"(《子罕》)

这种依赖于圣贤良心的权,在圣王执政的理想时代,也许能够作为治理国家的原则,但是在现实社会中,它虽然可以解决某些特殊情况下的难题,却也带来了很多负面的效应,使得真正的原则如同虚设,根本不可能实行。法家"释人而任势"的观念,也许更符合现代社会的要求。

理解这一点之后,我们就会很容易明白为什么孔子讲的这个"中",往往跟另外一个词"时"联系在一起,称为"时中"。因为"时"就是时机,就是具体的环境。有学者甚至认为,孔子的"中"的概念是从"时"发展而来的,这恐怕是颠倒过来了。我认为,儒家"时"的观念,是从"中"发展出来的。在《论语》中,虽然出现了"时"这个词,但看不出具有任何哲学性或思想性的意义:

色斯举矣,翔而后集。曰:"山梁雌雉,时哉时哉!"子路共之,三嗅而作。(《乡党》)

子问公叔文子于公明贾曰:"信乎夫子不言、不笑、不取乎?"公明贾对曰:"以告者过也。夫子时然后言,人不厌其言;乐然后笑,人不厌其笑;义然后取,人不厌其取。"子曰:"其然? 岂其然乎?"(《宪问》)

在《中庸》中,已经出现了"时中"这个词:

> 君子之中庸也,君子而时中。小人之反中庸也,小人而无忌惮也。

《易传》也有这个词,《蒙》卦象曰:

> 蒙亨,以亨行,时中也。

在《易传》中,"时"已经无可置疑地成为一个重要概念了:

> "终日乾乾",与时偕行。"亢龙有悔",与时偕极。(《乾·文言》)

> "含章可贞",以时发也。"或从王事",知光大也。(《坤·象》)

> 艮,止也。时止则止,时行则行,动静不失其时,其道光明。(《艮·象》)

> 益动而巽,日进无疆。天施地生,其益无方。凡益之道,与时偕行。(《益·象》)

《彖传》中随处可见对于"时"的感叹:

> 天地以顺动,故日月不过,而四时不忒。圣人以顺动,则刑罚清而民服,豫之时义大矣哉!(《豫·彖》)

> 刚当位而应,与时行也。"小利贞",浸而长也。遯之时义大矣哉!(《遯·彖》)

> 大亨贞无咎,而天下随时,随时之义大矣哉!(《随·彖》)

> 天险,不可升也。地险,山川丘陵也。王公设险以守其国。险之时用大矣哉!(《险·彖》)

> 天地解而雷雨作,雷雨作而百果草木皆甲坼。解之时大矣哉!(《解·彖》)

> 天地革而四时成,汤武革命,顺乎天而应乎人。革之时大矣哉!(《革·彖》)

从"时"这个概念,又很容易引发时运、命运的观念。在郭店出土的竹简中,有一篇《穷达以时》(题目为整理者所加),说到古代的一些大人物,初始时候都非常低贱贫穷,例如舜原来是个农夫,皋陶做过建筑工人,姜太公七十岁了还在朝歌屠牛,管仲曾为阶下囚,百里奚当过奴隶,等等。但是由于时来运转,上天使他们遇到了赏识自己的君主,从而成为"达"者,建功立业,兼济天下。这位作者想要从中揭示的主旨就是"穷达以时","遇不遇,天也"。

孔子有时候也会感叹"命"的问题,这个"命"的意义,主要是命运,与天道、天性的天命是不同的:

伯牛有疾,子问之,自牖执其手,曰:"亡之,命矣夫!斯人也而有斯疾也!斯人也而有斯疾也!"(《雍也》)

公伯寮愬子路于季孙。子服景伯以告,曰:"夫子固有惑志于公伯寮,吾力犹能肆诸市朝。"子曰:"道之将行也与,命也;道之将废也与,命也。公伯寮其如命何!"(《宪问》)

司马牛忧曰:"人皆有兄弟,我独亡!"子夏曰:"商闻之矣:死生有命,富贵在天。君子敬而无失,与人恭而有礼。四海之内皆兄弟也,君子何患乎无兄弟也?"(《颜渊》)

我们应该如何来理解孔子对于命运的感叹呢?

这些与"时运"相关的"命"的概念,与我们今天关于"命运"的观念基本是相同的,而与天道之间是有距离的。个人本身的条件和外界的环境综合在一起,常常会在我们的周围造成一种形势,使得某种特定的结果形成了"势在必行"的状态。人在面临这种"势"的时候表现得无能为力。所谓命运,就是由于这种"势"给人造成的无能为力的状态而引发的无奈感。可注意的是,这种"势在必行"的状态,在很多情况下,取决于人自己的判断。因此,对于同一事件,是不是"命",不同的人就会有不同的判断。

命运在我们的古人那里,是一种时运,它包含有我们今天讲的时机、命运、运气等等复杂的因素。"时机""时运"的"时",是与特定的时间联系在一起的,也就是在特定的环境下造成的无奈感。正是通过"时"这个词,我们可以感受到古人所感慨的命运,基本上是一种偶然性的解释,而天道的特点,恰恰是必然性。

(二)守恒

我们要注意,所谓的恒,其实就是孔子"中庸"之道的"庸"。

程子说:"不偏之谓中,不易之谓庸。中者,天下之正道,庸者,天下之定理。"此言最精辟。庸就是"恒",或称"常",即"不易"之谓。它与"周易"的"易"正好是相反而相成的概念。《中庸》"庸德之行,庸言之谨",《周易·乾·文言》"庸言之信,庸行之谨",《荀子·不苟》"庸言必信之,庸行必慎之",庸都是恒常之义。

守恒是《中庸》给出的另一条通达至诚的途径:坚持善——"择善而固执之"。坚持的不是别的,正是"善"的天性。这一点,跟《论语》的记载非常一致:

子曰:"善人,吾不得而见之矣;得见有恒者,斯可矣。亡而为有,虚而为盈,约而为泰,难乎有恒矣。"(《述而》)

孔子就这样给出了"善"的概念,但是他从来没有明说过什么是"善",以至于我们用今天的好人、善良的人的意思来理解"善人"这个词时,发现有很大的困难,因为总不能说孔子连一个好人或善良的人都没有见到过吧?

人的善来源于我们的天性。不管后天的环境把我们变成什么样的一个人,其实在我们的内心深处,始终知道什么事情是应该的,什么事情是不应该做的。这就是为什么陀思妥耶夫斯基每次都能从罪恶下面拷问出人性的纯洁来。

孔子在这里讲的善人,不是一般的好人,而是保持了自己初始的天性,在后天的社会环境中没有失去这种"善"的天性的人。这样的人,用《中庸》的话来讲,就是已经达到了"诚"的人,所谓"诚者,天之道也"。这样的人太难得了,大概与圣人的境界差不多了,所以他说自己见不到。他能够见到的,并且在修养上具有可操作性的,是在各种环境中都能坚持自己所认定的善道,持之以恒地努力的人,也就是孔子自己讲的"笃信好学,守死善道"(《泰伯》),也就是《孟子》讲的"求其放心"者,拿《中庸》的话来说,就是"诚之者",所谓"诚之者,人之道也"。一句话,有恒者就是坚持走在通往善的道路上的人。

这里牵涉到善的表现的问题。所谓善的天性,是一个抽象的概念。我们无法直接看到它,只能通过善的行为或者善的事物来发现它。那么,问题是,当我们说"择善而固持之"的时候,究竟是什么意思呢？我们如何能够发现,并且坚守这种抽象的东西呢？

事实上,善不仅仅是处于人内心的这种善的天性,而且是从人的内心向外投射到事物当中去的一种价值判断。当我们在现实中遭遇到某一件事情时,我们内心的善的天性就会对此做出一种判断:如何面对它、处理它才是符合善的或者不符合善的。这时候,善的天性就被发现了。当我们按照符合善的方式来决定自己的行为时,我们就是保守了善,就是走在善的路上了。这条道路何时终止？《大学》说:

大学之道,在明明德,在亲民,在止于至善。

"至善"显然只是一个理想,因此,这条善的道路也就永无止境。

孔子所说的"善人",是永远能够对于面临的事情做出善的反应的人。这样的人,表现在具体的行为上,就是永远能够在具体事情上把握住中道的人,拿《中庸》的话来说,就是"不勉而中,不思而得,从容中道"。这样的人,当然是"圣人也",而事实上,没有人真正有能力做到这一点。因此他说"吾不得而见之",就不奇怪了,这跟"圣人吾不得而见之矣"其实是同一个意思。这就是为什么孔子老在那里感叹:

子曰:"中庸之为德也,其至矣乎！民鲜久矣。"(《雍也》)

可见,中庸的意思是"既中且庸"。中庸,是善的天性的表现,而善的保持,又需要在具体实践中贯彻中庸之道。

但是现实中的人不可能永远都知道怎样做才是善的,怎样做才是执行了中道。"善人",是"圣人"的理想境界,真正具有现实性、可操作性的,是"有恒者",就是那些尽管常常做出了错误的、不善的反应,但能够坚持不放弃按照善的原则来选择的人。所谓"虽不能至,心向往之",犯错误其实并不要紧,孔子说:"择其善者而从之,其不善者而改之。"(《述而》)过而能改,善莫大焉。

在有恒者的问题上,有一个非常好的模范人物,就是颜回。孔子称赞颜回说"其心三月不违仁",颜回不是圣人,也会犯错误,也会"违仁"。孔子又称赞他说"不迁怒,不贰过",可见他善于改过。鲁哀公问孔子,哪些弟子可以算是好学的,孔子说,只有一个颜回,还不幸短命死了,现在就一个都没有了。孔子那么多高才弟子,为什么只有一个颜回好学?可见这个好学不是一般意义上的喜欢学习、喜欢读书的意思,好学是坚定地走在"大学"的道路上,朝着"至善"而行的人,所以孔子称赞颜回"不迁怒,不贰过",绝不重复以前的错误。而颜回说孔子"仰之弥高,钻之弥坚。瞻之在前,忽焉在后。……博我以文,约我以礼,欲罢不能","欲罢不能",正是"择善而固执之"的生动写照。

孔子对于恒的重视,在《论语》中还可以看到,《子路》:

子曰:"南人有言曰:'人而无恒,不可以作巫医。'善夫!""不恒其德,或承之羞。"子曰:"不占而已矣。"

恒的思想,在孔子之前就已经有了,它跟"中"一样,也来源于传统。"不恒其德,或承之羞"之语,就是《易经·恒卦》九三的爻辞。《易经》的经文也多次提到恒的概念,而且能够看出经文作者认为恒是一种应当遵守的美德,有恒者会得到吉利:

《需卦》初九:需于郊。利用恒,无咎。

《豫卦》六五:贞疾,恒,不死。

《益卦》上九:莫益之,或击之,立心勿恒,凶。

在《易传》中,关于恒的思想更加明显:

恒,久也。刚上而柔下。雷风相与,巽而动,刚柔皆应,恒。"恒亨无咎利贞",久于其道也。天地之道恒久而不已也。"利有攸往",终则有始也。日月得天而能久照,四时变化而能久成,圣人久于其道而天下化成。观其所恒,而天地万物之情可见矣。(《恒卦·彖》)

雷风,恒。君子以立不易方。(《恒·象》)

子曰:"上下无常,非为邪也。进退无恒,非离群也。君子进德修业,欲及时也。故无咎。"(《乾·文言》)

风自火出，家人。君子以言有物而行有恒。（《家人·象》）

归妹以娣，以恒也；跛能履吉，相承也。（《归妹·象》）

有时候"恒"似乎也有凶，但这是因为其他不好的因素造成的，而且常常是因为"恒"的缘故，会减小这些不好的因素造成的危害。例如《恒卦》初六："浚恒，贞凶，：无攸利。"《象》曰："浚恒之凶，始求深也。"六五："恒其德贞，妇人吉，夫凶。"《象》曰："妇人贞吉，从一而终也；夫子制义，从妇凶也。"上六："振恒，凶。"《象》曰："振恒在上，大无功也。"

守恒意味着每时每刻都走在通向"至诚""至善"的大道上，自始至终都不能改变。守恒其实是非常艰难的事情，并不容易做到，所以越发需要时刻警醒：

子夏闻之，曰："噫！言游过矣！君子之道，孰先传焉？孰后倦焉？譬诸草木，区以别矣。君子之道，焉可诬也？有始有卒者，其惟圣人乎！"（《子张》）

《诗》云"靡不有初，鲜克有终"，也是这个意思。

我们应当注意到，庸的"恒"这一意义，与"平常"的意义之间，是有联系的，一种永恒不变的道，也最容易成为"百姓日用而不知"的道理，渗透到日常生活中最平常、最普通的事情中去：

子曰："谁能出不由户？何莫由斯道也？"（《雍也》）

道也者，不可须臾离也；可离非道也。（《中庸》）

这就是为什么"常"这个词，既有永恒的意思，又有平常的意思，正如"庸"这个词，既有永恒的意思，又有平庸的意思。反过来，平常这个意思，也恰恰揭示了君子在道的修养上的"有恒性"的真谛：一点一滴，从平常的一切事情出发，长期养成。平日所为的每一件小事，可能都会在不知不觉中对自己的品德造成影响，古人所谓"勿以恶小而为之，勿以善小而不为"，就是这个道理。所以孔子说：

君子去仁，恶乎成名？君子无终食之间违仁，造次必于是，颠沛必于是。（《里仁》）

言忠信，行笃敬，虽蛮貊之邦行矣。言不忠信，行不笃敬，虽州里行乎哉？：立，则见其参于前也；在舆，则见其倚于衡也，夫然后行。（《卫灵公》）

由此我们也就很容易理解为什么儒家强调"慎独"。当一个人闲居独处的时候，普通人不会注意自己的言行，因为没有人看见，可以无所不为。这就是"自欺"，对于君子"至诚"的修养，是很大的伤害。《大学》：

所谓诚其意者，毋自欺也。如恶恶臭，如好好色。此之谓自谦。故君子必慎其独也。小人闲居为不善，无所不至，见君子，而后厌然揜其不善，而著其善。人之视己，如见其肺肝然，则何益矣。此谓诚於中，形於外。故君子必慎其独也。

# 六、鬼神之为德

我们前面讲到孔子这样的"精英"分子，他们所谈论的鬼神问题，是教化人民的"方便法门"，天道才是他们自己保守的"真理"。这样一来，是否有违"至诚""至善"的原则呢？

对于孔子和他的后学们来讲，这不成其为问题。一方面，虽然鬼神问题是一种"方便法门"，但这种"欺骗"是善意的欺骗，目的是为了道民以德。目的正确，手段也没有什么危害，自然可以成立。另一方面，虽然他们并不相信鬼神的问题，但是在处理鬼神问题时，却真的是以"至诚"之心来对待的，甚至比那些真正信仰鬼神的人更加虔诚。

祭如在，祭神如神在。子曰："吾不与祭，如不祭。"（《八佾》）

齐之日，思其居处，思其笑语，思其志意，思其所乐，思其所嗜。齐三日，乃见其所为齐者。祭之日，入室，僾然必有见乎其位，周还出户，肃然必有闻乎其容声，出户而听，忾然必有闻乎其叹息之声。（《礼记·祭义》）

这不能不说是一种非常有趣的思想。鬼神的存在与否其实已经不重要,重要的是人反躬自问:我的所作所为是否真诚?这种"至诚"之心,可以达到非常神奇的效果,使得无鬼神的世界能够达到与有鬼神同样的效果:

至诚之道,可以前知。国家将兴,必有祯祥;国家将亡,必有妖孽。见乎蓍龟,动乎四体。祸福将至,善,必先知之,不善,必先知之。故至诚如神。(《中庸》)

鬼神由此而转化为一种道德修养,而不是宗教信仰:

子曰:"鬼神之为德,其盛矣乎!视之而弗见,听之而弗闻,体物而不可遗。使天下之人齐明盛服以承祭祀,洋洋乎如在其上,如在其左右。《诗》曰:'神之格思,不可度思,矧可射思!'夫微之显,诚之不可揜如此夫!"(《中庸》)

祭祀的传统是如此根深蒂固,《左传》说:"国之大事,在祀与戎。"它不仅仅是有关鬼神的信仰问题,而且关系到当时社会的根本制度——宗法制度的理论根据。无论从社会生活的现实性,还是神道设教的实用性,孔子都难以否定这个传统,否定这个传统也就意味着否定这个社会的根本制度。这就是为什么他一方面承认这个传统,而另一方面又总是语焉不详的原因:

或问禘之说。子曰:"不知也。知其说者之于天下也,其如示诸斯乎!"指其掌。(《八佾》)

季路问事鬼神。子曰:"未能事人,焉能事鬼?"曰:"敢问死?"曰:"未知生,焉知死。"(《先进》)

这样,孔子和他的儒家弟子们,巧妙地解决了自己头脑中的理性思想与现实生活中的传统信仰之间的巨大矛盾,非常富有智慧,也的确非常漂亮。

在涉及天道与鬼神的问题上,我们不能不对《易传》的思想做一些考察。《易经》无疑反映了通达鬼神的占卜传统,而《易传》跟孔子之间有着不可分割的联系,《易传》中大量的"子曰",一方面可以证明《易传》绝非孔子亲作,但是另一方面也可以证明,这些"子曰",即便不是孔子的原话,也应该跟孔子的思想相去不远。

《论语·述而》:"子曰:'加我数年,五十以学《易》,可以无大过矣。'"孔子说他自己"五十而知天命"(《学而》),可能就跟学习《易经》有关系。《史记·孔子世家》也说:"孔子晚而喜易,序彖、系、象、说卦、文言。读《易》,韦编三绝。"《易经》是孔子晚年潜心研究的著作,但是我们可以鲜明地体会到,他研究《易经》的旨趣,绝不在于占卜:

夫子老而好易,居则在席,行则在橐。子贡曰:"夫子它日教此弟子曰:'德行亡者,神灵之趋。

《易传》书影

知谋远者,卜筮之繁。'赐以此为然矣。以此言取之,赐缗□之为也。夫子何以老而好之乎?"夫子曰:"君子言以矩方也,前茾而至者,弗茾而巧也。察其要者,不诡其辞。《尚书》多於矣,《周易》未失也。且有古之遗言焉,予非安其用也,[予乐其辞也。]"

我们今日习称的《易传》,事实上并不见得是具备内部一致性的思想。《系辞》《文言》《彖》《象》与《说卦》《序卦》《杂卦》,其思想的深刻性不可同日而语,而且我们今天还可见马王堆帛书的《易传》,与今本《易传》之间,也有差异。

不过,我们现在尽量避免对于差异的讨论,去寻求其中有关天道观的比较一致性的内容。总的来讲,《易传》的思想表现了理性的精神,但是因为其言说所凭借的是一本占卜之书,所以也常常涉及一些带有神秘色彩的"神物"。

《易传》认为,人通晓天道的途径大致有三:

第一,天地之道会通过天文地理等自然现象表现出来,善于观察和感悟的圣人能够得知,并且可以效法,将之转化为人事。

天垂象,见吉凶,圣人象之;河出图,洛出书,圣人则之。易有四象,所以示也。系辞焉,所以告也。定之以吉凶,所以断也。(《系辞上》)

易与天地准,故能弥纶天地之道。仰以观於天文,俯以察于地理,是故知幽明之故。原始反终，故知死生之说。精气为物，游魂为变，是故知鬼神之情状。与天地相似，故不违；知周乎万物而道济天下，故不过；旁行而不流，乐天知命，故不忧；安土敦乎仁，故能爱。范围天地之化而不过，曲成万物而不遗，通乎昼夜之道而知。故神无方而易无体。（《系辞上》）

古者包牺氏之王天下也，仰则观象于天，俯则观法于地，观鸟兽之文，与地之宜；近取诸身，远取诸物，于是始作八卦，以通神明之德，以类万物之情。（《系辞下》）这一点，我们几乎可以认为完全是人文性的，是天文学、地理学、博物学知识发展到一定阶段的结果，反映了古代社会的进步。虽然其中不可避免地还带有一些关于死生之说、鬼神之情状等神秘色彩。

第二，天生神物，能够彰往察来，圣人通过这些神物，就可以数往知来。最重要的神物，当然就是《易》所凭借的蓍龟。

法象莫大乎天地，变通莫大乎四时。县象著明莫大乎日月，崇高莫大乎富贵。备物致用，立成器以为天下利，莫大乎圣人。探赜索隐，钩深致远，以定天下之吉凶，成天下之亹亹者，莫大乎蓍龟。是故，天生神物，圣人则之；天地变化，圣人效之。（《系辞上》）

夫易，开物成务，冒天下之道，如斯而已者也。是故，圣人以通天下之志，以定天下之业，以断天下之疑。是故蓍之德圆而神；卦之德方以知；六爻之义易以贡，圣人以此洗心，退藏于密，吉凶与民同患。（《系辞上》）对于这一点，我们可以有两种理解：一是《易传》的作者对于占卜的原理是有信仰的，他相信可以通过蓍龟这样的神物通达天道。这样的思想无疑属于较早的时代。但另外一种理解似乎也可以考虑：《易传》的作者跟孔子的理性思想一般无二，在这里之所以会想到要借助于蓍龟这样的神物，是因为他受到所谈对象，即《易》为占卜之书的限制。我本人觉得后一种理解似乎更好。

第三，天地万物的变化，都有一个由微而显的过程，都起于非常细微的先兆，这就叫作"几""微""赜""隐";圣人能够在事物微动之时就感知其将变化,因而能够预知将来的事情,这是"知几"。

圣人有以见天下之赜,而拟诸其形容,象其物宜,是故谓之象。圣人有以见天下之动,而观其会通,以行其典礼,系辞焉以断其吉凶,是故谓之爻,言天下之至赜而不可恶也。言天下之至动而不可乱也。拟之而后言,议之而后动,拟议以成其变化。(《系辞上》)

子曰:知几其神乎!君子上交不谄,下交不渎,其知几乎!几者,动之微,吉凶之先见者也。君子见几而作,不俟终日。易曰:"介于石,不终日,贞吉。"介如石焉,宁用终日,断可识矣。君子知微知彰,知柔知刚,万夫之望。(《系辞下》)

这一点,最为微妙玄深。它与《中庸》的这段话最为接近:

至诚之道,可以前知。国家将兴,必有祯祥;国家将亡,必有妖孽。见乎蓍龟,动乎四体。祸福将至,善,必先知之,不善,必先知之。故至诚如神。(《中庸》)

值得注意的是,《中庸》讲"至诚如神",而不就是"神"。从理性的角度讲,任何事变之前,其实都应该是有预兆的,只不过我们人类往往注意不到,最常见的是"事后诸葛亮",事变发生之后,才恍然大悟,这也就是普通人与"圣人"的差别。比如说 5·12 大地震,据说地震之前灾区成千上万的青蛙蛤蟆成群结队地跑;天空布满了奇怪的云,当时就有人说,那是地震云;有个叫孙俪的演员说,地震前她们家的狗狂吠不止,简直像疯了似的。这就是事变的"几微"之处,可惜我们人类太迟钝了,非得等到灾难发生之后才意识到这些迹象。

因此,圣人可以"前知",并不是我们的古人在欺骗我们,孔子和他的弟子们告诉我们的只是一种"先见之明",是根据事物发生的先兆预测未来,而不是宣传迷信。

人禀受天地之气而生,人的魂魄就是"精气"的凝聚。《易传》认为,君子通过"至诚"的培养,可以使得"精气"的运行与天地的变化之间建立联系,由此通过心的"感应",感受到那些"几微"的变化。

子曰：君子居其室，出其言善，则千里之外应之，况其迩者乎？居其室，出其言不善，则千里之外违之，况其迩者乎？言出乎身，加乎民；行发乎迩，见乎远。言行，君子之枢机。枢机之发，荣辱之主也。言行，君子之所以动天地也，可不慎乎！（《系辞上》）

是以君子将有为也，将有行也，问焉而以言，其受命也如响。无有远近幽深，遂知来物。非天下之至精，其孰能与于此？参伍以变，错综其数。通其变，遂成天下之文；极其数，遂定天下之象。非天下之至变，其孰能与于此？易无思也，无为也，寂然不动，感而遂通天下之故。非天下之至神，其孰能与于此？夫易，圣人之所以极深而研几也。唯深也，故能通天下之志；唯几也，故能成天下之务；唯神也，故不疾而速，不行而至。子曰：易有圣人之道四焉者，此之谓也。（《系辞上》）

子曰：天下何思何虑？天下同归而殊途，一致而百虑，天下何思何虑？日往则月来，月往则日来，日月相推而明生焉。寒往则暑来，暑往则寒来，寒暑相推而岁成焉。往者，屈也；来者，信也。屈信相感而利生焉。尺蠖之屈，以求信也；龙蛇之蛰，以存身也；精义入神，以致用也。利用安身，以崇德也。过此以往，未之或知也。穷神知化，德之盛也。（《系辞下》）

其中的"神"或"神明"，并不是神灵，而是君子通过自身的修养，通达宇宙万物的大道，能够数往知来，体验到天地之间极其细微的变化，从而与天地合而为一，洞彻天地之道，天地万物细微的变化都能够体验到（《孟子》主张养气，与此相近）。也就是所谓"阴阳不测之谓神"，子曰："知变化之道者，其知神之所为乎？"（《系辞上》）

保持心灵的至诚，达到至精至诚，就能感应到天下万物几微的变化。这一思想，与上一个时代的巫通神灵的方式是对应的。《国语·楚语下》：

古者民之精爽不携贰者，而又能齐肃中正，其知能上下比义，其圣能光远宣朗，其明能光照之，其聪能听彻之，如是则神明降之，在男曰觋，在女曰巫。

但是孔子思想的伟大之处,就在于把这种神巫的占卜原理,转化为人的道德品质的修养。《易经》显然对孔子的思想产生了深刻的影响,但是孔子对于《易》的态度,非常明确,他要摒弃那种占卜的巫术,而转化为思辨的理性。

子曰:"是以察于《损》《益》之变者,不可动以忧喜。故明君不时不宿,不日不月,不卜不筮,而知吉与凶。顺于天地之心,此谓易道。"(马王堆帛书《要》)

正是在这一意义上,帛书《要》明确指出"无德则不能知易,故君子尊德":

子曰:"易,我后其祝卜矣,我观其德义耳也。幽赞而达乎数,明数而达乎德。有仁□者而义行之耳。赞而不达于数,则其为之巫。数而不达于德,则其为之史。史巫之筮,向之而来也,始之而非也,后世之士,疑丘者,或以易乎?吾求其德而已。吾与史巫,同途而殊归者也。"(《要》)

同途,同为《易》道;殊归,一归于巫,一归于德:

极天下之赜者存乎卦,鼓天下之动者存乎辞,化而裁之存乎变,推而行之存乎通,神而明之存乎其人。默而成之,不言而信,存乎德行。(《系辞上》)

在孔子的天道观中,有一个让很多人觉得触目惊心的断言:"人能弘道,非道弘人。"(《卫灵公》)前人早已指出它与《中庸》的这个解释相一致:

大哉圣人之道,洋洋乎,发育万物,峻极于天,礼仪三百,威仪三千,待其人而后行。故曰:苟非至德,至道不凝焉。

我们既然理解了孔子的天道观,这个断言,也许就不那么触目惊心了。在孔子的天道观中,人的地位变得非常突出,君子知天道,对于君子的要求非常高。贯穿孔子天道观的一个线索是,君子要不断地提升自己的道德修养和精神境界,才可能通达天道。因此《易传》说:

易之为书也不可远,为道也屡迁。变动不居,周流六虚,上下无常,刚柔相易,不可为典要,唯变所适。其出入以度,外内使知惧,又明于忧患与故,无有师保,如临父母。初率其辞,而揆其方,既有典常,苟非其人,道不虚行。(《系辞下》)

"苟非其人，道不虚行"，这绝不是要把任何人排除在"道"之外，而是强调君子在天道面前，首先要反躬自问："我准备好了吗?"要想接近天道，人首先必须让自己做好充分的准备，不断地提升自己，达到可以与之相遇的境界，而这正是儒家一切精神修养的最终指向。这是坚持走向"至善"的道路，这是勇于承担的精神，也正是孔子知其不可而为之的精神。让我们再一次重温曾子的这段充满激情的话语，或许这一次，又能够从中得到一点新知：

　　士不可以不弘毅，任重而道远。仁以为己任，不亦重乎? 死而后已，不亦远乎?（《论语·泰伯》）

# 第六章　孔子学说

## 一、孔子说"正名"

在《心得》一书中，于丹只字未提孔子的"正名"说。这是一时的疏忽，还是有意的回避，或者是不愿意"僵死地理解"？然而这正是体现孔子治国方略的最核心的理论，也是历代王朝作为"治国之本"的理论。

如前所述，孔子所要维护的是奴隶制，但是到春秋后期，历史已经渐次向封建制过渡。令人诧异的是，孔子所创立的旨在复古的儒家思想体系，他的理论纲领和伦理观念，却同样成了封建制度的支配理论与观念，并延续了两千多年，直到清王朝灭亡。

孔子学说的理论纲领和伦理观念，何以有如此雄大而顽强的生命力呢？这就很有必要对《论语》做一番解读。

综观《论语》所记述的孔子的思想、学说、理论、观念，概括起来，大致有两个基本的内容：（一）孔子的治国方略；（二）孔子倡导的人格修养。而这两项基本内容，都是同春秋后期的社会环境和政治思想紧密地联系在一起的。

为了识别以孔子为代表的先秦儒家的政治面目及其社会地位，我们要先厘清"儒"的本源和它的内涵。

《说文》："儒，术士之称。""术士"即古代从巫、史、祝、卜等职业中分化出来的专为贵族人家相礼的知识分子，也就是寄食于贵族的知识分子。这些儒者要向贵族人家讲授"六艺"（礼、乐、射、御、书、数），还要把自己所搜集到的历史文献资料，后世所谓"六经"(《诗》《书》《礼》《乐》《易》《春秋》),作为基本教材,传授给新旧权贵们。

在西周奴隶制的时代,"儒"处在奴隶主和奴隶之间的缓冲地带,战胜国的贵族允许儒者参与分掌部分的政务,协助贵族管理被掳来的奴隶。儒者处在居间的位置,有助于调解、缓和众奴隶和奴隶占有者之间的矛盾和冲突,客观上也就提高了"儒"的社会地位。

闻一多说:"后来胜国贵族渐趋没落,而儒士们因有特殊知识和技能,日渐发展成一种宗教文化的行帮企业,兼理着下级行政干部的事务,于是缓冲阶层便为儒士们所占有了。"(《什么是儒家》)

这也就是职业化了的儒士,即孔子所说的"君子儒"——子谓子夏曰:"女(汝)为君子儒,无为小人儒。"(《雍也》)翻译成白话是,孔子对子夏说:"你要成为职业化的儒士,不要成为寄生的儒士。"孔子正是在这个社会背景下成为一名专业的儒士——"君子儒"。

对于"君子儒""小人儒",郭沫若做过如下的论述:

儒,在初当然是一种高等游民,无拳无勇,不稼不穑,只晓得摆个臭架子而为社会上的寄生虫。孔子所说的"小人儒"当指这一类。这种破落户,因为素有门望,每每无赖,乡曲小民狃于积习,多不敢把他们奈何。他们甚而至于做强盗,做劫冢盗墓一类的勾当。

但是在社会陵替之际,有由贵族阶级没落下来的儒,也有由庶民阶级腾达上去的暴发户。……因为既腾达的暴发户可以豢养儒者以为食客或陪臣,而未腾达的暴发户也可以豢养儒者以为西宾以教导其子若弟,期望其腾达。到达这样,儒便由不生产的变而为生产的。这大约也就是孔子所说的"君子儒"了。这是儒的职业化。(《青铜时代·驳〈说儒〉》)

这里顺便提及于丹在《心得》一书的"君子之道"篇中,引用了孔子对子夏说的这番话以后,对"君子儒""小人儒"却做了这样的解读:"就是说,你要想着提高修养,不要老惦记眼前的一点点私利。"她还说:"在孔子看来,做君子就是做一个最好的你自己,按照自己的社会定位,从身边做起,让自己成为内心完善的人。因为只有你的内心真正有了一种从容淡定,才能不被人生的起伏得失所左右。"

实际上,孔子讲的是春秋时代的儒士同其他阶级的依附关系的问题。也就是说,是成为职业化的儒士,还是成为破落的寄生者的儒士;是充当腾达的或尚未腾达的贵族的代言人,还是充当破落贵族的代言人。于丹解读的随意性,离开《论语》的本意实在是太远了,恐怕连望文生义都谈不上。

儒士的职业化或行帮化,依靠着两个基本的理论支撑。

其一便是"正名"的理论。

子路曰:"卫君待子而为政,子将奚先?"

子曰:"必也正名乎!"(《子路》)

翻译成白话是,子路问:"卫国国君期待着老师去施政治国,请问老师您打算先做什么事呢?"孔子回答道:"我一定要先正名分。"

孔子在和子路对话时还说:"名不正则言不顺,言不顺则事不成,事不成则礼乐不兴,礼乐不兴则刑罚不中,刑罚不中则民无所措手足。"可见不先正名分可能产生的严重后果。"故君子名之必可言,言之必可行也"。(以上均见《子路》)

以上说明"正名"说在孔子的治国方略中的重要地位。那么,孔子的"正名",指的是什么呢?

齐景公问政于孔子。孔子对曰:"君君,臣臣,父父,子子。"(《颜渊》)

翻译成白话是:有一回,齐景公向孔子问政。孔子回答道:"国君要像国君的样子,臣僚要像臣僚的样子,父亲要像父亲的样子,儿子要像儿子的样子。"

这就是说,在等级森严的现实社会里,君臣父子,必须各就其位,各谋其职,不可以僭越,不可以篡位。

孔子讲这番话,是在许多国家已经是卿大夫窃取了国家的权位,或是"陪臣执国政"的春秋后期,政局动荡不定的年代。孔子企图用"正名"的政治主张,去阻止正在发生的惨烈的社会变革,通过恢复国君的绝对权威,去建立一个正常的、稳定的社会秩序。

然而,实际上孔子的"正名"说,并未能改变当时"臣弑君"的社会现实。

子曰:"觚不觚,觚哉! 觚哉!"(《雍也》)

翻译成白话是,孔子感叹道:"觚不像觚的样子了。这是觚吗? 这是觚吗?"

觚是古代盛酒的器皿,腹部和足部各有四个棱角,容量较大。孔子所见的可能是一个圆形的酒器,下方无棱角,容量也较小,却也名为觚。孔子有感于当时名实不符的社会现状,在"君不君,臣不臣,父不父,子不子"的世态下,发出了"觚不觚"的悲凉的感慨;而"觚哉! 觚哉!"的质疑,说明"夫子之道"已经行不通了。

然而,这行不通并不能反证"正名"说失去了它的理论威力。

自秦汉至明清,"正名"说成了历朝最高统治者用来镇压那些企图篡夺王位而发动政变者的重要的理论武器。"正名"说适应了封建专制主义的需要,成了几千年来封建王朝的支配理论。像曹操这样的英雄人物,即使在当时"挟天子以令诸侯"的情势下,他也要在《述志》一文中表明自己没有废除刘姓汉代而自立的野心:"孤此言皆肝鬲之要也。"

孔子的"正名"说,对于后世的影响是不可以低估的。如西汉中期,在"天人感应"学说的基础上,董仲舒以"天"为出发点,提出了关于人世间上下尊卑的等级关系的理念,说"天下之尊卑,随阳而序位";"阳贵而阴贱,天之制也。"(《天辨在人》)而这种尊卑贵贱的人际关系,即"君臣父子夫妇之义,皆取阴阳之道,君为阳,臣为阴,父为阳,子为阴,夫为阳,妇为阴"。(《基义》)这不就是"正名"说的延伸吗?

董仲舒在"阳尊阴卑"的神学理论的基础上,建立了"三纲五常"的体系化的学说。其"三纲"——"君为臣纲,父为子纲,夫为妻纲",比之"正名"说,增加了男人(丈夫)对女人(妻子)的绝对统治,所以说是"正名"说的延续和扩大。

这说明中国封建社会,自汉以后,最高统治者更需要利用"三纲五常"一类旨在维护封建宗法制度和专制主义的理论来巩固他们的政权和地位,他们也因此要"独尊儒术"了。

鲁迅曾经深刻地揭示了"正名"等说教的阶级本质。他说:"孔夫子曾经计划过出色的治国方法,但那都是为了治民众者,即为权势者设想的方法,为民众本身的,却一点也没有。这就是'礼不下庶人'。"(《在现代中国的孔夫子》)

## 二、孔子说"中庸"

孔子说:"中庸之为德也,其至矣乎? 民鲜久矣!"(《雍也》)中庸是一种常人很难达到的崇高的品德,孔子称之为"至矣",即人生修养的最高境界。可是,当我们今天提及"中庸"一词,就会使人想起"折中主义"的指责,以为中庸是无原则、无是非、和稀泥的方法,还会想起那些庸俗之人唯唯诺诺、庸庸碌碌、无所作为的样子,等等。这就不能不令人困惑,终生奋斗不息、不知老之将至的一代哲人孔子,怎么会把这种随处可见的平庸人格说成是"民鲜久矣"的至德? 那么,"中庸"到底为何物呢?

中庸,是孔子的一种思想方法。在孔子"仁义礼"结合的思想体系中,在他因材施教的教学实践中,在他因时制宜的出处进退和待人接物的活动中,无不贯穿着中庸的方法,无不打上中庸的烙印。随着孔子被尊为至圣先师,儒学被待以独尊地位,中庸作为儒学的思想特征之一,在历史上曾经是而且现在也不自觉地是影响和规范中国文化的指南和模式。因此,中庸是准确理解孔子及其思想的钥匙,是认识儒家思想的一大关键,也是了解中国文化特色的一个门径,我们切不可受历史上对中庸的误解影响而等闲视之、漠然置之,甚至错误地丑诋和鄙弃它。如果那样,我们就成了不善于吸取圣贤智慧的愚人,成了泼水而将婴儿也倒掉的蠢人了。

根据孔子关于"中庸"精神的论述和他的为人处事方法,我们可以将中庸这一思想方法归纳为四项,即适中、中正、中和、时中。下面分别言之。

### (一)允执厥中——适中

适中,即无过不及、恰到好处。"中庸",按其本训,即用中。庸即用。《庄子·齐物论》:"庸也者,用也。"《说文解字》:"庸,用也。"此皆为其证。用中,掌握恰当的分寸,用恰当的方式、方法和尺度来修身、治世。这就是《礼记·中庸》所说:"执其两端,用其中于民。"意即控制两个极端,以恰当(中)的分寸来治理人民。孔子认为"用中于民"的思想渊源悠久,传自尧舜,它是尧舜禹汤相传的秘诀。

尧曰:"咨尔舜:'天之历数(节度)在尔躬(身),允执厥(其)中。四海困穷,天禄永终。'"舜亦以命禹。(《尧曰》)

"天之历数",指根据天体运行规律制定的历法等节度,这里侧重于天体的运行节度和规律。孔子认为,是在尧的时代,推步天文,制定了历法;也是从尧开始,法天行之节度(即规律)来治理社会。他说:"大哉尧之为君也!巍巍乎!唯天为大,唯尧则之。"(《泰伯》)而尧舜则天治世的主要内容,即法天行适度的原则,把握适中("允执其中")的限度。如果走极端,将天下弄得走投无路("困穷"),上天赐予的禄位也就永远终止了。孔子反对过分和过火的行为,认为过分的强硬措施,是不得人心的暴政、苛政和虐政;但也不能走宽政的极端,过分柔政,也会适得其反,造成民心淫佚,风气不振。因而说:"爱之(民)能勿劳(劳苦)乎?"(《宪问》)爱民惠民并不是完全不要人民从事必要的劳役。历史的经验证明:若统治者一味地实行强权政治,就会加深人民的反抗情绪,扩大阶级对立的裂痕;若到了人民走投无路的时候,必然导致剧烈的阶级冲突,天赐之禄当然就将永远离统治者而去了。相反,若统治者过分地柔惠,朝廷无威,政令不行,法禁不止,民风颓废,地方坐大,豪强割据,地方势力武断乡曲,抗衡中央,就不利于社会安宁和稳定。因此,一定要"允执厥中","用其中于民",刚而不至于猛,惠而不至于软,爱之劳之,取之予之,然后天下安定。

适中的原则在教学上和修身中也极为重要,孔子在教学中善于分析弟子的优劣、善否、长短,因材施教,教育和培养学生,很好地贯彻了中庸的方法。一次,子路问孔子:"闻斯行诸?"孔子说:"有父兄在,如之何其闻斯行之?"后来,冉求向孔子请教同一个问题,孔子却欣然答道:"闻斯行之!"公西华很不理解,孔子解释说:"求也退(胆怯),故进(促进)之;由也兼人(逞强),故退(抑退)之。"(《先进》)子路为人言必行,行必果,听到了一个善言,若是自己还未付诸实践,唯恐又听到新的。为人好勇逞强,显得咄咄逼人,不合乎"孙(逊)以出之"(《卫灵公》)的修身之道,故孔子有意抑退他。冉求为人胆怯,见义不能勇为,又不合乎"当仁不让于师"(《卫灵公》)的精神,故孔子促进之。孔子对子路和冉求的不同教诲,正在于掌握适中的原则。

子贡问子张与子夏二人孰优? 孔子说:"师(子张)也过(过度),商(子夏)也不及。"子贡说:"然则师愈(优)与?"孔子曰:"过犹不及。"(《先进》)子张性偏激,有些急躁冒进,孔子曾说:"师也辟",即志趣孤高而流于偏激;子夏重文,是位谨小慎微的纯儒,孔子曾告诫他"女(汝)为君子儒(有大志),无为小人儒(无大志)"。没有大志固然不好,因为无大志就不能最大限度地开发人的潜能;但志高气盛、流于偏激也不好,因为偏激会造成狂妄自大、孤高脱群。向任何一个方面走极端,都不是君子的理想人格,故孔子说"过犹不及"。孔子的理想人格是知进知退,知刚知柔,防其两极,慎守中道。有一善行,但又保持一定的分寸,不把某种品质推向极端,避免走入死胡同。物极必反,任何东西过分地强调都会走向反面,就会适得其反。正如英国诗人乔叟所说:"怀疑一切与信任一切是同样的错误。能得乎其中,方为正道。"列宁亦说:"只要向前再多走一小步——看来仿佛依然是向同一方面前进的一小步——真理就会变成谬误。"很多人虽有很多善行和美德,但由于过分发挥,走了极端,优点反而成了缺点。孔子在自己的个性修养上,就是恰当把握分寸,正确培养美德,因而成了圣人。《淮南子·人间》篇记载说:

人或问孔子曰："颜回何如人也？"曰："仁人也。丘弗如也。""子贡何如人也？"曰："辩人也。丘弗如也。""子路何如人也？"曰："勇人也。丘弗如也。"宾曰："三人皆贤于夫子，而为夫子役（指使），何也？"孔子曰："丘能仁且忍，辩且讷，勇且怯。以三子之能易（换）丘一道，丘弗为也。"

孔子认为，颜回、子贡、子路都有他们的过人之处，甚至这些长处在某种意义上都是孔子所赶不上的（"丘弗如也"），但由于不善于执中，不善于掌握恰当的分寸，因而都未能尽善尽美。孔子自己则兼有众人之长而无众人之短，能把握火候，恰到好处，因此，虽然在具体技能方面不及诸人，但他却具有综合优势，这是众人所不能比拟的。这段话亦见于《说苑·杂言》《论衡·定贤》及《列子·仲尼》等书，未必真出自孔子之口，但它表达的行为适中、无过不及的思想，却与孔子"过犹不及"观点如出一辙。

孔子又说：

聪明圣知（智），守之以愚；功被（盖）天下，守之以仁；勇力抚世，守之以怯；富有四海，守之以谦：此所谓挹（抑）而损之之道也。（《荀子·宥坐》）

这里说的是处于一定地位后，用"挹而损之"的方法来保持适中状态，同样合乎中庸的思想，值得人们深思和借鉴。

### （二）无过与不及——中正

中可训正。许慎《说文解字》于史字下曰："中，正也。"朱骏声《说文通训定声》曰："其本训当为矢著（着）正也"；"著侯（箭靶）之正为中，故中即训正。"因此，《尧曰》皇侃疏"允执厥中"的"中"为："中正之道也。"

中正是讲一个人的行为走正道，言中规，行中伦，表里一致，名实一致。孔子要求人们，在修养上，内在的修养与外在的修饰吻合起来。他一则说"文胜质则史（文诌诌）"，又说"质胜文则野"，主张"文质彬彬然后君子"（《雍也》）。在政治生活和社会生活中，他要求用人时才能与职位相符，行为与名分相符。首先，要"选贤才"。认为

"政在得人"，得其人而天下治。孔子曾根据《易经》"负且乘，致寇至"的思想，发挥说："负也者，小人之事也；乘也者，君子之器（名位）也。小人而乘君子之器，盗思夺之矣。"（《周易·系辞上》子曰）政治职位应该是君子据有，如果才浅德薄的小人占据了位子，德才与名位不相符，连强盗也不服气，思有以夺之。其次，主张"正名"。他要求人们行为名实相符，做到"君君、臣臣、父父、子子"，即每个阶层、每个阶级的人们，每一伦理关系中的人们，都做到与自己职分、地位和名分相适应，既不过分，也不失职。只有人人扮演好社会分配给他的角色，人尽其职，人守其分，于是就言顺事成，礼乐兴化，社会就有秩序，天下就蒸蒸大治了。孔子认为，国家政治实际上就是保持中正的过程，只要行中正，安名分，秩序井然，天下就不难实现太平。因此，他说："政者正也。子帅以正，孰敢不正？"（《颜渊》）又说："其身正，不令而行；其身不正，虽令不从。"（《子路》）意即为政者守中正，不失职，不越分，就能表率天下，风化万民。

中正的另一含义是在物质享受上合乎身份，合乎礼制。在礼制社会里，每个等级在物质享受上都有相应的规定，从服饰、车马、居处，到礼乐、文章，都有具体的条款。这既是标志社会等级尊卑的必要措施，又是等级制度的物质反映。《左传》宣公十二年说："君子、小人，物有常服，贵有常尊，贱有等威，礼不逆（乱）也。"即指此而言。同时，对一定阶层物质享受做出必要的规定，也是物质生产力不发达社会保持整个社会物资供应的必要措施。需要是难以满足的，如果统治者任意获取，贪得无厌，就会过多地掠夺劳动者的财富，影响他人的生存和幸福，就会激起民变，招来祸患。孔子说："慢（多）藏诲盗，冶容诲淫。"（《周易·系辞上》）季康子患盗，问防盗之法于孔子，子曰："苟子之不欲，虽赏之而不来。"（《颜渊》）可惜统治者很少有人知道这个道理，季孙富比周公，还贪心不足，要冉求帮他聚敛，气得孔子发誓说："非吾徒（学生）也！小子鸣鼓而攻之可也！"（《先进》）《盐铁论·褒贤》亦记载说："季、孟之权，三桓之富，不可及也。孔子为之曰：'微，为人臣权均于君，富侔于国者，亡！'"这表现出他对季孙氏等"三桓"贵族为富不仁的极大愤慨。"三桓"在礼乐享受上也僭于国君。按规定,大夫只能用四八三十二人演奏歌舞,季孙氏却用八八六十四人(八佾),这是天子才享用的,孔子愤愤曰:"季氏八佾舞于庭,是可忍,孰不可忍也!"(《八佾》)《雍》乐是天子用来祭告祖庙的礼乐,"三桓"在祭祀祖先时也用了,乐曲虽然雍容盛美,但却不应该由三家大夫享用,于是孔子引用《雍》诗中"相维辟公,天子穆穆"两句讽刺说:"天子肃穆作祭主,恭谨傧相是诸侯。这怎么能在三家之堂看见呢?"对这种过分聚敛、过分靡费、不守礼制之中正的行为,孔子是深恶痛绝的。他认为,这既紊乱了礼制,混淆了上下关系,不利于等级社会的和谐;又过多聚敛,重赋于民,影响人民的正常生产和生活,不利于阶级社会的长期稳定。

但是,出于对礼乐的酷爱和对等级的维护,孔子也反对过分的俭朴,认为享受和文饰不称其位,亦有失身份。从前,楚国有个贤相,叫孙叔敖,修养极高,一心为公,不念得失,三得相位无喜色,三已(罢)之无忧色。孙叔敖为相三月,施教于民,吏无奸邪,盗贼不兴,在才干上和个人品质上无可非议。但他生活太俭朴,"妻不衣帛,马不秣(饲)粟。孔子曰:'不可,太俭极下。此《蟋蟀》所为作也'。"(《盐铁论·通有》)孔子说孙叔敖过分俭朴,这是《蟋蟀》之诗所讽劝的。《蟋蟀》是《诗经》中的一篇。《诗序》说:"《蟋蟀》,刺晋僖公也。俭不中礼,故作是诗以闵(悯)之,欲其及时以礼自虞(娱)也。"晋僖公也俭,但却不中礼仪,故诗人作《蟋蟀》之诗来规劝他,要他遵循礼制,及时行乐。《蟋蟀》之诗第一章说:"蟋蟀在堂,岁聿其暮。今我不乐,日月其除。无已太康,职思其居。好乐无荒,良士瞿瞿。"大意是说:蟋蟀室内把身藏,岁末年梢好时光。今日不欢为何事? 及时行乐莫惆怅。享受不要太过分,把握分寸细思量。君子好乐不荒淫,善良的人啊爱文章。在孔子看来,名实、文质应当相称,太奢僭礼,固然可非,而过俭不中礼,亦未为可誉,要在乎"无过无不及"的中正之度。

### (三)和而不同——中和

中亦训和。《白虎通德论·五行》曰:"中央者,中和也。"《雍也》"中庸之为德也"。皇侃疏亦曰："中，中和也。"中和是正确处理矛盾，使对立的双方既相互对立，相互制约，又相互依存，相互促进，和谐地共处于统一体中。矛盾是不可避免的，无处不在，无时不有，如何处理这些矛盾呢？

先秦法家看到了矛盾的对立性，将它绝对化、扩大化，认为不是甲方战胜乙方，就是乙方战胜甲方，不是东风压倒西风，就是西风压倒东风，主张采用强硬手段，以严刑峻法镇压人民："夫严刑者，民之所畏也；重罚者，民之所恶也。故圣人陈其所畏，以禁其邪；设其所恶，以防其奸，是以国安而暴乱不起。吾以是明仁义爱惠之不足用，而严刑重罚之可以治国也。"（《韩非子·奸劫弑臣》）道家则无视矛盾，认为矛盾是相对的，可以互相转化，但将转化视为无条件的、绝对的，将转化的可能性视为现实性，因而根本提不出解决现实矛盾的办法。老子说："祸兮福所倚，福兮祸所伏，孰知其极？奇复为正，正复为奇，善复为妖。"（《老子》五十八章）墨家则看到了矛盾的调和性，认为矛盾不分条件，不讲彼此，都可以和乐地相处，因此，提出"兼相爱，交相利"，"视人之国，若视其国；视人之家，若视其家；视人之身，若视其身。""为彼，犹为己也。"（《墨子·兼爱》中、下）法家弊病在于扩大矛盾，增加对立，最后矛盾的双方也就在尖锐的对立斗争中解体和消亡，统治者与被统治者同归于尽；道家的方法回避矛盾，但矛盾仍然存在，没有解决矛盾；墨家的方法，不讲条件，不分彼此，这不是矛盾对立的实际，因而他们"兼爱"的主张也是不现实的。

唯有儒家，唯有孔子，既看到了矛盾的对立性，又看到了矛盾的同一性，但也看到了矛盾协调共处的必要性。于是，提出了"中和"的方法。中和既不回避问题，无视矛盾，也不激化矛盾、调和矛盾。它讲究的是促成对立面力量的均衡和矛盾双方的互补。这集中体现在"和同"之辨上，孔子曰：

君子和而不同，小人同而不和。（《子路》）

什么是和？什么是同？正如匡亚明先生所云："在先秦时代，人们把保持矛盾对立面的和谐叫作和，把取消矛盾对立面的差异叫作同，和与同有原则的区别。"（《孔子评传》齐鲁书社版）。这一解释深得圣贤"和同"之旨。《左传》昭公二十一年，辨析和与同，说得十分形象：

公曰："和与同，异乎？"（晏婴）对曰："异。和，如羹（烹调）焉。水、火、醯（醋）、醢（酱）、梅（酸梅），以烹鱼肉，燀（煮）之以薪，宰夫和之，齐（调）之以味，济补其不及，以泄（减）其过，君子食之，以平其心。君臣亦然：君所谓可，而有否焉，臣献（指陈）其否，以成其可；君所谓否，而有可焉，臣献其可，以去其否。是以政平而不干（乱），民无争心。故《诗》曰：'亦有和羹，既戒（敬）既平。鬷（通总）嘏（大政）无言，时（于是）靡（无）有争。'"

晏婴说，和就像烹调一样，美味是不同配料互相调节的结果。政治也如此，君王认为可以的，但实际上存在不妥因素，臣子从相反角度将不妥处指陈出来；反之亦然，君王否定的，但实际上存在可取之处，臣子亦应指出，这就使君王更全面、更系统地看待问题、做出决策。这就可以从否定性意见中，吸取补益，克服决策的偏见和局限，达到政平而无乱的效果。否则，如果君可臣亦曰可，君否臣亦曰否，那就像以水济水、以盐济盐一样，就不会调出美味，甚而会将问题推向极端，使之达到崩溃的境地。那就是"同"的恶果。可叹的是，良药苦口，忠言逆耳，专制统治者听惯了阿谀奉承，而不愿听听纵然是利国、利民、利社稷的忠言极谏。有的统治者，一时也出于亡国丧邦的恐惧或换取招贤纳谏的美名，不时也让下臣"民主民主"，但实际上不过叶公好龙，醉翁之意不在酒，一旦触犯逆鳞，便撕下伪善的面具，对谏臣不惜贬官降级，甚至杀头族诛。而下面的贪禄固位之臣也都识趣，每当君王询问政体，商量决策，都唯唯诺诺，除了称颂"我主圣明"外，不会给予半点实际的献纳。殊不知千虑一失，任何人都不可能一言穷尽真理，任何决策都不可能十全十美，准确无误。可中有否，否中有可，正需要大臣们从不同角度、不同层次加以商议和指出，然后集思广益，以臻完美。君王不能诚心求谏，倾心纳谏，廷议不过虚应故事，大臣也就敷衍塞责，结果虽有"民主"的形式，却无集思广益的实效。鲁哀公可以说是这种昏庸之君的典型。《韩非子·内储说上·

七术》曰："鲁哀公问于孔子曰：'鄙谚（常语）曰：莫众而迷。今寡人举事，与群臣虑之，而国愈乱，其故何也？'孔子对曰：'明主问臣，一人（有人）知（赞同）之，一人（有人）不知（不赞同）之。如是者，明主在上，群臣直议于下。今众臣无不一辞，同轨乎季孙者，举鲁国尽化为一，君虽问境内（全国）之人，犹不免于乱世。'""莫众而迷"，即不广泛听取群众意见就会受局限，不明真相。鲁哀公说，他每举办一件事情，都广泛征求了群臣的意见，这已很"民主"了。可是，国事却不见好转，反而更加混乱，原因何在呢？孔子说：英明的君主询问群臣，要让大家直吐心声，让他们发表不同意见，有人说是，有人说不是。这样，人人直言己见，才能收到民主政治、集思广益的目的。可是，现在的鲁国，群臣无不看季孙氏（鲁国首席执政）的脸色行事，大家的意见莫不与季孙氏一致。这样，即使问遍全鲁国境内的人，也收集不到真正的民意，达不到"民主"的效果，因为你并没有让人们说出真话。表面上看起来征求了群臣的意见，但却是假"民主"；表面上看起来一致通过，深得人心，但实际上是不让人发表不同意见。群口一辞，"全体通过"，实际是专制主义的另一种表现形式。

鉴于此，在处理君臣关系上，孔子大力提倡：

无欺也，而犯之！（《宪问》）

犯，即犯颜直谏。一个正直的大臣若用负责的态度对待君主，就应该事君尽忠，决不欺骗，仗义执言，犯颜极谏。孔子反对那种唯君命是从的人，说他们算不得"大臣"，最多可算个"具臣"（即徒具其位）（《先进》）。有子曰："礼之用和为贵，先王之道斯为美，小大由之。有所不行，知和而和。"（《学而》）和，即矛盾双方共处的和谐，和是先王之道的精华部分。欺君惘上的事决不干，但使用正确手段实现君臣和谐却是必要的。

中和的原理，是利用矛盾的对立性，通过调节取得平衡，这在君臣关系上表现为"和而不同"，在施政方法上又表现为"宽猛相济"。理想的政治即是不偏不倚，不刚不猛，行乎中正，恰到好处。但现实生活中很难准确把握中正的分寸，不是宽就是猛，因而补救的措施是"宽猛相济"。《左传》二十一年说:"郑子产有疾,谓子大叔曰:'我死,子必为政。唯有德者能以宽服(治理)民,其次莫如猛。夫火烈,民望而畏之,故鲜死焉;水懦弱,民狎而玩之,则多死焉。故宽难。'疾数月而卒。大叔为政,不忍猛,而宽,郑国多盗,取(抢)人于萑苻之泽。大叔悔之,曰:'吾早从夫子(指子产),不及(致于)此。'兴徒(发兵)攻萑苻之盗,尽杀之,盗少止。仲尼曰:'善哉!政宽而民慢,慢则纠之以猛;猛则民残,残则施之以宽。宽以济猛,猛以济宽,政是以和。'"这则故事充分表明了孔子的中和思想。子产,春秋时期郑国政治家,他为郑国执政,惠政爱民,孔子称他为"惠人",并说他"有君子之道四焉:其行己也恭,其事上也敬,其养民也惠,其使民也义"(《公冶长》)。子产的政治特色是宽。但由于他兼有恭、敬、惠、义的仁者品质,因而宽政施的恰到好处,郑国大治,此之谓"行中正"。但是子太叔德不及子产,不善于把握分寸,行宽政而导致软弱,故郑国多盗,后来只好以刚猛手段进行"严打",使宽政不至于软弱。一宽一猛,迭相参用,从而达到不慢不残的中和尺度。由此可见,实行宽政,保持中和的状态,这要求统治者具有很高的修养,进行综合治理;施行猛政,而先设其禁,以威守之,保证社会等级和阶级的堤防不被冲决,简便易行,因而成为中智、无德之人治理天下行之有效的方法。然而残害天下,亦已甚矣!

**(四)时中——无可无不可**

时中,即适时用中,也就是看准时机,运用中德。《礼记·中庸》引孔子说:"君子之中庸也,君子而时中。"意即在此。用中还要视时间、地点、对象而定,因时制宜,此即中庸的灵活性。当行则行,当止则止,亦即孔子自称的"无可无不可"。在《微子》中,孔子曾评价历史上的几位大贤说:

不降其志,不辱其身:伯夷、叔齐与?谓柳下惠、少连,降志辱身矣,言中伦,行中虑,其斯而已矣。谓虞仲、夷逸,隐居放言,身中清,废中权。我则异于是,无可无不可。

孔子认为,古代这几位大贤,都各有优点,不仕乱世,也不仕新朝,饿死首阳山的伯夷、叔齐,不降低意志,不玷污身份,保持了清名;柳下惠、少连虽降志辱身,出仕于污浊的朝廷,但不同流合污,言论得体,三思而行,委曲求全;虞仲、夷逸隐居不仕,横议古今,立身清高,不事王侯,高尚其事,自由自在。孔子自己则"无可无不可",意即不执一端,不死守一种形式。他既不做伯夷、叔齐那样纯粹避世的隐士,也不做柳下惠、少连似的委曲求全的循吏,也不做虞仲、夷逸那样岩处放言、不负责任的狂人。他不抱一走极端,出处进退全视时机而定,既以教书为业,又当过大夫,位至摄相;四处流落,干君不遇,也被待以厚礼,受聘而不赴……在齐国不受重视,他捞起正在锅里煮饭的米,义无反顾地离开了;在鲁国受冷落,也不等脱冕辞职便驾车出走;而当将离国境,他却一步一回头,又是恋恋不舍地样子,说:"迟迟吾行也,去父母国之道也!"正

伯夷

如孟子所说:"可以速而(就)速,可以久而(就)久,可以处而处,可以仕而仕,孔子也!"又说:"伯夷,圣之清(清高)者也;伊尹,圣之任(负责)者也;柳下惠,圣之和(随和)者也;孔子,圣之时(适时)者也!"(《孟子·万章下》)"圣之时者",即圣人中最能按适时执中原则办事的人。孔子的一生,恰好是"圣之时者"的生动说明。

时中,又表现为待人处事的权变、灵活。孔子曾说:"可与共学,未可与适道;可与适道,未可与立;可与立,未可与权。"(《子罕》)适道,即达到闻道境界;立,即有所建树;权,即灵活性。原则性的内容(或规定)叫"经",根据具体情况而采取的灵活措施是"权"。原则性应该遵守,但死守教条,不知具体问题具体分析,不能因时制宜,那也不利于事业和行道。孟子说:"执中而无权,犹执一也。所恶执一者,为(因)其贼道,举一而废百也。"(《孟子·尽心上》)遵礼,本是孔孟所提倡的,但只知守礼而不知权

变,株守一律以应万变,势必圆凿方枘,难以实行。"男女授受不亲,礼也(为经)。嫂溺(淹)而援之以手者,权也。"(《孟子·离娄上》)男女授受不亲这是礼之大防,但看到嫂嫂掉到井里也不伸手拉上来,也就未免愚蠢了。灵活机动,具体问题具体分析,这是中庸法则活的灵魂。

孔子在教学中成功地贯彻了"时中"的精神。孔子本以"闻道""知天命"为学习的最高境界,认为"不知命无以为君子"(《尧日》)。但他并不强求人人闻道,个个知命,而是根据智商的高低分别告以不同的内容:"中人以上可以语上(道)也;中人以下不可以语上(道)也"(《雍也》),认为"可与言而不与言,失人;不可与言而与之言,失言。知者不失人亦不失言"(《卫灵公》)。因材施教,这正是时中之法在教学中的成功运用。

(五)憎恨老好人——反对乡原

孔子的中庸思想,是一个比较成熟的对待矛盾、处理矛盾的思想方法和处世艺术。如上所述,中庸主要包括四个方面,即适中、中正、中和和时中。其中适中是最基本的,其他三项都从属于适中,是在适中原则下的具体应用和灵活处理。适中要求人们的言行掌握分寸,保持恰当的度,做到无过与不及,恰到好处;中正,是在适中的指导下,要求人们言行合乎规范,名实相符,行中正,无偏倚;中和,是保持矛盾双方力量对比平衡的方法,也是适中原则在处理矛盾时的具体应用;时中,讲灵活性,要求人们的行为合乎时尚,适宜于对象,在执中时具体问题具体分析,这是适中在处事中的灵活运用。核心是"中",其他三者都是"中"的不同应用。

孔子的中庸思想,是建立在对矛盾问题正确认识基础之上的:它正视矛盾,不回避矛盾;它承认矛盾有斗争性,因而提出减轻斗争性的"适中"法;它也关注矛盾的同一性,因而欲发展同一性,提出"中和"法;它也承认矛盾的特殊性,要具体问题具体分析,因而提出"时中"法。中庸思想并不调和矛盾,搞折中主义,相反,它具有坚定的原则性,这个原则就是礼,认为各阶层都应遵礼守分,故孔子又提出"中正"法。甚至还认为掌握中庸分寸的客观标准就是礼:他说:"礼乎礼! 夫礼所以制中也!"(《礼记·仲尼燕居》)可见,中庸是有原则的,不是折中的,更不是和稀泥似的。

孔子最推崇的"中庸"之法,由于要求很高,故很少有人做到,他那句"中庸之为德也,其至矣乎! 民鲜久矣"的感慨,表达了对世人难臻中庸佳境的满腹遗憾。既然"民鲜久矣",难得中庸,那就只好退而求其次了。他认为,与中庸相邻的思想方法和处世态度是狂、狷,如果做不到中庸,就取其狂、狷:"不得中行而与之,必也狂狷乎! 狂者进取,狷者有所不为。"(《子路》)意思是说:如果不能与中庸之人相处,硬要我选择的话,我情愿选狂狷之人,狂者积极进取,有所作为;狷者洁身自好,有所不为。狂,即志大而急躁,大概如子路;狷,即洁身自好不大进取,大概如冉求,唯独反对那种既做不到中庸,又不愿做狂狷之人,却貌似中庸,处处搞折中主义,此即孔孟深恶痛绝的"乡原":"乡原,德之贼也!"(《阳货》)何为"乡原"? 为什么是德之贼呢? 因为它似德而非德,貌是而实非。孟子曾刻画"乡原"的形象说:

非之无举也,刺之无刺也,同乎流俗,合乎污世,居之似忠信,行之似廉洁,众皆悦之,自以为是,而不与入尧舜之道,故曰"德之贼也"。(《孟子·尽心下》)

"乡原"之人是那样一种人:你想非议他,他却没有明显的错误;你想讽刺他,他又没露出明显的把柄。他与流俗相应,与污世相合,居于乡里貌似忠信,行之邦国又似乎很廉洁,平庸之辈都喜欢他,他也自鸣得意,自以为是。这种人是不合乎儒家理论的,因为他表面上表现很好,但内心里却毫无修养;他虽然得到一些人欢迎,但那是靠同流合污换取的平庸之辈的欣赏。"乡原"一个最大的特征是没有原则,没有是非,一味地讨好、巴结世人,逢人一番笑,无事话天凉,胁肩谄笑,求得青睐和注目,这与儒家提倡的"君子之于天下也,无适(牵就)也,无莫(绝决)也,义(原则)之为比也"(《里仁》)完全是格格不入的。这种人与"损者三友"(即"友便辟(谄媚奉承),友善柔,友便佞(夸夸其谈)"——《季氏》)一样,于事无补,于人有害。"乡原"之人在汉代已被称作

"中庸"了。东汉末有位胡广,大概就属于此类。当时京师有谚语曰:"万事不理问伯始,天下中庸有胡公。"胡广字伯始,《后汉书》说他温柔谨厚,言逊貌恭;明于朝章,练达世事。东汉末年,外戚专权,宦官为祸,党锢成灾,名士贬死,他却历事六帝(安、顺、冲、质、桓、灵),礼数逾隆,是位善于宦海浮沉的不倒翁。他也并不坏,但也称不上好,为官的诀窍即是遇事庸庸,在大是大非面前从不表态,更不敢坚持真理。在中国历史上,能够像胡广那样固位保禄的官员,恐怕只有五代时历仕五姓的冯道才堪与之匹敌。不知汉人是怎么搞的,像胡广这种德行却给他戴上"中庸"的桂冠,实在是对孔子中庸学说的亵渎。这从另一个侧面说明,中庸之德已久绝人世,连汉人也不知为何物了。

在孔孟看来,"乡原"之人比明目张胆的恶人害处更大。他们貌似忠信,貌似廉洁,貌似有德,比老牌坏蛋惑人更多,为害更大。孔子非常讨厌他,就是出于"恶似而非者"的考虑。人们"恶莠(狗尾草)恐其乱苗也;恶佞恐其乱义也;恶利口恐其乱信也,恶郑声恐其乱乐也,恶紫恐其乱朱也",同样,"恶乡原"就是"恐其乱德也"!对于这种人,孔子避之唯恐不及,说:"过我门而不入我室,我不憾焉者,其惟乡原乎?"(《孟子·尽心下》)孔子对无原则的"乡原"如此深恶而痛绝,后之人反而将孔子的"中庸"与"折中主义"划等号,岂不冤哉!

## 三、孔子说"君子"

孔子在世的时候,鲁国的政权已落在卿大夫手中,"天下无道"。子曰:"天下有道,则礼乐征伐自天子出;天下无道,则礼乐征伐自诸侯出。……天下有道,则政不在大夫。"(《季氏》)

在"天下无道"的社会背景下,孔子想带领他的弟子乘坐竹筏出海到国外去宣传他的政治主张。——子曰："道不行,乘桴浮于海。"(《公冶长》)孔子甚至表示:"朝闻道,夕死可矣。"(《里仁》)他捍卫"道"的意志何等坚定啊!

"道"是一个形而上学的概念。关于儒家的"道"的观念和道家的"道"的观念的区别在于,儒家认为"道"是可以名状的,"道"就是"多",它统辖宇宙万物中每个事物的"理";道家的"道"的观念则认为,"道"是无名、不可名状的,"道"是宇宙万物及其变化所由产生的那个"一"。

我们可以把《论语》里的"道"解为真理,道理。孔子所要追求的真理,当然就是周礼、周德了。"周之德,其可谓至德也已矣。"(《泰伯》)在孔子心目中,周德是最高的道德楷模了。

因此,怎样才称得上做一个有德的君子,孔子提出了种种要求。

子曰:"君子道者三,我无能焉:仁者不忧,知者不惑,勇者不惧。"(《宪问》)

孔子对君子的道德,提出了三项原则:有仁德的人不会忧虑(即对现实和未来充满信心);有智慧的人不会困惑(即不会迷失方向);有武勇的人不会畏惧(即不会畏惧那些谋反篡位的无德者)。

子谓子产,"有君子之道四焉,其行己也恭,其事上也敬,其养民也惠,其使民也义。"(《公冶长》)

子产是春秋时期郑国的贤相,孔子针对在位的官吏提出了君子之道的四项原则:君子的思想行为严肃恭敬,对待君王认真负责,养活百姓要给予实惠,役使百姓要合于道理。

孔子还提出君子"九思"的修养准则。

孔子曰:"君子有九思:视思明,听思聪,色思温,貌思恭,言思忠,事思敬,疑思问,忿思难,见得思义。"(《季氏》)

"九思",即观察、考察时是否看明白了,听取意见时是否听清楚了,脸色是否温和,容貌态度是否恭谨,言语谈吐是否忠实,办事时是否敬业,遇到疑难的问题是否向他人请教,发怒时是否考虑到它的后果,遇到有利可得的物时是否考虑正当该得。

孔子曰:"君子有三戒:少之时,血气未定,戒之在色;及其壮也,血气方刚,戒之在斗;及其老也,血气既衰,戒之在得。"(《季氏》)

这"三戒"是,年少血气未定要戒女色;壮年血气方刚要戒争斗,年老血气衰弱要戒贪得无厌。

此外,还有"君子义以为质,礼以行之,孙以出之,信以成之。君子哉!"(《卫灵公》)"君子矜而不争,群而不党"(《卫灵公》)等。这些都是作为"有德"的君子所必须具备的道德修养。

但是,孔子的君子观,他心目中的"有德者",仍然反映着统治者、寄生者的利益,仍然代表着贵族阶级的道德观和价值观。如:

子曰:"君子谋道不谋食。耕也,馁在其中矣;学也,禄在其中矣。君子忧道不忧贫。"(《卫灵公》)

"道"在此可译为"学问""学识"。孔子认为,有德的君子所谋求的是学问而不是吃食(因为君子已不存在温饱问题)。"耕也,馁在其中矣",种田的农夫倒是常常陷于饥饿之中。这正是孔子提出"焉用稼"的根据。"学也,禄在其中矣",有了学问,就可以常常得到俸禄。这也正是孔子的"学而优则仕"的同义反复。因此,君子所发愁的是有没有学问而不是贫困的问题("君子忧道不忧贫")。在这里,我们已经清楚地看到,"有德者"的君子,实际上就是劳心者、治人者、寄生者,它深深地打上了贵族统治者的阶级烙印。

郭沫若在《中国古代社会研究》一书中说,"儒家的理想是哲人政治,就是物质上的贵族阶级要是精神上的贵族阶级,一国的王侯天子要就是那一国的贤人圣人。"孔子所标榜的"有德者",就是他所理想的"一国的贤人圣人"。郭沫若援引了《中庸》里的话——"大德必得其位,必得其禄,必得其名,必得其寿。"请看,"有德者"必然得到什么呢?"位""禄""名""寿",这不就是名位、财富的象征吗?

在《论语》里,孔子喜欢将"君子"与"小人"作为"有德"与"无德"相对照来发表议论,用简约的文字去揭示他的政治主张或道德理念。如:

子曰:"君子坦荡荡,小人长戚戚。"(《述而》)

如果用纯粹的道德理念去解读这条语录,我们会表扬君子心胸的开阔与坦然,批评小人因贪图私利而患得患失。于丹的《心得》一书就做这种解读。她说:"小人之所以喜欢互相勾结,是因为他的心里有鬼,想通过勾结谋取私利和维护既得利益。所谓'结党营私',正是这意思。而君子则胸怀坦荡,因为他坦然无私,所以能够平和,能够以善意跟所有人走到一起。"于丹用"无私"和"营私"概述君子和小人的本质区别,这显然是纯粹的道德理念的解读法。

但是,如果我们改用政治的或阶级的眼光去审视,就会发现,君子饱食终日,对于食宿无所牵挂,所以才心广体胖("坦荡荡"),而常受柴米油盐困扰的小人,则满脸愁容("长戚戚")。可见,孔子是站在贵族、寄生者的立场上,对君子和小人进行褒贬的。

据此,对于《论语》里的某些语录,我们有必要重新加以审视和解读,以纠正人们过去在理解上存在的错谬。如:

子曰:"君子怀德,小人怀土;君子怀刑,小人怀惠。"(《里仁》)

于丹对此同样作了纯粹的道德理念的解读。她针对上述这条语录,说"君子和小人每天心中惦记的事情是不同的"。

君子每天牵挂的是自己的道德修养,小人则惦记的是自己的家乡;君子心中始终有一份规矩、法度,不得超越,小人则脑子想的是些小恩小惠,小便宜。

于丹因此得出结论:"君子从来是尊重道德法制","而小人则贪图眼前的利益,喜欢钻小空子,占小便宜,一次两次可能得手,但这里面潜藏着危机,肯定迟早要吃亏"。"所以什么是小人呢? 就是没有大眼界,抢占眼前小便宜的人"。

"有德者"君子(劳心者、治人者)已经不发愁温饱的问题,他们自然有闲去高谈道德修养，自鸣高雅；而"无德者"小人（劳力者、治于人者）正在饥饿线上挣扎——"馁在其中"，他们自然要关心自家的土地。何况春秋时代贵族们大肆兼并、掠夺农民的土地，农民因此关心和保护自己的土地，这有什么可以责难的呢？再说，"有德者"君子的身份是贵族、权势者，他们关心和制定法律法规，这是他们的本职工作，是理所当然的事，没有什么值得夸耀的；而"无德者"小人，是平民百姓，他们关心在现行法律制度下能否得到实惠，也是合情合理的事，有什么值得大惊小怪的呢？孔子对于小人"怀土""怀惠"的批评，只能说明他的阶级偏见。

## 四、孔子说"仁"

什么是"仁"？

《国语·晋书一》曰："为人者爱亲之谓仁，为国者利国之谓仁。"春秋时代，"爱亲""利国"是仁人的标准。

《论语》对"仁"有多种解释，这是因为孔子针对不同的弟子的提问，做出了符合他们各自特点的解答所致。如：

（樊迟）问仁。曰："仁者先难而后获，可谓仁矣。"（《雍也》）

子贡曰："如有博施于民而能济众，何如？可谓仁乎？"

子曰："何事于仁！必也圣乎！尧舜其犹病诸。夫仁者，己欲立而立人，己欲达而达人。能近取譬，可谓仁之方也已。"（《雍也》）

子张问仁于孔子。孔子曰："能行五者于天下为仁矣。"

"请问之。"曰："恭、宽、信、敏、惠。恭则不侮，宽则得众，信则人任焉，敏则有功，惠则足以使人。"（《阳货》）

仲弓问仁。子曰："出门如见大宾，使民如承大祭。己所不欲，勿施于人。在邦无

怨,在家无怨。"(《颜渊》)

我们列举了以上四段孔子答问的语录。其一强调要艰苦努力经得起磨砺而后获得成果,可以说是有仁德的人。其二是强调"己欲立而立人,己欲达而达人"(自己求立并使他人也立,自己求达并使他人也达)是仁德的最高境界("必也圣乎")。其三认为具备"恭、宽、信、敏、惠"五种品德就是有仁德。其四是强调自己不愿意做的事,不要强加于他人,这就是有仁德。

那么,什么是"仁"的内涵呢?学术界也存在分歧的意见。

冯友兰引《论语·里仁》的一段语录——子曰:"参乎,吾道一以贯之。"曾子曰:"唯!"子出,门人问曰:"何谓也?"曾子曰:"夫子之道,忠恕而已矣。"冯友兰认为,"孔子一贯之道为忠恕,亦即谓孔子一贯之道为仁";"故仁为孔子'一贯'之道,中心之学说"。(《中国哲学小史》)

杨伯峻在《论语译注·试论孔子》中也有相似的观点。他认为"从孔子对曾参一段话可以推知'仁'的真谛";孔子对曾参说的"吾道","就是孔子自己的整个思想体系,而贯穿这个思想体系的,必然是它的核心。分别讲是'忠恕',概括讲是'仁'"。

张岱年认为,"'夫仁者,己欲立而立人,己欲达而达人',是孔子所定仁之界说,实无可疑。以此为界说,以观《论语》言仁各条,则无有不通,且各显深义。仁之本旨,只是己欲立而立人。可见孔子所谓仁者,如何平实而非玄虚,如何明确而非简侗;切近简易,而又宏伟广大;统涵诸德,而不失自为一德。"(《中国哲学大纲》)

周桂钿在《中国儒学讲稿·孔子论仁》中认为,"孔子对仁的解说是爱人"。"仁,就是爱人。如何爱人?孔子提出两条原则:一是'己欲立而立人,己欲达而达人';二是'己所不欲,勿施于人'。凡事都要设身处地,替别人着想,这是爱别人的重要思路。现在的说法,叫换位思考。不为别人考虑的人,就不会产生仁的观念。"

以上观点,概括起来是两说,但都不是孔子言"仁"的内涵。

一说孔子的一贯之道的中心是"忠恕",或者说"仁"的真谛是"忠恕";而贯穿孔子整个思想体系中的"忠恕",必然是"仁"的核心。然而"仁"的终极目的又是什么呢？

二说仁者"爱人"是孔子思想的核心,这"爱人"也是历代儒家思想的核心。此说是有片面性的。不啻儒家的"仁",道家的"道",墨家的"兼爱",何尝不是讲"爱人"？

《老子》第五十七章曰：

以正治国,以奇用兵,以无事取天下。吾何以知其然哉？以此：

天下多忌讳,而民弥贫；人多利器,国家滋昏；人多伎巧,奇物滋起；法令滋彰,盗贼多有。

故圣人云："我无为,而民自化；我好静,而民自正；我无事,而民自富；我无欲,而民自朴。"

老子是一位"无为"主义者,针对春秋时代连绵不断的战争而治者无能的情况,老子主张国君采取不干涉主义。老子认为,天下的禁忌越多,百姓越陷于贫困；人世间的利器越多,国家越趋于昏乱；人们的技巧越多,邪恶的事就连连发生；法令越森严,盗贼反而增多了。因此老子主张执政者要实行"无为""好静""无事""无欲"的政策,使百姓能够"自化""自正""自富""自朴"。这是在"无为"的理论原则下表现老子对百姓的关爱。

又如《老子》第七十七章曰：

天之道,其犹张弓与？高者仰之,下者举之；有馀者损之,不足者补之。

天之道,损有馀而补不足。人之道,则不然,损不足以奉有馀。

孰能有馀以奉天下,唯有道者。

老子生活在政治和社会大动荡的春秋时代,贫富差距悬殊,豪强兼并之风也越来越炽盛,于是老子要出来替穷苦百姓说话。老子将自然法则与社会法则做了一个对比,说自然法则是减损有馀者以弥补不足者("损有馀而补不足"),以求和谐与平衡；社会法则却相反,它是剥夺贫者来供奉富豪("损不足以奉有馀")。老子因此问道：

"世上人君,有谁肯把自己多馀的拿出来供给贫苦人呢?"("孰能有馀以奉天下")较之五十七章,这里更显现了老子对贫苦人民的人道主义关怀,更深刻地反映了老子的"爱人"的思想。

我们举《老子》为例,是用以补证"爱人"并非《论语》里"仁"的内涵。

那么,孔子言"仁"的真谛是什么呢? 我以为是"克己复礼"中的"复礼"。

颜渊问仁。子曰:"克己复礼为仁。一日克己复礼,天下归仁焉。为仁由己,而由人乎哉?"

颜渊曰:"请问其目。"子曰:"非礼勿视,非礼勿听,非礼勿言,非礼勿动。"

颜渊曰:"回虽不敏,请事斯语矣。"(《颜渊》)

颜渊是孔子唯一喜欢的也是最有才气的弟子,因此孔子关于"仁"的答问,才说到它最本质的内涵——"复礼"。孔子"一以贯之"的"忠恕",其终极目的,也还是为了"复礼"。果然,颜渊心领神会,表示要按照老师的话去做("请事斯语矣")。

"复礼",即恢复周礼。而"复礼"的先决条件是"克己",即克制住自己的思想行为。凡是违背周礼的事,不看、不听、不说、不做。春秋后期是"礼崩乐坏"的时代,孔子要求颜渊遵循"复礼"的路线去把握自己的思想和行为,才可以成为有仁德的人。"一日克己复礼,天下归仁焉",这是"仁"的最高境界,常人是难以企及的。

周桂钿在《讲稿》一书中也引用了这条语录,然而他的解读却是"抑制自己的行为,维护礼制,具体讲就是不符合礼制的东西不看,不符合礼制的言论不听,不符合礼制的话语不说,不符合礼制的事情不做。就是说自己一言一行都要符合礼"。奇怪的是,作者不提"复礼"——恢复周代的礼仪制度——这个关键词。请问:这是一时的疏忽,还是怀有尊儒倾向的有意回避?

"复礼"是"仁"的核心。在孔子心目中,"仁"是一个崇高的道德境界,要成为仁人是很艰难的。

子曰:"回也,其心三月不违仁,其余则日月至焉而已矣。"(《雍也》)

孔子认为，像颜回这样优秀的弟子，他的心路一年也只有三个月不离开"仁"，所以还说不上是仁人；至于其他弟子，只是短时间内偶尔想起"仁"罢了。这说明，在孔子时代，"复礼"是一项多么艰难的事业。

或曰："雍也仁而不佞。"

子曰："焉用佞？御人以口给，屡憎于人。不知其仁，焉用佞？"（《公冶长》）

翻译成白话是，有人说："冉雍这个人有仁德，却没有口才。"孔子说："何必要有口才呢？强嘴利舌地同别人辩论，常常会遭人厌恶。我不知道冉雍有什么仁德，能言善辩又有什么用呢？"

雍，即冉雍，孔子的弟子，字仲弓。孔子欣赏冉雍的才干，曾经说过可以让他做一个部门或一个地方的长官（子曰："雍也可以南面。"《雍也》）然而，说到"仁"，孔子却很吝啬，不轻易以"仁"许人。他不认为冉雍是有仁德的人。

有仁德的人必须坚持执行"复礼"的路线。正因为如此，孔子甚至认为，为了"复礼"，志士仁人可以为它而牺牲自我。

子曰："志士仁人，无求生以害仁，有杀身以成仁。"（《卫灵公》）

孔子认为，志士仁人不可以为了苟且偷生而去损害"仁"；相反却敢于奉献自己的生命以成全"仁"——为了实现"复礼"这项庄严而艰巨的事业。

"复礼"的崇高性与艰巨性，也使孔子对于"仁"格外地执着。子曰："当仁，不让于师。"（《卫灵公》）面对着"仁"，即使是老师也不谦让。这很像"吾爱吾师，吾尤爱真理"一样，"仁"高于一切，"仁"超越对老师的尊崇。

正由于"复礼"之崇高与艰难，孔子很少主动地谈"仁"。

子罕言利与命与仁。（《子罕》）

通读《论语》，我们会发现，"仁"字并不少见，但它多是孔子对弟子或他人的答问；孔子主动地谈"仁"，确实不多。显然，孔子心里明白，大势已去，"复礼"的愿望已经很渺茫，所以罕言"仁"。

# 五、孔子说"礼"

据杨伯峻统计,《论语》言"仁"109 次,言"礼"75 次。

春秋时代重视"礼"。"礼"包括礼仪、礼制、礼器等。作为一种祭仪,春秋时代鲁国有郊礼,这是天子之礼;季孙氏祭泰山,这是诸侯之礼。

但是,在贵族中间一方面是对礼文逐渐铺张与考究,如君卿之间以赋诗相酬答;另一方面对礼文的不重视和敷衍。于是在贵族中间就有"知礼"与"不知礼"之别。而多数知礼者,如晋国的叔向,齐国的晏婴,郑国的子产,宋国的向戌,他们属于贵族中的下层,不知礼的反倒是贵族的上层人士。这些知礼的、博学的士大夫渐渐从贵族中脱颖而出。

周室东迁以后,经过多年的战乱,西周的文物典籍,在列国中已经散失无存,只有鲁国保存了周礼,所以有"周礼尽在鲁"之说。

孔子居文献之邦,这成就了他后来的博学。孔子年轻时在贵族家做过贱职,由于"好学",他习得了当时贵族阶级的种种礼文,他还注意了解礼的本源及其历史沿革。孔子说:"吾观周道,幽、厉伤之,吾舍鲁何适矣!"(《礼记·礼运》)他还说:"吾说夏礼,杞不足徵也。吾学殷礼,有宋存焉。吾学周礼,今用之,吾从周。"(《礼记·中庸》)这同《八佾》的"周监于二代,郁郁乎文哉,吾从周",是同义反复。

《论语》里的"礼",即指周礼。如孔子来到宋国,带领他的弟子在大树下"习礼",演习的是周代的礼乐,因此险些被宋国司马桓魋杀了("宋司马桓魋欲杀孔子,拔其树。孔子去。"《史记·孔子世家》)又如在朝廷里臣拜见国君,"拜下"(臣在堂下开始跪拜),是合乎周礼的;然而现在却免去了"拜下",只"拜上"(升堂以后臣开始跪拜)。孔子因此说,"虽违众,吾从下。"(《子罕》)孔子认为,只"拜上"是非礼的,虽然违背众臣的意愿，他坚持"拜下"。"拜下"，贯彻了孔子的"吾从周"的理念。

春秋时代的贵族有"知礼"与"不知礼"之分。孔子和弟子们议论起齐国宰相管仲的为人时，弟子们问："管仲知礼乎?"孔子列举二例：国君宫殿立了塞门，管仲家也立了塞门；国君在堂上设反坫，管仲家也设反坫。孔子反问道："管氏而知礼，孰不知礼?"（《八佾》）管仲目无国君，他不懂得或不遵守周代的礼仪制度。他的"不知礼"，违反了"君君臣臣"的"正名"原则。孔子所强调的是"事君尽礼"。（《八佾》）这就是说，一切依照做臣子的礼数去服侍君主，不可僭越。

孔子谓季氏，"八佾舞于庭，是可忍也，孰不可忍也?"（《八佾》）

"八佾"是周代传承下来的乐舞，八个人为一行，即一佾，八佾是八行，六十四人。这种乐舞，系君王专用独享。卿大夫只配享用四佾。季平子是鲁国的大夫，他竟然在自家庭院用"八佾"奏乐起舞，说明他目无君王，践踏周代的礼仪制度。孔子因此愤慨地说："是可忍孰不可忍!"季氏也属于孔子所指责的"不知礼"的上层贵族。

"知礼"是做人的根本。孔子曾对他的儿子伯鱼说："不学礼，无以立。"（《季氏》）意思是，不学习周礼，就不具有在上流社会立足的根基，足见学礼的重要性。

西周时代，周公制礼作乐，形成了比较完整的礼乐制度。孔子说："周监于二代，郁郁乎文哉，吾从周。"（《八佾》）孔子所遵从的便是西周时代的礼乐制度。

孔子曰："天下有道，则礼乐征伐自天子出。天下无道，则礼乐征伐自诸侯出。自诸侯出，盖十世希不失矣；自大夫出，五世希不失矣；陪臣执国命，三世希不失矣。天下有道，则政不在大夫。天下有道，则庶人不议。"（《季氏》）

这段语录道出了礼乐制度的阶级属性。孔子主张由国君来主持礼乐的制作。"天下有道，则政不在大夫"，孔子把制礼作乐纳入"政"的范畴。

杨伯峻在《论语译注》一书中说："孔子这一段话可能是从考察历史，尤其是当日时事所得出的结论。'自天子出'，孔子认为尧、舜、禹、汤以及西周都是如此的；'天下无道'则自齐桓公以后，周天子已无发号施令的力量了。齐自桓公称霸，历孝公、昭公、懿公、惠公、顷公、灵公、庄公、景公、悼公、简公、卜公,至简公而为陈恒所杀,孔子亲身见之。晋自文公称霸,历襄公、灵公、成公、景公、厉公、平公、昭公、顷公九公,六卿专权,也是孔子亲见的。所以说:'十世希不失'。鲁自季友专政,历文子、武子、平子、桓子而为阳虎所执,更是孔子所亲见的。所以说'五世希不失'。至于鲁季氏家臣南蒯、公山弗扰、阳虎之流都当身而败,不曾到过三世。当时各国家臣有专政的,孔子言'三世希不缺',盖宽言之。这也是历史演变的必然,愈近变动时代,权力再分配的斗争,一定愈加激烈。这却是孔子所不明白的。"

春秋战国时代,如何治理国家,有"礼治"和"刑政"之分。孔子是主张"礼治"的。

子曰:"道之以政,齐之以刑,民免而无耻;道之以德,齐之以礼,有耻且格。"(《为政》)

孔子认为,施行"刑政",老百姓惧怕刑法没有犯罪,却没有廉耻之心;相反,施行"礼治",靠礼教来整肃,老百姓因此不但有廉耻感,而且也使人心归服。这是用软的手段去整顿民风和征服人心。

子曰:"上好礼,则民易使也。"(《宪问》)

"上",指权势者。倘若权势者擅长施行礼治,平民百姓便容易受支配了。施行礼治的目的,是为了"使民"。

《礼记·仲尼燕语》对"礼治"也有精到的解释:

子曰:"礼者何也?即事之治也。君子有其事,必有其治。治国而无礼,譬犹瞽之无相与,伥伥乎其何之。"

礼是用来"治国""治事"的,它成了权势者维护自己的权益及其专制统治的工具。

《礼记·曲礼上》说得更透底:

礼不下庶人,刑不上大夫。

对奴隶、平民不必施行"礼治",对贵族、权势者,即使他们犯了罪,也不可用"刑政"。它深刻地反映了"礼治"是为贵族阶级服务的。有的学者说："礼是对富贵、强者的抑制,是对弱者的保护,因此礼有断长续短的作用。"(周桂钿《讲稿》)此言不知有何依据?

"一断于法"的法家治国路线及其施行的政策,与儒家相反,法家注意到了法纪的严肃性。"王子犯法,与庶民同罪";"刑过不避大臣,赏善不遗匹夫"。(《韩非子·有度》)在鲜明的对比中,法家路线更具有它的公正性、合理性和平民化的色彩。

# 六、孔子说"义"

"义",宜也。合宜的道德行为。儒家尚义,以义为质,认为做事只考虑是否合乎道德准绳。《左传》隐公元年:"多行不义,必自毙。"《论语》言"义",也以合宜为根本的理念。

子曰:"君子义以为质,礼以行之,孙以出之,信以成之。君子哉!"(《卫灵公》)

意思是:君子做事以合宜为原则,依礼节去实行,用谦逊的言辞表达,用诚信的态度去完成。合宜的"义"是指导人们的行为的重要实体。

子路曰:"君子尚勇乎?"子曰:"君子义以为上,君子有勇而无义为乱,小人有勇而无义为盗。"(《阳货》)

"义以为上",义是君子立身之本,是行为的最高标准。君子有勇而无义就会犯上作乱,小人有勇而无义就会沦为强盗。

子曰:"不义而富且贵,于我如浮云。"(《述而》)

孔子说,做不正当的事而得来的富贵,对我来说就像飘游的浮云。孔子坚持自己的思想行为要合于义。所以子路说:

"君子之仕也,行其义也。道之不行,已知之矣。"(《微子》)

孔子出来做官，只是为了"行义"——做他应当做的事。所以即使政治主张行不通，他仍要奔走周游。

在《论语》里，孔子将"义"和"利"相对照，表明自己重义轻利的态度。

子曰："见利思义，见危授命，久要不忘平生之言，亦可以为成人矣。"（《宪问》）

这里的"利"，指私利，非公利。"成人"，指道德完美的人，即完人。孔子认为，作为完人，见到有私利可图的时候，他会想一想该得不该得。

在《论语》里，有义、重义者，有时指有德者，有时指在位者、权势者。如：

子曰："君子喻于义，小人喻于利。"（《里仁》）

这里的"君子""小人"，就不是指"有德者"和"无德者"。据《汉书·公孙刘田王杨蔡陈郑传》，杨恽在《报孙会宗书》中援引了董仲舒的话说："明明求仁义，常恐不能化民者，卿大夫之意也；明明求财利，常恐困乏者，庶人之事也。"这就是说，卿大夫们关注仁义，是因为他们不必为吃住发愁，而是考虑如何用仁义去感化百姓；庶人则不然，他们是人群中的困乏者，很自然地要去关心自己的财利。本书第四章曾引《论语·里仁》孔子关于"君子怀德，小人怀土"的话，内容与此相似，都是说明"君子"与"小人"由于物质生活条件的差异，他们的关注点自然很不相同。

此外，《礼记·冠义》说："凡人之所以为人者，礼义也。礼义之始，在于正容体，齐颜色，顺辞令。容体正，颜色齐，辞令顺，而后礼义备，以正君臣，亲父子，和长幼。君臣正，父子亲，长幼和，而后礼义立。""人可以为人，而后可以治人也。"这里道出了"礼义"和"正君臣，亲父子，和长幼"之间的关系。绕了一个大圈子，原来孔子言"义"，也是为他的"正名"说、"治人"说服务的。

在诸子中，墨家的义、利观，与儒家截然相反。《墨子·经上》：

义，利也。

在墨子看来，义和利不是相反的，而是统一的：利即是义。检验义与不义，就是通过实践看它有利还是不利。《墨子·天志下》还说：

义者,正也。何以知义之为正也? 曰:天下有义则治,无义则乱,我以此知义之为正也。

张岱年对此的解说是,"墨子讲义何以为正,亦从效果来说。有义则治,无义则乱,故义为正;换言之,便是义有利于天下,所以为正。可见墨子思想的根本出发点,实在于利。"(《中国哲学大纲》)

墨子

墨子言"利"。非小利而是大利,非私利而是公利。墨子说"言有三表",第三表"废以为刑政,观其中国家百姓人民之利"。(《非命上》)国家百姓人民之利,是墨子义利观的核心。

墨子有"断指存腕"说。在权衡利弊得失时,墨子主张牺牲小利以得大利。《墨子·大取》说:

断指以存腕,利之中取大,害之中取小也。害之中取小,非取害也,取利也。其所取者,人之所执也。

"大取"即取大,断小利而取大利,"人之所执"。可见,墨家的义利观,比之儒家更积极、恢宏,更具人民性。

## 七、孔子说"信"

据杨伯峻《论语译注》统计,在《论语》里,"信"出现 38 次,其中意为诚实不欺的 24 次,意为相信可靠的 11 次,作副词用 2 次。综观孔子言信,主要是诚信,忠信。即子夏所说的,"与朋友交,言而有信。"(《学而》)

子曰：“入而无信，不知其可也。”（《为政》）

孔子认为，做人不讲信誉，不知道他还有什么可取之处。春秋时代，礼崩乐坏，“觚不觚”，“信”成了处理人际关系的重要的生活准则。“主忠信”（《学而》），即“忠”和“信”被认为是当时最主要的道德准绳。

子曰：“主忠信，徙义，崇德也。”（《颜渊》）

孔子仍然认为，以忠诚和信实为主，是可以提高人的道德水平的。

子以四教：文，行，忠，信。（《述而》）

孔子教育弟子包括四项内容：历代文献，社会实践，忠诚的品质，信实的人格。孔子要求年轻人少言寡语，说话要诚实可信，博爱大众，亲近有仁德的人。如此躬行实践，若有剩余的精力，再去学习历史文献。（“谨而信，泛爱众，而亲仁。行有余力，则以学文。”《学而》）这里仍然重复着“信”的教育内容，只是把它和“仁”结合起来了。

子曰：“十室之邑，必有忠信如丘者焉，不如丘之好学也。”（《公冶长》）

孔子相信，十户人家的地方，一定有像他孔丘一样既忠诚又信实的人；但他又很自信，以为都不如他孔丘喜欢学习。这里孔子把“忠信”和“好学”结合在一起。

以上言“信”“忠信”，都属于道德修养的范畴，是“有德者”君子应遵循的道德原则。“主忠信”才能达到“崇德”的效果。

然而，孔子言“信”“忠信”，不止于道德的自我完善，他总是把这种道德的修炼升华到治国、事君的水平线上来。

子曰：“道千乘之国，敬事而信，节用而爱人，使民以时。”（《学而》）

翻译成白话是，孔子说：“治理拥有一千辆兵车的国家，就是严肃认真地对待工作，而且信实无欺，节省开支，爱护官吏，役使百姓要在他们农闲时日。”这就是说，“敬事而信”是孔子用以考察君子是否具备治国的品质和能力的条件之一。

子张问仁于孔子。孔子曰：“能行五者于天下为仁矣。”

“请问之。”曰：“恭，宽，信，敏，惠。恭则不侮，宽则得众，信则人任焉，敏则有功，

　　这里说的是治理天下的权势者,需要具备五种道德品质。其中"信则人任",意思是说诚实守信就会受到上级的任用。我们将恭、宽、信、敏、惠五种道德修养联系在一起,不难看出其终极目的是为了役使人民——"惠则足以使人"。这条语录的关键词是"使人"。

　　总之,孔子关于仁、礼、义、信的说教,我们不能把它看成是纯粹的、形而上的伦理道德的理念;它渗透着孔子非常功利的人生观和价值观,它同孔子的政治主张有着深刻的内在联系。